住房和城乡建设领域"十四五"热点培训教材

乡村建设工匠培训教材

江苏省乡村规划建设研究会　组织编写

中国建筑工业出版社

图书在版编目（CIP）数据

乡村建设工匠培训教材/江苏省乡村规划建设研究
会组织编写. —北京：中国建筑工业出版社，2022.1（2024.11重印）
住房和城乡建设领域"十四五"热点培训教材
ISBN 978-7-112-27028-6

Ⅰ.①乡… Ⅱ.①江… Ⅲ.①农村建设-人才培养-
中国-教材 Ⅳ.①F323.6

中国版本图书馆 CIP 数据核字（2021）第 270471 号

责任编辑：李 慧
责任校对：赵 颖

住房和城乡建设领域"十四五"热点培训教材
乡村建设工匠培训教材
江苏省乡村规划建设研究会 组织编写

*

中国建筑工业出版社出版、发行（北京海淀三里河路 9 号）
各地新华书店、建筑书店经销
霸州市顺浩图文科技发展有限公司制版
建工社（河北）印刷有限公司印刷

*

开本：787 毫米×1092 毫米 1/16 印张：17¾ 字数：430 千字
2022 年 5 月第一版 2024 年 11 月第四次印刷
定价：65.00 元
ISBN 978-7-112-27028-6
（38822）

本书编写委员会

前　　言

乡村振兴是新时代的重大历史任务，要实现乡村振兴，关键还在人才振兴。2021年2月，中共中央办公厅、国务院办公厅印发了《关于加快推进乡村人才振兴的意见》，文件提出，"到2025年，乡村人才振兴制度框架和政策体系基本形成，乡村振兴各领域人才规模不断壮大、素质稳步提升、结构持续优化，各类人才支持服务乡村格局基本形成，乡村人才初步满足实施乡村振兴战略基本需要"。同时要求，要"实施乡村本土建设人才培育工程，加强乡村建设工匠培训和管理，培育修路工、水利员、改厕专家、农村住房建设辅导员等专业人员，提升农村环境治理、基础设施及农村住房建设管护水平"。

乡村建设工匠是推动乡村振兴、引导农民群众共同缔造美好生活环境、建设美丽宜居乡村的重要人才和重要力量。2021年6月，住房和城乡建设部、农业农村部、国家乡村振兴局联合印发的《关于加快农房和村庄建设现代化的指导意见》（建村〔2021〕47号）文件要求"探索建立乡村建设工匠培养和管理制度，加强管理和技术人员培训，充实乡村建设队伍"。

培养新时代乡村建设工匠，要以人为本，理论与实践深度结合，以提高劳动者综合素质和就业技能，从而更好地服务于乡村建设工作。江苏历来重视乡村建设工匠队伍建设，在十多年的乡村建设行动中通过宣传培训、组织开展技能大赛，提升服务乡村建设的工匠的整体水平，特别是关注传统建筑技艺的传承，在大力支持和宣传推介建筑技艺非遗传承人的同时，也将传统建设工匠培训列入乡土人才培育计划，并倡导创新机制，鼓励乡村工匠队伍参与乡村建设。

为全面贯彻落实党的路线方针政策和国家乡村振兴战略，壮大乡村建设人才队伍，提高建设水平，推进农房和村庄建设现代化建设，本书编委会基于江苏历年来的工作经验和成效，组织编写了《乡村建设工匠培训教材》，系统地总结经验、提炼做法，旨在切实提高乡村建设工匠的整体技术、技艺水平，打造"德技并修"的乡村建设人才队伍，促使美丽乡村建设不断向正规化、规范化推进。

本书以乡村建设工匠思想道德素养为基础，主要以美丽乡村建设、乡村建筑营造、乡村环境建设、乡村建设管理等四大部分内容组成，涵盖了国家政策法规、建筑基础知识、建筑技术和修缮技术、乡村道路建设、环境整治等技术知识，并融入了装配式建筑、海绵城市建设等绿色建筑技术内容，基本形成了农村全过程建设主要环节知识体系。同时注重理论知识与实践案例相结合，广泛运用二维码，将教学视频、乡村建设成果典型案例等相关内容制成Word、PDF或视频格式，以二维码的形式放在文中，扩展信息，辅助学习。二维码与图书的结合，既能吸纳纸质书易收藏、条理性强的优点，又能最大限度拓展纸质书的内容维度，进一步迎合了受众的阅读习惯，增强了学习效果。

正如习近平总书记强调指出的："在我们这样一个拥有13亿多人口的大国，实现乡村振兴是前无古人、后无来者的伟大创举，没有现成的、可照抄照搬的经验"。实现乡村振兴，需要历史的耐心和恒心，需要国家的战略布局和制度设计，需要地方的政策支撑和公共服务牵引，也更需要在实践过程中的基层创新创造。本书的目的正在于激发众智，为乡村工匠人才队伍的培育和建设提供参考借鉴。

本书编委会
2022年4月

目　　录

第三篇 乡村环境建设

第四篇 乡村建设管理

第一篇

美丽乡村建设

第一章 乡村振兴战略与乡村建设行动

1.1 乡村振兴战略

1.1.1 乡村振兴战略的提出

农业农村农民问题是关系国计民生的根本性问题。没有农业农村的现代化，就没有国家的现代化。为了进一步解决人民日益增长的美好生活需要和发展不平衡不充分之间的矛盾，为了早日实现"两个一百年"奋斗目标和全体人民共同富裕，2017 年习近平总书记在党的十九大报告中提出实施乡村振兴战略，坚持农业农村优先发展。2018 年以来，国家陆续出台了一系列政策举措推动乡村振兴战略实施，每年的中央一号文件均深入贯彻这一精神，部署推动乡村振兴战略的不断实施。

2018 年：《中共中央　国务院关于实施乡村振兴战略的意见》

• 首次对乡村振兴战略进行详细阐释和全面部署

2019 年：《中共中央　国务院关于坚持农业农村优先发展做好"三农"工作的若干意见》

• 以实施乡村振兴战略为总抓手，抓重点、补短板、强基础，确保顺利完成硬任务

2020 年：《中共中央　国务院关于抓好"三农"领域重点工作确保如期实现全面小康的意见》

• 集中力量完成打赢脱贫攻坚战和补上全面小康"三农"领域突出短板两大重点任务

2021 年：《中共中央　国务院关于全面推进乡村振兴加快农业农村现代化的意见》

• 通过全面推进乡村振兴，助力全面建设社会主义现代化国家，实现中华民族伟大复兴

2022 年：《中共中央 国务院关于做好 2022 年全面推进乡村振兴重点工作的意见》

• 坚持稳中求进工作总基调，牢牢守住保障国家粮食安全和不发生规模性返贫两条底线，推动高质量发展、促进共同富裕

| 2018 年中央一号文件 | 2019 年中央一号文件 | 2020 年中央一号文件 | 2021 年中央一号文件 | 2022 年中央一号文件 |

1.1.2 乡村振兴战略的总体要求

"乡村振兴是包括产业振兴、人才振兴、文化振兴、生态振兴、组织振兴的全面振兴。实施乡村振兴战略的总目标是农业农村现代化，总方针是坚持农业农村优先发展，总要求是产业兴旺、生态宜居、乡风文明、治理有效、生活富裕，制度保障是建立健全城乡融合

发展体制机制和政策体系。"

——2019 年 3 月 8 日习近平总书记在参加十三届全国人大二次会议
河南代表团审议时发表讲话

1. 指导思想

以习近平新时代中国特色社会主义思想为指导，加强党对"三农"工作的领导，坚持稳中求进工作总基调，牢固树立新发展理念，落实高质量发展的要求。

紧紧围绕统筹推进"五位一体"总体布局和协调推进"四个全面"战略布局，坚持把解决好"三农"问题作为全党工作重中之重，坚持农业农村优先发展，按照产业兴旺、生态宜居、乡风文明、治理有效、生活富裕的总要求，建立健全城乡融合发展体制机制和政策体系，统筹推进农村经济建设、政治建设、文化建设、社会建设、生态文明建设和党的建设，加快推进乡村治理体系和治理能力现代化，加快推进农业农村现代化，走中国特色社会主义乡村振兴道路，让农业成为有奔头的产业，让农民成为有吸引力的职业，让农村成为安居乐业的美丽家园。

2. 目标任务

2018 年中央一号文件中，明确提出了乡村振兴的三步走目标："到 2020 年，乡村振兴取得重要进展，制度框架和政策体系基本形成。到 2035 年，乡村振兴取得决定性进展，农业农村现代化基本实现。到 2050 年，乡村全面振兴，农业强、农村美、农民富全面实现。"

根据中央确定的乡村振兴"时间表"，江苏省从实际出发，在 2018 年省委一号文件中提出，在确保完成三个时间节点的目标任务的基础上，率先实现农业农村现代化，在乡村振兴中走在全国前列。

1.1.3　乡村振兴战略的核心内容

1. 产业振兴：构建现代农业体系

"要推动乡村产业振兴，紧紧围绕发展现代农业，围绕农村一二三产业融合发展，构建乡村产业体系，实现产业兴旺，把产业发展落到促进农民增收上来，全力以赴消除农村贫困，推动乡村生活富裕。"

——2018 年 3 月 8 日习近平总书记在参加十三届全国人大一次会议
山东代表团审议时发表讲话

乡村振兴，产业振兴是重点。2020 年 12 月，中央农村工作会议指出，"要加快发展乡村产业，顺应产业发展规律，立足当地特色资源，推动乡村产业发展壮大，优化产业布局，完善利益联结机制，让农民更多分享产业增值收益"。产业是发展的根基，以农业供给侧结构性改革为主线，因地制宜发展特色产业，不断延伸产业链、提升价值链，推动"一二三产"融合发展，实现一产强、二产优、三产活，通过乡村产业发展促进农民收入稳定增长，从而有效地推动乡村的振兴发展。

2. 人才振兴：增强内生发展能力

"要推动乡村人才振兴，把人力资本开发放在首要位置，强化乡村振兴人才支撑，加快培育新型农业经营主体，让愿意留在乡村、建设家乡的人留得安心，让愿意上山下乡、回报乡村的人更有信心，激励各类人才在农村广阔天地大施所能、大展才华、大显身手，打造一支强大的乡村振兴人才队伍，在乡村形成人才、土地、资金、产业汇聚的良性循环。"

——2018 年 3 月 8 日习近平总书记在参加十三届全国人大一次会议
山东代表团审议时发表讲话

4

　　乡村振兴，人才振兴是支撑。实施乡村振兴战略，必须培养造就一支懂农业、爱农村、爱农民的"三农"工作队伍。全面推进乡村振兴，需要促进各类人才投身乡村建设。2021 年 2 月，中共中央办公厅、国务院办公厅印发《关于加快推进乡村人才振兴的意见》中强调"大力培养本土人才，引导城市人才下乡，推动专业人才服务乡村，吸引各类人才在乡村振兴中建功立业"，提出加快培养农业生产经营人才、农村二三产业发展人才、乡村公共服务人才、乡村治理人才、农业农村科技人才等五方面的人才。文件中特别指出，要"实施乡村本土建设人才培育工程，加强乡村建设工匠培训和管理，培育修路工、水利员、改厕专家、农村住房建设辅导员等专业人员，提升农村环境治理、基础设施及农村住房建设管护水平。"

《关于加快推进乡村人才振兴的意见》

3. 文化振兴：传承发展中华优秀传统文化

　　"要推动乡村文化振兴，加强农村思想道德建设和公共文化建设，以社会主义核心价值观为引领，深入挖掘优秀传统农耕文化蕴含的思想观念、人文精神、道德规范，培育挖掘乡土文化人才，弘扬主旋律和社会正气，培育文明乡风、良好家风、淳朴民风，改善农民精神风貌，提高乡村社会文明程度，焕发乡村文明新气象。"

——2018 年 3 月 8 日习近平总书记在参加十三届全国人大一次会议
山东代表团审议时发表讲话

　　乡村振兴，文化振兴是保障。农耕文化是中华文化的根基，乡村是以农耕文化为代表的中华优秀传统文化的重要载体。在推动乡村振兴发展中，需要重新认识乡村的文化价值，深入挖掘农耕文化蕴含的优秀思想观念、人文精神、道德规范等优秀传统文化，并结合时代要求创造性转化、创新性发展，不断赋予时代内涵、丰富表现形式，实现乡风文明的重塑，从而推动乡村文化振兴，保证乡村持续发展繁荣。

4. 生态振兴：建设宜业宜居的美丽生态家园

　　"要推动乡村生态振兴，坚持绿色发展，加强农村突出环境问题综合治理，扎实实施农村人居环境整治三年行动计划，推进农村'厕所革命'，完善农村生活设施，打造农民安居乐业的美丽家园，让良好生态成为乡村振兴支撑点。"

——2018 年 3 月 8 日习近平总书记在参加十三届全国人大一次会议
山东代表团审议时发表讲话

　　乡村振兴，生态振兴是关键。绿水青山就是金山银山，把乡村的生态环境治理好和保护好是生态文明建设的重要内容。推动乡村生态振兴，要统筹山水林田湖草系统治理，严守生态保护红线，推进农业农村绿色发展；要以优化农村人居环境和完善农村公共基础设施为重点，让良好生态成为乡村振兴支撑点，把乡村建设成为生态宜居、富裕繁荣、和谐发展的美丽家园。

5. 组织振兴：加强以党组织为核心的农村基层组织建设

　　"要推动乡村组织振兴，打造千千万万个坚强的农村基层党组织，培养千千万万名优秀的农村基层党组织书记，深化村民自治实践，发展农民合作经济组织，建立健全党委领导、政府负责、社会协同、公众参与、法治保障的现代乡村社会治理体制，确保乡村社会充满活力、安定有序。"

——2018 年 3 月 8 日习近平总书记在参加十三届全国人大一次会议
山东代表团审议时发表讲话

　　乡村振兴，组织振兴是基础。组织振兴是乡村全面振兴的基石，也是其他四个振兴的根本保障。抓好以农村基层党组织建设为核心的各类组织建设，加强党的领导，提升农村专业合作经济组织发展水平，充分发挥各类组织在乡村事业发展中的作用，完善村民自治制度，健全乡村治理体系，提高乡村治理能力，确保广大农民安居乐业、农村社会安定有序。

1.2　美丽乡村建设与乡村建设行动

1.2.1　美丽乡村建设

　　长期以来，乡村建设作为"三农"工作的重要组成部分，得到了党和国家的充分重视，并自 2005 年"社会主义新农村建设"提出后不断推动实践深化升级，总体要求不断提高，工作任务不断丰富。在国家相关政策指引下，全国各地结合地方实际，纷纷开展了美丽乡村建设的有益探索，涌现出一批具有借鉴意义的优秀范例，其中以浙江、江苏较为典型。

浙江：《中央农办、农业农村部、国家发展改革委
关于深入学习浙江"千村示范、万村整治"工程
经验扎实推进农村人居环境整治工作的报告》

江苏：《房 村 镇——城乡融合发展
视角下的乡村建设行动》

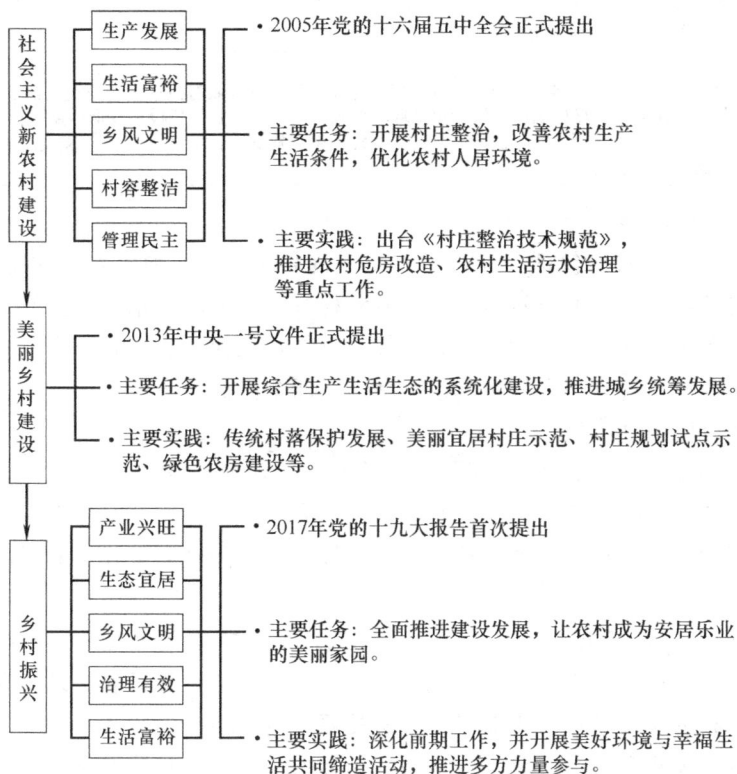

1.2.2 乡村建设行动

1. 乡村建设行动的提出

基于美丽乡村建设的长期探索，随着乡村振兴战略的深入实施，乡村建设水平明显改善。党的十九届五中全会审议通过的《中共中央关于制定国民经济和社会发展第十四个五年规划和二〇三五年远景目标的建议》首次正式提出"实施乡村建设行动"，把乡村建设作为"十四五"时期全面推进乡村振兴的重点任务，摆在了社会主义现代化建设的重要位置。2021年中央一号文件进一步对乡村建设行动作出全面部署。至此，乡村建设工作又开始了新一轮的全面升级。

"要实施乡村建设行动，继续把公共基础设施建设的重点放在农村，在推进城乡基本公共服务均等化上持续发力，注重加强普惠性、兜底性、基础性民生建设。"

——2020年12月28日习近平在中央农村工作会议上的讲话

《中共中央关于制定国民经济和社会发展第十四个五年规划和二〇三五年远景目标的建议》

2. 乡村建设行动的总体要求

在2021年中央一号文件中，提出把乡村建设摆在社会主义现代化建设的重要位置，并对乡村建设行动的相关目标任务分两个阶段，即：2021年乡村建设行动全面启动，农村人居环境得到整治提升；2025年乡村建设行动取得明显成效，乡村面貌发生显著变化。

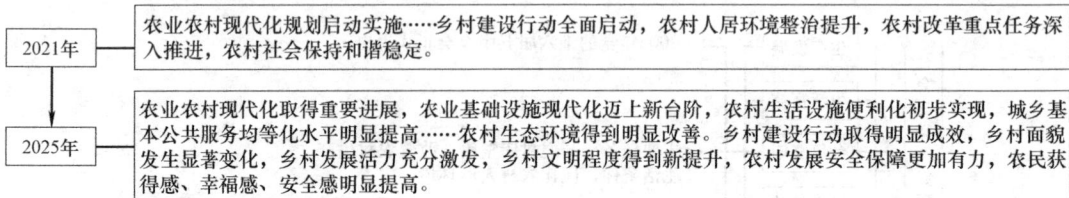

2021年	农业农村现代化规划启动实施……乡村建设行动全面启动，农村人居环境整治提升，农村改革重点任务深入推进，农村社会保持和谐稳定。
2025年	农业农村现代化取得重要进展，农业基础设施现代化迈上新台阶，农村生活设施便利化初步实现，城乡基本公共服务均等化水平明显提高……农村生态环境得到明显改善。乡村建设行动取得明显成效，乡村面貌发生显著变化，乡村发展活力充分激发，乡村文明程度得到新提升，农村发展安全保障更加有力，农民获得感、幸福感、安全感明显提高。

3. 乡村建设行动的主要内容

乡村建设行动的主要内容包括：加快推进村庄规划工作、加强乡村公共基础设施建设、实施农村人居环境整治提升五年行动、提升农村基本公共服务水平、全面促进农村消费、加快县域内城乡融合发展、强化农业农村优先发展投入保障、深入推进农村改革等八个方面。其中，涉及乡村规划建设领域的主要有以下四个方面：

（1）加快推进村庄规划工作

在2021年基本完成县级国土空间规划编制的基础上，明确村庄布局分类。积极有序推进"多规合一"实用性村庄规划编制，对有条件、有需求的村庄尽快实现村庄规划全覆盖。对暂时没有编制规划的村庄，严格按照县乡两级国土空间规划中确定的用途管制和建设管理要求进行建设。

"编制村庄规划要立足现有基础，保留乡村特色风貌，不搞大拆大建。按照规划有序开展各项建设，严肃查处违规乱建行为。完善建设标准和规范，提高农房设计水平和建设质量。继续实施农村危房改造和地震高烈度设防地区农房抗震改造。加强村庄风貌引导，保护传统村落、传统民居和历史文化名村名镇。加大农村地区文化遗产遗迹保护力度。严格规范村庄撤并，不得违背农民意愿、强迫农民上楼。"

——《中共中央　国务院关于全面推进乡村振兴加快农业农村现代化的意见》

《中央农办 农业农村部 自然资源部 国家发展改革委 财政部关开统筹推进村庄规划工作的意见》(农规发〔2019〕1号)

- 切实提高村庄规划工作重要性的认识
- 明确村庄规划工作的总体要求
- 合理划分县域村庄类型
- 统筹谋划村庄发展
- 充分发挥村民主体作用
- 组织动员社会力量开展规划服务
- 建立健全县级党委领导政府负责的工作机制

《关于统筹推进村庄规划工作的意见》
（农规发〔2019〕1号）

（2）加强乡村公共基础设施建设

继续把公共基础设施建设的重点放在农村，着力推进往村覆盖、往户延伸。实施农村道路畅通工程、农村供水保障工程、乡村清洁能源建设工程、数字乡村建设发展工程、村级综合服务设施提升工程。

农村道路畅通工程	有序实施较大人口规模自然村通硬化路。加强农村资源路、产业路、旅游路和村内主干道建设。推进农村公路建设项目更多向进村入户倾斜。按规定支持农村道路发展。继续开展"四好农村路"示范创建。全面实施路长制，开展城乡交通一体化示范创建工作。加强农村道路桥梁安全隐患排查，落实管养主体责任。强化农村道路交通安全监管。
农村供水保障工程	加强中小型水库等稳定水源工程建设和水源保护，实施规模化供水工程建设和小型工程标准化改造，有条件的地区推进城乡供水一体化，到2025年农村自来水普及率达到88%，完善农村水价水费形成机制和工程长效运营机制。
乡村清洁能源建设工程	加大农村电网建设力度，全面巩固提升农村电力保障水平。推进燃气下乡，支持建设安全可靠的乡村储气罐站和微管网供气系统。发展农村生物质能源。加强煤炭清洁化利用。
数字乡村建设发展工程	推动农村千兆光网、第五代移动通信、移动物联网与城市同步规划建设，完善电信普遍服务补偿机制，支持农村及偏远地区信息通信基础设施建设。加快建设农业农村遥感卫星等天基设施。发展智慧农业，建立农业农村大数据体系，推动新一代信息技术与农业生产经营深度融合。完善农业气象综合监测网络，提升农业气象灾害防范能力。加强乡村公共服务、社会治理等数字化智能化建设。
村级综合服务设施提升工程	加强村级客运站点、文化体育、公共照明等服务设施建设。

（3）实施农村人居环境整治提升五年行动

分类有序推进农村厕所革命，加快研发干旱、寒冷地区卫生厕所适用技术和产品，加强中西部地区农村户用厕所改造。统筹农村改厕和污水、黑臭水体治理，因地制宜建设污水处理设施。健全农村生活垃圾收运处置体系，推进源头分类减量、资源化处理利用，建设一批有机废弃物综合处置利用设施。健全农村人居环境设施管护机制，有条件的地区推广城乡环卫一体化第三方治理。深入推进村庄清洁和绿化行动。开展美丽宜居村庄和美丽庭院示范创建活动。

（4）提升农村基本公共服务水平

建立城乡公共资源均衡配置机制，强化农村基本公共服务供给县乡村统筹，逐步实现标准统一、制度并轨。重点针对教育、医疗、就业、养老等方面提升农村公共服务水平。

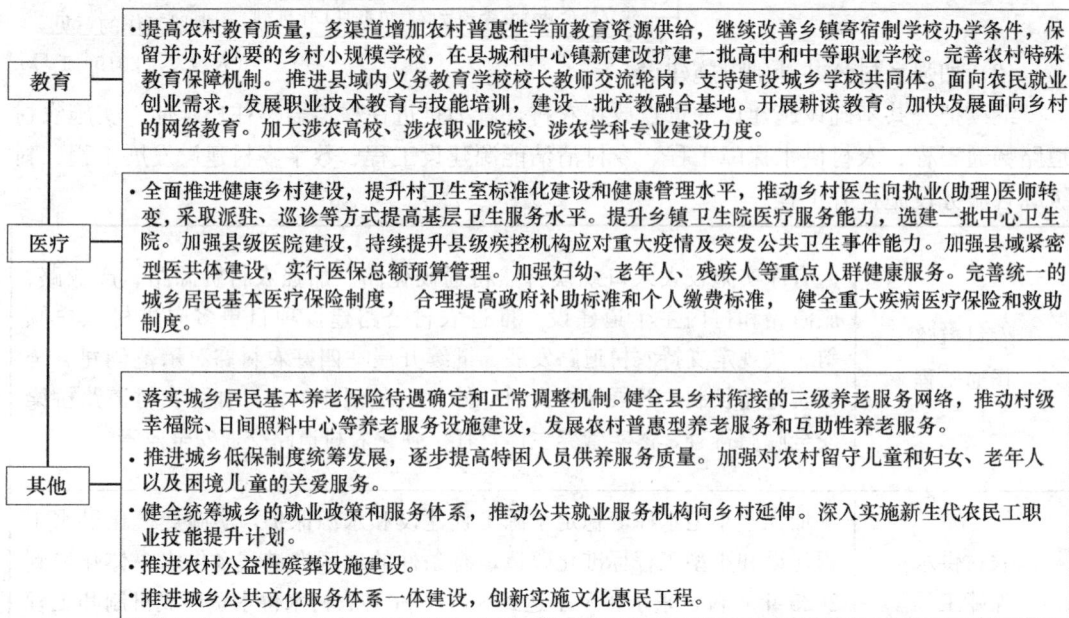

教育	• 提高农村教育质量，多渠道增加农村普惠性学前教育资源供给，继续改善乡镇寄宿制学校办学条件，保留并办好必要的乡村小规模学校，在县城和中心镇新建建扩建一批高中和中等职业学校。完善农村特殊教育保障机制。推进县域内义务教育学校校长教师交流轮岗，支持建设城乡学校共同体。面向农民就业创业需求，发展职业技术教育与技能培训，建设一批产教融合基地。开展耕读教育。加快发展面向乡村的网络教育。加大涉农高校、涉农职业院校、涉农学科专业建设力度。
医疗	• 全面推进健康乡村建设，提升村卫生室标准化建设和健康管理水平，推动乡村医生向执业（助理）医师转变，采取派驻、巡诊等方式提高基层卫生服务水平。提升乡镇卫生院医疗服务能力，选建一批中心卫生院。加强县级医院建设，持续提升县级疾控机构应对重大疫情及突发公共卫生事件能力。加强县域紧密型医共体建设，实行医保总额预算管理。加强妇幼、老年人、残疾人等重点人群健康服务。完善统一的城乡居民基本医疗保险制度，合理提高政府补助标准和个人缴费标准，健全重大疾病医疗保险和救助制度。
其他	• 落实城乡居民基本养老保险待遇确定和正常调整机制。健全县乡村衔接的三级养老服务网络，推动村级幸福院、日间照料中心等养老服务设施建设，发展农村普惠型养老服务和互助性养老服务。 • 推进城乡低保制度统筹发展，逐步提高特困人员供养服务质量。加强对农村留守儿童和妇女、老年人以及困境儿童的关爱服务。 • 健全统筹城乡的就业政策和服务体系，推动公共就业服务机构向乡村延伸。深入实施新生代农民工职业技能提升计划。 • 推进农村公益性殡葬设施建设。 • 推进城乡公共文化服务体系一体建设，创新实施文化惠民工程。

立足新的发展阶段和发展环境，2022年中央一号文件进一步强调扎实稳妥推进乡村建设，重点做好健全乡村建设实施机制、接续实施农村人居环境整治提升五年行动、扎实开展重点领域农村基础设施建设、大力推进数字乡村建设、加强基本公共服务县域统筹等几方面工作。

第二章　党和国家对乡村建设人才培养的要求和规划

2.1　国家层面对乡村建设人才培养的要求

一、《中共中央　国务院关于深入推进农业供给侧结构性改革加快培育农业农村发展新动能的若干意见》（中发〔2017〕1号）（2016年12月31日）

开发农村人力资源。重点围绕新型职业农民培育、农民工职业技能提升，整合各渠道培训资金资源，建立政府主导、部门协作、统筹安排、产业带动的培训机制。探索政府购买服务等办法，发挥企业培训主体作用，提高农民工技能培训针对性和实效性。优化农业从业者结构，深入推进现代青年农场主、林场主培养计划和新型农业经营主体带头人轮训计划，探索培育农业职业经理人，培养适应现代农业发展需要的新农民。鼓励高等学校、职业院校开设乡村规划建设、乡村住宅设计等相关专业和课程，培养一批专业人才，扶持一批乡村工匠。

二、《中共中央　国务院关于实施乡村振兴战略的意见》（中发〔2018〕1号）（2018年1月2日）

实施乡村振兴战略，必须破解人才瓶颈制约。要把人力资本开发放在首要位置，畅通智力、技术、管理下乡通道，造就更多乡土人才，聚天下人才而用之。

（一）大力培育新型职业农民。全面建立职业农民制度，完善配套政策体系。实施新型职业农民培育工程。支持新型职业农民通过弹性学制参加中高等农业职业教育。创新培训机制，支持农民专业合作社、专业技术协会、龙头企业等主体承担培训。引导符合条件的新型职业农民参加城镇职工养老、医疗等社会保障制度。鼓励各地开展职业农民职称评定试点。

（二）加强农村专业人才队伍建设。建立县域专业人才统筹使用制度，提高农村专业人才服务保障能力。推动人才管理职能部门简政放权，保障和落实基层用人主体自主权。推行乡村教师"县管校聘"。实施好边远贫困地区、边疆民族地区和革命老区人才支持计划，继续实施"三支一扶"、特岗教师计划等，组织实施高校毕业生基层成长计划。支持地方高等学校、职业院校综合利用教育培训资源，灵活设置专业（方向），创新人才培养模式，为乡村振兴培养专业化人才。扶持培养一批农业职业经理人、经纪人、乡村工匠、文化能人、非遗传承人等。

（三）发挥科技人才支撑作用。全面建立高等院校、科研院所等事业单位专业技术人员到乡村和企业挂职、兼职和离岗创新创业制度，保障其在职称评定、工资福利、社会保障等方面的权益。深入实施农业科研杰出人才计划和杰出青年农业科学家项目。健全种业等领域科研人员以知识产权明晰为基础、以知识价值为导向的分配政策。探索公益性和经营性农技推广融合发展机制，允许农技人员通过提供增值服务合理取酬。全面实施农技推广服务特聘计划。

（四）鼓励社会各界投身乡村建设。建立有效激励机制，以乡情乡愁为纽带，吸引支持企业家、党政干部、专家学者、医生教师、规划师、建筑师、律师、技能人才等，通过下乡担任志愿者、投资兴业、包村包项目、行医办学、捐资捐物、法律服务等方式服务乡村振兴事业。研究制定管理办法，允许符合要求的公职人员回乡任职。吸引更多人才投身现代农业，培养造就新农民。加快制定鼓励引导工商资本参与乡村振兴的指导意见，落实和完善融资贷款、配套设施建设补助、税费减免、用地等扶持政策，明确政策边界，保护好农民利益。发挥工会、共青团、妇联、科协、残联等群团组织的优势和力量，发挥各民主党派、工商联、无党派人士等积极作用，支持农村产业发展、生态环境保护、乡风文明建设、农村弱势群体关爱等。实施乡村振兴"巾帼行动"。加强对下乡组织和人员的管理服务，使之成为乡村振兴的建设性力量。

（五）创新乡村人才培育引进使用机制。建立自主培养与人才引进相结合，学历教育、技能培训、实践锻炼等多种方式并举的人力资源开发机制。建立城乡、区域、校地之间人才培养合作与交流机制。全面建立城市医生教师、科技文化人员等定期服务乡村机制。研究制定鼓励城市专业人才参与乡村振兴的政策。

三、中共中央办公厅　国务院办公厅印发《关于加快推进乡村人才振兴的意见》（中办发〔2021〕9号）（2021年2月23日）

培育乡村工匠。挖掘培养乡村手工业者、传统艺人，通过设立名师工作室、大师传习所等，挖掘培养乡村手工业传统艺人；鼓励高校职业院校开展传承教育；在传统技艺人才聚集地设立工作站，以开展研习培训、示范引导、品牌培育等。

加强乡村规划建设人才队伍建设。支持熟悉乡村的首席规划师、乡村规划师、建筑师、设计师及团队参与村庄规划设计、特色景观制作、人文风貌引导，提高设计建设水平，塑造乡村特色风貌。统筹推进城乡基础设施建设管护人才互通共享，搭建服务平台，畅通交流机制。实施乡村本土建设人才培育工程，加强乡村建设工匠培训和管理，培育修路工、水利员、改厕专家、农村住房建设辅导员等专业人员，提升农村环境治理、基础设施及农村住房建设管护水平。

四、住房和城乡建设部　农业农村部　国家乡村振兴局联合印发《关于加快农房和村庄建设现代化的指导意见》（建村〔2021〕47号）（2021年6月8日）

（一）加强农房与村庄建设管理

1. 加强农村住房建设规划引导：加快村庄规划编制、农房建设集中规范、加大农房建设风貌引导。

2. 加强农村宅基地管理和保障：严格界定农村宅基地的取得条件、完善农村宅基地审批制度。

3. 完善农房审批管理机制：简化审批流程，提高农房规划报建审批效率；联合办公、共享信息提高农房报建审批效率。

4. 加大农村住房建设管理保障及改革力度：加强队伍建设、加强财政支持、深化农村宅基地制度改革、加强监督管理。

（二）建立乡村建设工匠培养和管理制度

目前，我国农村的劳动生活条件与城市相比是复杂的。政府必须规划农村人口对人才的需求，带头管理文化和特殊岗位学生选拔工作，补充农村和农业专业人才队伍。创新完善以农业学院、特殊学校为重点的农村正规教育体系，发展教育及非专业教育，短期训练配合长期职业训练，特训结合复训，网络教育结合课堂教育。

（三）加强管理和技术人员培训

习近平总书记在 2021 年 4 月 13 日对职业教育工作作出重要指示强调，加快构建现代职业教育体系，培养更多高素质技术技能人才、能工巧匠、大国工匠。管理和技术人员是乡村建人才的核心部分，决定了乡村建设的质量和水平。各镇村应高度重视乡村管理人才和技能人才队伍建设，提高管理和技能人才待遇；应加强与职业院校的交流互动，形成职校和乡村的无缝衔接；积极推进就业准入，对乡村建设领域技术岗位，实行持证上岗，严把准入关。

（四）不断充实乡村建设人才队伍

在新时期，要培养和造就一批踏实、勤劳、敬业的乡村人才，就要在政策支持、制度保障等方面，为乡村建设人才创造有利条件和机遇，主要包括财政支持、技术支持和政策支持。目前，单靠市场机制并不能确保人力资源对农村发展作出有效的长期贡献，建立适应农业产业繁荣要求的"懂技术、懂创业、懂管理"农村劳动力队伍，特别是乡村建设人才队伍，显得尤为必要。各村镇都应努力在充实人才队伍上想办法、动脑筋，不仅要招得进人，还要留得住人。

2.2 江苏省乡村建设人才培养的主要做法

一、《中共江苏省委 江苏省人民政府关于贯彻落实乡村振兴战略的实施意见》（苏发〔2018〕1 号）（2018 年 4 月 23 日）

一是推动乡村人才振兴，重点开发人力资源，实施更积极、开放、有效的人才政策，将自主培养和引进相结合，吸引各路人才"上山下乡"投身乡村振兴事业；二是制定实施全省新型职业农民培育规划，有计划地组织农民学习培训，吸引大学生从事农业创新创业，推动外出人员回乡发展农业，力争在 3～5 年，建立起一支能够初步满足现代农业发展需要的新型职业农民队伍；三是全面建立城市医生、教师、科技文化人员等定期服务乡村机制，开展助推乡村振兴专家服务基层系列活动，深入推行科技特派员制度，推动各类专业人员下乡服务乡村建设，鼓励农业科技人员到乡村兼职和离岗创新创业，进一步引导和鼓励高校毕业生到农村基层就业创业；四是加强农村乡土人才队伍建设，计划 5 年培育认定农村实用人才 10 万名，并扶持培养一批农业职业经理人、乡村工匠、文化能人、非遗传承人等，以充分发挥其带领技艺传承、带强产业发展、带动群众致富的作用；五是探索公益性和经营性农技推广融合发展机制，允许农技人员通过提供增值服务取得合理报酬；六是全面实施农技推广服务特聘行动计划等。

二、《江苏省住房和城乡建设厅关于印发 2019 年人才工作要点的通知》（苏建函人〔2019〕140 号）（2019 年 3 月 19 日）

通知中明确指出：将习近平总书记关于人才工作系列重要讲话作为全省人才建设工作的重要指导思想，并认真贯彻落实住房和城乡建设系统"十三五"人才规划，坚持党管人才原则，根据"党委统一领导、组织部门牵头抓总、职能部门各司其职、社会力量共同参与"的相关要求，落实"一把手"抓"第一资源"责任，加强规划引领和顶层设计，同时各级住房城乡建设主管部门要把人才队伍建设主要工作纳入本单位、行业综合考核指标。分解落实人才规划重点任务，强化行业部门抓人才工作职责，推进行业人才队伍建设；积极推进"一行业一人才规划"。

通过组织实施劳务用工制度改革行动、农民工素质提升行动和社会权益保障行动等，促使农民工职业化；组织实施《江苏传统建筑和园林营造技艺传承工程》，积极推动相关院校开设传统建筑与园林营造课程及相关专业，广泛开展传统营造技艺教育培训，继续推动江苏传统建筑和园林营造技艺研究基地、实训基地、重点实验室、匠师工作室等项目建设等。组织实施职工职业技能竞赛，积极开展全省住房城乡建设系统内各工种职业技能竞赛和岗位练兵活动；组织构建系统新型高端智库。会同相关部门制定全系统新型高端智库建设规划，统筹汇集整合业内外优秀人才，打造高端人才专家库，形成重大决策问询制度，促进政产学研各类智库互联互通，实现研究成果和信息共创共享等。

按照省职称管理部门要求，修订《省建设工程中、高级专业技术资格条件》等；鼓励通过集中建设、长期租赁商品住房等形式筹集公共租赁住房，用于解决符合条件的人才住房问题。人才聚集的大型企事业单位、开发区，在符合土地利用总体规划和城乡总体规划的前提下，可利用自有存量土地建设公共租赁住房，优先保障本企事业单位和开发区符合条件的人才租赁。符合盘活转用条件的政府投资公共租赁住房，在满足当地保障性需求后，经报省政府批准后可用于人才"双创"基地；开展"江苏省住房城乡建设领域突出贡献奖"评比和加大人才宣传等。

关于乡村工匠的激励保障措施有：一是让具有办学资质的培训机构开展乡村工匠培训和发放乡村工匠证书；二是将乡村工匠列入劳动力技能补贴范畴；三是对乡村工匠的培训和评价进行信息化管理，建立和完善乡村工匠培训评价信息系统等；四是鼓励本地乡村工匠带头人承建乡村小微工程等。

三、各市开展乡村建设人才培养工作的主要做法和先进经验

1. 强化组织领导，实化政策措施。徐州市贾汪区建立了党委统筹协调工作机制，每季度召开一次乡村振兴战略分析研判工作会议；各市出台乡村振兴十项重点工程实施方案，明确了现代农业提质增效、农民收入新增万元、美丽宜居乡村建设等方面 5 年的量化指标和政策措施；连云港市构建了市县乡党政领导班子和领导干部推进乡村振兴实绩考核制度。

2. 加强农产品品牌人才培育，促进农业提档升级。泰州市下发《农产品品牌建设三年（2018—2020）行动计划》，着力培育"泰"字牌绿色农产品省内外影响力；举办农村公路创意设计大赛，以推动打造溧阳旅游 1 号公路、睢宁淘宝小镇产业路等一批资源路、

旅游路、产业路；开展涉农专业大学生创新创业和农产品电商"双万人培训"行动，推动各类创新创业平台建设，举办新农民新技术创新项目创意大赛；收集、分析、研究农业供给侧结构性改革、城乡融合发展等方面案例，总结其精华成果和经验并编印成册以供各市学习参考。

3. 立足乡村振兴，打造金融人才队伍。2018 年，省财政预算安排"农林水支出"233.78 亿元，以推进涉农资金统筹整合，促进农业发展；无锡市级财政拿出 1000 万元专项扶持资金，各县（市、区）也给予专项财政支持，对符合政策的工商资本投农项目可优先获得"富农贷""金农贷""新农贷"等农业融资风险补偿基金贷款，同时在税收等方面享受优惠；着手建立乡土技能人才评价标准，开展乡土人才技能等级评定。将乡土人才纳入国家和省特贴专家、大工匠等重点人才项目的评选表彰范围，组织认定省级传统技艺技能大师。

4. 优化农村制度改革，推进乡村治理现代化。出台《关于深化全省农村集体产权制度改革的实施意见》，召开深化农村集体产权制度改革会议，推进整省试点工作，部署开展农村集体资产清产核资，创新集体经济运行机制，规范农村产权流转交易，动员全市深化对农村道路、河道、集体资产资源等公共空间治理；进一步统筹协调常州市武进区农村土地制度改革试点工作，推进农村集体经营性建设用地入市改革试点、农村宅基地改革试点、征地制度改革试点全面覆盖、深度融合；对梳理出的集体土地进行统一发包，进入产权交易平台成交总额达 6.2 亿元，进而有效激活了乡村"沉睡"的资源。

2.3　江苏乡村建设工匠的发展现状及前景

乡村建设，关键在人。人才振兴是实施乡村振兴战略的重要推力，是落实产业兴旺、生态宜居、乡风文明、治理有效、生活富裕总要求的有力保障。要把人力资本开发放在首要位置，畅通智力、技术、管理下乡通道，造就更多乡土人才，打造结构完善、技能合格的乡村建设人才队伍。到 2025 年，乡村人才振兴制度框架和政策体系基本形成，乡村振兴各领域人才规模不断壮大、素质稳步提升、结构持续优化，各类人才支持服务乡村格局基本形成，乡村人才初步满足实施乡村振兴战略基本需要。

2.3.1　当前江苏省乡村建设工匠发展现状

1. 乡村工匠人数众多，流动性极强。根据《2020 年度江苏省建筑业发展报告》，截至 2020 年，全省建筑业年末从业人数 857.2 万人，省内从业人员数 522.3 万人。这个数字只是建筑业的一项数据，其他勘察设计、规划、市政等行业都不计在内。但是我们清楚看到，工程项目建设大多在城市，相对而言，目前乡村建设体量很小。而从事一线工作的建筑工匠大多来自乡村，他们辗转于城市乡村之间，流动性很强。

2. 人员素质参差不齐，文化水平低。上文提及的建筑业从业人数巨大，但是执业注册人员数量占比较小。根据《2020 年度江苏省建筑业发展报告》，截至 2020 年，全省建筑技经人员（技术人员和经营管理人员）总人数达到 168.5 万人，也就是说一线技能岗位人员数约为 353.8 万人。其中大多数都没有评定技能等级。他们大多来自农村，接受的文化教育程度较低，这也是乡村建设工匠培育亟待解决的问题。

3. 技艺传承方式单一，提升难度大。从古至今，我国传统乡村技艺（比如泥瓦匠、石匠、木匠）的传承，大多靠口耳相传，通过师傅带徒弟的方式一代代往下传。这种技艺传承模式难于普及，从时间和空间上都大大制约了建设工匠的培育，也阻碍了传统技艺水平的提升。

2.3.2　江苏乡村建设工匠发展前景

1. 乡村振兴战略为乡村工匠提供了难得机遇。党和国家大力实施乡村振兴战略，特别是江苏省力推的特色田园乡村建设为乡村建设工匠人才提供了广阔的舞台。不论是村镇规划、农房建设，还是农业现代化涉及的产业规划和基础设施建设，都急需大量的乡村建设工匠。其中每一项工作、每一个环节都需要乡村建设工匠的智慧和力量。

2. 农村高技能人才短缺催生更多乡村建设工匠。由于各种原因，农村高技能人才流失严重。乡村振兴和乡村建设所需的工匠人才缺口较大。当前情况下，投身乡村建设、反哺农村发展正合其时。对于建设工匠人才来说，这是实现社会价值和个人价值的双赢选择。

3. 乡村振兴增强了乡村工作对技能人才的吸引力。随着乡村振兴战略的实施，乡村的环境越来越好，生活也越来越方便，恬淡诗意的田园生活对城市人群的吸引力不断增强，技能人才到农村工作生活的意愿也会随之不断提高。政府层面，正竭力打通城乡人力双重循环回路。国家鼓励农民工返乡创业，并出台一系列在乡村健全相关创业服务体系的政策，为培育"返乡创业类"乡村工匠提供了良好机遇。政府应引导更多返乡人员留在农村、扎根农村，满足农村新业态以及产业融合发展的需求。

综上所述，无论从当前政策环境、乡村发展现状，还是工匠人才发展前景来看，各种因素正为工匠人才回流乡村创造了更好的条件。尤其是江苏在推动乡村振兴方面的有力措施，为建设工匠提供了难得的发展机遇。

第三章 乡村规划建设的基本内容和总体要求

3.1 乡村规划建设的基本原则

3.1.1 城乡统筹，融合发展

乡村不是一个孤立的个体，任何一个地区的乡村规划建设，都需要放在其所处地区的城乡发展现实情况中来分析和判断。推动乡村规划建设取得良好的效果，需要树立城乡统筹、融合发展的理念，分析判断该地区所处的经济社会和城镇化发展阶段和趋势，认识并遵循乡村发展规律，积极促进城乡一体化发展，形成城乡产业发展互补、基础设施互联、公共服务均等、资源能源共享、生态环境互促的城乡共荣、各美其美的发展格局。同时，积极推动人才、土地、资本等各类资源要素在城乡之间的双向流动与平等交换，为乡村发展注入新的活力。

3.1.2 规划引领，分类施策

乡村面广量大，乡村振兴不可能是当前的每个村庄都能振兴，也不会是同时实现振兴，这需要我们坚持规划先行、谋定后动。不同地区的乡村资源禀赋、建设基础等条件千差万别、情况各异，也需要分类指导、因村施策。因此，开展乡村建设，首要任务就是要通盘考虑乡村建设和发展各项相关要素，根据实际需要，因地制宜、因村制宜开展村庄规划设计，统筹安排乡村地区各类空间和设施布局，分类设计具有地域文化特色的美好人居环境，确定适宜的建设方式和技术手段，并正确处理近期建设与长远发展的关系，真正做到"先规划后建设"，以高水平的规划设计引领高品质的乡村建设发展。

3.1.3 生态优先，绿色集约

要坚持生态优先，将乡村的各项建设与农村生态环境的保护修复结合起来，保护好村庄周边和内部的自然环境，传承村落与山水林田湖有机相融、和谐共生的关系，营造尺度适宜、顺应自然的空间格局，实现村庄与自然的共生、共长、共融。乡村建设也要坚持绿色乡村建设理念，集约节约利用资源，注重采用节能、环保、低碳的新材料、新技术、新工艺，鼓励乡土材料的当代创新和利用，积极探索传统营造技艺融入乡村建设的有效途径。

3.1.4 提升品质，彰显特色

乡村建设要始终秉持着结合地方发展实际，不断提升农村人居环境、彰显特色品质的目标。一方面要着力补齐农村污水处理、垃圾收运、"厕所革命"、医疗卫生、文化养老等基础设施和公共服务设施建设的短板，满足人民群众日益增长的生产生活需要，

进一步缩小与城镇地区服务水平的差距。另一方面也要深入挖掘、保护并合理利用乡村的自然山水环境和历史文化资源，传承和彰显乡村特有的农业景观、建筑风貌、乡土文化，顺应新时代农民群众生产、生活习惯和乡风文明建设的变化趋势，塑造与城市不同的体现文化特色、时代特征和地域特点的乡村特色景观，从而进一步激发乡村的魅力和吸引力。

3.1.5 农民主体，多方参与

要明确乡村为谁而建。乡村是农民群众的乡村，乡村的建设组织要在村两委的坚强领导下，充分尊重广大农民的意愿，引导和调动农民积极性、主动性，探索村民自主建设、自主管理的有效途径，依靠群众的力量和智慧规划建设美丽家园，切实发挥农民的主体作用。同时，也要鼓励引导各级政府机构、各类企业或资本以及专业人才队伍参与乡村建设，全方位陪伴乡村规划、建设、发展、管理的全过程，保障乡村规划建设工作的实际成效。

3.2 乡村规划的主要类型

乡村规划的类型较为丰富，不同层面有不同的规划类型以应对不同的需要。在国家乡村振兴战略规划总领下，县级层面的乡村规划包括研究乡村地区发展问题为主的乡村振兴战略实施规划和研究乡村地区空间问题为主的村庄布局规划；行政村层面，则以"多规合一"实用性村庄规划对乡村的建设发展问题进行全面统筹；自然村层面的乡村规划包括以建设为主的村庄建设规划和以保护为主的历史文化名村保护规划、传统村落保护与发展规划等。

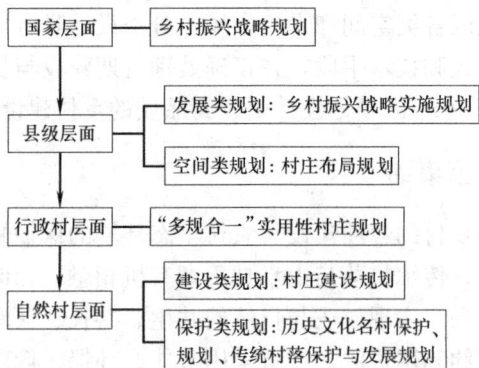

3.2.1 乡村振兴战略实施规划

乡村振兴战略实施规划是落实国家乡村振兴战略规划，指导地方开展乡村振兴相关工作的重要指南。该类规划对乡村发展进行系统性谋划，重点突出乡村发展目标、乡村发展空间格局构建、乡村产业发展、乡村建设、乡村文化传承、现代乡村治理体系构建、乡村地区民生设施建设等方面的内容，见表3-1。

乡村振兴战略实施规划主要内容一览表 表 3-1

序号	内容板块	主要内容
1	规划背景	重大意义、振兴基础、发展态势、总体要求
2	总体要求	指导思想和基本原则、发展目标、远景谋划
3	构建乡村振兴新格局	统筹城乡发展空间、优化乡村发展布局、分类推进乡村发展、坚决打好精准脱贫攻坚战
4	加快农业现代化步伐	夯实农业生产能力基础、加快农业转型升级、建立现代农业经营体系、强化农业科技支撑、完善农业支持保护制度
5	发展壮大乡村产业	推动农村产业深度融合、完善紧密型利益联结机制、激发农村创新创业活力
6	建设生态宜居的美丽乡村	推进农业绿色发展、持续改善农村人居环境、加强乡村生态保护与修复
7	繁荣发展乡村文化	加强农村思想道德建设、弘扬中华优秀传统文化、丰富乡村文化生活
8	健全现代乡村治理体系	加强农村基层党组织对乡村振兴的全面领导、促进自治法治德治有机结合、夯实基层政权
9	保障和改善农村民生	加强农村基础设施建设、提升农村劳动力就业质量、增加农村公共服务供给
10	完善城乡融合发展政策体系	加快农业转移人口市民化、强化乡村振兴人才支撑、加强乡村振兴用地保障、健全多元投入保障机制、加大金融支农力度
11	规划实施	加强组织领导、有序实现乡村振兴

注：根据各地乡村振兴战略实施规划内容总结。

3.2.2 村庄布局规划

村庄布局规划是国土空间规划体系中的重要专项规划，是统筹城乡发展和建设的重要依据。其主要任务是在综合分析村庄发展条件和潜力的基础上，按照"多规合一"的要求和因地制宜、实事求是的原则，将现状村庄划分为"集聚提升类村庄""特色保护类村庄""城郊融合类村庄""搬迁撤并类村庄"和"其他一般村庄"，明确各类村庄布局，统筹各类基础设施和公共服务设施配置，保护永久基本农田和生态保护红线，促进土地节约集约利用，见表 3-2。

村庄布局规划主要内容一览表（以江苏省为例） 表 3-2

序号	内容板块	主要内容
1	城乡人口结构	结合市县国土空间总体规划确定的各项发展目标，深入分析县（市、区）域城乡空间格局与人口迁移变化趋势，合理研究并确定乡村人口进城、入镇、留乡的比例和分布特点，为各类村庄分类与规划布局提供依据
2	县域分区引导	在明确乡村人口流动趋势的基础上，按照"多规合一"的要求，依据市县国土空间总体规划和地方发展需求，落实乡村地区产业布局、永久基本农田和生态环境保护、公共资源配置、基础设施建设、风貌保护等相关规划要求，明确不同空间地域内村庄分类和布局原则要求
3	明确村庄分类	在综合分析研究村庄发展条件和潜力基础上，将现状村庄因地制宜划分为"集聚提升类村庄""特色保护类村庄""城郊融合类村庄""搬迁撤并类村庄"和"其他一般村庄"
4	村庄规划引导	针对五类村庄分别从产业发展、设施配套、村庄建设等层面进行差异化的规划引导
5	近期行动计划	明确近期拟建设村庄的规模、边界和公共服务设施配置等具体要求

注：参考《江苏省镇村布局规划优化完善技术指南（试行）》。

3.2.3 "多规合一"实用性村庄规划

"多规合一"实用性村庄规划是为了区别于过去已有的村庄规划（或村庄建设规划、村土地利用规划等）的一个通俗说法，是特指在新时代国土空间规划改革背景下五级三类规划体系中的"村庄规划"。和以往不同，村庄规划被明确界定为乡村地区的详细规划，是乡村地区开展国土空间开发保护活动、实施国土空间用途管制、核发乡村建设项目规划许可、进行各项建设等的法定依据。村庄规划以一个或多个行政村为编制范围，落实上位规划和相关部门对乡村发展的要求，根据实际需要，因地制宜明确村庄发展目标，加强生态红线、耕地和永久基本农田及历史文化保护，优化国土空间布局，统筹产业发展及各类设施配套，明确近期行动及实施项目等。

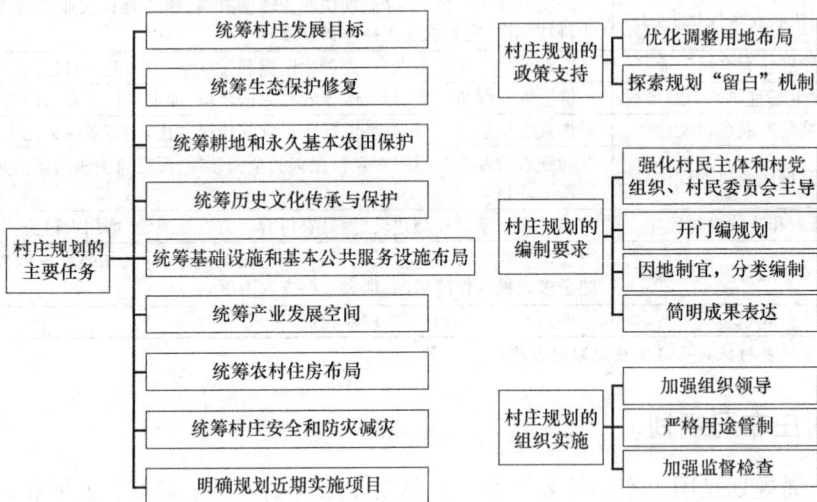

注：参考《自然资源部办公厅关于加强村庄规划促进乡村振兴的通知》（自然资办发〔2019〕35号）

3.2.4 村庄建设规划

村庄建设规划与乡村建设的关系最为密切，也可称作村庄设计，是在村庄规划的指导下，对村庄居民点的空间格局、农民住房、道路交通、市政设施、公共设施、公共空间、绿化景观、产业发展等进行的详细设计，直接指导村庄人居环境建设。当前村庄建设规划的形式较为多样，包括村庄环境整治规划、特色田园乡村规划、新型农村居民点规划、村庄人居环境提升规划等，见表3-3。

村庄建设规划主要内容一览表　　　　　　　　　　　　表3-3

序号	内容板块	主 要 内 容
1	空间格局	优化村庄空间格局，顺应自然基底、保护传统肌理，引导村庄形成良好的空间界面与序列
2	农民住房	对农房建设的功能、外观、环境等提出改造建议，对新建农房提出设计引导，满足安全耐久、经济适用、美观协调、绿色宜居的要求
3	道路交通	合理布局优化村庄道路体系，对停车场地、辅助设施等进行配套，对断面和铺装提出设计引导
4	公用设施	综合考虑乡村经济发展水平、地区资源、地形地貌、气候条件、建设难度等因素，因地制宜采用形式多样、集约高效的供给模式。对供水、污水、能源、垃圾等设施进行合理规划
5	公共设施	合理配置和布局公共服务设施，便于村民使用，引导建设体量适宜、特色鲜明的公共建筑
6	公共空间	关注村民日常交往、习俗礼仪、商贸集市等多元的现代公共活动需求，合理布局公共空间，对公共活动场地、健身场地、村口、标识小品进行设计
7	绿化景观	对村庄绿化景观进行设计，重点对田园景观进行优化，对公共活动场地周边、水边、路边和房屋周边的绿化进行差异化设计
8	产业发展	因地制宜对村庄产业发展进行引导

注：参考《江苏省村庄建设规划导则（试行）》。

3.2.5 历史文化名村保护规划与传统村落保护发展规划

该类规划主要针对历史文化名村、传统村落等自然村进行编制，以解决相关类型村庄的保护与发展问题。该类规划的重点是，提出保护目标、明确保护内容、确定保护重点、划定保护和控制范围、制定保护与利用的措施，见表3-4、表3-5。

历史文化名村保护规划主要内容一览表 表3-4

序号	内容板块	主 要 内 容
1	价值评估	评估历史文化价值、特色和现状存在问题
2	总体要求	确定保护原则、内容与重点，提出总体保护策略与要求
3	保护规划	提出对周边景观环境的保护措施；确定保护范围，提出保护范围内的分类保护整治要求；提出非物质文化保护措施
4	人居环境规划	提出改善基础设施、公共服务设施、生产生活环境的规划方案
5	规划实施	提出分期实施方案和实施保障措施

注：参考《历史文化名城名镇名村保护规划编制要求（试行）》。

传统村落保护发展规划主要内容一览表 表3-5

序号	内容板块	主 要 内 容
1	传统资源调查与档案建立	对传统村落有保护价值的物质形态和非物质形态资源进行系统而详尽的调查，并建立传统村落档案
2	特征分析与价值评价	对村落选址与自然景观环境特征、村落传统格局和整体风貌特征、传统建筑特征、历史环境要素特征、非物质文化遗产特征进行分析
3	保护规划	明确保护对象、划定保护区划、明确保护措施、提出实施建议、确定保护项目等
4	发展规划	发展定位分析及建议、人居环境规划等

注：参考《传统村落保护发展规划编制基本要求（试行）》。

3.3 乡村建设的分类引导

中共中央、国务院印发的《乡村振兴战略规划（2018—2022年）》中明确提出"分类推进乡村振兴，不搞一刀切"。在推进乡村建设的实际工作中，要根据村庄的自身资源禀赋特征和建设基础等特点，围绕不同的发展目标，有针对性地开展相关工作。根据《规划》可以将村庄分为集聚提升类、城郊融合类、特色保护类、搬迁撤并类等四种类型。其中，集聚提升类、城郊融合类、特色保护类村庄为规划发展村庄，需要在后续的建设工作中逐步予以资金、项目及相关政策的支持和投入，以帮助其更好地取得发展成效。而搬迁撤并类村庄，顾名思义，则是需要在规划中予以严格管控建设行为的村庄。在乡村建设实践工作中，集聚提升类与特色保护类村庄是面上较为普遍和典型的村庄，其各项建设行为需要着重加以分类引导。

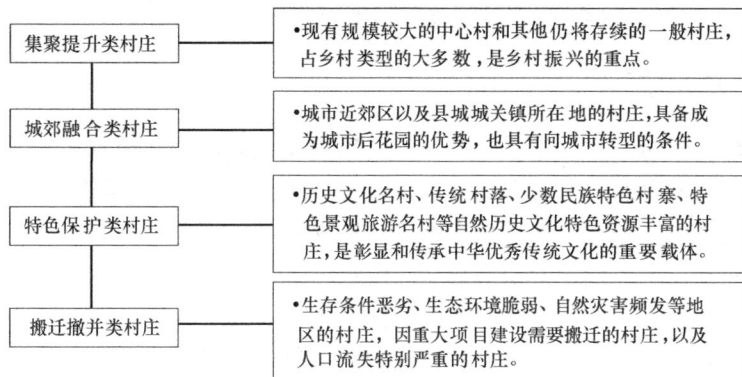

| 集聚提升类村庄 | •现有规模较大的中心村和其他仍将存续的一般村庄，占乡村类型的大多数，是乡村振兴的重点。 |

| 城郊融合类村庄 | •城市近郊区以及县城城关镇所在地的村庄，具备成为城市后花园的优势，也具有向城市转型的条件。 |

| 特色保护类村庄 | •历史文化名村、传统村落、少数民族特色村寨、特色景观旅游名村等自然历史文化特色资源丰富的村庄，是彰显和传承中华优秀传统文化的重要载体。 |

| 搬迁撤并类村庄 | •生存条件恶劣、生态环境脆弱、自然灾害频发等地区的村庄，因重大项目建设需要搬迁的村庄，以及人口流失特别严重的村庄。 |

《乡村振兴战略规划（2018—2022年）》

3.3.1 集聚提升类村庄

集聚提升类村庄是指现有规模较大、发展条件较好的仍将存续的规划发展村庄，是乡村振兴的重点。在实施过程中应有序推进改造提升，优化环境、完善配套、增添活力。从村庄建设实际中来看，集聚提升类村庄又可进一步细分为老村改造提升和规划新建两种类型。

1. 老村改造提升型

老村改造提升型村庄首先应充分挖掘闲置用地潜力，用于村庄绿化和公共场地建设，或用于插建村庄公共服务设施和村民住房。

具体建设上，应着力对公共空间、绿化景观、配套设施等进行改造提升，通过改扩建丰富村庄空间结构、提高村民生活品质、改善村庄环境、增强村庄活力。引导村庄公共服务设施合理配置，提高设施建设水平；结合村庄道路新、改（扩）建，优化道路系统，统筹污水、电力、通信、燃气等管网布局，做到"一次开挖，全面改造"；插建、翻建的农房应注重与原有建筑协调统一。

案例：宿迁市宿城区蔡集镇牛角淹农房改善项目

2. 规划新建型

规划新建型村庄是指选择适宜的区域，经过统一规划建设，形成满足村民生产生活的新家园。该类村庄应选址科学，与周边自然环境有机融合，延续乡村传统肌理，设施配套齐全，充分体现浓郁的乡土风情和时代特征。

规划新建型村庄首先应在符合相关规划、规定和安全要求的基础上，综合考虑地形地貌、基础设施条件、产业结构特点等进行科学合理的选址。在顺应自然生态格局、延续传统空间肌理、与自然田园有机融合的原则下进行村庄布局，利用河流、道路、山体、林田等自然要素形成自然有机的村庄边界和形态。

案例：邳州市议堂镇议堂村农房改善项目

空间建设上，应传承发扬传统的村庄空间组织方式和建房习惯，营造规模合理、丰富多样的建筑组群空间；应在农房功能上保障农民的生产生活需求，创造方便、舒适的居住空间，形成层次丰富的建筑形象和不失时代感的乡土风貌特色。

设施配套上，应对公共服务设施进行合理布局和规模设置，并探索实现空间复合化利用；按"先地下后地上"原则高标准建设基础设施，在道路建设时统筹安排各类基础设施，综合布局各类管线，并按规范要求预留各专业管线管位。

3.3.2 特色保护类村庄

特色保护类村庄主要包括在历史文化遗存（如历史文化名村、传统村落等）、自然环境景观、主导产业等方面具有特色资源的村庄，应着力保护历史文化遗存，活化利用传统资源，继承弘扬传统智慧，塑造村庄特色，促进乡村发展。

特色保护类村庄建设首先应充分挖掘村庄的山水、田园、建筑、主导产业等物质特色资源及民俗活动、传统技艺、民族艺术、名人事件等非物质特色资源。

在此基础上，对各类特色资源采取针对性保护措施和活化利用，并在建设中注意控制

建筑高度、体量以及色彩等，保护村落的传统风貌。

　　设施配套上，既要补齐基本公共服务短板，又要兼顾为特色保护利用服务。历史文化遗存和自然景观资源丰富的村庄应避免设施建设影响自然环境、村庄风貌；特色产业村庄要充分考虑产业发展需求，为村庄长远发展留有余地。

案例：文化传承和产业升级导向下的城市近郊乡村振兴路径探索

第四章 乡村建设工匠职业道德

乡村建设工匠是乡村振兴战略的推动者、组织者、实践者。加强乡村建设工匠职业道德建设，是加快推进乡村和村庄建设现代化，提高乡村房屋质量，提升乡村建设水平的现实需要。

4.1 乡村建设工匠职业道德的一般职业道德要求

4.1.1 忠于职守，热爱本职

乡村建设工匠应当培养高度的职业责任感，以主人翁的态度对待自己的工作，从认识、情感、信念、意志乃至习惯上养成"忠于职守，热爱本职"的自觉性。

1. 忠实履行岗位职责，认真做好本职工作。忠实履行岗位职责是国家对每个从业人员的基本要求，也是职工对国家、对企业必须履行的义务。每一名乡村建设工匠都要清楚本职岗位的职能范围和工作内容，清楚工作要求和标准，自觉做到在规定的时间内完成规定的工作数量，达到规定的质量标准。

2. 反对玩忽职守的渎职行为。玩忽职守、渎职失责的行为，不仅影响乡村建设工程的正常进度，还会使公共财产、国家和人民的利益遭受损失，严重的将构成渎职罪、玩忽职守罪、重大责任事故罪，而受到法律的制裁。乡村建设工匠，应当从一点一滴做起，忠实履行好自己的岗位职责，在工作时间内不消极怠工，不推卸责任，不文过饰非。

4.1.2 质量第一，信誉至上

"质量第一，信誉至上"就是在施工时要对建设单位、用户负责，从每个人做起，严把质量关，做到所承建的工程、房屋不出次品，更不能出废品，争创精品工程，打出品牌效应。

1. 树立"百年大计，质量第一"的正确理念。乡村建设工匠应当本着为所建工程、房屋负责任的态度，把质量放在第一位，不可为了赶进度、赶工期降低了工作标准，从而影响建设质量，甚至是为了省材料、降成本而偷工减料，为工程质量埋下隐患。要把牢质量关，经得起时间检验。

2. 建立"诚实守信，履行合同"的良好信誉。"信招天下客，誉从信中来"。诚实守信，应当成为乡村建设工匠职业道德的灵魂。一旦签订合同，就要严格认真履行，不能不守信用，随意加价；更不能见利忘义，对建设材料偷梁换柱，以次充好，要以良好的信誉获得建设单位、用户的肯定。

4.1.3 遵纪守法，安全生产

法纪是道德的延伸。乡村建设工匠遵纪守法，不仅是法纪对生产活动的要求，也是职业道德的要求。

严格遵守劳动纪律，做到听从指挥，服从调配，按时、按质、按量完成生产任务；保证劳动时间不迟到、不早退、不旷工，遵守考勤制度；认真执行岗位责任制和承包责任制，坚守工作岗位，不玩忽职守，在施工中精力集中，不干私活，不做与本职工作无关的事；文明施工、安全生产，严格遵守操作规程，不违章指挥、违章作业；做遵纪守法、维护生产秩序的模范。

4.1.4 文明施工，勤俭节约

文明施工，就是要坚持合理的施工程序，按既定的施工组织设计科学组织施工，严格执行现场管理制度，做到经常监督检查，保证现场整洁，材料堆放整齐，工完场清，不留尾巴，施工秩序良好。

勤俭就是勤劳俭朴，节约就是把不必使用的省下来。换句话说，一方面要多劳动、多学习、多开拓、多创造社会财富；另一方面又要合理使用人力、物力、财力，精打细算，节省开支，减少消耗，降低成本，提高劳动生产率，提高资金使用率，避免浪费和无谓的损失。

4.1.5 钻研业务，提高技能

乡村建设工匠的业务、技能水平，直接影响着乡村和村庄现代化建设的质量情况。随着时代的发展，乡村工程、房屋建设已经从粗放型转为精细型，这就要求乡村建设工匠适应时代发展需要，钻研业务，提高技能，打造精品。

时代的发展也催生着机械设备的迭代更新。现代化的机械设备，对乡村建设工匠的知识水平、技能水平要求不是变低了，而是变高了。乡村建设工匠只有努力学习先进技术和专门知识，努力钻研新型装备操作技能和方法，了解行业展方向，才能快速适应新的时代要求。

4.2 乡村建设工匠职业道德的核心内容

随着我国市场经济的深入发展，现代社会已然成为一个以职业为中心的社会，职业活动是维系个体在现代社会中生存和发展的最重要社会实践活动，职业道德也成为现代人最基本的一种社会行为，与个体息息相关。乡村建设工匠职业道德核心内容，是在乡村建设工匠职业道德的一般职业道德要求的基础上逐步建立的。乡村建设工匠职业道德的核心内容具体如下：

4.2.1 有爱国情怀

爱国情怀是热爱、维护自己国家的一种情结，体现了对祖国的深厚感情，反映了个人对祖国的依存关系，是对故土家园、民族和文化的归属感、认同感、尊严感与荣誉感的统一，也是社会主义核心价值观最主要的部分。

一个缺少爱国情怀的工匠不是一个优秀的工匠。有了爱国情怀，才能更好地诠释工匠精神。乡村建设工匠应当认识到工匠精神与爱国情怀有着高度统一性。从制造大国向制造强国迈进，需要工匠精神；从大型企业到知名企业迈进，需要工匠精神；从小康社会向社会主义现代化迈进，需要工匠精神；从脱贫攻坚到乡村振兴，需要工匠精神。乡村建设工匠参与农村和房屋现代化建设，就是在为故土家园做贡献，就是在为祖国现代化建设做贡献，这本身就是展现自己爱国情怀的最好方式。要把爱国情怀转化为工作热情、动力，推动工作向上向好。

4.2.2　有专业水准

随着社会的发展，各行各业不断向细分领域拓展。细分领域的专业水准，是工匠精神的直接表现形式。

建设工匠按职业类型可细分为建造师、结构工程师、建筑师、造价师、监理工程师、项目经理、施工员、质量员、安全员、材料员。仅施工员，又可细分为土建类、安装类、机械施工类、古建类、市政类、供水类、燃气类、环卫类、园林类、装修类施工员。

"千鸟在林，不如一鸟在手"一个人的时间精力是有限的，这就需要乡村建设工匠在自己所从事的专业中，精打细磨，具备较强的专业水准，成为所从事的细分专业的"行家里手"，即使当"泥瓦匠"也要当成专家式的"泥瓦匠"。

4.2.3　有过硬技能

乡村建设工匠的手艺一般都是祖传或跟着师傅习得的，是一种经验的积累和传承。随着机械设备的发展，给传统的乡村建设工匠带来了巨大冲击，同时，也对新一代乡村建设工匠提出了更高的要求。但机械设备再先进，操作机械设备的最终还是人，机械设备所生产的也只是标准化产品，无法创造性、艺术性地进行施工。只要乡村建设工匠有着过硬技能，就始终不会被淘汰。机械施工并不能完全取代手工施工，这是不争的事实。

乡村建设工匠职业道德规范中要求工匠应有过硬技能，因为过硬技能就是乡村建设工匠的立身之本，更是对施工单位、客户负责的具体表现。一是要传承和发扬好传统的乡村建设工艺，让优秀的技艺代代相传；二是要融入工业化，使用新的生产机械设备对传统的乡村建设工艺进行升级改造，以更好地适应时代发展；三是要积极参加学习培训，实现技能升级，提高知识水平。

4.2.4　有职业操守

工匠精神是劳动者对职业操守的最高信仰。职业操守高尚，就会催生精益求精的工作态度，就会对自己所干的工作精雕细琢，就能出精品，出成果。这本身就属于工匠精神的范畴。在传统观念中，较少地正式把乡村建设人员列入正式职业，但随着时代的发展，各行各业职业化程度越来越高，乡村建设工匠正越来越受到社会认可。乡村建设工匠对自身要有一个准确的职业定位，要有职业认同感，要有严格的、高尚的职业操守。唯有如此，乡村建设工匠的技艺才能不断传承发展下去。

4.3　乡村工匠职业道德建设的现状、特点与措施

4.3.1　乡村工匠职业道德建设的现状

1. 质量安全问题频发，敲响职业道德建设警钟。从目前乡村建设形势来看，总体上

是好的，但出现的一些问题必须引起高度重视。例如不注重设计或者照搬照抄他人住房样式盲目施工，有的"土设计师"现场边设计边施工，导致房屋的结构稳定性、安全性极低；施工中偷工减料，造成质量隐患；建筑材料伪劣产品层出不穷，以次充好；人情关系和金钱等因素严重干扰建筑工程监督的严肃性，对存在的问题睁一只眼闭一只眼，隐瞒不报，糊弄过关。

2. 推进农房和村庄建设现代化，急切呼唤职业道德。目前乡村工匠道德建设的监督体系不完善，相关的法律制度不合理，造成履约差等弊端，敬业乐业和精益求精的工匠精神必须以职业道德为基本依托，乡村要振兴，就必须大力加强乡村建设工匠的职业道德建设，从最基础、最根本的东西抓起，积极探索培养工匠精神的制度环境，以职业道德建设促进法规制度的有力落实。

3. 高度职业认同和坚定的职业信念是培育工匠精神的关键。当前，工匠精神的职业道德心理机制急需探索，职业道德情感对于整体匠人精神的培养具有较为重要的作用，建筑行业人员流动性大，劳动强度大，因此归属感、情感、热爱程度相对欠缺，催生从业者积极愉悦的职业道德情感，并在对极致、完美的职业追求中逐步把情感体验上升到职业成就感、荣誉感、幸福感，进而强化精益求精、追求卓越的职业道德行为，形成高质量的"职业道德情感—职业道德行为"的良性循环。

4.3.2　乡村工匠职业道德建设的特点

开展乡村工匠职业道德建设，要注意结合其群体特点。

1. 职业道德教育的精准性。我国乡村建设工匠从业者众多，涉及许多不同岗位和工种。因此，在开展一般职业道德教育的基础上，还要进一步针对每个工种岗位开展更为精确的职业道德教育。

2. 职业环境的特殊性。乡村工匠大多时候露天作业、高空作业，风吹日晒雨淋，生产生活条件较为艰苦；大部分工作需要消耗大量体力，工作任务较重，但同时不少工种收入并不高。随着社会越来越注重以人为本的理念，乡村建设工匠的生活条件有了明显改善，工资待遇有了明显提高，但总的来说，与社会上其他工作相比，尤其是在生产环境、生活条件上仍有较大差距，这在思想、心理上对乡村工匠势必造成影响，应当加强苦乐观教育，注重改善其生产环境和生活条件。

3. 乡村建设工匠的流动性。乡村建设工匠工作地点很难长期固定在一个地方，来自全国各地又流向全国各地，随着一个施工项目的完工，又会转移到别的地方，可以说是四海为家，随处奔波，很难长期定点接受一定的职业道德教育培训。这就需要灵活安排，穿插安排。

4. 作业岗位联系的紧密性。工程建设，是由多个专业、岗位、工种共同来完成的，每个岗位所完成的每项任务，既是对上一个岗位的承接，也是对下一个岗位的延续，直到工程竣工验收。因此，加强团结协作教育、服务意识教育非常必要。

4.3.3　乡村建设工匠职业道德建设的措施

乡村建设工匠职业道德建设涉及政府部门、行业企业、职工队伍等多个方面，需要齐抓共管，各司其职，各负其责。

1. 发挥政府职能作用，加强监督监管和引导指导。政府各级建设主管部门要加强监督和引导，在行政立法上约束不守职业道德的行为，建立健全乡村工匠职业道德规范和制度。坚持"教育是基础"，编制相关教材，开展骨干培训，积极采用广播、电视网络、新媒体开展宣传教育。

2. 发挥企业主体作用，抓好工作落实和服务保障。企业要把乡村工匠职业道德建设作为自身发展的重要工作来抓。领导班子和管理者要起模范带头作用。企业领导应关注具体工作落实情况，抓好具体活动开展，使乡村工匠职业道德建设工作顺利实施，有序进行。

3. 改进教学手段，创新方式方法。在教育时要改进教学手段，创新方式方法，尽量采用一些通俗易懂的方法，努力营造良好的学习教育氛围，增加乡村工匠对职业道德学习的兴趣。可利用工地民工学校，搭建多媒体课堂，在业余时间开展集中培训；线下与线上相结合，把课堂搬到网上，引导乡村建设工匠自我教育；在岗位业务培训中穿插职业道德教育培训；班前班后有针对性地开展安全技术教育培训。

4. 结合项目现场管理，突出职业道德建设效果。认真做好施工现场管理工作，做到现场道路畅通，材料堆放整齐，防护设施完备，周围环境整洁，充分展示建设工地新形象。把提高项目工程质量、信守合同作为职业道德建设的一个重要一环，高度重视：施工前为用户着想；施工中对用户负责；完工后使用户满意。

5. 开展典型性教育，发挥奖惩激励机制作用。在职业道德教育中，应当大力宣传身边的先进典型，用先进人物的精神、品质和风格去激发乡村建设工匠的工作热情，例如每年开展一次"十佳乡村建设工匠"表彰评选活动，平时在项目建设中建立奖惩激励机制，结合施工进度进行表彰奖励，对违规违纪人员进行处理，以充分调动广大员工的积极性和主动性，激发其创新潜能，发挥其奉献精神。

6. 倡导以人为本理念，改善工匠工作生活环境。积极为乡村工匠解决生产生活方面的困难，如夏季的降温解暑工作、冬季供热保暖工作，每年春节、中秋等节假日开展慰问、团拜活动，以及其他一些业余文化活动，使广大乡村工匠感受到企业和社会对他们的关心关爱、尊敬尊重，鼓励他们更加热爱职业，在实现自身价值中充分展现职业道德风貌。

第二篇

乡村建筑营造

第五章　房屋构造与识图

5.1　房屋构造

5.1.1　建筑的分类

建筑物按使用功能分类，可分为民用建筑、工业建筑和农业建筑。

1. 民用建筑

民用建筑是指供人们居住和进行公共活动的建筑的总称，包括居住建筑和公共建筑两大类，其中居住建筑包含住宅建筑和宿舍建筑。

民用建筑按地上建筑高度或层数分类应符合的规定见表5-1；民用建筑按设计使用年限分类应符合的规定见表5-2。

民用建筑按地上建筑高度或层数分类　　　　　　　　　　表 5-1

类别	按地上建筑高度或层数	备注
低层或多层 民用建筑	建筑高度不大于27m的住宅建筑 建筑高度不大于24m的公共建筑 建筑高度大于24m的单层公共建筑	建筑防火设计应符合现行国家标准《建筑防火设计规范》GB 50016有关建筑高度和层数计算的规定
高层民用建筑	建筑高度大于27.0m的住宅建筑 建筑高度大于24.0m，不大于100.0m的非单层公共建筑	
超高层建筑	建筑高度大于100.0m	

民用建筑按设计使用年限分类　　　　　　　　　　表 5-2

类别	设计使用年限(年)	示　例
1	5	临时性建筑
2	25	易于替换结构构件的建筑
3	50	普通建筑和构筑物
4	100	纪念性建筑和特别重要的建筑

2. 工业建筑

工业建筑是指服务于工业生产的车间、动力用房、仓储等建筑物。

3. 农业建筑

农业建筑是指农业建设中用于农业生产、服务的建筑物和构筑物，包括各类农业办公用房、实验室、仓库、种子库、种质库、冷库、温室、网室，各类畜禽圈舍，渔港、码头、防波堤等。

5.1.2　房屋构造组成及作用

房屋主要是由基础、墙或柱、楼地层、楼梯、屋顶、门窗六大部分组成，除上述主要组成部分之外，还有其他的构配件和设施，如阳台、雨篷、散水、勒脚、台阶、通风道等，根据使用需要在房屋中配置发挥其功能。如图 5-1 所示。

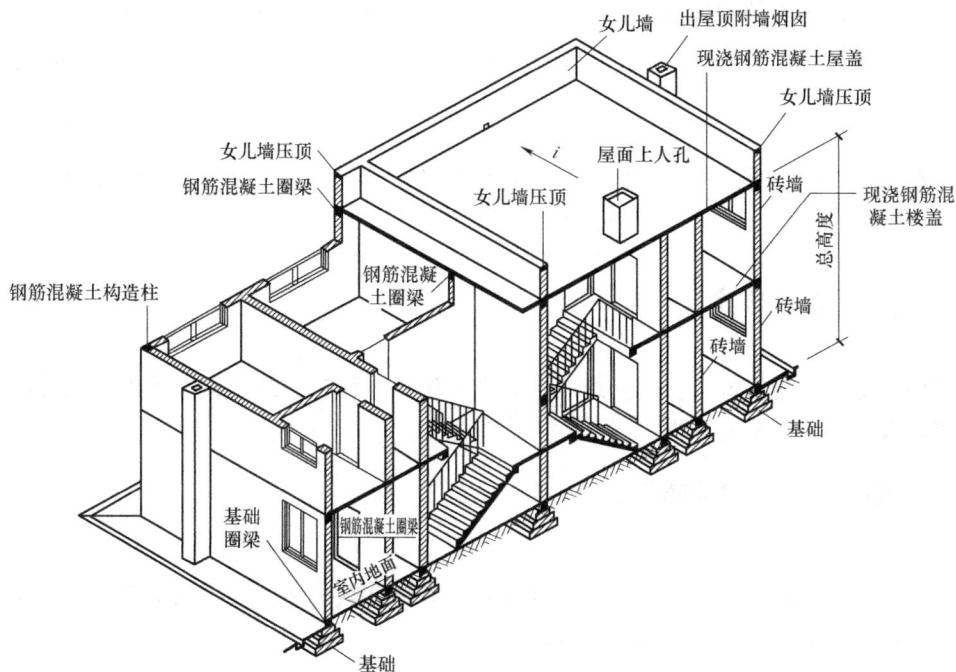

图 5-1　房屋的构造组成

1. 基础

基础是位于建筑物最下部的承重构件，其作用是承受建筑物的全部荷载，并将荷载传递给地基。

基础按所用材料及受力特点分类可分为：刚性基础、柔性基础。

基础按构造形式分类可分为：独立基础、条形基础、井格基础、筏形基础、箱形基础、桩基础等。

2. 墙或柱

墙体是房屋的承重和围护构件，是建筑的重要组成部分，墙体对整个建筑的使用、造型、自重和成本方面影响较大。墙体具有承重、围护和分隔的作用。它承受由屋顶、各楼层传来的荷载，并将这些荷载传递给基础。

乡村房屋设计中，如需跨度较大的空间，则可用柱承重。柱与梁、板等形成房屋的受力骨架系统，将荷载传递到基础。

3. 楼板与地面

楼板是划分空间的水平构件，具有承重、竖向分隔和水平支撑的作用。楼层将建筑从高度方向分隔成若干层，承受家具、设备、人体荷载及自重，并将这些荷载传递给墙或柱，同时，楼板层的设置对增加建筑的整体刚度和稳定性起着重要的作用。

地面是指房屋底层与土壤相交接的水平承重构件，根据不同条件与需要，增设防潮层、防水层或保温层等，以满足使用要求。

4. 楼梯

楼梯是各层之间的垂直交通联系设施，其主要作用是上下楼层交通紧急疏散。

29

5. 屋顶

屋顶是建筑物顶部的承重构件和围护构件。主要作用是承重、保温、隔热和防水。屋顶承受着房屋顶部包括自重在内的全部荷载，并将这些荷载传递给墙或柱，同时抵御自然界各种因素对屋顶的侵袭。

6. 门窗

门和窗都是非承重的建筑配件，起通风和采光的作用。门兼有分隔房间和交通、装饰的作用，窗同时也具有分隔、围护、装饰和眺望的作用。

5.2 房屋结构形式

常用的房屋结构形式，主要介绍两种分类方法，一种按建筑结构的承重方式分类；另一种按建筑结构所用材料分类。

5.2.1 按建筑结构的承重方式分类

1. 墙体承重

墙体承重是指由墙体承受建筑的全部荷载，并把荷载传递给基础的承重体系。这种承重体系适用于内部空间较小、房屋高度较小的建筑。

2. 框架承重

框架承重是指由钢筋混凝土梁、柱或型钢梁、柱组成框架承受房屋的全部荷载，墙体只起围护和分隔作用的承重体系。其适用于跨度大、荷载大、高度大的建筑。

3. 框架墙体承重

框架墙体承重是指建筑内部由梁、柱体系承重，四周由外墙承重。其适用于局部设有较大空间的建筑。

4. 空间结构承重

空间结构承重是指由钢筋混凝土或型钢组成空间结构承受建筑的全部荷载，如网架、悬索、壳体等。其适用于特种建筑、大空间建筑。

5.2.2 按建筑结构的材料分类

1. 砖混结构

砖混结构也称砌体结构，是用砖墙（柱）、钢筋混凝土楼板及屋面板作为主要承重构件的建筑，属于墙体承重结构体系。一般情况下，这种结构适合于建造层数在7层以下的中低层房屋，以及承载力要求不高的中小型房屋建筑。

2. 钢筋混凝土结构

钢筋混凝土结构是指梁、板、柱等主要承重构件采用钢筋混凝土建造，其他非承重构件采用砌体或其他轻质材料建造的房屋结构体系。这种结构具有坚固、耐久、防火性能好，建造成本较低等优点，在民用建筑中广泛应用。

3. 钢结构

钢结构是指主要结构构件全部采用钢材，具有自重小、强度高的特点，多属于框架承重结构体系。

4. 砖木结构

砖木结构是指墙、柱用砖砌筑，楼板、屋顶用木料制作。此类房屋在部分农村地区根据就地取材原则，地方特色房屋建造中仍有采用。

5.3　工程识图

5.3.1　正投影图基本知识

1. 正投影图

在建筑工程实际中，经常用正投影法作出物体的多面正投影图，按一定规则展开在一个平面上，互相对应观察，用以确定物体的真实形状，如图 5-2 所示。

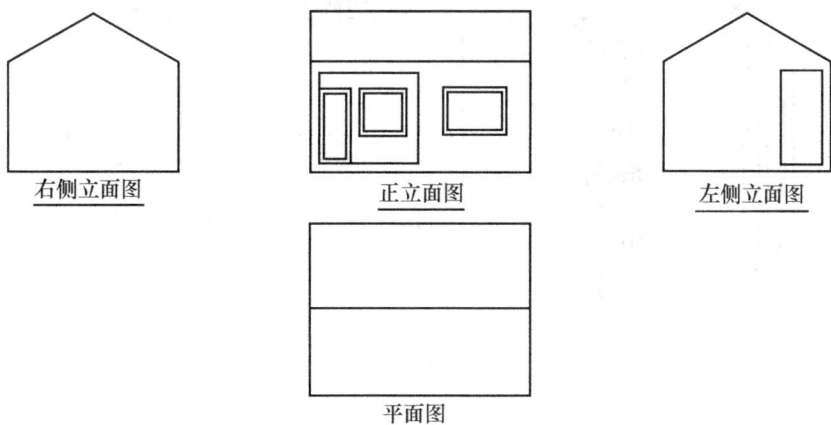

右侧立面图　　　　正立面图　　　　左侧立面图

平面图

图 5-2　多面正投影图示例

2. 剖面图、断面图

（1）剖面图

如图 5-3 所示是杯形基础的正投影图，基础内孔投影出现了虚线，使图面不清楚。假想用一个通过基础前后对称面的平面 P 将基础剖开（图 5-4），移去观察者与平面之间的

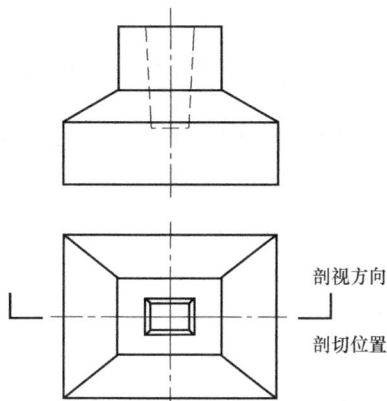

剖视方向

剖切位置

图 5-3　杯形基础的正投影图

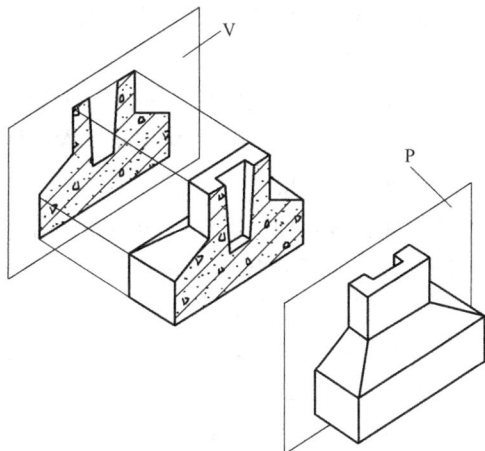

图 5-4　剖切的概念

部分，而将其余部分向 V 面投射，即得到杯形基础的剖面图。剖开基础的平面 P 称为剖切面。杯形基础被剖切后，其内孔可见、构件所用材料可见；与剖切面接触的轮廓线用粗实线表示，剖切面没有切到、但沿投射方向可以看到的部分，用中实线绘制，这样使杯形基础内部结构表达更清晰。

（2）断面图

断面图是假想用剖切面将物体某部分切断，仅画出该剖切面与物体接触部分的图形，常用来表示物体局部断面形状与材料。剖面图与断面图的区别如图 5-5 所示。

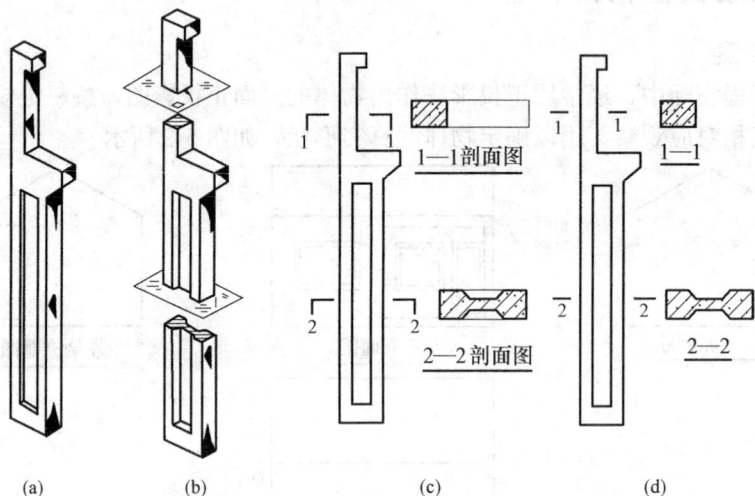

图 5-5 断面图与剖面图的区别

（a）排架柱；（b）剖开后的排架柱；（c）剖面图；（d）断面图

5.3.2 施工图的基本知识

1. 施工图的分类

房屋施工图根据其内容和作用的不同，一般分为：建筑施工图（简称建施图）、结构施工图（简称结施图）、设备施工图（简称设施图）等。

一套完整的房屋施工图一般应有：图纸目录、施工总说明、建筑施工图、结构施工图、设备施工图等。

各专业工种图纸的编排，一般是全局性图纸在前，表明局部的图纸在后；先施工的在前，后施工的在后；重要图纸在前，次要图纸在后。

建筑施工图主要包括建筑总平面图、建筑平面图、立面图、剖面图、大样图等，本章节将结合某农村新型社区建设为案例，分类说明。

2. 施工图的识读准备与步骤

（1）读图应具备的基本知识

施工图是用图纸表明房屋建筑的设计及构造做法，因此，要看懂施工图的内容，必须具备以下基本知识：

1）熟悉房屋建筑的基本构造。

2）应掌握投影图的原理和建筑形体的各种表达方式。

3）熟悉施工图中常用的图例、符号、线型、尺寸和比例的意义。

（2）读图的方法与步骤

读图方法一般是：从外向里看；从大到小看；从粗到细看；图样与说明互相看；建筑图与结构图对着看；先粗看了解工程概况，后细看掌握详细内容。

读图的一般步骤是：先看目录，了解是什么建筑，图纸共有多少张等；再按目录清理各类图纸是否齐全并精读图纸。

3. 施工图中常用的图例与符号举例

（1）施工图中常用的图例

1）总平面图中常用的图例，见表5-3。

总平面图常用图例　　　　　　　　　　表5-3

名称	图例	备注
新建建筑物	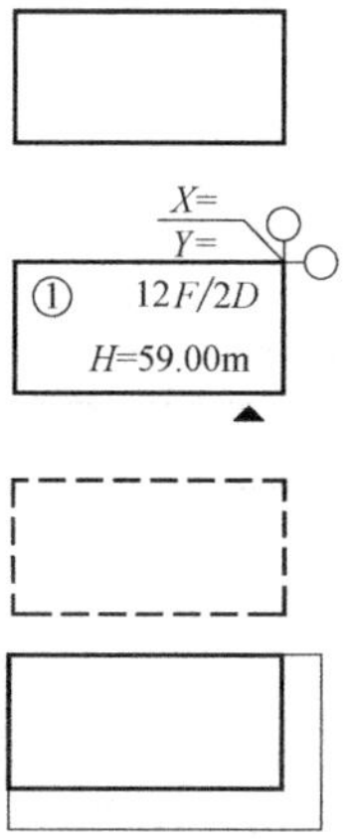 $X=$ $Y=$ ① 12F/2D $H=59.00$m	新建建筑物以粗实线表示与室外地坪相接处±0.000外墙定位轮廓线。 建筑物一般以±0.000高度处的外墙定位轴线交叉点坐标定位。轴线用细实线表示，并标明轴线号。 根据不同设计阶段标注建筑编号，地上地下层数，建筑高度，建筑出入口位置(两种表示方法均可，但同一图纸采用一种表示方法)。 建筑上部(±0.000以上)外挑建筑用细实线表示。 建筑物上部连廊用细虚线表示并标注位置
原有建筑物	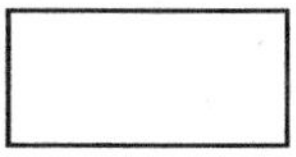	用细实线表示
计算扩建的预留地及建筑物		用中粗虚线表示
拆除的建筑物		用细实线表示
其他材料露天堆场或露天作业场	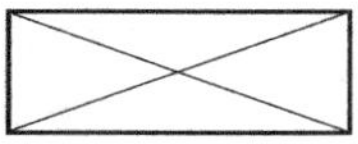	需要时可注明材料名称
铺砌场地	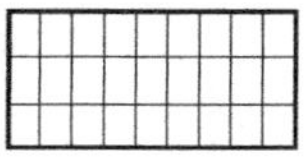	
漏斗式贮仓	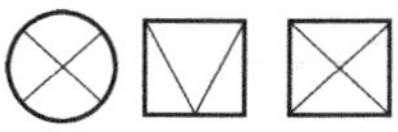	左、右图为底卸式，中图为侧卸式
水塔、储罐	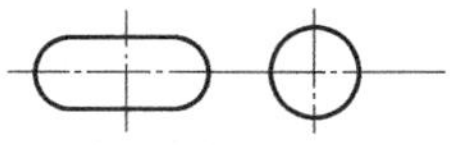	左图为卧式储罐，右图为水塔或立式储罐

续表

名称	图例	备注
水池、坑槽		也可以不涂黑
坐标	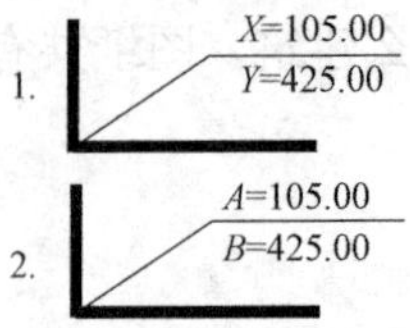 1. $X=105.00$ $Y=425.00$ 2. $A=105.00$ $B=425.00$	1. 表示地形测量坐标系。 2. 表示自设坐标系。 坐标数字平行于建筑标注
新建道路	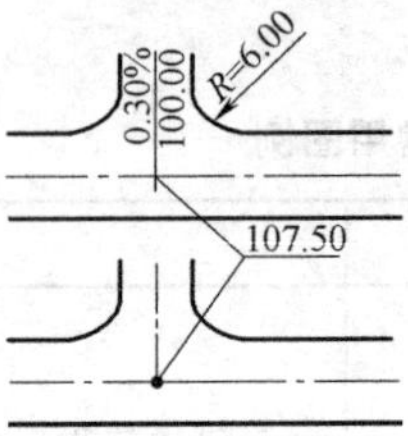 0.30% 100.00 $R=6.00$ 107.50	$R=6.00$ 表示道路转弯半径,107.50 表示道路中心线交叉点设计标高,两种表示方法均可,同一图纸采用同一表示方式,100.00 表示变坡点之间距离,0.3% 表示道路坡度,箭头表示坡度方向

2）常用建筑构造和配件的图例，见表5-4。

常用建筑构造和配件的图例   表 5-4

序号	名 称	图 例	说 明
1	楼梯	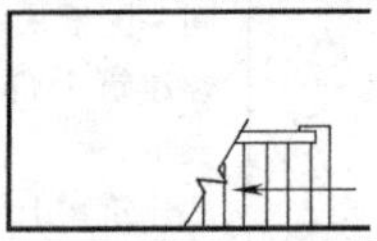 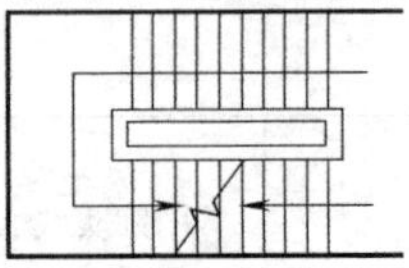 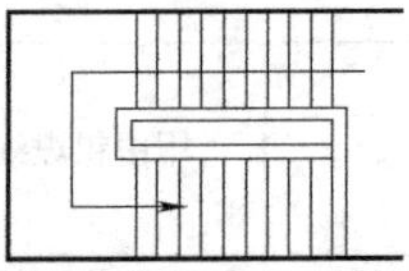	1. 上图为底层楼梯平面图,中图为中间层楼梯平面图,下图为顶层楼梯平面图。 2. 楼梯的形式及步数应按实际情况绘制
2	坡度	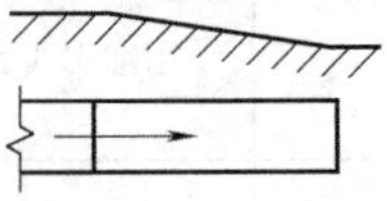	
3	检查孔		左图为可见检查孔,右图为不可见检查孔
4	墙预留洞	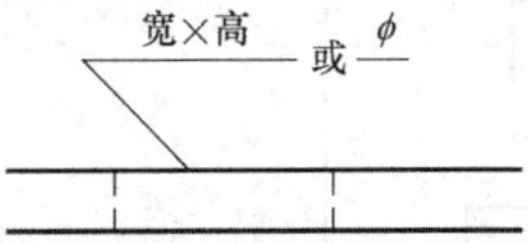 宽×高 或 ϕ	
5	墙预留槽	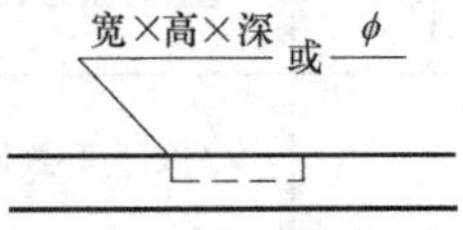 宽×高×深 或 ϕ	

34

序号	名　称	图　例	说　明
6	卷门	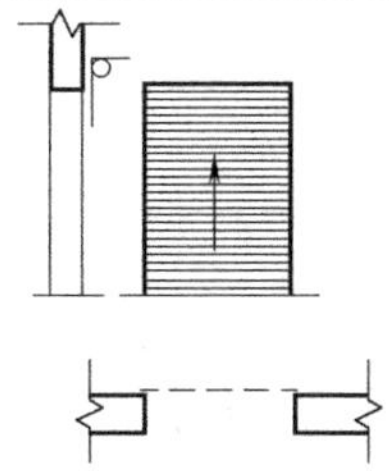	
7	单层固定窗	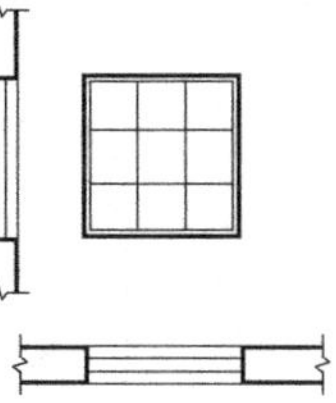	
8	单层外开上悬窗	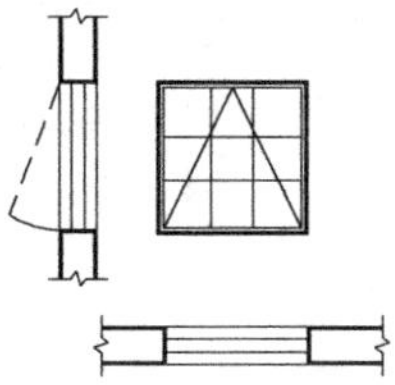	
9	单层中悬窗	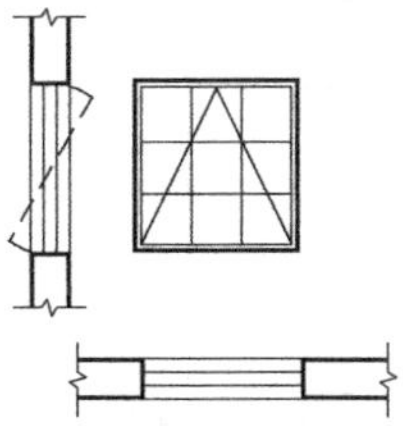 1. 窗的名称代号用 C 表示。 2. 立面图中窗上的斜线表示窗的开关方向，线交角的一侧为安装合页的一侧，一般设计图中可不表示。 3. 剖面图上，左为外，右为内；平面图上，下为外，上为内。 4. 平、剖面图上的虚线仅说明开关方式，在设计图中不需要表示。 5. 窗的立面形式应按实际情况绘制
10	单扇外开平开窗	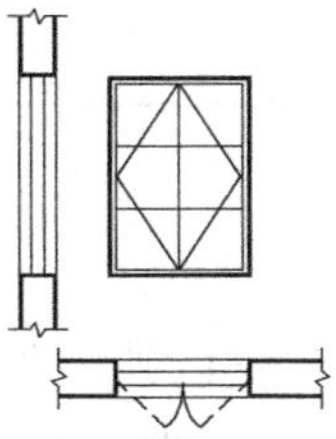	
11	立转窗	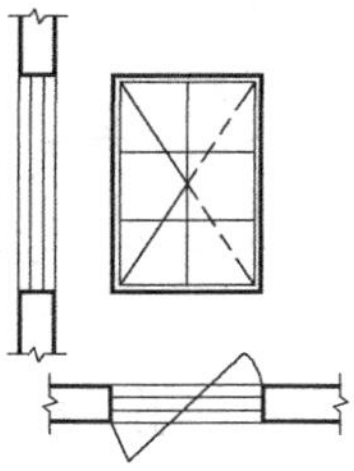	

序号	名　称	图　例	说　明
12	双扇内外开平开窗	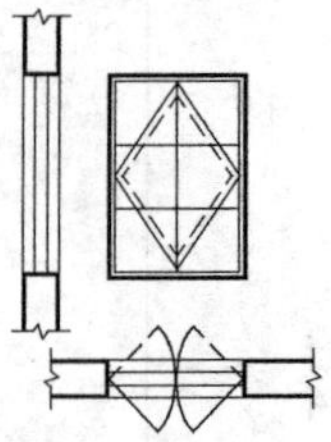	
13	左右推拉窗	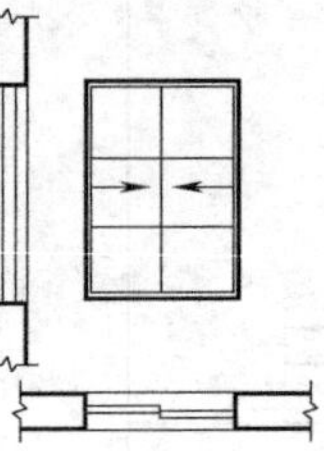	1. 窗的名称代号用 C 表示。 2. 立面图中窗上的斜线表示窗的开关方向，线交角的一侧为安装合页的一侧，一般设计图中可不表示。 3. 剖面图上，左为外，右为内；平面图上，下为外，上为内。 4. 平、剖面图上的虚线仅说明开关方式，在设计图中不需要表示。 5. 窗的立面形式应按实际情况绘制
14	上推窗	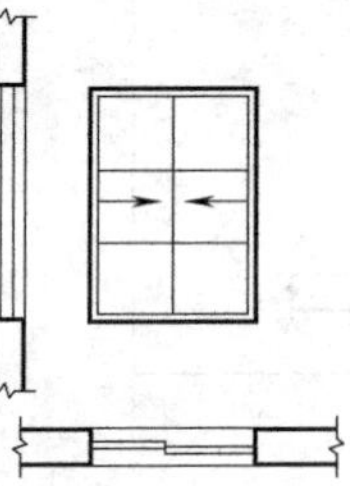	
15	百叶窗	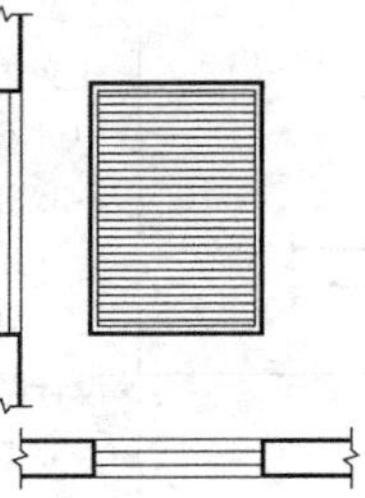	

3）建筑结构常用构件代号，见表 5-5。

4）门窗的代号

建筑施工图中除了在图中表示出门窗的位置以外，还要用符号表示门窗的型号与编号。门窗的图纸基本上采用设计好的标准图集，一般不需要另外绘制。为了便于施工，一般在首页图上或在本平面图内均附有门窗表，以表明门窗的具体情况。

5）其他代号说明

在施工图中，除了上述介绍的符号、代号以外，还有其他构配件的符号或代码，如：$2\phi8$ @ 200，"2"表示钢筋配置根数，"$\phi8$"表示直径为 8mm 钢筋，"@200"表示钢筋中心间距不大于 200mm。

在施工图中，表示梁、板的跨度用"L"表示，用"H"表示层高或柱高，在图纸中有时会加以文字说明，只要我们掌握了大量的常用标准表示方法以后，就可以顺利地看图了。

建筑结构常用构件代号　　　　　　表 5-5

序号	名称	代号	序号	名称	代号	序号	名称	代号
1	板	B	15	吊车梁	DL	29	基础	J
2	屋面板	WB	16	圈梁	QL	30	设备基础	SJ
3	空心板	KB	17	过梁	GL	31	桩	ZH
4	槽形板	CB	18	连系梁	LL	32	柱间支撑	ZC
5	折板	ZB	19	基础梁	JL	33	垂直支撑	CC
6	密肋板	MB	20	楼梯梁	TL	34	水平支撑	SC
7	楼梯板	TB	21	檩条	LT	35	梯	T
8	挡雨板或沟盖板	GB	22	屋架	WJ	36	雨篷	YP
9	挡雨板或檐口板	YB	23	托架	TJ	37	阳台	YT
10	吊车安全走道板	DB	24	天窗架	DJ	38	梁垫	LD
11	墙板	QB	25	框架	KJ	39	预埋件	M
12	天沟板	TGB	26	刚架	GJ	40	天窗端壁	TD
13	梁	L	27	支架	ZJ	41	钢筋风	W
14	屋面梁	WL	28	柱	Z	42	钢筋骨架	G

（2）索引符号与详图符号

1）索引符号

索引符号有详图索引和局部索引。详图索引符号直径为 8～10mm，如图 5-6 所示。其中索引符号横线上方为详图编号，下方为索引图样所在图纸编号，"—"表示在本张图纸上；如选自标准图集，应将中间横线延长，注明标准图集编号；引出线旁短直线为剖切位置，短直线位置即为投影方向。

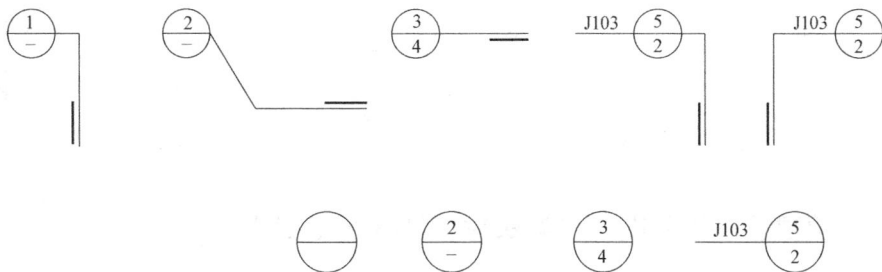

图 5-6　用于索引剖视详图的索引符号

2）详图符号

索引出的详图画好之后，应在详图下方编号，称为详图符号。详图符号应以粗实线绘制，直径为 14mm。如图 5-7 所示。

（3）标高符号

标注标高，要用标高符号表示。标高符号的画法如图 5-8 所示。标高数字以米为单位，一般图中标注到小数点后第三位。在总平面图中注写到小数点后第二位。零点标高的标注方式是：± 0.000；正数标高不注写"＋"号，例如正 3m，标注成 3.000；负数标高在数值前加一个"—"号，例如 -0.6m，标注成 -6.000。

图 5-7　详图符号

（a）与被索引图样在同一张图纸内；

（b）与被索引图样不在同一张图纸内，横线上方数字是详图编号，下方数字为被索引图样所在图纸编号

（4）引出线

引出线宜采用水平方向直线，或与水平方向呈 30°、45°、60°、90°的直线，并再折成水平线。文字可标注在水平线上方，也可标注在水平线顶端，如图 5-9 所示；同时引出几个相同部分的引出线，可平行也可画成集中于一点的放射线，如图 5-10 所示；多层构造引出线应用圆点示意对应层次，文字说明与层次对应一致，如图 5-11 所示。

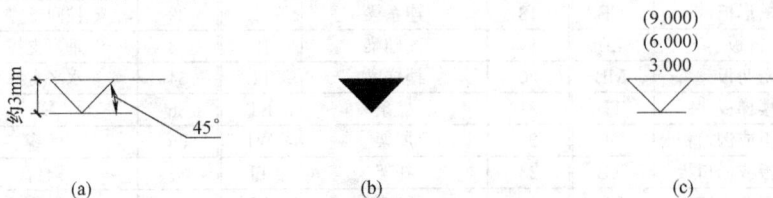

图 5-8　标高符号的画法

(a) 标高符号画法；(b) 总平面图标高符号；(c) 一个符号同时标注几个标高

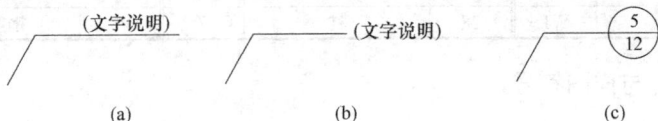

图 5-9　引出线

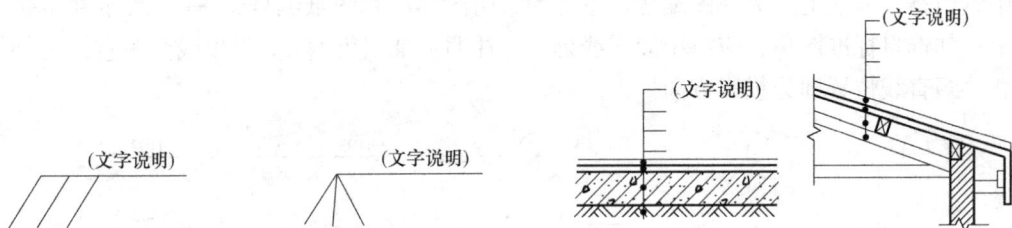

图 5-10　共用引出线　　　　　图 5-11　多层引出线

5.3.3　识读建筑总平面图（以某农村新型社区组团为例）

1. 总平面图的形成

我们这里介绍的是土建总平面图中的设计总平面图，简称总平面图。土建总平面图采用俯视投影，对新建建筑物所在地区作水平正投影而形成的，绘制了新建房屋所在基地范围内的地形、地貌、道路、建筑物、构筑物等的水平投影图。

总平面图用来表明一个工程所在位置的总体布置，包括建筑红线、新建建筑物的位置、朝向；新建建筑物与原有建筑物的关系以及新建区域的道路、绿化、标高等方面内容。总平面图是新建房屋与其他相关设施定位放线的依据，也是室外管线设施布置的依据。

2. 总平面图的主要内容

总平面图主要包括以下几方面的内容：

（1）新旧建筑物

在总平面图上一般将建筑物分成 5 种情况，即新建建筑物、原有建筑物、计划扩建的预留地或建筑物、拆除的建筑物和新建的地下建筑物或构筑物。阅读总平面图时一定要注意区分。

（2）新建建筑物的定位

新建建筑物的定位一般采用两种方法：一是按原有建筑物或原有道路定位，它是扩建中常用的一种方法；二是按坐标定位，常用于新建区域，它有测量坐标定位和建筑坐标定位两种，用这种方法标定建筑物或道路的位置，主要是为了保证在复杂的地形中施工放线更准确。如图 5-12 所示。

（3）标高

总平面图上的标高一般采用绝对标高。$\overset{207.53}{\blacktriangledown}$ 表示室外地坪绝对标高为 207.53m；$\overset{207.98}{\triangledown}$ 表示首层室内绝对标高为 207.98m。

（4）道路

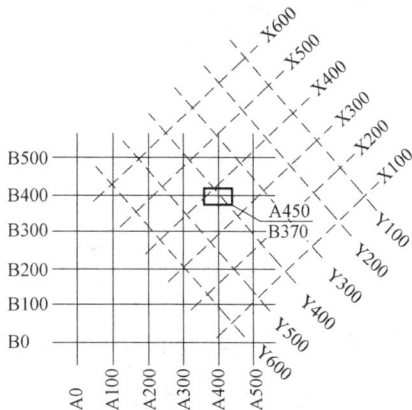

图 5-12　施工坐标与测量坐标

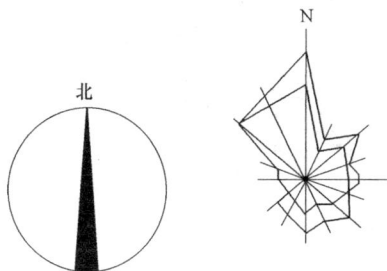

图 5-13　指北针与风向频率玫瑰图示例

总平面图上的道路只能表示出道路与建筑物的关系，不能作为道路施工的依据。一般是标注出道路中心控制点，以表明道路的标高及平面位置。

（5）指北针与风向频率

总平面图中应标注指北针与风玫瑰图，风由外面吹过建设区域中心的方向称为风向。风向频率是在一定的时间内某一方向出现风向的次数占总观察次数的百分比，一般用风向频率玫瑰图表示，如图 5-13 所示。风向频率玫瑰图中实线表示全年的风向频率，虚线表示夏季（6～8 月）的风向频率。

3. 总平面图的识读实例

某农村新型社区组团总平面图鸟瞰效果图如图 5-14 所示；某农村新型社区组团总平面图如图 5-15 所示。

教学视频：总平面图的识读

图 5-14　某农村新型社区组团总平面图鸟瞰效果图

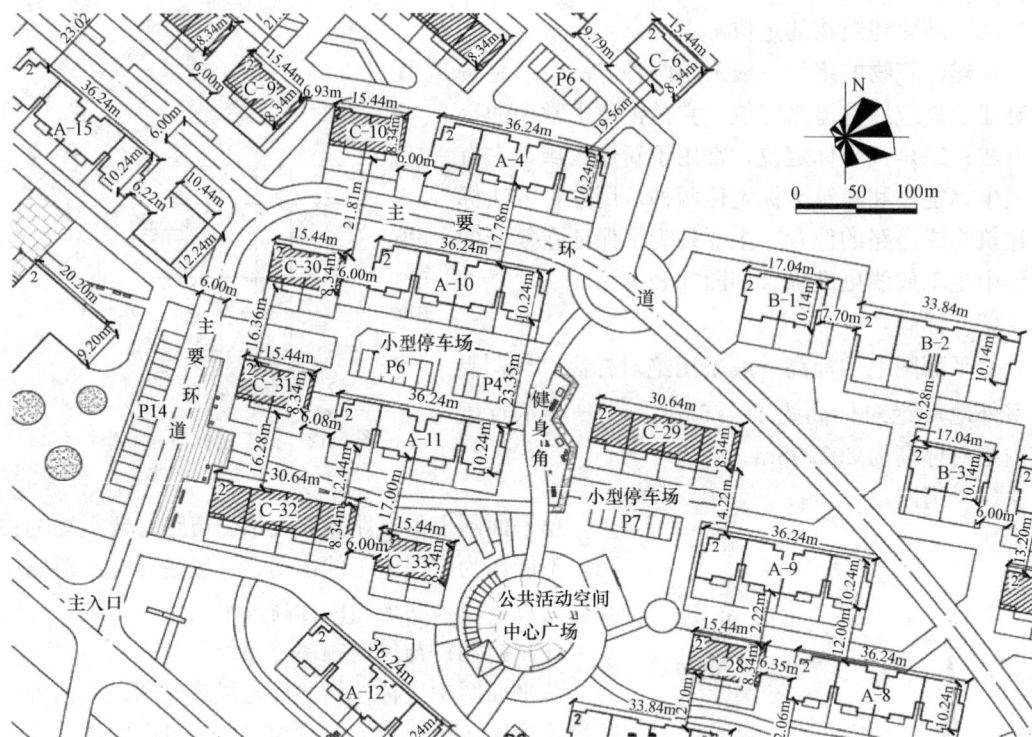

图 5-15　某农村新型社区组团总平面图 1∶500

识读建筑平、立、剖面图前，我们应在总平面图中确认所在位置和朝向。下面将以 C 户型两户联立为例（图 5-16），一起识读该户型的平面图、立面图、剖面图等。

图 5-16　案例 C 户型房屋效果图

5.3.4　识读建筑平面图（以 C 户型房屋为例）

1. 建筑平面图的形成

假想用一个水平剖切面沿门窗洞口以上适当位置将房屋剖切开，移去剖切面及其以上部分，将余下部分按正投影的原理作出的水平投影图称为平面图。如图 5-17 所示。

在低层建筑中，一般直接画出各层平面图及屋顶平面图；在多层和高层建筑中一般有底层平面图、标准层平面图、顶层平面图和屋顶平面图；有的建筑还有地下层（±0.000 以下）平面图。

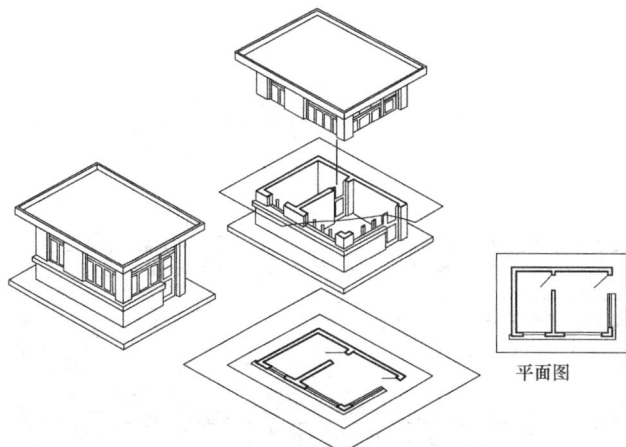

图 5-17 建筑平面图的形成

2. 建筑平面图识读实例

一层平面图（图 5-18），二层平面图（图 5-19），屋顶平面图（图 5-20）。

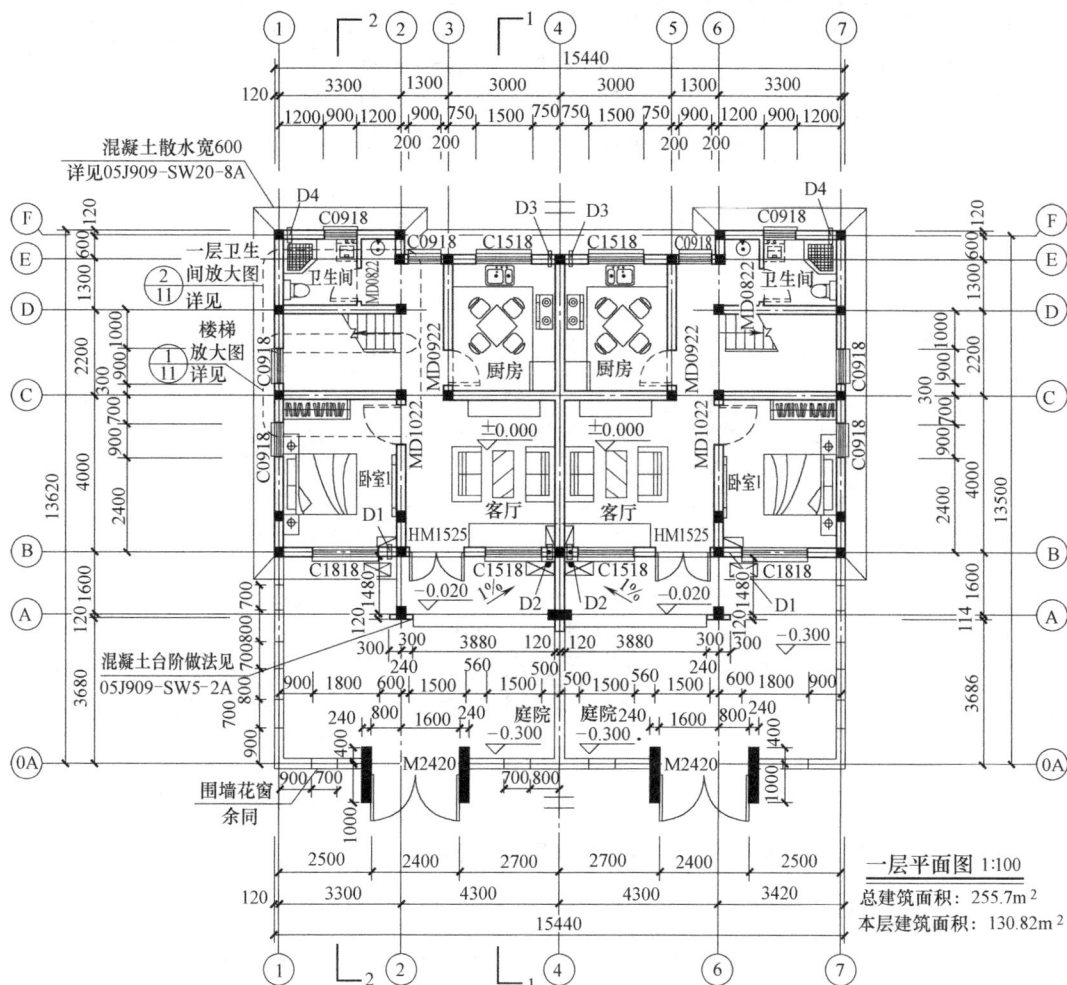

教学视频：建筑平面图识读

图 5-18 一层平面图

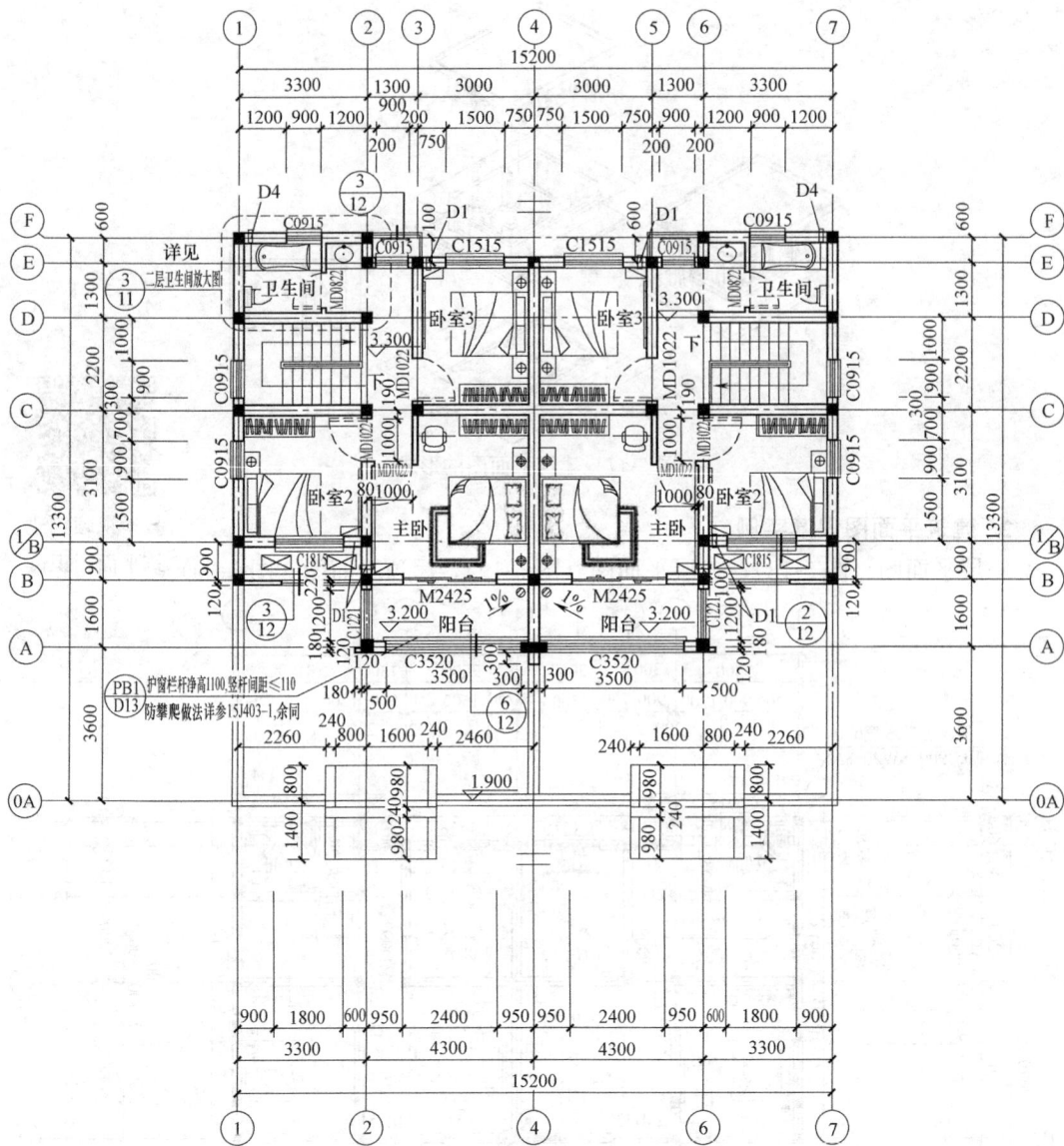

二层平面图 1:100

总建筑面积:255.7m²
本层建筑面积:124.88m²

图 5-19 二层平面图

5.3.5 识读建筑立面图(以 C 户型房屋为例)

1. 立面图的形成

表示建筑物外墙面特征的正投影图称为立面图,它是施工中外墙面造型、外墙面装修、工程概预算、备料等的依据。立面图的形成示意,如图 5-21 所示。

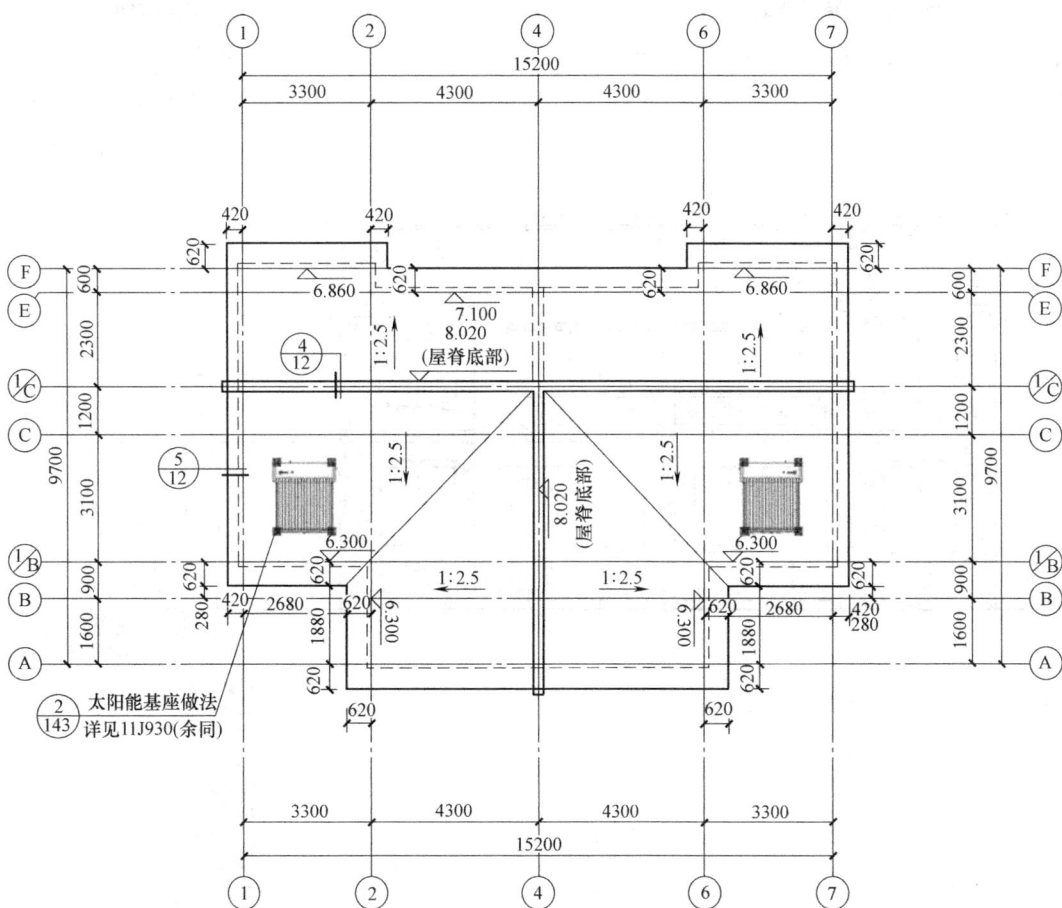

屋顶平面图1:100

图 5-20　屋顶平面图

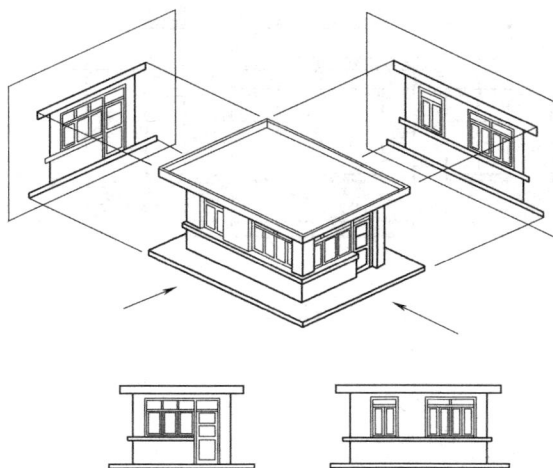

图 5-21　立面图的形成示意图

2. 识读建筑立面图案例

C 户型房屋立面图如图 5-22 所示。

教学视频：建筑立面图识读

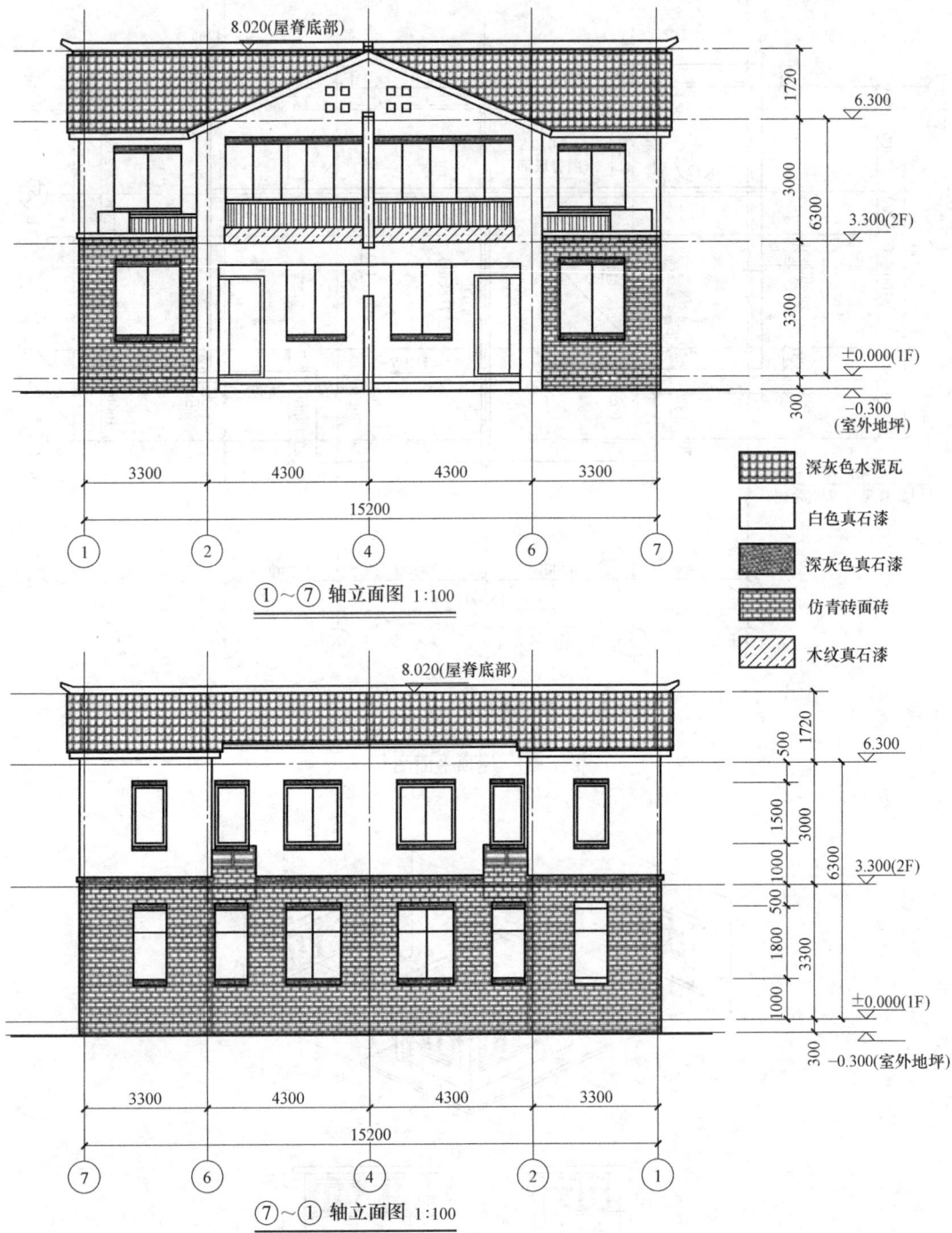

①~⑦ 轴立面图 1:100

深灰色水泥瓦

白色真石漆

深灰色真石漆

仿青砖面砖

木纹真石漆

⑦~① 轴立面图 1:100

图 5-22　C 户型房屋立面图（一）

8.020(屋脊底部)

1720
6.300

3000
6300

3.300(2F)

3300

±0.000(1F)

300
−0.300(室外地坪)

深灰色水泥瓦

白色真石漆

深灰色真石漆

仿青砖面砖

木纹真石漆

3300　4300　4300　3300

15200

① ② ④ ⑥ ⑦

①～⑦轴立面图 1:100

8.020(屋脊底部)

500
1720

1500
3000
6300

1000
500
3.300(2F)

1800
3300

1000
±0.000(1F)

300
−0.300(室外地坪)

6.300

3300　4300　4300　3300

15200

⑦ ⑥ ④ ② ①

⑦～①轴立面图 1:100

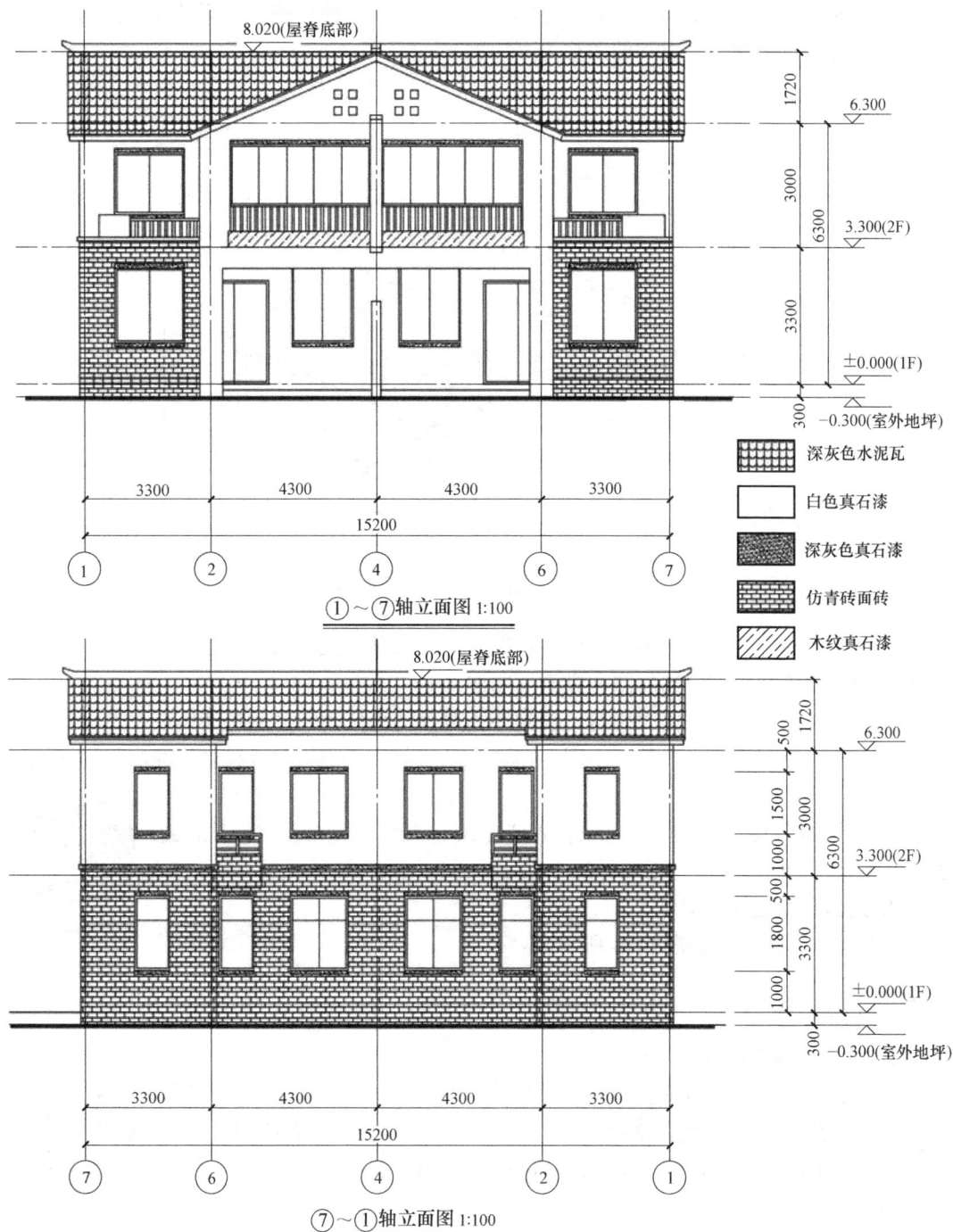

图 5-22　C 户型房屋立面图（二）

5.3.6　识读建筑剖面图（以 C 户型房屋为例）

1. 剖面图的形成

建筑剖面图的形成如图 5-23 所示。假想用一个正立投影面或侧立投影面的平行面将房屋剖切开，移去剖切平面与观察者之间的部分，将剩下部分按正投影的原理投射到与剖切平面平行的投影面上，得到的图称为剖面图。

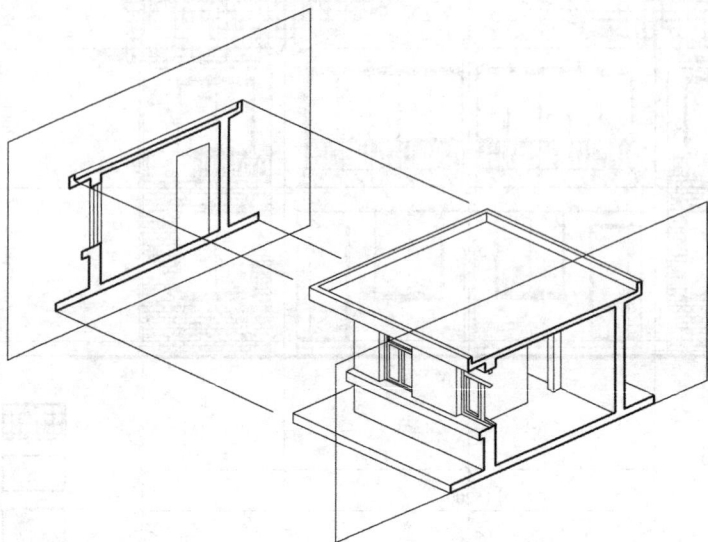

图 5-23　剖面图的形成示意图

它是表达建筑物的结构形式、分层情况、层高及各部位的相互关系，是施工、概预算及备料的重要依据。有横剖面图和纵剖面图两种。

剖切位置一般选择在房屋构造比较复杂和典型的部位，并且通过墙体、门、窗洞。若为楼房，应选择在楼梯间、层高不同、层数不同的部位，剖切位置符号应在底层平面图中标出。

剖面图的名称应与建筑平面图中剖切编号相一致，如"1—1 剖面图"等。

2. 建筑剖面图识读案例

C 户型房屋剖面图如图 5-24 所示。

教学视频：建筑剖面图识读

5.3.7　识读建筑详图（以 C 户型房屋为例）

1. 建筑详图的形成

房屋的平面图、立面图、剖面图都是采用缩小比例绘制的全局性图纸，对房屋的细部构造做法无法表示清楚，因而就需要另绘详图或选用合适的标准图来详细表达。建筑详图的比例常采用 1∶1、1∶2、1∶5、1∶10、1∶20、1∶50 几种。

教学视频：楼梯详图识读

2. 楼梯详图识读案例

C 户型房屋楼梯详图如图 5-25 所示。

5.3.8　识读结构平面图（以 C 户型房屋为例）

为了便于识图和施工，房屋各配筋构件中的各种钢筋应编号，种类、形状、直径、尺寸完全相同钢筋同一编号，若上述有一项不同，则应另编号。编号时一般采用先主筋、后

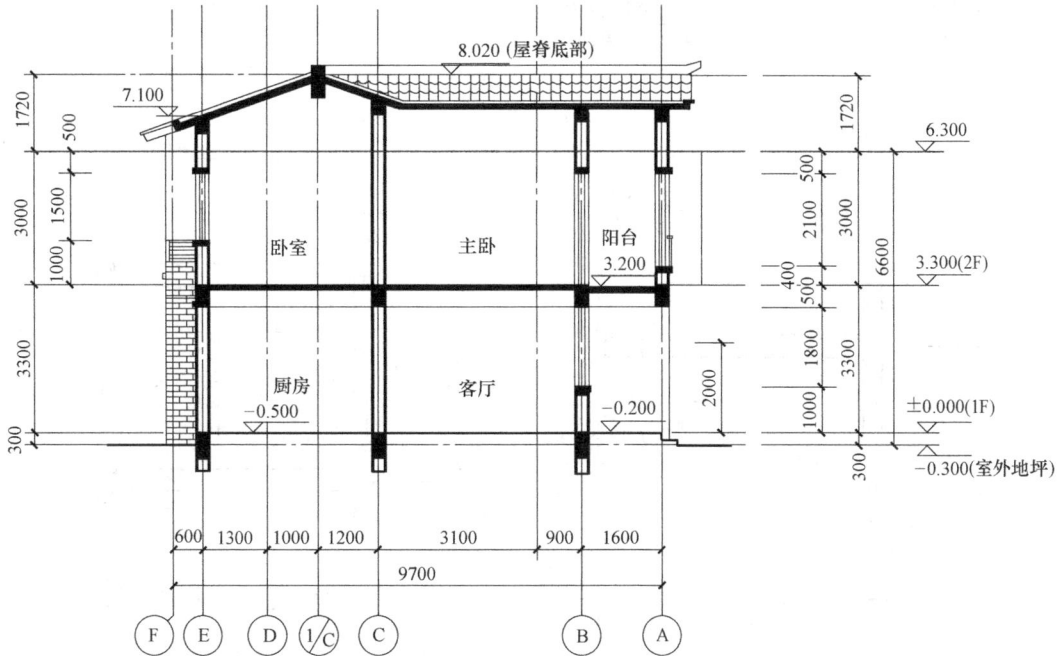

1—1剖面图 1:100

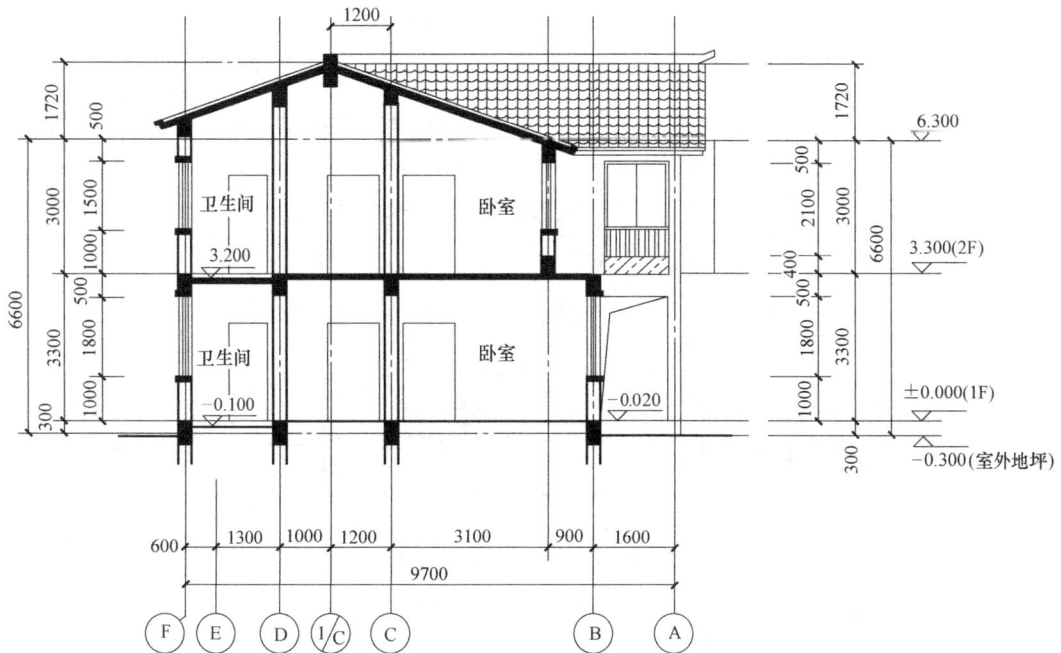

2—2剖面图 1:100

图 5-24　C 户型房屋剖面图

楼梯踏步防滑条做法参见15J403-1-E6,楼梯栏杆高900
竖杆间距≤110, 防攀爬做法参见15J403-1-B14-B1

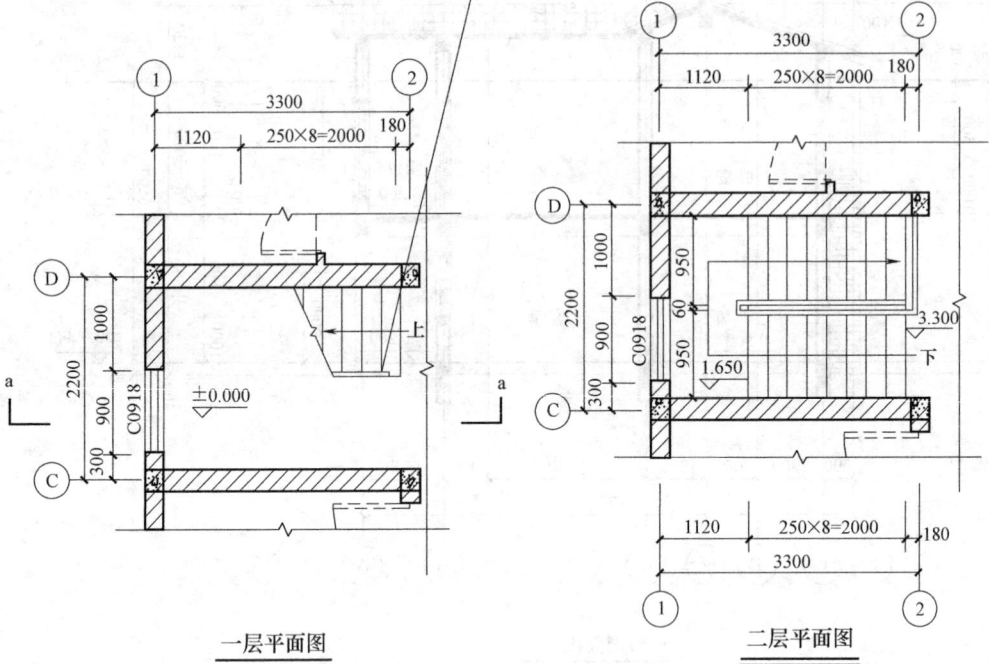

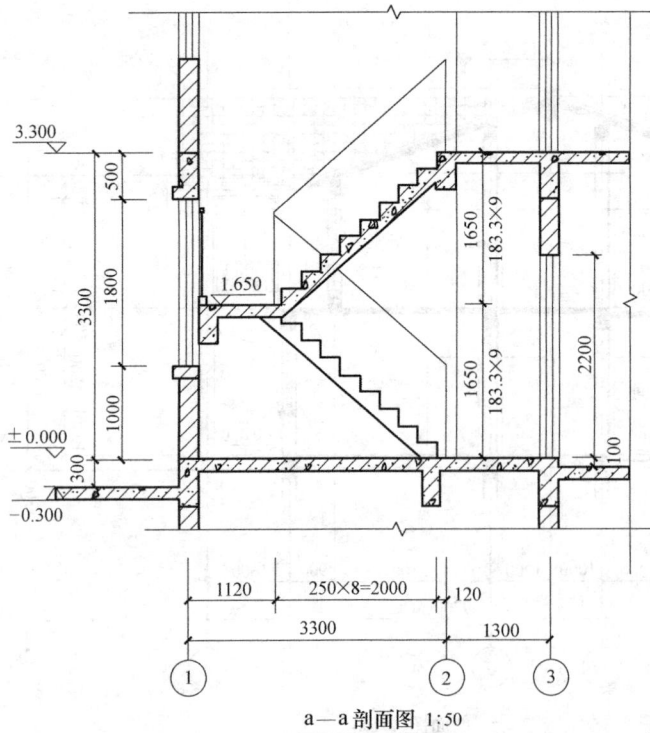

一层平面图

二层平面图

a—a 剖面图 1:50

楼梯放大图 1:50

图 5-25　C户型房屋楼梯详图

分布筋（或架立筋）原则逐一顺序编号，编号采用阿拉伯数字，从配筋处用平行线或放射状引出线引向编号，并在引出线上相应进行标注。简单构件也可不编号。具体标注方式如图 5-26 所示。

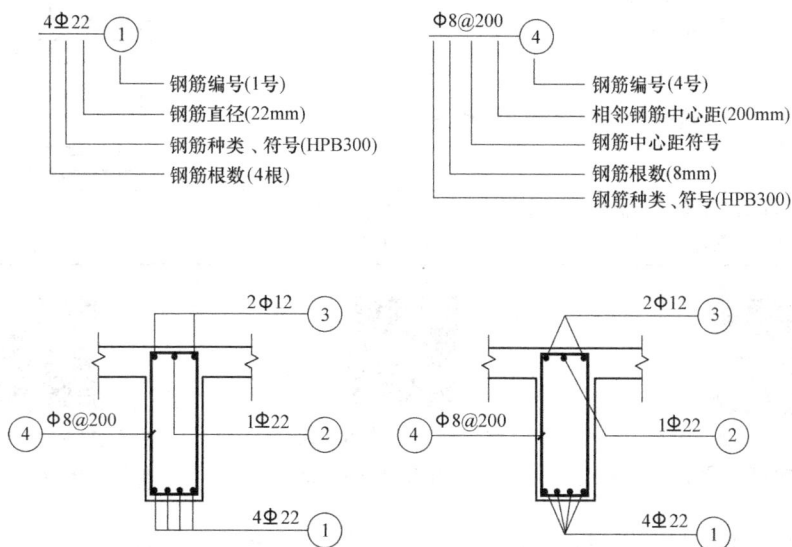

图 5-26　钢筋配置标注方式

房屋结构中，常采用热轧钢筋，常用热轧钢筋代表符号和直径范围见表 5-6。

常用热轧钢筋代表符号和直径范围　　　　　　　　　　　表 5-6

强度等级代号	符号	d(mm)
HPB300	Φ	6～22
HRB335	Φ	6～50
HRB400	Φ	6～50
RRB400	Φ^R	8～40

钢筋配置画法说明见表 5-7。

钢筋配置画法说明　　　　　　　　　　　表 5-7

序号	说　　明	图　　例
1	在结构楼板中配置双层钢筋时，底层钢筋的弯钩应向上或向左；顶层钢筋的弯钩则向下或向右	
2	钢筋混凝土墙体配双层钢筋时，在配筋立面图中，远面钢筋的弯钩应向上或向左，而近面钢筋的弯钩向下或向左(JM近面，YM远面)	

续表

序号	说　　明	图　　例
3	若在断面图中不能表达清楚的钢筋布置,应在断面图外增加钢筋大样图(如:钢筋混凝土墙、楼梯等)	
4	图中所表示的箍筋、环筋等,若布置复杂时,可加画钢筋大样及说明	
5	每组相同的钢筋、箍筋或环筋,可用一根粗实线表示,同时用一两端带斜短画线的横穿细线,表示其钢筋及起止范围	

教学视频:基础结构平面图、柱的配筋图识读

教学视频:结构平面图、板的配筋图识读

教学视频:结构平面梁配筋、圈梁配筋图识读

　　基础结构平面图见图 5-27,基础结构详图见图 5-28,构造柱配筋图见图 5-29,二层结构平面图见图 5-30,二层板配筋平面图见图 5-31,二层结构平面梁配筋、圈梁图见图 5-32。

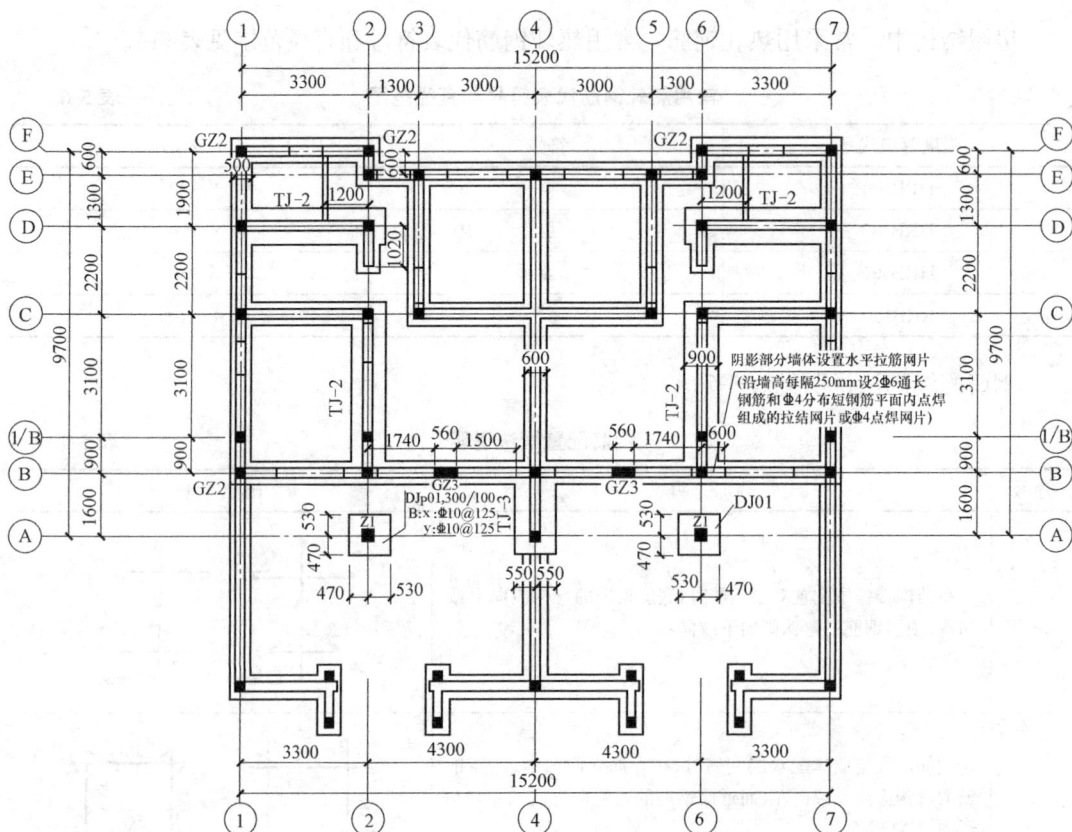

图 5-27　基础结构平面图

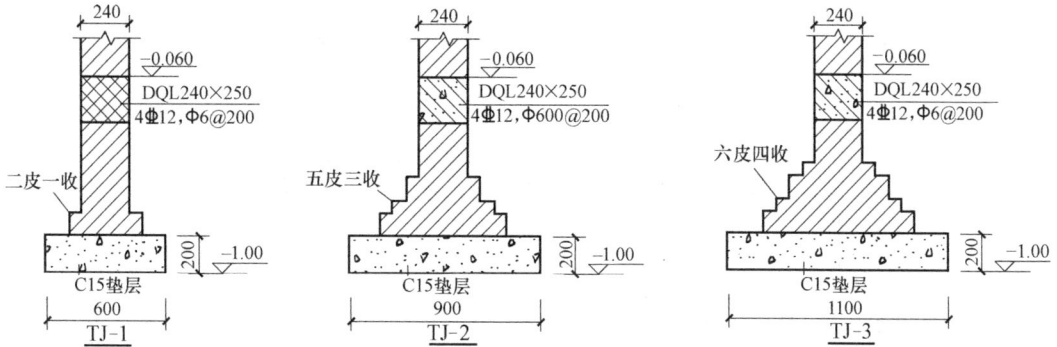

图 5-28　基础结构详图

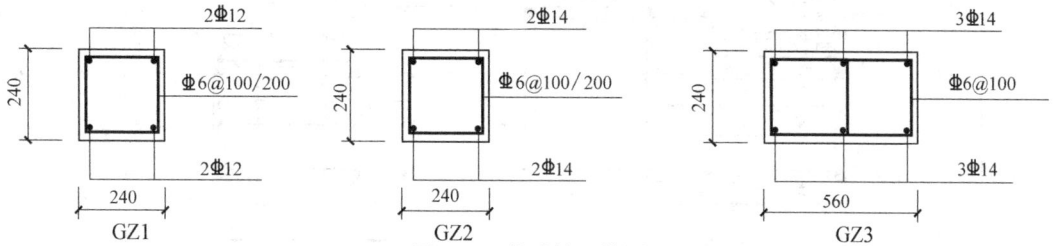

图 5-29　构造柱配筋图

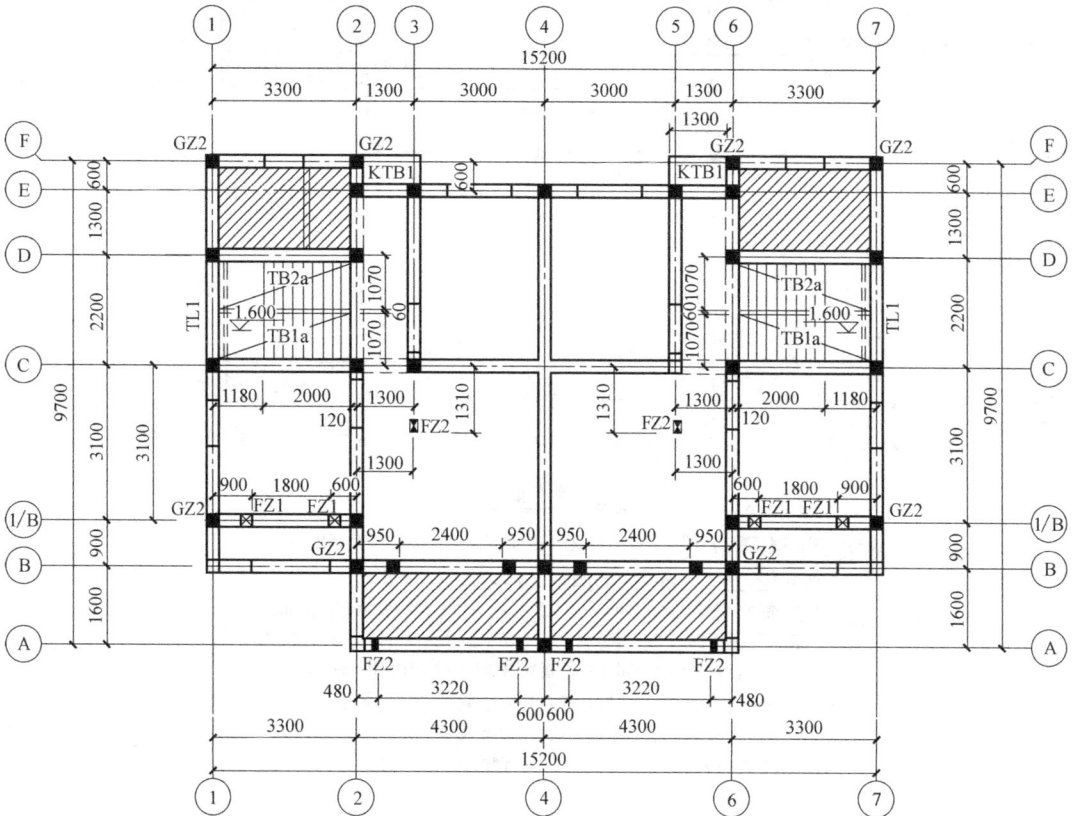

说明：1.图中板面标高除注明外均为 $H=3.250$m。
　　　2.h 为现浇板厚，除注明外板厚均为120mm。
　　　3.图中 ▨ 所示处板面标高为 $H-0.100$，板厚 $h=100$mm。
　　　4.未注明构造柱尺寸及定位同相应位置的下层。
　　　　未注明构造柱均为GZ1 。

二层结构平面图　1:100

图 5-30　二层结构平面图

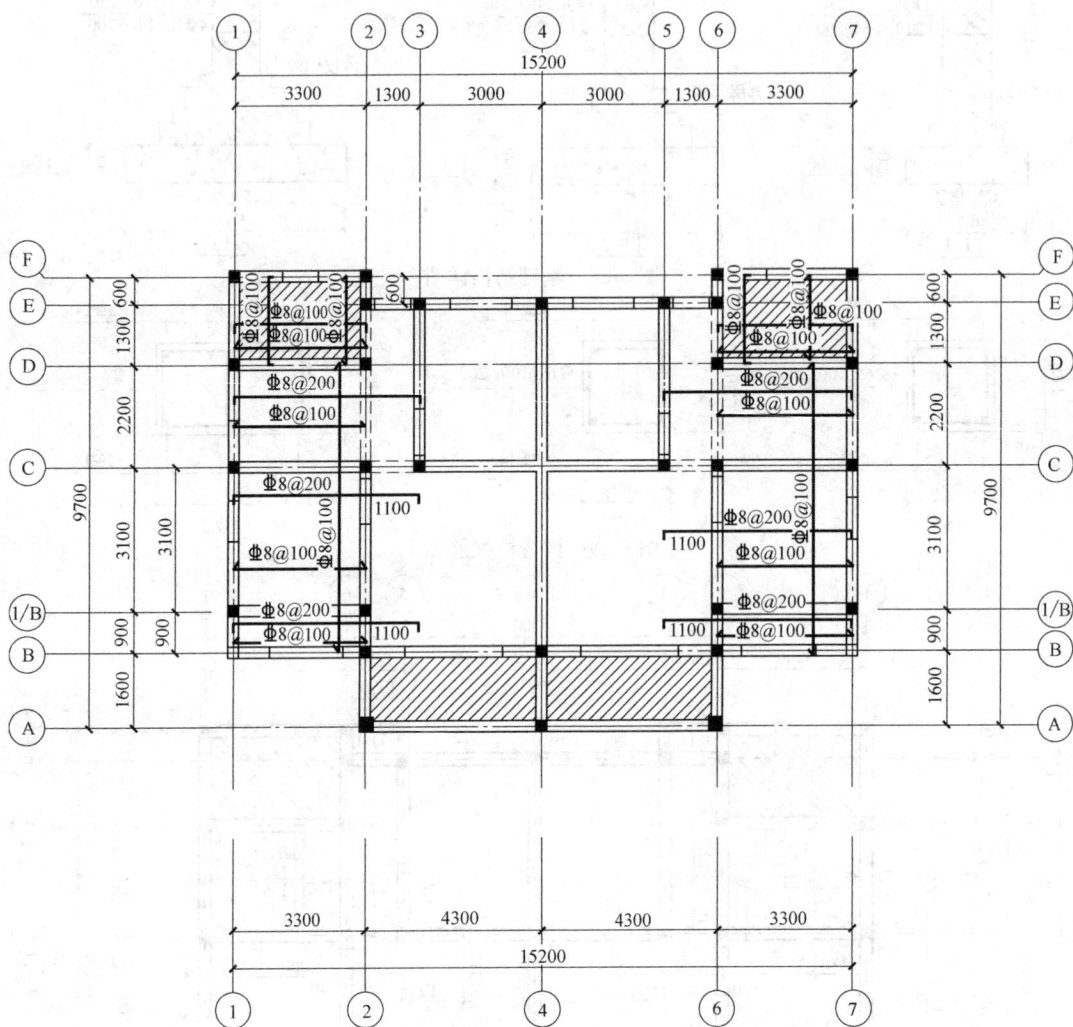

二层板配筋平面图 1:100

说明:1.未注明板配筋为Φ8@200双层双向+板面附加筋(板底筋原位画出的除外)。

2.图中 ▨ 所示处板配筋为Φ8@200双层双向(注明除外)。

3.板底筋伸至梁中心线;且伸入梁内不小于100。底筋及板厚相同的相邻
板跨间可以根据施工需要将底筋连通设置。除注明外短跨方向板底筋放
在最下排,板面筋放在最上排。板底附加筋伸入梁内时,锚L_a。

4.现浇板采用双层双向配筋时,板底筋在支座处搭接,板面筋在跨中1/3处
搭接,搭接长度均为350,同一截面钢筋接头率不大于25%。

5.图中 ⌐ 表示该板面负筋与相邻开间的板面负筋拉通。

图 5-31 二层板配筋平面图

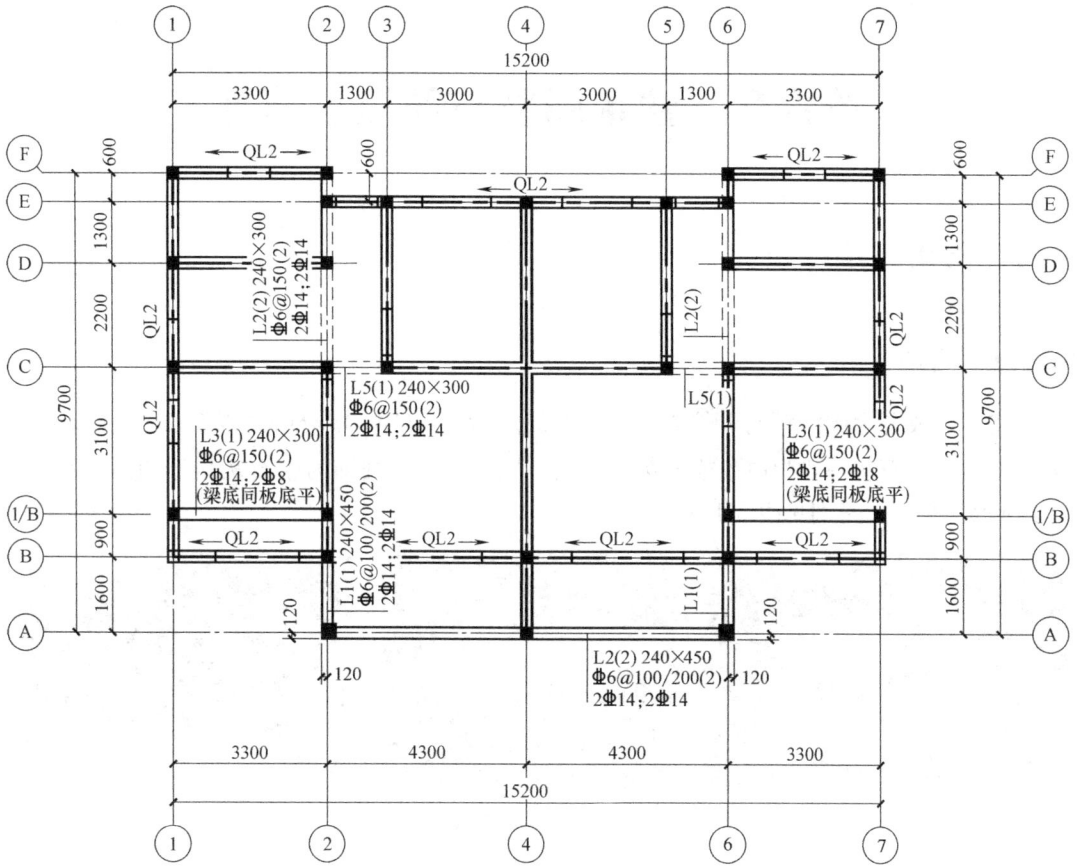

二层结构平面梁配筋、圈梁图 1:100

说明：1.梁定位除注明及明显与墙边平外，均为轴线居中。未注明梁定位尺寸详见结构平面图。

2.梁顶标高除注明外其余均为H=3.250m。

3.梁号下加注括号内数值为梁顶面标高高差，即指相对于结构层楼面标高的高差值。

4.梁附加箍筋直径肢数同该梁跨梁箍筋，未注明根数均为6根，相同编号的梁除注明外附加箍筋也相同。

5.未注明粗点划线为QL1。梁编号仅用于本层。

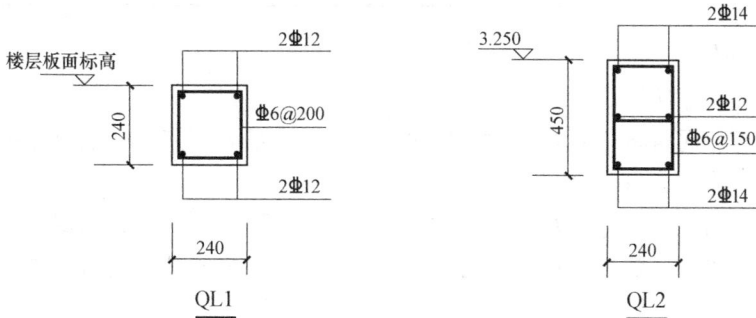

图 5-32 二层结构平面梁配筋、圈梁图

第六章 建筑材料与部品、部件

6.1 常用建筑材料

6.1.1 石灰

将主要成分为碳酸钙的天然岩石，在高温下煅烧，$CaCO_3$ 分解为以 CaO 为主要成分的生石灰。生石灰一般为白色或黄灰色块灰，块灰碾碎磨细即为生石灰粉。如图 6-1～图 6-3 所示。石灰的鉴别见表 6-1。

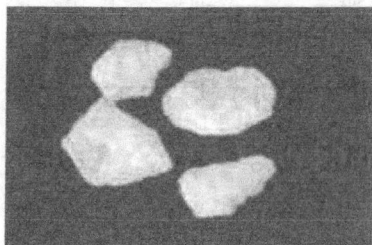

图 6-1　石灰石

图 6-2　生石灰

图 6-3　炉窑

石灰的鉴别　　　　　　　　　　　　　　　　表 6-1

观察项目	正火石灰	欠火石灰	过火石灰
颜色	白色或灰黄色	中部颜色比边缘深	色暗带灰黑色
质量	轻	重	重
硬度	疏松	外部疏松中部硬	质硬
断面	均匀	中部与边缘不同	结构紧密

1. 石灰的熟化与硬化

（1）石灰的熟化和"陈伏"

工地上使用石灰时，通常将生石灰加水，使之消解为消（熟）石灰——氢氧化钙，这个过程称为石灰的"消化"，又称"熟化"。

为了消除过火石灰的危害，生石灰熟化形成的石灰浆应在贮灰坑中放置两周以上，这一过程称为石灰的"陈伏"。"陈伏"期间，石灰浆表面应保有一层水分，与空气隔绝，以免碳化。

（2）石灰的硬化

石灰浆体在空气中逐渐硬化，是由结晶和碳化两个同时进行的过程来完成的。

2. 建筑石灰的技术指标

建筑石灰的技术指标有细度、CaO＋MgO 含量、$Ca(OH)_2$ 含量和体积安定性等，并按技术指标分为优等品、一等品、合格品三个等级。

3. 石灰的技术性质

（1）可塑性好。

（2）硬化慢、强度低。

（3）硬化时体积收缩大。

（4）耐水性差，不易贮存。

4. 石灰的应用

（1）石灰乳和石灰砂浆

将消石灰粉或熟化好的石灰膏加入多量的水搅拌稀释，成为石灰乳，是一种廉价的涂料，主要用于内墙和顶棚刷白，增加室内美观和亮度。我国农村也用于外墙。

石灰砂浆是将石灰膏、砂加水拌制而成，按其用途，分为砌筑砂浆和抹面砂浆。

（2）石灰土（灰土）和三合土

石灰与黏土或硅铝质工业废料混合使用，制成石灰土或石灰与工业废料的混合料，如建筑物或道路基础中使用的石灰土、三合土、二灰土（石灰、粉煤灰或炉灰）、二灰碎石（石灰、粉煤灰或炉灰、级配碎石）等。

（3）灰砂砖和硅酸盐制品

石灰与天然砂或硅铝质工业废料混合均匀，加水搅拌，经压振或压制，形成硅酸盐制品，如灰砂砖、硅酸盐砖、硅酸盐混凝土制品等。

6.1.2　水泥

1. 概述

水泥是最重要的建筑材料之一。水泥属于水硬性胶凝材料，遇水后会发生物理化学反应，能由可塑性浆体变成坚硬的石状体，将散粒状材料胶结成为整体。水泥浆体不但能在空气中硬化，还能在水中硬化，并继续增长强度。

目前我国建筑工程中常用的水泥主要有硅酸盐水泥、普通硅酸盐水泥、矿渣硅酸盐水泥、火山灰质硅酸盐水泥、粉煤灰硅酸盐水泥和复合硅酸盐水泥。在一些特殊工程中，还使用高铝水泥、膨胀水泥、快硬水泥、低热水泥和耐硫酸水泥等。

2. 技术指标及技术标准

（1）技术指标

1）凝结时间

硅酸盐水泥的初凝时间不小于45min，终凝时间不大于390min。

普通硅酸盐水泥、矿渣硅酸盐水泥、粉煤灰硅酸盐水泥、火山灰质硅酸盐水泥、复合硅酸盐水泥的初凝时间不小于45min，终凝时间不大于600min。

2）安定性

沸煮法检验合格。压蒸安定性合格。

3）强度

硅酸盐水泥分为42.5、42.5R、52.5、52.5R、62.5、62.5R六个等级。

矿渣水泥、粉煤灰水泥、火山灰质硅酸盐水泥、复合硅酸盐水泥分为32.5、32.5R、42.5、42.5R、52.5、52.5R六个等级。

普通硅酸盐水泥分 42.5、42.5R、52.5、52.5R 四个等级。

通用硅酸盐水泥不同龄期强度要求见表 6-2。

表 6-2

通用硅酸盐水泥不同龄期强度要求

品种	强度等级	抗压强度（MPa）		抗折强度（MPa）	
		3d	28d	3d	28d
硅酸盐水泥	42.5	≥17.0	≥42.5	≥3.5	≥6.5
	42.5R	≥22.0		≥4.0	
	52.5	≥23.0	≥52.5	≥4.0	≥7.0
	52.5R	≥27.0		≥5.0	
	62.5	≥28.0	≥62.5	≥5.0	≥8.0
	62.5R	≥32.0		≥5.5	
普通硅酸盐水泥	42.5	≥17.0	≥42.5	≥3.5	≥6.5
	42.5R	≥22.0		≥4.0	
	52.5	≥23.0	≥52.5	≥4.0	≥7.0
	52.5R	≥27.0		≥5.0	
矿渣硅酸盐水泥 火山灰硅酸盐水泥 火山灰硅酸盐水泥 粉煤灰硅酸盐水泥 复合硅酸盐水泥	32.5	≥10.0	≥32.5	≥2.5	≥5.5
	32.5R	≥15.0		≥3.5	
	42.5	≥15.0	≥42.5	≥3.5	≥6.5
	42.5R	≥19.0		≥4.0	
	52.5	≥21.0	≥52.5	≥4.0	≥7.0
	52.5R	≥23.0		≥4.5	

4）细度（选择性指标）

硅酸盐水泥和普通硅酸盐水泥细度以比表面积表示，不小于 $300m^2/kg$；其他水泥的细度以筛余表示，其 $80\mu m$ 方孔筛筛余不大于 10% 或 $45\mu m$ 方孔筛筛余不大于 30%。

5）碱含量（选择性指标）

水泥中碱含量按 $Na_2O+0.658K_2O$ 计算值表示，若使用活性骨料，用户要求提供低碱水泥时，水泥中的碱含量应不大于 0.60% 或由买卖双方协商确定。

（2）化学指标

表 6-3

通用硅酸盐水泥的化学指标（%）

品种	代号	不溶物 （质量分数）	烧失量 （质量分数）	三氧化 （质量分数）	氧化镁 （质量分数）	氯离子 （质量分数）
硅酸盐水泥	P·Ⅰ	≤0.75	≤3.0	≤3.5	≤5.0[a]	≤0.06[c]
	P·Ⅱ	≤1.50	≤3.5			
普通硅酸盐水泥	P·O	—	≤5.0			
矿渣硅酸盐水泥	P·S·A	—	—	≤4.0	≤6.0[b]	
	P·S·B	—	—		—	
火山灰质硅酸盐水泥	P·P	—	—	≤3.5	≤6.0[b]	
粉煤灰硅酸盐水泥	P·F	—	—			
复合硅酸盐水泥	P·C	—	—			

[a] 如果水泥压蒸试验合格，则水泥中氧化镁的含量（质量分数）允许放宽至 6.0%。

[b] 如果水泥中氧化镁的含量（质量分数）大于 6.0% 时，需进行水泥压蒸安定性试验并合格。

[c] 当有更低要求时，该指标由买卖双方确定。

3. 常用水泥的特性及选用

常用水泥的特性及选用见表 6-4、表 6-5。

常用水泥的特性　　　　　　　　　　　　　　　　表 6-4

品种	硅酸盐水泥	普通水泥	矿渣水泥	火山灰水泥	粉煤灰水泥	复合水泥
主要特性	凝结硬化快	凝结硬化较快	凝结硬化慢	凝结硬化慢	凝结硬化慢	复合水泥的特性与矿渣水泥、火山灰水泥、粉煤灰水泥有不同程度的相似
	早期强度高	早期强度较高	早期低,后期强度增长大	早期低,后期强度增长大	早期低,后期强度增长大	
	水化热大	水化热较大	增长较快	增长较快	增长较快	
	抗冻性好	抗冻较好	水化热低	水化热较低	水化热较低	
	干缩性小	干缩性较小	抗冻性差	抗冻性差	抗冻性差	
	耐蚀性差	耐蚀性较差	干缩性大	干缩性大	干缩性较大	
	耐热性差	耐热性较差	耐蚀性较好	耐蚀性较好	抗裂性较好	
			耐热性好	耐热性较好	耐蚀性较好	
			泌水性大	抗渗性较好	耐热性较好	

常用水泥品种的选用　　　　　　　　　　　　　　表 6-5

混凝土工程特点及所处环境条件		优先选用	可以选用	不宜选用
普通混凝土	在一般气候环境中的混凝土	普通水泥	矿渣水泥、火山灰水泥、粉煤灰水泥	
	在干燥环境中的混凝土	普通水泥	矿渣水泥	火山灰水泥、粉煤灰水泥
	在高湿度环境中或长期处于水中的混凝土	矿渣水泥、火山灰水泥、粉煤灰水泥	普通水泥	
	厚大体积的混凝土	矿渣水泥、火山灰水泥、粉煤灰水泥		硅酸盐水泥
特殊要求混凝土	要求快硬高强(＞C40)的混凝土	硅酸盐水泥	普通水泥	矿渣水泥、火山灰水泥、粉煤灰水泥
	严寒地区的露天混凝土、寒冷地区处于水位升降范围内的混凝土	普通水泥	矿渣水泥强度等级＞32.5	火山灰水泥、粉煤灰水泥
	严寒地区处于水位升降范围内的混凝土	普通水泥强度等级＞42.5		矿渣水泥、火山灰水泥、粉煤灰水泥
	有抗渗要求的混凝土	普通水泥、火山灰水泥		矿渣水泥
	有耐磨性要求的混凝土	硅酸盐水泥、普通水泥	矿渣水泥强度等级＞32.5	火山灰水泥、粉煤灰水泥
	受侵蚀性介质作用的混凝土	矿渣水泥、火山灰水泥、粉煤灰水泥		硅酸盐水泥

4. 检验规则及判定

（1）取样

进场的水泥应按批进行复验。取样应具有代表性，可连续取样，或从 20 个以上不同部位取等量样品。取样时宜用取样器，总量不应少于 12kg。将所取样品充分混合后通过 0.9mm 方孔筛，均分为试验样和封存样。

（2）出厂检验

出厂检验项目为化学指标、凝结时间、安定性和强度。

（3）判定规则

检验结果符合组分、化学指标、凝结时间、安定性、细度和强度的规定的为合格品。

检验结果不符合组分、化学指标、凝结时间、安定性、细度和强度中的任何一项技术要求的为不合格品。

（4）检验报告

检验报告内容应包括出厂检验项目、细度、混合材料品种和掺加量、石膏和助磨剂的品种及掺加量。当用户需要时，生产者应在水泥发出之日起 10d 内寄发除 28d 强度以外的各项检验结果，35d 内补报 28d 强度的检验结果。

（5）水泥包装、标志、运输与贮存

1）包装

水泥可以散装或袋装，袋装水泥每袋净含量为 50kg，且应不少于标志质量的 99%；随机抽取 20 袋总质量（含包装袋）应不少于 1000kg。其他包装形式由供需双方协商确定，但有关袋装质量要求，应符合上述规定。

2）标志

水泥包装袋上应清楚标明：执行标准、水泥品种、代号、强度等级、生产者名称、生产许可证标志及编号、出厂编号、包装日期、净含量。包装袋两侧应根据水泥的品种采用不同的颜色印刷水泥名称和强度等级，硅酸盐水泥和普通硅酸盐水泥采用红色，矿渣硅酸盐水泥、火山灰质硅酸盐水泥、粉煤灰硅酸盐水泥和复合硅酸盐采用黑色或蓝色。

3）运输与贮存

水泥在运输与贮存时不得受潮和混入杂物，不同品种和强度等级的水泥在贮运中避免混杂。

6.1.3 混凝土用砂

1. 概述

砂是用于拌和混凝土的一种细骨料，一般指自然形成或由机械破碎，粒径在 5mm 以下的岩石颗粒（按国家标准粒径为 4.75mm）。砂按技术要求分为 Ⅰ 类、Ⅱ 类、Ⅲ 类。Ⅰ 类宜用于强度等级大于 C60 的混凝土；Ⅱ 类宜用于强度等级 C30～C60 及抗冻、抗渗或其他要求的混凝土；Ⅲ 类宜用于强度等级小于 C30 的混凝土和建筑砂浆。

2. 技术性质及技术标准

（1）含泥量及有害杂质的含量（表 6-6）

表 6-6

砂中有害物质含量的规定

项 目	指标（%）		
	Ⅰ类	Ⅱ类	Ⅲ类
含泥量(指小于 75μm 的尘屑、淤泥和黏土总含量)(按质量计)	<1.0	<3.0	<5.0
泥块含量(按质量计)	0	<1.0	<2.0
云母含量(按质量计)	<1.0	<2.0	<2.0
轻物质(表观密度小于 2.0kg/m³)含量(按质量计)	<1.0	<1.0	<1.0
硫化物和硫酸盐含量(按 SO₃ 质量计)	<0.5	<0.5	<0.5
有机物含量(用比色法试验)	合格	合格	合格
氯化物(以氯离子质量计)	<0.01	<0.02	<0.06

（2）砂的颗粒级配及粗细程度

砂的颗粒级配，即表示大小颗粒粒径的砂混合后的搭配情况。砂的粗细程度，是指不同颗粒大小的砂混合后总体的粗细程度，通常有粗砂、中砂与细砂之分。

在拌制混凝土时，砂的颗粒级配和粗细程度应同时考虑。当砂中含有较多的粗颗粒，并以适量的中颗粒及少量的细颗粒填充其空隙，则可达到空隙率及总表面积均较小，这是比较理想的，不仅水泥用量少，而且还可以提高混凝土的密度性与强度。可见控制砂的颗粒级配和粗细程度有很大的技术经济意义，因而它们是评定砂质量的重要指标。

砂的颗粒级配和粗细程度常用筛分析的方法进行测定。用级配区表示砂的颗粒级配，用细度模数表示砂的粗细程度。

细度模数（μ_f）越大，表示砂越粗，普通混凝土用砂的细度模数范围一般为 $3.7\sim0.7$，其中 μ_f 在 $3.7\sim3.1$ 之间为粗砂，μ_f 在 $3.0\sim2.3$ 之间为中砂，u_f 在 $2.2\sim1.6$ 之间为细砂，μ_f 在 $1.5\sim0.7$ 之间为特细砂。

细度模数与颗粒级配是两个不同的概念，细度模数是衡量砂的粗细程度，而颗粒级配是衡量砂的各粒级的组合情况。粗、中、细砂又分成 3 个级配区。砂的颗粒级配应处在表 6-7 的任何一个区内，除 5.0 及 0.63mm 筛号的筛余百分率不准超出外，其余允许超出分界线，但其总量不得大于 5%。

砂的颗粒级配区 表 6-7

筛孔尺寸(mm)	级配区		
	Ⅰ区	Ⅱ区	Ⅲ区
	累计筛余(%)		
10	0	0	0
5	10～0	10～0	10～0
2.5	35～5	25～0	15～0
1.25	65～35	50～10	25～0
0.63	85～71	70～41	40～16
0.315	95～80	92～70	85～55
0.16	100～90	100～90	100～90

Ⅰ区砂级配较粗，保水能力较差，宜于配制富混凝土和低流动混凝土。当配制贫混凝土时，其拌合物外观比较粗糙，内摩擦力大，灌筑成型时不易插捣密实，故应增大砂率，以保证其和易性。

Ⅱ区砂为一般常用级配的砂，使用效果较好。

Ⅲ区砂属于细砂或偏细砂，用它配的混凝土拌合物黏度略大，保水性较好，容易插捣成型，配合比设计时应采用较小的砂率。

（3）砂的物理性质

1）堆积密度、表观密度和空隙率。砂子的表观密度与矿物成分有关，一般常用的是石英河砂，其变动范围为 $2600\sim2700\text{kg/m}^3$。一般干砂在堆积状态下的堆积密度为 $1350\sim1550\text{kg/m}^3$，在捣实状态下的堆积密度为 $1600\sim1700\text{kg/m}^3$。一般混凝土用砂的空隙率为 40%～50%，级配良好的砂可减小到 35%～37%。细砂、特细砂的空隙率往往比中粗砂为大，有时可高达 52%。

2）砂的饱和面干吸水率。在计算混凝土各项材料的配合比时，按理应以饱和面干的砂子为准。砂子饱和面干吸水率以小为佳，一般石英砂的饱和面干吸水率在 2% 以下。

3）砂的坚固性。砂的坚固性是指砂在自然风化和其他外界物理化学因素作用下抵抗破裂的能力。

6.1.4 混凝土用石

1. 概述

普通混凝土常用的粗骨料有碎石和卵石（砾石）。碎石是由天然岩石、卵石或矿山废石经机械破碎、筛分制成的粒径大于 4.75mm 的岩石颗粒。卵石是由天然岩石经自然风化、水流搬运和分选、堆积形成的粒径大于 4.75mm 的岩石颗粒。

2. 技术性质及技术标准

（1）有害物质。粗骨料中常含有一些有害杂质，如黏土、淤泥、细屑、硫酸盐、硫化物和有机杂质。它们的危害作用与在细骨料中相同。其含量应符合表 6-8 的规定。

碎石或卵石中有害杂质的含量限值 表 6-8

项　　目	指标（%）		
	Ⅰ类	Ⅱ类	Ⅲ类
针片状颗粒含量（按质量计）	≤5	≤10	≤15
含泥量（按质量计）	≤0.5	≤1.0	≤1.0
泥块含量（按质量计）	0	≤0.2	≤0.5
硫化物及硫酸盐含量（按 SO_3 质量计）（按质量计）	≤0.5	≤1.0	≤1.0
有机物	合格	合格	合格
坚固性指标（质量损失）（按质量计）	≤5	≤8	≤12
碎石压碎指标	≤10	≤20	≤30
卵石压碎指标	≤12	≤14	≤16

建筑用卵石和碎石按技术要求分为三类：Ⅰ类，宜用于强度等级大于 C60 的混凝土；Ⅱ类，宜用于强度等级 C30～C60 及抗冻抗渗及其他要求的混凝土；Ⅲ类，宜用于强度等级小于 C30 的混凝土。

在混凝土中含有过多的针、片状石子时，这些针、片状石子容易出现架空现象，空隙率较大，受压时容易折断，这样就使混凝土抗压强度降低。当混凝土强度等级不低于 C30时，针、片状颗粒含量应不大于 15%，含泥量不大于 1%；强度等级低于 C30 时，针、片状颗粒含量应不大于 25%，含泥量不大于 2%。

（2）颗粒形状及表面特征。粗骨料的颗粒形状及表面特征会影响其对水泥的黏结性和混凝土的和易性。碎石具有棱角，表面粗糙而且具有吸收水泥浆的孔隙特性，与水泥黏结较好；卵石多为圆形，表面光滑且少棱角，与水泥的黏结较差，但混凝土拌合物的工作性较好。如要求流动性相同，用卵石时用水量可少些，其混凝土的强度不一定低。

（3）最大粒径及颗粒级配。粗骨料公称粒级的上限称为该粒级的最大粒径。当骨料用量一定时，其比表面积随着粒径的增大而减小。保证一定厚度润滑层所需的水泥浆或砂浆的用量减少，可节约水泥；因此，粗骨料的最大粒径应在条件许可的情况下，尽量选大些。但对于普通配合比的结构混凝土，尤其是高强混凝土，骨料粒径大于 40mm 并无多少好处。

粗骨料的级配好坏对节约水泥、保证混凝土拌合物良好的和易性及混凝土强度有很大关系。特别是配制高强混凝土，粗骨料级配特别重要。粗骨料的级配也是通过筛分析试验来确定。根据国家标准《建设用卵石、碎石》GB/T 14685—2011 的规定，标准筛孔径为 2.36mm、4.75mm、9.5mm、16.0mm、19.0mm、26.5mm、31.5mm、37.5mm、53.0mm、63mm、75.0mm、90.0mm 的方孔筛。分计筛余百分率及累计筛余百分率的计算与砂相同。普通混凝土用碎石或卵石的颗粒级配应符合表 6-9 的规定。

6.1.5 再生骨料

1. 概述

建筑废弃物成分复杂，但其中废混凝土块、碎砖块等所占的比例最高，可以作为再生

碎石或卵石的颗粒级配　　　　　　　　　　　　　　　　　表 6-9

公称粒级 (mm)		累计筛余(%)										
		方孔筛(mm)										
		2.36	4.75	9.50	16.0	19.0	26.5	31.5	37.5	53.0	63.0	75.0	90
连续粒级	5～16	95～100	85～100	30～60	0～10	0	—	—	—	—	—	—	—
	5～20	95～100	90～100	40～80	—	0～10	0	—	—	—	—	—	—
	5～25	95～100	90～100	—	30～70	—	0～5	0	—	—	—	—	—
	5～31.5	95～100	90～100	70～90	—	15～45	—	0～5	0	—	—	—	—
	5～40	—	95～100	70～90	—	30～65	—	—	0～5	0	—	—	—
单粒粒级	5～10	95～100	80～100	0～15	0	—	—	—	—	—	—	—	—
	10～16	—	95～100	80～100	0～15	—	—	—	—	—	—	—	—
	10～20	—	95～100	85～100	—	0～15	0	—	—	—	—	—	—
	16～25	—	—	95～100	55～70	25～40	0～10	—	—	—	—	—	—
	16～31.5	—	95～100	—	85～100	—	—	0～10	0	—	—	—	—
	20～40	—	—	95～100	—	80～100	—	—	0～10	0	—	—	—
	40～80	—	—	—	—	95～100	—	70～100	—	30～60	0～10		0

骨料等进行资源化利用。将废混凝土块经过处理加工成再生骨料，既能解决天然骨料资源缺乏的问题，保护骨料产地的生态环境，又能解决城市废弃物的堆放、占地和环境污染等问题，实现混凝土生产过程中的物质循环利用，保证建筑工业的可持续发展。

废混凝土是指建筑物拆除、路面返修、混凝土生产、工程施工或其他状况下产生的废混凝土块。废混凝土的来源渠道广泛，目前废混凝土的主要来源有：

（1）混凝土建筑物由于使用年限期满或者老化被拆毁，产生废混凝土块，这是废混凝土的主要来源之一。

（2）市政工程的动迁以及重大基础设施的新建或改造，例如道路路面和机场跑道维修或更换，这部分废混凝土数量通常也比较大。

（3）地震、风灾和火灾等自然灾害和战争等人为因素造成建筑物倒塌而产生的废混凝土。

2. 再生粗骨料的标准

《混凝土用再生粗骨料》GB/T 25177—2010 对各项指标的要求见表 6-10。其中，出厂检验项目包括颗粒级配、微粉含量、泥块含量、压碎指标、表观密度、空隙率、吸水率；型式检验包括除碱-骨料反应外的所有项目；碱-骨料反应根据需要进行。

再生粗骨料分类与技术要求　　　　　　　　　　　表 6-10

项　　目	指标		
	Ⅰ类	Ⅱ类	Ⅲ类
颗粒级配(最大粒级不大于31.5mm)	合格	合格	合格
有机物含量(比色法)	合格	合格	合格
碱集料反应	合格	合格	合格
表观密度(kg/m³)，>	2450	2350	2250
空隙率(%)，<	47	50	53
坚固性(质量损失，%)，<	5.0	10.0	15.0
硫化物及硫酸盐含量(按SO₃质量计，%)，<	2.0	2.0	2.0
氯化物(以氯离子质量计，%)，<	0.06	0.06	0.06
杂物(按质量计，%)，<	1.0	1.0	1.0
压碎指标(%)，<	12	20	30
微粉含量(按质量计，%)，<	1.0	2.0	3.0
泥块含量(按质量计，%)，<	0.5	0.7	1.0
吸水率(按质量计，%)，<	3.0	5.0	8.0
针片状颗粒含量(按质量计，%)，<	10	10	10

《混凝土和砂浆用再生细骨料》GB/T 25176—2010 对再生细骨料各项技术指标的要求见表 6-11。

再生细骨料的分类与质量要求　　　　　　　　　　表 6-11

项目		指标		
		Ⅰ类	Ⅱ类	Ⅲ类
颗粒级配		合格	合格	合格
有机物含量(比色法)		合格	合格	合格
碱集料反应		合格	合格	合格
表观密度(kg/m³),>		2450	2350	2250
堆积密度(kg/m³),>		1350	1300	1200
空隙率(%),<		46	48	52
最大压碎指标值(%),<		20	25	30
饱和硫酸钠溶液中质量损失(%),<		8	10	12
硫化物及硫酸盐含量(按SO₃质量计,%),<		2.0	2.0	2.0
氯化物(以氯离子质量计,%),<		0.06	0.06	0.06
云母含量(按质量计,%),<		2.0	2.0	2.0
微粉含量(按质量计,%)	亚甲蓝 MB 值<1.40 或合格,<	5.0	7.0	10.0
	亚甲蓝 MB 值≥1.40 或不合格,<	1.0	3.0	5.0
泥块含量(按质量计,%),<		1.0	2.0	3.0
再生胶砂需水量比	细	1.35	1.55	1.80
	中	1.30	1.45	1.70
	粗	1.20	1.35	1.50
再生胶砂强度比	细	0.80	0.70	0.60
	中	0.90	0.85	0.75
	粗	1.00	0.95	0.90

3. 再生骨料混凝土在道路工程中的应用

目前,我国再生骨料混凝土已在一些道路工程中的路基和路面部位进行了应用,收到了良好的效果。

上海市某城郊公路,由于原混凝土路面大部分路段破损较为严重,道路的平整度较差,雨后积水,严重影响了车辆的正常通行,经过有关部门的批准,拟对原混凝土路面进行改扩建。在原路面扩改建过程中,为了充分利用这些废混凝土,保护周围环境,采用 50%的再生骨料混凝土(RCA)代替天然骨料混凝土(NCA),修建一段长 400m 的钢纤维再生骨料混凝土(SRC)路面作为试验路面。

4. 再生骨料混凝土在建筑工程中的应用

目前,我国再生骨料混凝土在建筑工程中的应用较少,但应用实例涵盖基础、柱、剪力墙、梁、板等多种部位,且均满足工程质量要求。

北京昌平十三陵新农村建设示范工程,其中应用了建筑垃圾(碎砖含量为 5%~10%)再生混凝土和再生砖,再生混凝土粗、细骨料均为建筑垃圾,再生砖为带有装饰面层的古建砖。地板、基础梁、楼板、构造柱、圈梁和屋顶水沟等部位应用再生混凝土,所有墙体和基础都是再生砖。

6.1.6 混凝土

1. 概述

广义上的混凝土是由胶凝材料、细集料、粗集料、水(必要时加入一定的外加剂和矿物混合材料）经混合、硬化而成的人造石材。目前，在土木工程上使用最多的是以水泥为胶凝材料，砂、石为骨料，加水或掺入适量外加剂和外掺料拌制而成的水泥混凝土，简称普通混凝土。

2. 混凝土的性能

（1）和易性是指混凝土拌合物易于各工序（搅拌、运输、浇筑、捣实）施工操作，并获得质量均匀、成型密实的性能。和易性是一项综合的技术指标，包括流动性、黏聚性和保水性。

表 6-12 是指采用机械振捣的坍落度，采用人工捣实时可适当增大。当施工工艺采用混凝土泵输送混凝土拌合物时，则要求混凝土拌合物具有高流动性，其坍落度通常在 80～180mm。

混凝土浇筑时的坍落度　　　　　　　　　　　　表 6-12

项目	结构种类	坍落度（mm）
1	基础或地面等的垫层、无筋的厚大结构或配筋稀疏的结构构件	10～30
2	板、梁和大型及中型截面的柱子等	30～50
3	配筋密列的结构（薄壁、筒仓、细柱）	50～70
4	配筋特密的结构	70～90

当水灰比在 0.4～0.8 范围量，根据粗集料品种、粒径及施工要求的混凝土拌合物稠度，其用水量可按表 6-13 选取。

塑性混凝土的用水量（kg/m³）　　　　　　　　表 6-13

拌合物稠度		卵石最大粒径（mm）				碎石最大粒径（mm）			
项目	指标	10	20	31.5	40	16	20	31.5	40
坍落度（mm）	10～30	190	170	160	150	200	185	175	165
	35～50	200	180	170	160	210	195	185	175
	55～70	210	190	180	170	220	205	195	185
	75～90	215	195	185	175	230	215	205	195

注：1. 本表用水量为采用中砂时的平均取值。采用细砂时，每立方米混凝土用水量可增加 5～10kg，采用粗砂则可减少 5～10kg；

　　2. 掺用各种外加剂或掺混合料时，用水量应相应调整。

砂率应根据骨料的技术指标、混凝土拌合物性能和施工要求，参考既有历史资料确定。当缺乏砂率的历史资料时：坍落度小于 10mm 的混凝土，其砂率应经试验确定；坍落度为 10～60mm 的混凝土，可根据粗骨料品种、最大公称粒径及混凝土的水灰比按表 6-14 选取；当坍落度大于 60mm 的混凝土，其砂率可经试验确定，也可在表 6-14 的基础上，按坍落度每增大 20mm，砂率增大 1％的幅度予以调整。

混凝土的砂率（％）　　　　　　　　　　　　表 6-14

水胶比（W/B）	卵石最大粒径（mm）			碎石最大粒径（mm）		
	10.0	20.0	40.0	16.0	20.0	40.0
0.40	26～32	25～31	24～30	30～35	29～34	27～32
0.50	30～35	29～34	28～33	33～38	32～37	30～35
0.60	33～38	32～37	31～36	36～41	35～40	33～38
0.70	36～41	35～40	34～39	39～44	38～43	36～41

注：1. 本表数值系中砂的选用砂率对细砂或粗砂，可相应地减少或增大砂率；

　　2. 采用人工砂配制混凝土时，砂率可适当增大；

　　3. 只用一个单粒级粗骨料配制混凝土时，砂率应适当增大。

（2）混凝土的强度

混凝土立方体抗压标准强度值（MPa 即 N/mm² 计）是具有 95％保证率的立方体试件抗压强度。根据混凝土立方体抗压强度的标准值，把混凝土的强度等级分为 12 个，即 C7.5、C10、C15、C20、C25、C30、C35、C40、C45、C50、C55、C60。其中：C 表示混凝土；C 后面的数字表示混凝土立方体标准抗压强度值，单位是 N/mm²。例如 C20，表示混凝土的标准抗压强度值为 20N/mm²，即 20MPa。凡介于两个等级之间的抗压强度值，均按较低的一个强度等级使用。

（3）混凝土的耐久性

混凝土的耐久性是指混凝土在实际使用条件下抵抗各种破坏因素的作用，长期保持强度和外观完整性，维持混凝土结构的安全和正常使用的功能。

混凝土的耐久性包括：抗冻性、抗渗性、抗侵蚀性、抗碳化性、抗碱集料反应、抗风化性能等。

3. 混凝土的配合比

（1）混凝土配合比的定义

混凝土的配合比是指混凝土中各组成材料用量之间的比例关系。

（2）混凝土的配合比表示方法

1）以 1m³ 混凝土中所需各种材料的质量表示。如 1m³ 混凝土中所需水泥 340kg、砂 710kg、石子 1200kg、水 180kg，则该混凝土的配合比可表示为：水泥∶砂∶石∶水＝340∶710∶1200∶180。

2）以各种材料间的质量比来表示（以水泥质量为 1）。如上述混凝土配合比也可表示为：水泥∶砂∶石∶水＝1∶2.09∶3.53∶0.53。

（3）混凝土配合比的分类

混凝土配合比有设计配合比和施工配合比两种：

1）设计配合比：在试验室以干燥砂、石为准，经计算、试配、调整而确定的各种材料用量之比（其中砂、石用量是干砂、干石子的用量）。

2）施工配合比：在施工现场根据现场砂、石的实际含水率，将设计配合比换算后得出的各种材料实际用量之比（其中砂、石用量是湿砂、湿石子的用量）。

4. 特种混凝土

（1）泵送混凝土

混凝土拌合物坍落度不低于 100mm 并用泵送施工的混凝土称为泵送混凝土，如图 6-4 所示。

1）泵送混凝土可用于大多数混凝土，尤其适用于施工场地狭窄和施工机具受到限制的混凝土浇筑。

2）泵送混凝土施工速度快、效率高、节约劳动力，近年来在国内逐步得到推广。

3）泵送混凝土要求满足强度和耐久性要求外，还应具有良好的可泵性。

（2）预拌混凝土

预拌混凝土又叫商品混凝土，是指预先拌好的质量合格的混凝土拌合物，以商品的形式出售给施工单位，并运到施工现场进行浇筑的混凝土拌合物，如图 6-5 所示。

采用预拌混凝土，有利于实现建筑工业化，对提高混凝土质量、节约材料、实现现场

图 6-4　泵送混凝土

图 6-5　混凝土搅拌车

文明施工和改善环境（因工地不需要原料堆放场地和搅拌设备）都具有突出的优点。

（3）纤维混凝土

以普通混凝土为基材，外掺各种纤维材料而组成的复合材料，称为纤维混凝土。

纤维材料的品种很多，通常使用的有钢纤维、玻璃纤维、石棉纤维、合成纤维、碳纤维等。

6.1.7　建筑砂浆

1. 概述

建筑砂浆是由胶凝材料、细骨料和水配制而成的建筑工程材料。与普通混凝土相比，砂浆又称无粗骨料混凝土。建筑砂浆在建筑工程中是一项用量大、用途广泛的建筑材料。将砖、石、砌块等粘结成为砌体的砂浆称为砌筑砂浆。它起着粘结砌块、传递荷载的作用，是砌体的重要组成部分。

2. 砌筑砂浆的技术要求

（1）新拌砂浆的和易性。砂浆的和易性包括流动性和保水性，流动性用沉入度（又称为稠度）的大小表示，保水性用分层度的大小表示。

砂浆流动性的选择与砌体种类（砖、石、砌块、板及其他材料种类等）、施工方法以及天气情况有关，可参考表 6-15 选用。

砌筑砂浆的稠度　　　　　　　　　　　　　　　　表 6-15

砌体种类	砂浆稠度(mm)	砌体种类	砂浆稠度(mm)
烧结普通砖砌体	70～90	普通混凝土小型空心砌块砌体	50～70
轻骨料混凝土小型空心砌块砌体	60～90	加气混凝土砌块砌体	
烧结多孔砖、空心砖砌体	60～80	石砌体	30～50

（2）砂浆抗压强度与砂浆强度等级

1）强度与强度等级。砂浆以抗压强度作为其强度指标。标准试件尺寸为 70.7mm 立方体，试件一组 6 块，标养至 28d，测定其抗压强度平均值（MPa）。砌筑砂浆按抗压强度划分为 M20、M15、M10、M7.5、M5.0、M2.5 六个强度等级。砂浆的强度除受砂浆本身的组成材料及配比影响外，还与基层的吸水性能有关。

2）砌筑砂浆的粘结强度。砌筑砂浆必须有足够的粘结力，才能将砖石粘结为坚固的整体，砂浆粘结力的大小，将影响砌体的抗剪强度、耐久性、稳定性及抗震能力。通常粘结力随砂浆抗压强度的提高而增大。砂浆粘结力还与砌筑材料的表面状态、润湿程度、养护条件等有关。

（3）砌筑砂浆的配合比设计

按照相关规范，砌筑砂浆的配合比应满足施工和易性（稠度）的要求，保证设计强度，还应尽可能节约水泥，降低成本。

3. 抹面砂浆

抹面砂浆也称抹灰砂浆，用以涂抹在建筑物或建筑构件的表面，兼有保护基层、满足使用要求和增加美观的作用。

抹面砂浆的主要组成材料是水泥、石灰或石膏以及天然砂等，对这些原材料的质量要求同砌筑砂浆。但根据抹面砂浆的使用特点，对其主要技术要求不是抗压强度，而是和易性及其与基层材料的黏结力。为此，常需多用一些胶结材料，并加入适量的有机聚合物以增强黏结力。另外，为减少抹面砂浆因收缩而引起开裂，常在砂浆中加入一定量纤维材料。

常用的抹面砂浆有石灰砂浆、水泥混合砂浆、水泥砂浆、麻刀石灰浆（简称麻刀灰）、纸筋石灰浆（简称纸筋灰）等。

常用抹面砂浆配合比及应用范围　　　　　　　　　　　表 6-16

材料	配合比（体积比）	应用范围
石灰：砂	（1：2）～（1：4）	用于砖石墙表面（檐口、勒脚、女儿墙及潮湿房间的墙除外）
石灰：黏土：砂	（1：1：4）～（1：1：8）	干燥环境墙表面
石灰：石膏：砂	（1：0.4：2）～（1：1：3）	用于不潮湿房间的墙及天花板
石灰：石膏：砂	（1：2：2）～（1：2：4）	用于不潮湿房间的线脚及其他装饰工程
石灰：水泥：砂	（1：0.5：4.5）～（1：1：5）	用于檐口、勒脚、女儿墙以及比较潮湿的部位
水泥：砂	（1：3）～（1：2.5）	用于浴室、潮湿车间等墙裙、勒脚或地面基层
水泥：砂	（1：2）～（1：1.5）	用于地面、顶棚或墙面面层
水泥：砂	（1：0.5）～（1：1）	用于混凝土地面随时压光
石灰：石膏：砂：锯末	1：1：3：5	用于吸声粉刷
水泥：白石子	（1：2）～（1：1）	用于水磨石（打底用1：2.5水泥砂浆）
水泥：白石子	1：1.5	用于斩假石（打底用（1：2）～（1：2.5）水泥砂浆）
白灰：麻刀	100：2.5（质量比）	用于板条顶棚底层
石灰膏：麻刀	100：1.3（质量比）	用于板条顶棚面层（或100kg石灰膏加3.8kg纸筋）
纸筋，白灰浆	灰膏 0.1m³，纸筋 0.36kg	较高级墙板、顶棚

4. 装饰砂浆

装饰砂浆是指用作建筑物饰面的砂浆。它是在抹面的同时，经各种加工处理而获得特殊的饰面形式，以满足审美需要的一种表面装饰。

装饰砂浆饰面可分为两类，即灰浆类饰面和石渣类饰面。灰浆类饰面是通过水泥砂浆的着色或水泥砂浆表面形态的艺术加工，获得一定色彩、线条、纹理质感的表面装饰；石渣类饰面是在水泥砂浆中掺入各种彩色石渣作集料，配制成水泥石碴浆抹于墙体基层表面，然后用水洗、斧剁、水磨等手段除去表面水泥浆皮，呈现出石渣颜色及其质感的饰面。

装饰砂浆所用胶凝材料与普通抹面砂浆基本相同，只是灰浆类饰面更多地采用白水泥和彩色水泥。

6.1.8 建筑钢材

1. 概述

建筑钢材是工程建设中的主要材料之一，广泛用于工业与民用建筑、道路桥梁等工程中。建筑钢材主要是钢筋混凝土结构用各种钢筋、钢丝及钢结构用各种型钢、钢板和钢管等。

钢筋的质量主要体现在它的力学性能和工艺性能，其中力学性能包括钢筋的拉伸性能和冲击韧性，工艺性能主要包括冷弯性能和焊接性能。钢筋的拉伸经历弹性、屈服、强化和颈缩四个阶段，其屈服点、抗拉强度和伸长率是钢筋的三个重要技术参数，其中屈服点是钢材在结构设计时的强度取值依据。

2. 常用建筑钢材的技术指标

（1）钢筋混凝土用热轧光圆钢筋

由 Q235 碳素结构钢轧制而成的光圆钢筋，强度低但塑性好，伸长率高，具有便于弯折成形、容易焊接的特点，可用作中、小型钢筋混凝土结构的主要受力钢筋，构件的箍筋，钢、木结构的拉杆等。其主要力学性能及工艺性能技术指标，见表6-17。

热轧光圆钢筋力学性能特征值　　表6-17

牌号	下屈服强度 R_{el} (MPa)	抗拉强度 R_m (MPa)	断后伸长率 A (%)	最大力总伸长率 A_{gt} (%)	冷弯试验 180°
	不小于				
HPB300	300	420	25	10.0	$d=a$

注：d——弯芯直径；a——钢筋公称直径

（2）低碳钢用热轧盘条

卷成盘状供应的热轧光圆钢筋，按用途可分为供建筑用（J）和供拉丝用（L）。其主要力学性能及工艺性能指标，见表6-18。

盘条钢的力学性能及工艺性能技术指标　　表6-18

牌号	抗拉强度 R_m (MPa)	伸长率 $A_{11.3}$ (%)	冷弯试验 180° $d=$弯心直径 $a=$钢筋公称直径
	不小于	不小于	
Q195	410	30	$d=0$
Q215	435	28	$d=0$
Q235	500	23	$d=0.5a$
Q275	540	21	$d=1.5a$

（3）混凝土用热轧带肋钢筋

由合金钢轧制而成的表面带肋钢筋，广泛用于大、中型钢筋混凝土结构的主筋。其强度较高，塑性和可焊性均较好，表面有肋加强了钢筋与混凝土之间的黏结力。其主要力学性能及工艺性能技术指标见表6-19及表6-20。

（4）冷轧带肋钢筋

1）冷轧带肋钢筋牌号及其表示方法。冷轧带肋钢筋是热轧圆盘条经冷轧后，在其表面带有沿长度方向均匀分布的横肋的钢筋，冷轧带肋钢筋按延性高低分为两类：冷轧带肋钢筋（CRB）、高延性冷轧带肋钢筋（CRB＋抗拉强度特征值＋H）。C、R、B、H 分别为冷轧（Cold rolled）、带肋（Ribbed）、钢筋（Bars）、高延性（High elongation）四个词的

混凝土用热轧带肋钢筋力学性能技术指标　　　　表 6-19

牌号	下屈服强度 R_{el}(MPa)	抗拉强度 R_m (MPa)	断后伸长率 A (%)	最大力总伸长率 A_{gt}(%)	R_m^0/R_{el}^0	R_{el}^0/R_{el}
			不小于			不大于
HRB400 HRBF400	400	540	16	7.5	—	—
HRB400E HRBF400E			—	9.0	1.25	1.30
HRB500 HRBF500	500	630	15	7.5	—	—
HRB500 HRBF500				9.0	1.25	1.30
HRB600	600	730	14	7.5	—	—

注：R_m^0 为钢筋实测抗拉强度；R_{el}^0 为钢筋实测下屈服强度

混凝土用热轧带肋钢筋工艺性能技术指标　　　　表 6-20

牌号	公称直径 d(mm)	弯曲压头直径
HRB400 HRBF400 HRB400 HRBF400	6~25	$4d$
	28~40	$5d$
	>40~50	$6d$
HRB500 HRBF500 HRB500 HRBF500	6~25	$6d$
	28~40	$7d$
	>40~50	$8d$
HRB600	6~25	$6d$
	28~40	$7d$
	>40~50	$8d$

英文首位字母。

　　冷轧带肋钢筋分为 CRB550、CRB650、CRB800、CRB600H、CRB680H、CRB800H 六个牌号。CRB550、CRB600H 为普通钢筋混凝土用钢筋，CRB650、CRB800、CRB800H 为预应力混凝土用钢筋，CRB680H 既可作为普通钢筋混凝土用钢筋，也可作为预应力混凝土用钢筋。

　　2）冷轧带肋钢筋的技术要求。

　　① 冷轧带肋钢筋的力学性质见表 6-21。

冷轧带肋钢筋的力学性质　　　　表 6-21

分类	牌号	规定塑性延伸强度 $R_{p0.2}$ MPa 不小于	抗拉强度 R_m MPa 不小于	$R_m/R_{p0.2}$ 不小于	断后伸长率（%）不小于		最大力总延伸率（%）不小于	弯曲试验[a] 180°	反复弯曲次数	应力松弛初始应力应相当于公称抗拉强度的70% 1000h,% 不大于
					A	A_{100mm}	A_{gt}			
普通钢筋混凝土用	CRB550	500	550	1.05	11.0	—	2.5	$D=3d$	—	—
	CRB600H	540	600	1.05	14.0	—	5.0	$D=3d$	—	—
	CRB680H[b]	600	680	1.05	14.0	—	5.0	$D=3d$	4	5
预应力混凝土用	CRB650	585	650	1.05	—	4.0	2.5	—	3	8
	CRB800	720	800	1.05	—	4.0	2.5	—	3	8
	CRB800H	720	800	1.05	—	7.0	4.0	—	4	5

[a] D 为弯心直径，d 为钢筋公称直径。

[b] 当该牌号钢筋作为普通钢筋混凝土用钢筋使用时，对反复弯曲和应力松弛不做要求；当该牌号钢筋作为预应力混凝土用钢筋使用时应进行反复弯曲试验代替180°弯曲试验，并检测松弛率。

② 反复弯曲试验的弯曲半径见表 6-22。

反复弯曲试验的弯曲半径　　　　　　　　　　　　　　表 6-22

钢筋公称直径(mm)	4	5	6
弯曲半径(mm)	10	15	15

6.1.9　防水卷材

1. 概述

防水卷材是指可卷曲成卷状的柔性防水材料，在建筑防水材料的应用中处于主导地位，量大面广。常用的防水卷材按材料的组成不同，一般分为沥青防水卷材、高聚物改性沥青防水卷材和合成高分子防水卷材三大类。

2. 常用防水卷材的技术指标

弹性体沥青防水卷材以玻纤毡（G）或聚酯毡（PY）作为胎基，按型号其物理性能应符合表 6-23 的规定。

弹性体沥青防水卷材技术指标　　　　　　　　　　　　表 6-23

序号	胎基		PY		G	
	型号		I	II	I	II
1	不透水性	压力(MPa)	0.3	0.2	0.3	—
		保持时间(min)	30			
2	耐热度(℃)		90	105	90	105
			无滑动、流淌、滴落			
3	拉力(N/50mm)	纵向	500	800	350	500
		横向			250	300
4	最大拉力时延伸率(％)	纵向	30	40	—	
		横向				
5	低温柔度(℃)		−15	−20	−15	−20
			无裂纹			

6.1.10　木材

1. 概述

木材是人类最早用于建造房屋的材料，在中国的传统建筑中，木材建筑技术和木材装饰艺术都达到了很高的水平并形成了独特的风格。目前，由于木材资源的短缺，木材已经由结构用材转而作为装饰和装修材料。

2. 木材的物理、力学性质

木材的物理力学性质主要有含水率、湿胀干缩、强度等性能，其中含水率对木材的湿胀干缩性和强度影响很大。

（1）含水率

木材中的含水量以含水率表示，即木材中所含水的质量占干燥木材质量的百分数。新伐倒的树木称为生材，其含水率一般在 70％～140％。木材长时间处于一定温度和湿度的空气中，当水分的蒸发和吸收达到动态平衡时，其含水率相对稳定，这时木材的含水率称为平衡含水率。

（2）湿胀与干缩变形

木材具有显著的湿胀干缩性。当木材从潮湿状态干燥至纤维饱和点时，会发生木材体积收缩。反之，干燥木材吸湿时将发生体积膨胀，直到含水量达到纤维饱和点时为止。细胞壁越厚，则胀缩越大。

木材湿胀干缩性将影响到其实际使用。干缩会使木材翘曲开裂、接样松弛、拼缝不严，湿胀则造成凸起。为了避免这种情况，在木材加工制作前必须预先进行干燥处理，使木材的含水率比使用地区平衡含水率低 $2\%\sim3\%$。

（3）木材的强度

在建筑结构中，木材常用的强度有抗拉、抗压、抗弯和抗剪强度。由于木材的构造各向不同，致使各向强度有差异，为此木材的强度有顺纹强度和横纹强度之分。木材的顺纹强度比其横纹强度要大得多，所以工程上均充分利用它们的顺纹强度。从理论上讲，木材强度中以顺纹抗拉强度为最大，其次是抗弯强度和顺纹抗压强度。

（4）木材的应用

1）木材初级产品

按加工程度和用途不同，木材分为圆条、原木、锯材三类。圆条是除去根、梢、枝的伐倒木；原木是除去根、梢、枝和树皮，并加工成一定长度和直径的木段；锯材指被切割过的木材，分为板材和方材两种，板材宽度为厚度的 3 倍或以上，方材的宽度小于厚度的 3 倍。

承重结构用的木材，其材质按缺陷（木节、腐朽、裂纹、夹皮、虫害、弯曲和斜纹等）状况分为三等。

2）人造板材

① 胶合板

胶合板是将原木沿年轮方向切成薄片，将单板按相邻层木纹方向互相垂直组坯经热压胶合而成的板材，常见的有三夹板、五夹板和七夹板等。胶合板多数为平板，也可经一次或几次弯曲处理制成曲形胶合板。因其厚度小幅面宽大，胶合板常用做门面、隔断、吊顶、墙裙等室内高级装修材料。

② 纤维板

纤维板是将木材废料，经破碎、浸泡、磨浆、施胶、成型及干燥或热压等加工工序制成的板材。纤维板按密度大小分为硬质纤维板、中密度纤维板和软质纤维板。硬质纤维板密度大、强度高，主要用作门板、家具和室内装修等。中密度纤维板是家具制造和室内装修的优良材料。软质纤维板表观密度小、吸声绝热性能好，可作为吸声或绝热材料使用。

③ 刨花板、木丝板和木屑板

刨花板、木丝板和木屑板是利用刨花碎片、短小废料刨制的木丝和木屑，经干燥、拌胶料辅料，加压成型而制得的板材。表观密度小、强度低的板材主要作为绝热和吸声材料，表面喷以彩色涂料后，可以用于天花板等；表观密度大、强度较高的板材可粘贴装饰单板或胶合板做饰面层，用作隔墙、吊顶等。

④ 细木工板

细木工板是一种夹芯板，芯板用木板条拼接而成，两个表面胶贴木质单板，经热压粘合制成。它集实木板与胶合板的优点于一身，可作为装饰构造材料，用于门板、壁板等。

6.1.11 墙体材料

砖和砌块是房屋建筑中墙体的主要材料。墙体在结构中起着承重、围护和分隔的作用。

1. 砌墙砖

（1）烧结普通砖

烧结普通砖按主要原料分黏土砖（N）、页岩砖（Y）、煤矸石砖（M）、粉煤灰砖（F）、建筑渣土砖（Z）等。按抗压强度分为五级：MU30、MU25、MU20、MU15、MU10。砖的外形为直角六面体，其公称尺寸为：长240mm、宽115mm、高53mm，如图6-6所示。《烧结普通砖》GB/T 5101—2017规定，烧结普通砖的质量可划分为合格和不合格，各项技术指标应满足相应要求。

1）外观质量和尺寸偏差。外观质量和尺寸允许偏差必须符合表6-24和表6-25的要求。

图6-6 烧结普通砖外形

烧结普通砖的外观质量要求（单位：mm）　　　　　　表6-24

项目	指标
两条面高度差≤	2
弯曲≤	2
杂质凸出高度≤	2
缺棱掉角的3个破坏尺寸不得同时大于	5
裂纹长度≤	
a. 大面上宽度方向及其延伸至条面的长度	30
b. 大面上长度方向及其延伸至顶面的长度或条顶面上水平裂纹的长度	50
完整面[a] 不得少于	一条面和一顶面

注：为砌筑抹浆而施加的凹凸纹、槽、压花等不算作缺陷。

[a] 凡有下列缺陷之一者，不得称为完整面：

缺损在条面或顶面上造成的破坏面尺寸同时大于10mm×10mm。

条面或顶面上裂纹宽度大于1mm，其长超过30mm。

压陷、粘底、焦花在条面或顶面上的凹陷或凸出超过2mm，区域尺寸同时大于10mm×10mm。

2）强度及强度等级。各个强度等级的抗压强度值应符合表6-26的规定。

烧结普通砖的尺寸允许偏差（单位：mm）

表6-25

公称尺寸	指标	
	样本平均偏差	样本极差
240	±2.0	6.0
115	±1.5	5.0
53	±1.5	4.0

烧结普通砖强度等级（单位：MPa）

表6-26

强度等级	抗压强度平均值 $\overline{f}$ ≥	强度标准值 f_k ≥
MU30	30.0	22.0
MU25	25.0	18.0
MU20	20.0	14.0
MU15	15.0	10.0
MU10	10.0	6.5

（2）烧结多孔砖

烧结多孔砖按主要原料分为黏土砖、页岩砖、粉煤灰砖、煤矸石砖。特点是砖块内部留有竖向孔洞，孔洞方向与受力方向一致，孔洞直径小，孔洞数量多，孔洞率＞15％，自重轻，强度较高，保温隔热性能好，施工效率较高。烧结多孔砖如图6-7所示。

1）规格尺寸（mm）。长290、240；宽190、180、140、115；高90。

2）强度等级。按抗压强度分为五级：MU10、MU15、MU20、MU25、MU30。

3）砖的产品标记。按产品名称、品种、规格、强度等级、密度等级和标准编号顺序编写。产品的技术性能要符合《烧结多孔砖和多孔砌块》GB/T 13544—2011的要求。

（3）烧结空心砖

烧结空心砖按主要原料分为黏土空心砖（N）、页岩空心砖（Y）、煤矸石空心砖（M）、粉煤灰空心砖（F）、淤泥空心砖（U）等。

1）空心砖外形为直角六面体，混水墙用空心砖应在大面和条面上设有均匀分布的粉刷槽或类似结构，深度不小于2mm。烧结空心砖如图6-8所示。

图6-7　烧结多孔砖　　　　　　　　　图6-8　烧结空心砖

2）规格尺寸。长度规格尺寸（mm）：390、290、240、190、180（175）、140；宽度规格尺寸（mm）：190、180（175）、140、115；高度规格尺寸（mm）：180（175）、140、115、90。

3）强度等级。按抗压强度分为四级：MU10.0、MU7.5、MU5.0、MU3.5。

4）产品标记。空心砖的产品标记按产品名称、类别、规格（长度宽度高度）、密度等级、强度等级和标准编号顺序编写。

（4）蒸压灰砂砖

蒸压灰砂砖是以石灰、砂子（也可以掺入颜料和外加剂）为原料，经制坯、压制成型、蒸压养护而成的实心砖。根据颜色分为彩色和本色蒸压灰砂砖。

蒸压灰砂砖分为蒸压灰砂实心砖（代号LSSB）、蒸压灰砂实心砌块（代号LSSU）、大型蒸压灰砂实心砌块（代号LLSS），应考虑工程应用砌筑灰缝的宽度和厚度要求，由供需双方协商后，在订货合约中确定其标示尺寸，产品按代号、颜色、等级、规格尺寸和标准编号的顺序进行标记。按抗压强度分为五级：MU30、MU25、MU20、MU15、MU10。其各项技术性能均应符合《蒸压灰砂实心砖和实心砌块》GB/T 11945—2019中的相应规定。

产品不应用于长期受热200℃以上，受急冷、急热和有酸性侵蚀的建筑部位。

2. 砌块

砌块是指比砌墙砖尺寸大的人造石材，多为直角六面体，如图6-9所示。砌块主规格尺寸中的长度、宽度和高度，至少有一项相应大于365mm、240mm、115 mm，但高度不大于长度或宽度的6倍，长度不超过宽度的3倍。

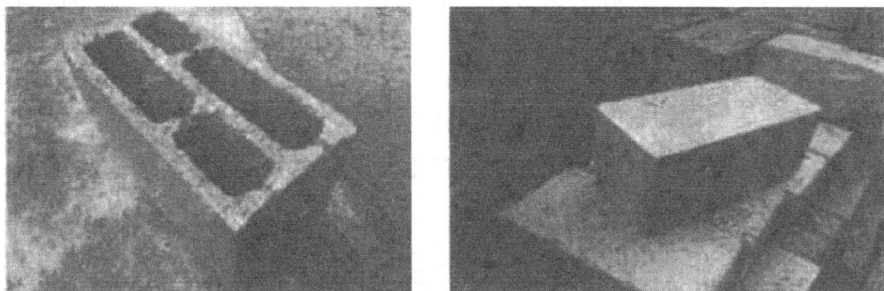

图6-9　常用的砌块

（1）蒸压加气混凝土砌块

蒸压加气混凝土砌块是以钙质材料（水泥、石灰等）和硅质材料（砂、矿渣和粉煤灰等）加入加气剂，经配料、搅拌、浇筑、发气、切割和蒸压养护而成的多孔轻质块体材料。

1）规格尺寸

砌块的一般规格的公称尺寸有2个系列，见表6-27。

蒸压加气砌块规格（单位：mm）　　　　　　　　表6-27

项目	第一系列	第二系列
长度	600	600
高度	200、250、300	240、300
宽度	75、100、125、……（以25递增）	60、120、180、……（以60递增）

2）砌块等级

质量等级：砌块按尺寸偏差、外观质量、表观密度和密度分为优等品（A）、一等品（B）、合格品（C）3个等级。

（2）普通混凝土小型砌块

混凝土小型空心砌块是以水泥、矿物掺合料、砂、石、水等为原材料，经搅拌、振动成型、养护等工艺制成的小型砌块，包括空心砌块（空心率不小于25%，代号H）和实心砌块（空心率小于25%，代号S）。

混凝土小型砌块主块型砌块外形为直角六面体，长度尺寸为400mm减砌筑时竖灰缝厚度，砌块高度尺寸为200mm减砌筑时水平灰缝厚度，条面是封闭完好的砌块。砌块按使用时砌筑墙体的结构和受力情况，分为承重结构用砌块（代号L）、非承重结构用砌块（代号N）。砌块按下列顺序标记：砌块种类、规格尺寸、强度等级、标准代号。

普通混凝土小型砌块按抗压强度分为九级：MU5.0、MU7.5、MU10、MU15、MU20、MU25、MU30、MU35、MU40。各项技术性能应符合《普通混凝土小型砌块》GB/T 8239—2014的规定。

6.1.12　屋面材料

1. 烧结类瓦材

（1）黏土瓦

黏土瓦是以杂质少、塑性好的黏土为主要原料，经成型、干燥、焙烧而成。按颜色分为红瓦和青瓦，按形式分为平瓦、脊瓦、板瓦、筒瓦、滴水瓦、沟头瓦和其他异形瓦及其配件等。根据表面状态可分为有釉和无釉两类。

黏土瓦是我国使用历史长且用量较大的屋面瓦材之一，主要用于民用建筑和农村建筑坡形屋面防水。但由于生产中需消耗土地，能耗大，制造和施工的生产率均不高，因此，已渐为其他品种瓦材取代。

（2）琉璃瓦

琉璃瓦是用难熔黏土制坯，经干燥、上釉后焙烧而成。其造型多样，主要有板瓦、筒瓦、滴水瓦、沟头瓦等，有时还制成飞禽、走兽等形象作为檐头和屋脊的装饰，是一种富有我国传统民族特色的高级屋面防水与装饰材料。琉璃瓦耐久性好，但成本较高，一般只限于在古建筑修复、纪念性建筑及园林建筑中的亭、台、楼阁中使用。

2. 水泥类屋面瓦材

（1）混凝土瓦

混凝土瓦分为混凝土屋面瓦和混凝土配件瓦。混凝土屋面瓦分为波形屋面瓦和平板屋面瓦。混凝土瓦主要由水泥、细集料和水等为主要原材料经拌合，挤压、静压成型或其他方法制成。混凝土瓦的强度高、密实度好、吸水率低、寿命长，且瓦的单片面积大，单位面积的盖瓦量要比黏土瓦和琉璃瓦少得多。

（2）纤维增强水泥瓦

纤维增强水泥瓦以增强纤维和水泥为主要原料，经配料、打浆、成型、养护而成。该瓦具有防水、防潮、防腐、绝缘等性能，主要用于工业建筑，如厂房、库房、堆货棚、凉棚等。由于石棉纤维可能带有放射性物质，因此，许多国家已禁止使用，我国也开始采用其他增强纤维逐渐代替石棉。

3. 高分子类复合瓦材

（1）纤维增强塑料波形瓦

纤维增强塑料波形瓦也称玻璃钢波形瓦，是采用不饱和聚酯树脂和玻璃纤维为原料，经人工糊制而成。它的特点是质量轻、强度高、耐冲击、耐腐蚀、透光率高、制作简单等，是一种良好的建筑材料。它适用于各种建筑的遮阳及车站月台、售货亭、凉棚等的屋面。

（2）聚氯乙烯波形瓦

聚氯乙烯波形瓦也称塑料瓦楞板，是以聚氯乙烯树脂为主体加入其他配合剂，经塑化、挤压或压延、压波等而制成的一种新型建筑瓦材。它具有质轻、高强、防水、耐化学腐蚀、透光率高、色彩鲜艳等特点，适用于凉棚、果棚、遮阳板和简易建筑的屋面等处。

（3）木质纤维波形瓦

木质纤维波形瓦是利用废木料制成的木纤维与适量的酚醛树脂防水剂配制后，经高温高压成型、养护而成。该种瓦长 1700mm，宽 750mm、厚 5.5mm，波高 40mm，每张7~9kg，横向跨度集中破坏荷载为 2000~4000N（支距 1500mm）。冲击性能应满足用 1N

的重锤在 2m 高同一部位连续自由下落 7 次才破坏的要求。吸水率不应大于 20%。导热系数 0.09~0.16W/(m·K)。在浸水耐热及耐寒试验中，经 25 次循环无翘曲、分层、裂纹现象。它适用于活动房屋及轻结构房屋的屋面及车间、仓库、料棚或临时设施等的屋面。

6.2 装配式建筑的部品、部件

装配式建筑是指用工厂生产的预制构件在现场装配而成的建筑，从结构形式来说，装配式混凝土结构、钢结构、木结构都可以称为装配式建筑。这种建筑的优点是建造速度快，受气候条件制约小，既可节约劳动力又可提高建筑质量，用通俗的话形容，就是像造汽车那样造房子。如图 6-10 所示。

装配式建筑的主要部品、部件有预制柱、预制梁、预制墙板、预制叠合楼板、预制楼梯等。

6.2.1 预制柱

预制柱外观形式多样，包括矩形、圆形和工字形等（图 6-11）。

图 6-10 装配式建筑

图 6-11 预制柱

预制柱与传统现浇柱相比，一般预制柱多采用较大直径钢筋及较大柱截面，可减少钢筋根数，增大间距，便于柱钢筋连接及节点区钢筋布置。柱截面宽度大于同方向梁宽的 1.5 倍，有利于避免节点区梁钢筋和柱纵向钢筋的避让，便于安装施工。

预制柱底接缝设置在楼面标高处，柱底接缝厚度通常为 20mm，并应采用灌浆料填实，柱纵向受力钢筋应贯穿后浇节点区；一般情况下在预制柱顶预埋吊钉或吊环，供吊装用；在预制柱收水面预埋斜支撑套筒、脱模套筒及出气口，如图 6-12 所示。

6.2.2 预制梁

预制梁形式一般分为全预制梁、预制叠合梁等，在功能区间上一般分为建筑结构主梁与次梁。本节针对预制叠合梁进行阐述。

预制叠合梁结构采用预制底梁作为永久性模板，在上部现浇结合而形成；预制叠合梁便于预制柱和预制叠合楼板连接，整体性较强，运用十分广泛。

图 6-12 柱的构造

预制叠合梁与后浇混凝土叠合层之间的结合面设置粗糙面；预制叠合梁端面应设置键槽和粗糙面，键槽深度太小时，易发生承压破坏；当不会发生承压破坏时，增加键槽深度对增加受剪承载力没有明显帮助，所以一般键槽深度在 30mm 左右即可，如图 6-13 所示。

图 6-13 预制叠合梁

6.2.3 预制墙板

建筑物墙板一般按使用功能可以分为内墙板和外墙板。墙体的内、外墙板按建筑物结构一般分为承重墙板、内隔墙板（非承重墙板）、外围护墙板等墙板形式。

建筑物墙体根据功能存在不同的特性形式，一般内墙板应具有隔声、防火的功能，在局部功能方面：如卫生间，应兼具防水功能；外墙板除应具有隔声与防火的功能外，还应具有隔热保温、抗渗、抗冻融等作用以及具有一定建筑艺术装饰的作用，另外，外墙板也可采用复合材料制成复合墙板，如预制夹心保温复合墙板。

预制墙板一般常见的形式有预制剪力墙板、预制夹心保温墙板、预制外挂墙板以及非承重内隔墙板等。

1. 预制剪力墙板

预制剪力墙板通过在工厂预制，并在现场通过预留钢筋与主体结构相连接。目前，灌浆套筒在预制剪力墙板中的使用越来越广泛。

预制剪力墙板宜采用一字形，也可采用 L 形、T 形或 U 形；开洞预制剪力墙板洞口宜居中布置，洞口两侧的墙肢宽度不应小于 200mm，洞口上方连梁高度不宜小于 250mm。预制剪力墙板内面尽可能不要做开关面板、插座等，如果没有预留线管、线盒等，外墙板构件制作非常方便。

预制剪力墙板的顶面、底面和两侧面应处理为粗糙面或者制作键槽，与预制剪力墙板连接的圈梁上表面也应处理为粗糙面，粗糙面凹凸不应小于 6mm。

预制剪力墙板底部接缝应该设置在楼面标高处，接缝高度一般为 20mm；采用灌浆料填实；接缝处后浇混凝土上表面应设置粗糙面。现场安装如图 6-14 所示。

图 6-14　预制剪力墙板现场安装图片

2. 预制夹心保温墙板

预制夹心保温墙板（图 6-15）在国内外均有广泛的应用，预制夹心保温墙板是集承重、围护、保温、防水、防火等功能于一体的预制构件，由内叶墙板、保温材料、外叶墙板三部分组成。

图 6-15　预制夹心保温墙板

预制夹心保温墙板根据其在结构中的作用，可以分为承重墙板和非承重墙板两类。当其作为承重墙板时，与其他结构构件共同承担垂直力和水平力；当其作为非承重墙板时，仅作为外围护墙体使用。

预制夹心保温外墙板根据其内、外叶墙板间的连接构造，可分为组合墙板和非组合墙板。组合墙板的内、外叶墙板可通过拉结件的连接共同工作；非组合墙板的内、外叶墙板不共同受力，外叶墙板仅作为荷载，通过拉结件作用在内叶墙板上。鉴于我国对于预制夹心保温墙板的科研成果和工程实践经验都还较少，目前在实际工程中，通常采用非组合式的墙板。

预制夹心保温墙板采用平模工艺生产，生产时先浇筑外叶墙板混凝土层，再安装保温材料和拉结件，最后浇筑内叶墙板混凝土，可以使保温材料和结构同寿命。

3. 预制外挂墙板

预制外挂墙板（图 6-16）是由混凝土板和门窗等围护构件组成的完整结构体系，主要承受自重以及直接作用于其上的风荷载、地震作用、温度作用等。同时，外挂墙板也是建筑物的外围护结构，其本身不分担主体结构承受的荷载和地震作用。

预制外挂墙板有许多种类型，主要包括梁式外挂板、柱式外挂板和墙式外挂板，它们之间的区别主要在于挂板在建筑中所处的位置不同，因此导致设计计算和连接接点的许多不同。

图 6-16 预制外挂墙板

6.2.4 预制楼板

预制楼板（图 6-17）常见形式有全预制楼板、SP 空心楼板、预制叠合楼板、预应力混凝土叠合楼板等。

(a)

(b)

图 6-17 预制楼板
(a) 预制叠合桁架楼板；(b) 预制 SP 空心楼板

1. 预制叠合楼板

预制叠合楼板由预制板和后浇钢筋混凝土层叠合而成的复合楼板，预制板既是楼板的结构组成部分，又是楼板现浇钢筋混凝土层的永久性模板。

预制叠合楼板有多种形式，包括预制叠合桁架楼板、预制预应力叠合板、预制带肋叠合楼板、预制叠合空心楼板（图 6-18）等。

图 6-18 预制叠合楼板
(a) 预制带肋叠合楼板；(b) 预制桁架叠合楼板图

预制叠合桁架楼板一般建议采用 60mm（预制）＋80mm（现浇），预制部分厚度不小于 60mm，现浇部分厚度不小于 80mm，否则电气管线施工困难，如果现场质量控制较好，现浇层厚度也可采用 70mm；叠合楼板的粗糙面凹凸深度不应小于 4mm。

当叠合板的预制板采用空心板时，板端空腔应封堵；跨度大于 3m 的叠合板，宜采用桁架钢筋混凝土叠合板；跨度大于 6m 的叠合板，宜采用预应力混凝土预制板；板厚大于 180mm 的叠合板，宜采用混凝土空心板。

对于结构转换层、平面复杂或开洞较大的楼层、作为上部结构嵌固部位的地下室楼层对整体性及传递水平力的要求较高，最好采用现浇楼板。

2. 预应力混凝土叠合楼板

预应力混凝土叠合楼板是预制和现浇混凝土相结合的一种较好结构形式，预制预应力薄板（厚 50～80mm）与上部现浇混凝土层结合成为一个整体，共同工作。薄板的预应力主筋即是叠合楼板的主筋，上部混凝土现浇层仅配置负弯矩钢筋和构造钢筋。预应力薄板用作现浇混凝土层的底模，不必为现浇层支撑模板。薄板底面光滑平整，板缝经处理后，顶棚可以不再抹灰。这种叠合楼板具有现浇楼板的整体性、刚度大、抗裂性好、不增加钢筋消耗、节约模板等优点。由于现浇楼板不需支模，还有大块预制混凝土隔墙板可在结构施工阶段同时吊装，从而可提前进行装修工程，缩短整个工程的工期（图 6-19）。

6.2.5 预制楼梯

在建筑产业现代化过程中，实现建筑部品、部件的工厂化，其首要实现的就是部品、部件的模数标准化和统一性，预制楼梯作为建筑物的单一功能构件，可以首先实现通用型的标准预制构件。

预制楼梯根据安装链接形式一般可以分为插销式预制楼梯和出筋式预制楼梯，如

图 6-19　预应力混凝土叠合板

图 6-20 所示。两种形式的楼梯在安装过程中顺序有所区别。出筋式预制楼梯是在其所连接的楼梯休息平台浇筑混凝土之前必须安装到位，并且支撑牢固。预制楼梯伸出的钢筋需插入现浇部分钢筋网片中，和楼梯休息平台同步浇筑连接。插销式预制楼梯是待楼梯休息平台浇筑完成后直接放置在楼梯梁上，并通过梁中预埋的插销预埋件可靠连接。插销式预制楼梯是目前广泛采用的一种预制楼梯，其优点在于生产简单、安装方便、免支撑等。

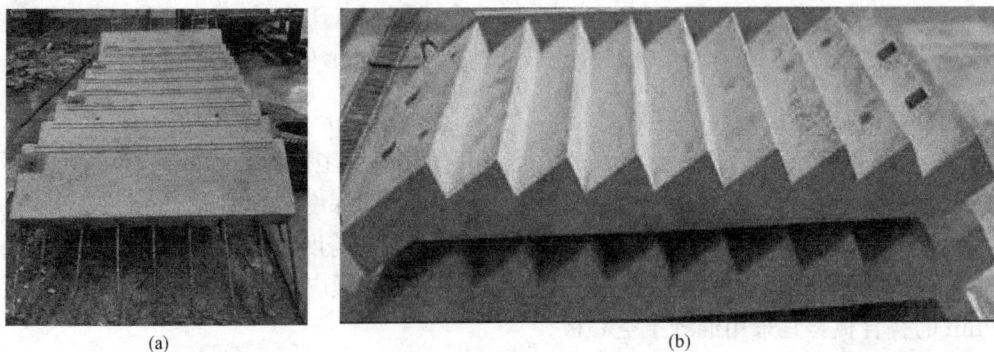

(a)　　　　　　　　　　　　　(b)

图 6-20　预制楼梯类型
（a）出筋式预制楼梯；（b）插销式预制楼梯

预制楼梯（图 6-21）在工厂化预制，外观表现为清水预制混凝土构件，无需再做装饰面。

图 6-21　预制楼梯成品

6.2.6　其他预制部品、部件

预制构件除以上讲述的基本构件外，还存在一些建筑物局部功能性预制构件以及其他形式的常见预制构件，如图 6-22 所示。

（1）预制阳台板。预制阳台板能够克服现浇阳台的缺陷，解决了阳台支模复杂、现场高空作业费时费力的问题。

（2）预制空调板。预制空调板板侧预留钢筋与主体结构相连，预制空调板通常与外墙板相连。

（3）预制女儿墙。预制女儿墙处于屋顶处外墙延伸部位，通常有立面造型，采用预制女儿墙的优势是能快速安装，节省工期并提高耐久性。女儿墙可以是单独的预制构件，也可以是顶层的墙板向上延伸，顶层外墙与女儿墙预制为一个构件。

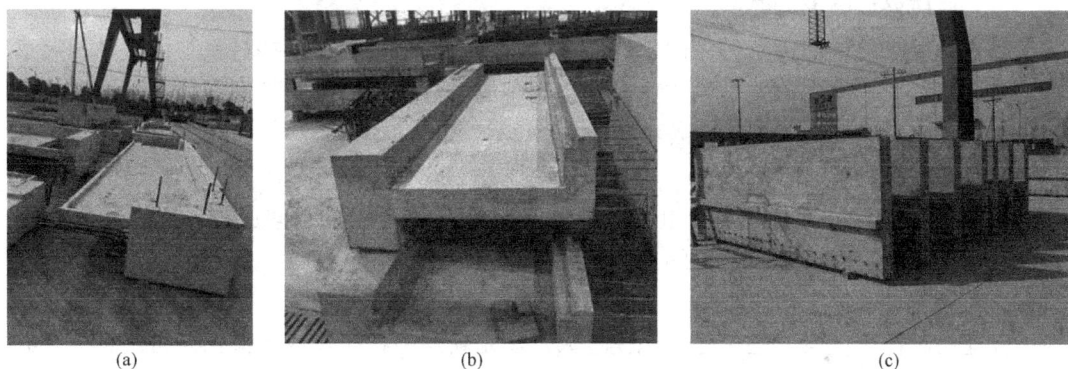

图 6-22　预制部品、部件

（a）预制阳台板；（b）预制空调板；（c）预制女儿墙

第七章 乡村建筑设计与结构基础知识

7.1 乡村房屋建筑设计的基础知识

7.1.1 乡村房屋建筑设计

1. 基本要求

（1）村庄格局因形就势

要妥善保护村庄周边及村庄内部的水体、树木及原生植被，保持村庄与山水林田湖草有机融合、和谐、共生的关系。村庄内部空间布局应巧妙利用自然基底变化，因形就势组织农房、公共活动场地、街巷等各项建设。

（2）空间肌理延续传统

应妥善保护空间布局、民居组团、街巷走向、院落等传统空间肌理，以及水系、河塘、树林等传统空间肌理所依附的自然生态基底。

（3）规模尺度科学适宜

合理控制村庄规模，避免建设规模过大。规划新建型村庄，或者依托老村集聚提升的村庄以 300～500 户为宜。对于确需集聚较大规模的新建村庄应"化整为多"，结合河流水系、树林植被、道路网络和村庄原有社会结构，划分为若干大小不等的住宅组团，形成适宜的规模尺度，如图 7-1 所示。

（4）村庄布局灵活协调

优先利用村庄闲置空间插建、扩建，插建、扩建部分应妥善处理好与老村庄的空间关系，合理延续原有村庄的肌理，避免新老村庄在空间尺度、街巷格局、建筑体量、风貌色彩等方面不协调，如图 7-2 所示。

（5）建筑组群丰富多样

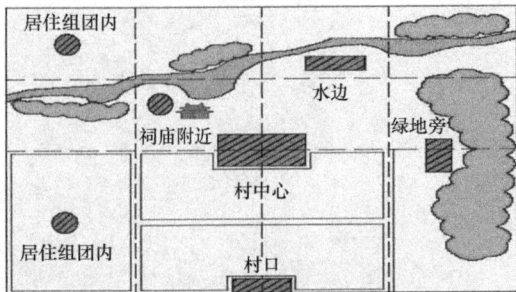

图 7-1 村庄组团划分示意图

图 7-2 灵活组织村庄布局

建筑组群应顺应地形地势和自然环境，利用地形起伏，结合河塘、高大树木、桥、塔等特色资源和标志物，通过曲折、进退、对景、节律等设计手法营造错落有致的组群形式。建筑组群应传承发展传统特色空间形式，合理延续村庄传统的院落空间、街巷空间及特色廊道，并满足现代的交通和生产生活方式需要。

建筑组群应有利于村民生活、休闲、交流的开展。通过围合、半围合、开敞等多种空间类型以及线形、块状、面状等多种空间形态，营造丰富多样的建筑组群空间。

（6）空间界面与序列特色彰显

1）空间界面。利用地形变化和建筑组群营造村庄丰富空间界面。地形平坦的村庄应利用高大的树木（构筑物）和屋顶形成变化丰富的空间界面；水网地区村庄应控制好建筑与水体的关系，形成临水、近水、望水等不同的空间关系；丘陵山地村庄（图7-3）应依山就势，利用地形起伏变化形成层次分明的空间层次。

2）空间序列。通过公共空间廊道串联各公共活动节点，形成公共空间序列。公共空间廊道宜结合村民日常

图7-3　丘陵山地村庄建筑群

出行线路设置，并综合考虑地形地貌、历史文化遗存和传统空间肌理，通过高低、收放、虚实等手法，形成步移景异的空间景观（图7-4）。

2. 特色宜居的农民住房

（1）改造原有农房

对于被认定为文物保护单位和历史建筑的农房，应按照相关要求妥善保护、精心修缮、适度利用；对具有一定历史价值，能够反映特定时代乡村文化传统的农房，应加以保护，加固修缮后合理利用；对具有一定风貌价值的农房，应保护、修复其风貌特色；普通农房可按照村民意愿，在确保建筑结构安全的前提下，进行内部功能优化、建筑外观整治、院落场地改造及节能与设施改造，如图7-5所示。

图7-4　步移景异的景观设计

图7-5　乡村房屋改造的前后对比

（2）新建农房

新建农房应满足安全耐久、经济适用、美观协调、绿色宜居的要求。

83

1）安全耐久。农房应在地质稳定、环境安全的地段选址，并符合国土空间规划、生态环境保护规划等相关规划要求。应避开滑坡、地陷、崩塌、行洪区、蓄洪区等存在地质、自然灾害隐患的区域。不能位于生态保护红线以及铁路、高等级公路等区域性基础设施安全防护距离内，与危险化学品及易燃易爆品生产存储区域的距离应满足有关安全规定。应合理选择建筑材料和结构形式，做到结构安全，满足抗震设防、质量安全、消防防控等的相关要求。

2）经济适用。农房各功能应分区明确、布局紧凑，实现寝居分离、食寝分离和净污分离；厨房、卫生间应直接采光、自然通风。部分地区由于民族习惯、生活方式等因素，在功能组合、布局形式上应尊重和传承传统民居布局形式，并满足现代生活方式的要求。农房尺度应宜人，体量不应贪大，农房占地面积、建筑面积应符合国家、省、市相关规定标准。建筑层数一般不超过 3 层，层高应满足农村生活空间尺度要求，一般为 3～3.3m，其中底层层高可酌情增加，净高不宜低于 2.5m；属于历史文化名村和传统村落保护范围的农房，建筑高度应符合保护要求。

3）美观协调。农房应避免照搬城市别墅和西洋式建筑样式，创新性传承优秀传统建筑文化，既延续原有建筑风格，又充分体现当代的生活观、审美观，如图 7-6 所示。

图 7-6 整洁美观的农村房屋

① 形体。农房应尺度适宜，灵活运用院落、敞厅、天井、露台等塑造错落变化、层次丰富的农房形式。

② 色彩。农房色彩应传承地域传统建筑色彩及搭配，基于地方材料的本色，遵循所在区域整体色彩特征，与周边建筑整体风貌协调，避免色彩突兀、反差过大、浓艳粗俗、格调低下。

③ 屋顶。屋顶坡度应满足排水、遮阳、防积雪等要求，形式应遵循地域气候特征、民族习惯和传统文化，宜通过适度的屋顶组合，形成高低错落的屋面形式。

④ 墙体。墙体应注意墙顶、墙面、墙基（勒脚）的划分，通过色彩、线条、材料、质感的变化，形成地域风貌特色。墙体材料应尽量就地取材，鼓励使用木、石、砖等地方乡土材料，且应与建筑结构形式相匹配。墙体饰面除了使用涂料以外，可灵活使用石材、青砖、木、竹等材料进行饰面，体现乡土风情，如图 7-7 所示。

⑤ 门窗。门窗形式宜简洁质朴，色彩样式宜遵从当地传统门窗形式，可适当设置窗套、窗花、窗楣等装饰构件，同一建筑的门窗尺寸、色彩、形式、材料和开启方式应尽量

统一。

⑥ 装饰。农房装饰应遵从当地传统农房和文化习俗，装饰部位宜在墙体和屋脊、山花、檐口、层间、门窗、勒脚等部位。装饰可选择成品构件，也可使用彩绘、雕刻等，材料可选择木、石、砖、金属等。

⑦ 组合。提倡采用"主房、辅房、院落"的有序组合，打破单一的建筑形态。辅房应与主房适当分离，可结合前院、后院、侧院进行组合，形成丰富多变的建筑组合。如图 7-8 所示。提倡一栋建筑数个不同户型组合，形成有序灵活、错落有致的空间形态。

图 7-7　乡土材料的农村建筑

图 7-8　主房、辅房、院落组合建筑

7.1.2　乡村房屋建筑节能

我国农村地区建筑节能意识比较薄弱，农村住宅由于受到技术和施工条件的限制以及经济条件的制约，很多农村地区的建筑材料仍然采用的是普通的黏土砖，屋顶多是坡屋顶，构造非常简单，多由平瓦、望砖和檩条等构成，建筑无保温措施，外墙导热系数大，散热快；能耗高，舒适度差，建筑门窗一般采用木窗和铝合金窗、3mm 单层玻璃。铝合金散热快，保温效果很差，木质窗框耐久性差，容易走形，密封不好，屋顶面积成为能量"进出"的通道，建筑整体保温效果很差。

因此，必须采取切实有效的措施，广泛应用现代节能技术，合理利用遮阳板、百叶、绿植等设置外遮阳。有条件的情况下可进行必要的节能改造，增设外墙、屋面外保温系统，提高农房保温性能。对厨房、厕所等生活设施进行现代化改造，引入上下水，增设燃气、电气、卫生设施和污水处理装置，鼓励采用太阳能热水系统，推动农村建筑节能效果的持续提高。

1. 我国农村建筑节能分区

农村居住建筑节能设计应与地区气候相适应，参考《农村居住建筑节能设计标准》GB/T 50824—2013，农村地区建筑节能设计气候分区应符合表 7-1 的规定。

2. 乡村建筑节能要求

（1）外墙

1）严寒和寒冷地区农村居住建筑的墙体应采用保温节能材料，不应使用黏土实心砖。

2）严寒和寒冷地区农村居住建筑宜根据气候条件和资源状况选择适宜的外墙保温构造形式和保温材料，保温层厚度应经过计算确定。

农村地区建筑节能设计气候分区　　　　　　　　　　　表 7-1

分区名称	热工分区名称	气候区划主要指标	代表性地区
I	严寒地区	1 月平均气温≤−11℃，7 月平均气温≤25℃	漠河、图里河、黑河、嫩江、海拉尔、博克图、新巴尔虎右旗、呼玛、伊春、阿尔山、狮泉河、改则、班戈、那曲、申扎、刚察、玛多、杂多、达日、托托河、东乌珠穆沁旗、哈尔滨、通河、尚志、牡丹江、泰来、安达、宝清、富锦、海伦、敦化、齐齐哈尔、虎林、鸡西、绥芬河、桦甸、锡林浩特、二连浩特、多伦、富蕴、阿勒泰、丁青、索县、冷湖、都兰、同德、玉树、大柴旦、若尔盖、蔚县、长春、四平、沈阳、呼和浩特、赤峰、达尔罕联合旗、集安、临江、长岭、前郭尔罗斯、延吉、大同、额济纳旗、张掖、乌鲁木齐、塔城、德令哈、格尔木、西宁、克拉玛依、日喀则、隆子、稻城、甘孜、德钦
II	寒冷地区	1 月平均气温−11℃～0℃，7 月平均气温 18℃～28℃	承德、张家口、乐亭、太原、锦州、朝阳、营口、丹东、大连、青岛、潍坊、海阳、日照、菏泽、临沂、离石、卢氏、榆林、兰州、天水、银川、中宁、伊宁、喀什、和田、马尔康、拉萨、昌都、林芝、北京、天津、石家庄、保定、邢台、沧州、济南、德州、定陶、郑州、安阳、徐州、亳州、西安、哈密、库尔勒、吐鲁番、铁干里克、若羌
III	夏热冬冷地区	1 月平均气温−0℃～10℃，7 月平均气温 25℃～30℃	上海、南京、盐城、泰州、杭州、温州、丽水、舟山、合肥、铜陵、宁德、蚌埠、南昌、赣州、景德镇、吉安、广昌、邵武、三明、驻马店、固始、平顶山、上饶、武汉、沙市、老河口、随州、远安、恩施、长沙、永州、张家界、涟源、韶关、汉中、略阳、山阳、安康、成都、平武、达州、内江、重庆、桐仁、凯里、桂林、西昌*、西阳*、贵阳*、遵义、桐梓*、大理*
IV	夏热冬暖地区	1 月平均气温>10℃，7 月平均气温 25℃～29℃	福州、泉州、漳州、广州、梅州、汕头、茂名、南宁、梧州、河池、百色、北海、萍乡、元江、景洪、海口、琼中、三亚、台北

注：带 * 号地区在建筑热工分区中属温和 A 区，围护结构限值按夏热冬冷地区的相关参数执行。

3）夹心保温构造外墙不应在地震烈度高于 8 度的地区使用，夹心保温构造的内外叶墙体之间应设置钢筋拉结措施。

4）外墙夹心保温构造中的保温材料吸水性大时，应设置空气层，保温层和内叶墙体之间应设置连续的隔汽层。

5）围护结构的热桥部分应采取保温或"断桥"措施，并应符合下列规定：

① 外墙出挑构件及附墙部件与外墙或屋面的热桥部位均应采取保温措施；

② 外窗（门）洞口室外部分的侧墙面应进行保温处理；

③ 伸出屋顶的构件及砌体（烟道、通风道等）应进行防结露的保温处理。

6）夏热冬冷和夏热冬暖地区农村居住建筑根据当地的资源状况，外墙宜采用自保温墙体，也可采用外保温或内保温构造形式。自保温墙体、外保温和内保温构造形式及保温材料厚度可按《农村居住建筑节能设计标准》GB/T 50824—2013 标准选用。

（2）屋面

1）严寒和寒冷地区农村居住建筑的屋面应设置保温层，屋架承重的坡屋面保温层宜设置在吊顶内，钢筋混凝土屋面的保温层应设在钢筋混凝土结构层上。

2）严寒和寒冷地区农村居住建筑的屋面保温构造形式和保温材料厚度，可按《农村居住建筑节能设计标准》GB/T 50824—2013 标准选用。

3）夏热冬冷和夏热冬暖地区农村居住建筑的屋面保温构造形式和保温材料厚度，可按《农村居住建筑节能设计标准》GB/T 50824—2013 标准选用。

4）夏热冬冷和夏热冬暖地区农村居住建筑的屋面可采用种植屋面，种植屋面应符合《种植屋面工程技术规程》JGJ 155—2013 的有关规定。

3. 乡村房屋建筑节能措施

（1）最大限度地利用天然能源太阳能

要减少夏天太阳对室内的直接照射、增加冬季太阳进入室内的辐射、四季自然采光要充足，建筑布置时应尽量按照这个基本原则，尽可能设置南向采光窗，窗户大小要适宜。窗户面积过大对于建筑保温不利，夏季太阳光会过多地直射进入室内，形成室内高温，冬季会过多通过窗户进行热交换。窗户面积过小影响室内采光，需要人工照明来补充室内照度以解决室内过暗的状况。建筑在设计时应综合各种因素解决采光与遮阳问题，从而改善室内环境，减少冷热耗能量，减少人工照明。另外，要利用太阳能集热器（图 7-9）供应热水，提高集热效率和用热的稳定性；利用太阳能光伏发电（图 7-10）等清洁能源。

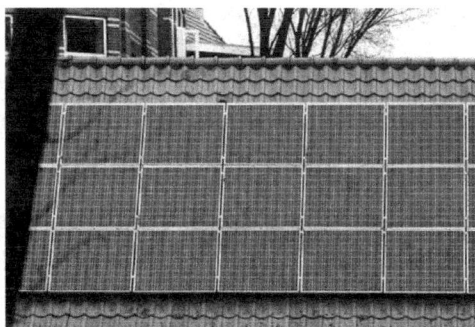

图 7-9　太阳能集热器　　　　　　　　图 7-10　太阳能光伏发电

（2）提高建筑隔热保温能力

建筑隔热保温能力的提高主要指选择传热系数低的建筑材料提高建筑的墙体、屋顶门窗的热阻，通过建筑外围护结构保温隔热尽量减少室内传热，采用新型外墙墙体材料（如混凝土空心砌块、加气混凝土砌块、混凝土夹心聚苯板和填充保温材料的夹心砌块等，如图 7-11 所示）替代传统的既毁耕地、耗能又高的黏土实心砖和以黏土为主要原料的墙体材料，新型墙体材料产品不仅要适应建筑功能的改善和建筑节能的要求，还应能满足不同建筑结构和不同档次建筑的需要，具有低能耗、低污染、高性能、高强度、多功能、系列化、能够提高施工效率等特性；窗户采取多层窗、中空玻璃、低发射率玻璃、填充惰性气体等方法；在围护结构保温隔热良好的情况下，室内用砖石、混凝土等重质材料建成厚重

(a)　　　　　　　　　　　　　(b)

图 7-11　新型建筑材料
(a) 混凝土夹心聚苯板；(b) 加气混凝土砌块

结构，以利于蓄存室内热能，调节室温。

（3）在农村充分利用废弃的资源，避免使用对人体有害的物料

由于建筑用资源消耗巨大，必须保护好地球资源，尽量减少资源消耗量，提高资源的利用效率；充分利用好废弃的，再生的或可再生的资源。

1）旧有建筑物拆下的材料，如钢材、木材、砖石、玻璃、塑料、纸板等，可重复利用或再生利用。

2）一些对人体有害的材料，包括目前使用的某些有机建筑材料，会散发出一些有害气体，有些矿物材料也有有害辐射，这些材料在长期使用条件下对人体健康不利，要逐步停止使用。

（4）利用生态技术建设美好家居

建筑绿化也是常见的利用自然生态的方法。建筑物周边广植树木，有防风、遮阳、蓄水、清新空气及改善景观等效果；或采用屋顶绿化、墙体绿化或种植棚架等立体绿化方式，如图 7-12 所示。

图 7-12　房屋周边种植和屋顶绿化

7.1.3　乡村房屋建筑防火

1. 乡村建筑防火的基本要求

（1）乡村建筑应根据建筑的使用性质及火灾危险性、周边环境、生活习惯、气候条件、经济发展水平等因素合理布局。

（2）居住区和生产区距林区边缘的距离不宜小于 300m，或应采取防止火灾蔓延的其他措施。

（3）柴草、饲料等可燃物堆垛设置应符合下列要求：

1）宜设置在相对独立的安全区域或村庄边缘；

2）较大堆垛宜设置在全年最小频率风向的上风侧；

3）不应设置在电气线路下方。

（4）村民院落内堆放的少量柴草、饲料等与建筑之间应采取防火隔离措施。

2. 建筑物的要求

（1）乡村建筑的耐火等级不宜低于一、二级，建筑耐火等级的划分应符合现行国家标准《建筑设计防火规范》GB 50016（2018 年版）的规定。

（2）三、四级耐火等级建筑之间的相邻外墙宜采用不燃烧实体墙，相连建筑的分户墙

应采用不燃烧实体墙。建筑的屋顶宜采用不燃材料，当采用可燃材料时，不燃烧体分户墙应高出屋顶不小于 0.5m。

（3）存放柴草等材料和农具、农用物资的库房，宜独立建造；与其他用途房间合建时，应采用不燃烧实体墙隔开。

（4）建筑物的其他防火要求应符合现行国家标准《建筑设计防火规范》GB 50016（2018 年版）等的相关要求。

7.1.4 乡村房屋建筑抗震

1. 地震基本知识

地震是地壳快速释放能量过程中造成的振动，期间会产生地震波的一种自然现象。地震的参数主要分为震级和烈度，地震震级是根据地震时释放的能量的大小而定的。每一次地震有一个震级，震级越高，释放的能量也越多。烈度是表示地震对房屋、工程设施和地形、地貌的破坏程度。一次地震中不同的地区烈度各不相同。一般来说，离震中愈近，烈度愈高，随着与震中距离的增加，烈度会逐渐衰减。汶川大地震震中烈度达 11 度，成都市区的烈度是 6 度左右。

设防烈度是按国家规定的权限批准作为一个地区抗震设防依据的地震烈度。抗震设防烈度为 6 度及以上地区的建筑，必须进行抗震设计。

目前，对地震烈度我国采用 12 度划分法。简单说 1～3 度人无感觉，只有精密的地震仪才能测出来；从 4 度起，人有感觉，挂灯摇晃；6 度时，房屋可能出现损坏；8 度以上，房屋的破坏度比较严重了。

乡村居民新建住房应当按照不低于地震烈度 7 度进行抗震设防，并采取圈梁、构造柱、现浇屋面等结构抗震措施，增强住房的整体性和抗倒塌性，倡导农村居民自建住房使用抗震、环保、轻便的新材料和新技术。

2. 抗震设防基本要求

（1）多层房屋的层数和高度应符合下列要求：

一般情况下，房屋的层数和总高度不应超过表 7-2 的规定。

房屋的层数和总高度限值（单位：m）　　　　　　　　表 7-2

房屋类别		最小抗震墙厚度(mm)	烈度和设计基本地震加速度										
			6		7				8				9	
			0.05g		0.10g		0.15g		0.20g		0.30g		0.40g	
			高度	层数	高度	层数	高度	层数	高度	层数	高度	层数	高度	层数
多层砌体房屋	普通砖	240	21	7	21	7	21	7	18	6	15	5	12	4
	多孔砖	240	21	7	21	7	18	6	18	6	15	5	9	3
	多孔砖	190	21	7	18	6	15	5	15	5	12	4	—	—
	小砌块	190	21	7	21	7	18	6	18	6	15	5	9	3

注：1. 房屋的总高度指室外地面到主要屋面板板顶或檐口的高度，半地下室从地下室室内地面算起，全地下室和嵌固条件好的半地下室应允许从室外地面算起；对带阁楼的坡屋面应算到山尖墙的 1/2 高度处。

2. 室内外高差大于 0.6m 时，房屋总高度应允许比表中的数据适当增加，但增加量应少于 1.0m。

3. 乙类的多层砌体房屋仍按本地区设防烈度查表，其层数应减少一层且总高度应降低 3m；不应采用底部框架抗震墙砌体房屋。

4. 本表小砌块砌体房屋不包括配筋混凝土小型空心砌块砌体房屋。

（2）多层砖砌体房屋的构造柱应符合下列构造要求：

1）构造柱最小截面可采用 180mm×240mm（墙厚 190mm 时为 180mm×190mm），纵向钢筋宜采用 4Φ12，箍筋间距不宜大于 250mm，且在柱上下端应适当加密。

2）构造柱与墙连接处应砌成马牙槎，沿墙高每隔 500mm 设 2Φ6 水平钢筋和 Φ4 分布短筋，平面内点焊组成的拉结钢片或 Φ4 点焊钢筋网片，每边伸入墙内不宜小于 1m。6、7度时底部 1/3 楼层，8 度时底部 1/2 楼层，9 度时全部楼层，上述拉结钢筋网片应沿墙体水平通长设置。

3）构造柱与圈梁连接处，构造柱的纵筋应在圈梁纵筋内侧穿过，保证构造柱纵筋上下贯通。

4）构造柱可不单独设置基础，但应伸入室外地面下 500mm，或与埋深小于 500mm 的基础圈梁相连。

（3）多层砖砌体房屋的构造柱应符合下列构造要求：

1）现浇或装配整体式钢筋混凝土楼、屋盖与墙体有可靠连接的房屋，可不另设圈梁，但楼板沿抗震墙体周边均应加强配筋并应与相应的构造柱钢筋可靠连接。

2）圈梁应闭合，遇有洞口圈梁应上下搭接。圈梁宜与预制板设在同一标高处或紧靠板底。

7.2 建筑力学的基本知识

力学是土木工程重要的理论基础。人类早就会建造房屋了，直到掌握了丰富的力学知识以后，各种各样的摩天大楼、跨海大桥、特大跨度的公共建筑、水下隧道、高速公路才得以建成。

1. 力

（1）力的定义

力是物体间的相互机械作用，这种作用使物体的运动状态或形状发生改变。

物体间的相互机械作用可分为两类：一类是物体间的直接接触的相互作用，另外一类是物体和物体间的相互作用。

力的两种作用效应为：

1）外效应，也称为运动效应——使物体的运动状态发生改变。

2）内效应，也称为变形效应——使物体的形状发生变化。

静力学研究物体的外效应。

（2）力的三要素

实践证明，力对物体的作用效应取决于力的大小、方向和作用点，这三者称为力的三要素。

力的大小：反映物体之间相互作用的强度，它可以通过力的运动效应或变形效应来度量，在静力学中常用测力器和弹性变形来测量。在国际单位制（SI）中，力的单位是牛（N）；在工程单位制中，力的单位是千克力（kgf）。两种单位制之间力的换算关系为：1kgf＝9.8N。

力的方向：是指静止物体在该力作用下可能产生的运动（或运动趋势）的方向。它包含方位和指向两层含义。如重力"铅直向下",其中"铅直"是指力的作用线在空间的方位,"向下"是指力沿作用线的指向。

力的作用点:是指力作用在物体上的位置。

力是一个有大小和方向的量,所以力是矢量。力矢一般用图示法和字符两种方式表达。力的图示法是用一段带箭头的线段来表示的。线段的长度表示力的大小,线段与水平直线的夹角表示力的方位,箭头表示力的指向,带箭头的线段起点或终点表示力的作用点。如图 7-13 所示,按比例量出力的大小为 30kN,力的方向与水平线成 30°角,指向右上方,作用于物体 A 上。

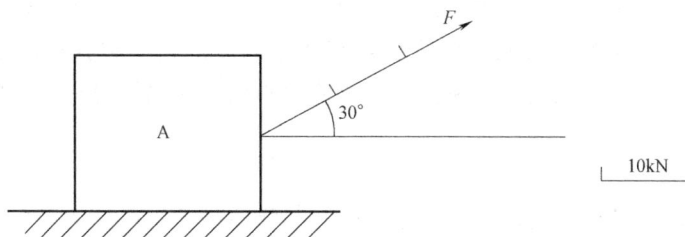

图 7-13　力的表示

2. 力系、等效力系、平衡力系

力系:作用在物体上的一群力或一组力。按照力系中各力作用线分布的不同形式,力系可分为:

1)汇交力系。力系中各力作用线汇交于一点。

2)力偶系。力系中各力可以组成若干力偶或力系由若干力偶组成。

3)平行力系。力系中各力作用线相互平行。

4)一般力系。力系中各力作用线既不完全交于一点,也不完全相互平行。

按照各力作用线是否位于同一平面内,上述力系各自又可以分为平面力系和空间力系两大类,如平面汇交力系、空间一般力系等。

等效力系:作用在物体上的一个力系,如果可以用另一个力系来代替,而不改变力系对物体的作用效果,则称这两个力系互为等效力系。

平衡力系:若物体在某力系作用下保持平衡。在平衡力系中,各力对物体产生的运动效应相互抵消。因此,平衡力系是对刚体作用效应等于零的力系。

3. 刚体

在受力作用后而不产生变形的物体称为刚体,刚体是对实际物体经过科学的抽象和简化而得到的一种理想模型。而当变形在所研究的问题中成为主要因素时(如在材料力学中研究变形杆件),一般就不能再把物体看作是刚体了。

7.3　农村房屋主要结构构件受力分析

目前,农村房屋结构主要有砖混结构、框架结构、木结构等形式,主要构件有墙、梁、柱等。它们的受力形式主要有受拉、受弯、受扭、受压。

其中梁、板大多数情况是作为一种受弯构件出现的;特殊情况下也有拉弯、拉或压、压弯等情况。

柱、墙大多数情况是作为一种受压构件出现的；特殊情况下也有压弯、拉或压等情况。极个别会出现拉弯情况，多数为设计不合理。

7.3.1　物体的受力分析与受力图

在力学求解静力平衡问题时，一般首先要分析物体的受力情况，了解物体受到哪些力的作用，其中哪些是已知的，哪些是未知的，这个过程称为对物体进行受力分析。在工程实际中，物体与物体之间都是相互联系而组成的整体。因此，对物体进行受力分析，需要明确要对哪一个物体进行受力分析，即需要明确研究对象。为了便于分析并能清晰地表示物体的受力情况，往往把该研究对象从与它有联系的周围物体中分离出来，解除全部约束，被分离出来的研究对象叫分离体。在脱离体上画出周围物体对它的全部作用力，这样的图形称为受力图。

1. 荷载与分类

工程上将作用在结构或构件上，能主动引起其物体运动、产生运动趋势或产生变形的作用称为荷载（也称主动力），如物体的自重，货物的重量，吊车轮压等。

结构上所承受的荷载往往比较复杂，为了便于计算，参照有关结构设计规范，根据不同的特点可对荷载作如下分类。

（1）按作用时间，荷载可分为永久荷载、可变荷载和偶然荷载。

永久荷载是指长期作用于结构上的不变荷载，如结构的自重、安装在结构上的设备重量等，该荷载大小、方向和作用位置是不变的。

可变荷载是指结构所承受的可变荷载，如风荷载、雪荷载、吊车荷载等。

偶然荷载使用时不一定出现，一旦出现其值很大且持续时间短的荷载，如爆炸、地震、台风的荷载等。

（2）按荷载作用面大小可分为均布面荷载、线荷载和集中荷载。

均布面荷载指荷载均匀分布在结构某一表面上的荷载。如铺设的木地板、地砖、花岗石、大理石地面等重量引起的荷载，都将用均布面荷载 Q 来表示。Q 的计算可用材料的重度 r 乘以面层的重度 d 得出，$Q = r \cdot d$。

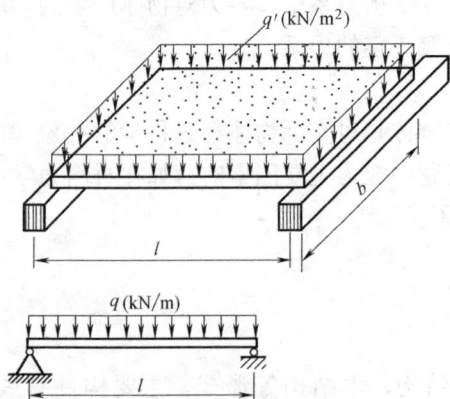

均布线荷载＝均布面荷载×受荷宽度　$(q = q' \cdot b)$

图7-14　荷载演变图

线荷载是指单位长度上的分布荷载。建筑物原有的楼层或面层上的各种面荷载传到梁上条形基础上时可简化为线荷载。

均布面荷载化为均布线荷载的计算如图7-14所示。

集中荷载是指荷载作用的面积远小于结构或构件总面积时，可近似认为荷载作用在一点上。如阳台上洗衣机对楼板的压力等。

线荷载、均布面荷载、集中荷载都是建筑物经常碰到的荷载。

（3）按作用性质荷载可分为静荷载和动荷载。

静荷载是指缓慢施加而不引起结构冲击或振动的荷载。如结构的自重等。

动荷载是指能引起明显的冲击或振动的荷载。如动力机械产生的荷载、地震作用等。

2. 画受力图的一般步骤：

（1）确定研究对象，并画出其分离体图。

（2）在分离体上画出所有作用于其上的主动力（一般为已知力）。

（3）在分离体的每一个约束处，根据约束的特征画出其约束反力。

[**例 7-1**]　重量为 G 的梯子 AB，放置在光滑的水平地面上并靠在铅直墙上，在 D 点用一根水平绳索与墙相连，如图 7-15（a）所示。试画出梯子的受力图。

解：（1）取梯子为研究对象。将梯子从周围的物体中分离出来，并单独画出，如图 7-15（b）所示。

（2）画出主动力。只有梯子的重力 G，作用于梯子的重心（几何中心），方向铅直向下。

（3）画出约束反力。根据光滑接触面约束的特点，墙和地面对梯子的约束反力 F_{NA}、F_{NB} 分别与墙面、地面垂直并指向梯子；绳索的约束反力 F_D 应沿着绳索的方向离开梯子为拉力。图 7-15（b）即为梯子的受力图。

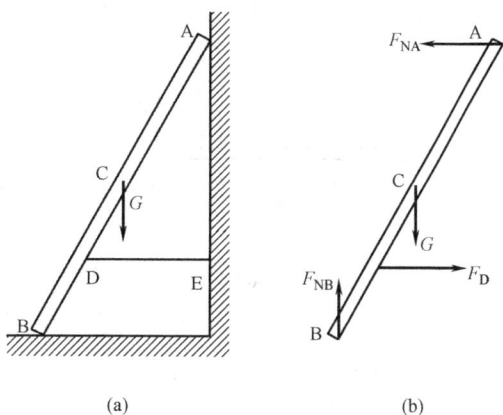

图 7-15　受力图

3. 静力分析在实际中的简单应用

（1）施工荷载

在施工过程中，将对建筑结构增加一定数量的施工荷载，如电动设备的振动、对楼面或墙面的撞击等，都带有明显动力荷载的特性；又如在房间放置大量的砂石、水泥等建筑材料，可能使得建筑物局部面积上的荷载值远远超过设计允许的范围。

（2）在楼板面上铺加任何材料属于对楼板增加了面荷载

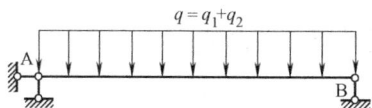

图 7-16　楼板荷载图

假设在一两端为铰支的楼板上进行装饰装修，在楼板上满铺一层地板，楼板的自重为 q_1，地板的自重为 q_2，其受力的变化为（如图 7-16）$q = q_1 + q_2$。当 q 值增加超过楼板的设计承载力时，楼板将发生弯曲破坏。所以在设计和施工时，必须了解结构能承受的荷载值是多少，将各种增加的装饰装修荷载值控制在允许范围之内，如果做不到这一点，应对结构进行重新验算，必要时采取加强补固措施。

（3）在室内增加隔墙、封闭阳台，属于增加的线荷载

1）在室内增加隔墙，增加的荷载全部传递给楼板或梁。一般情况下，采用轻型材料（如石膏板）作隔墙时，对结构的影响不是很大，当采用砌块墙体时，则影响很大。特别是隔墙的重量全部传给一块楼板时，将会使这块楼板的变形较大，影响结构安全。这种情况应对楼板进行加固，以满足承载力的要求。

2）封闭阳台，在阳台四周做储物柜、花盆架，这些做法相当于在一个悬挑构件的最外端增加了连续的线荷载，这对悬挑构件是极为不利的。阳台装修或改变使用功能，应征求原设计单位的意见或请有资质的单位重新设计。

（4）在阳台、外走廊等挑梁上放置空调、洗衣机等属于增加集中荷载

如图 7-17（a）所示，在一阳台挑梁上满铺地砖，在阳台外端放有一台空调。阳台一端为固定端支座，另一端无约束，可以看作一悬臂梁。阳台上满铺地砖可看作是均布荷载 q，空调可看作集中力 P，其受力简图和受力分析图如图 7-17（b）所示。当 q 和 P 增大时，挑梁的倾覆力矩大于抗倾覆力矩 M_A 时发生倾覆破坏，或致使端部压力过大而发生局部受压破坏。所以在挑梁上增加荷载应加以核算，控制在允许范围之内。

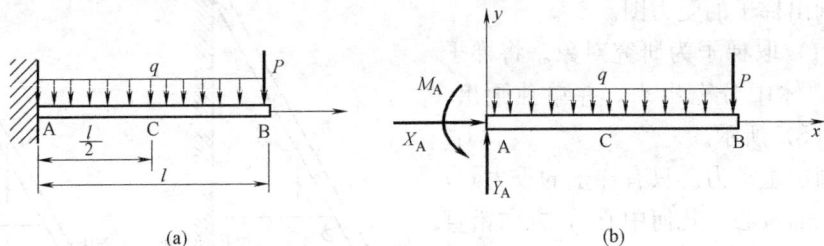

图 7-17　阳台受力图

（5）在室内增加装饰性的柱子，特别是石柱，悬挂较大的吊灯，房间局部增加假山盆景，这些装修做法就是对结构增加了集中荷载，使结构局部受到较重荷载作用，引起结构较大变形，造成安全隐患，应采取安全加固措施。

（6）变动墙对结构的影响

1）建筑物的墙体根据其受力特点分为承重墙、非承重墙。承重墙不得拆除。

2）在承重墙梁上开洞，将削弱墙体截面，减少墙体刚度，降低墙梁的承载能力。

对于简支墙梁，当无洞口和跨中开洞，作用于简支墙顶面的荷载通过墙体拱的作用向两边支座传递，此时托梁上、下部钢筋全部受拉，沿跨度方向受力均匀，托梁与计算范围内墙体组成一拉杆拱机构。

偏开洞墙梁，作用于简支墙顶面的荷载通过墙体的大拱和小拱的作用向两边支座和托梁传递，托梁既作为大拱的拉杆承受拉力，又作为小拱一端的支座，承受小拱传来的竖向压力，托梁与计算范围内墙体组成梁拱组合受力机构。

未经结构验算且未采取加强措施是不允许随便在承重墙梁上开洞的。

3）墙体开洞时，应经设计确定开洞位置、大小和开洞方法。

（7）变动梁、柱对结构的影响

1）在梁上开洞，将削弱梁的截面，降低梁的承载能力。

2）在梁下加柱相当于在梁下增加了支撑点，将改变梁的受力状态。

3）梁上增加柱或梁，此种做法除了连接可能带来的问题以外，主要问题是增加的梁或柱将对原来的梁增加荷载。应对原梁进行结构验算。

第八章 房屋建筑施工技术

8.1 测量与放线

8.1.1 施工准备

建筑物的定位与放线应根据设计给定的定位依据和定位条件进行，是确定平面位置和开挖工作的关键环节，一般情况下建筑物基础土方开挖时会将开挖区内的各种中线或轴线桩挖掉，但在建筑物各部分的施工过程中，又需准确、迅速地恢复轴线位置，故在建筑物定位与放线中，应首先考虑主要中线或轴线桩的准确测设和轴线控制点的稳定问题。进行施工测量之前，需做好以下准备工作。

1. 熟悉图纸

了解设计意图，掌握工程总体布局、工程特点、施工部署、进度情况、周围环境、现场地形、定位依据、定位条件，做好内业计算工作。

设计图纸是施工测量的主要依据，与施工放样有关的图纸主要有建筑总平面图（图 8-1）、建筑平面图（图 8-2）、基础平面图（图 8-3）和基础剖面图（图 8-4）。从建筑平面图上可以查明建筑物的总尺寸和内部各定位轴线间的尺寸关系。从基础平面图上可以查明基础边线与定位轴线的关系尺寸，以及基础布置与基础剖面的位置关系。从基础剖面图上可以查明基础立面尺寸、设计标高以及基础边线与定位轴线的尺寸关系。

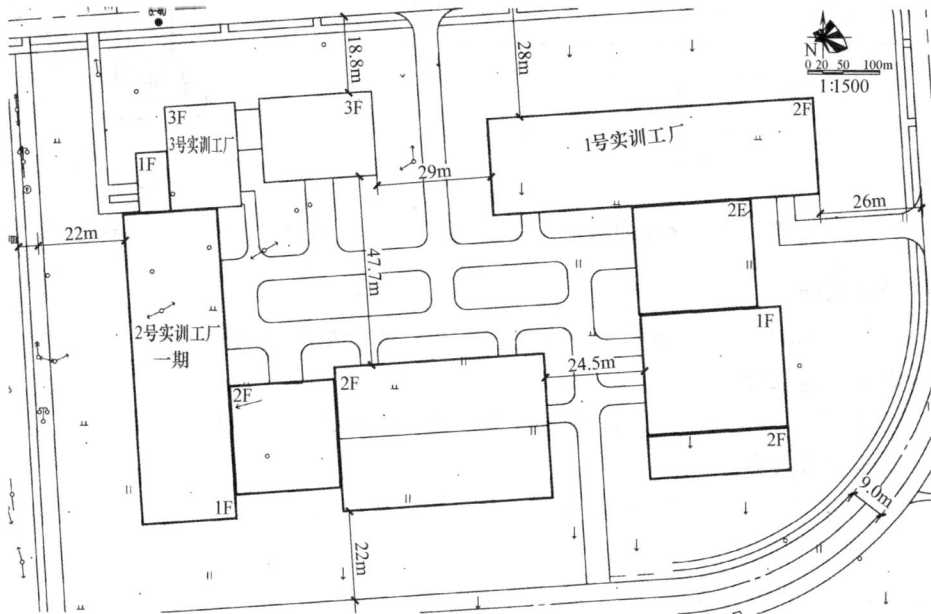

图 8-1 建筑总平面图

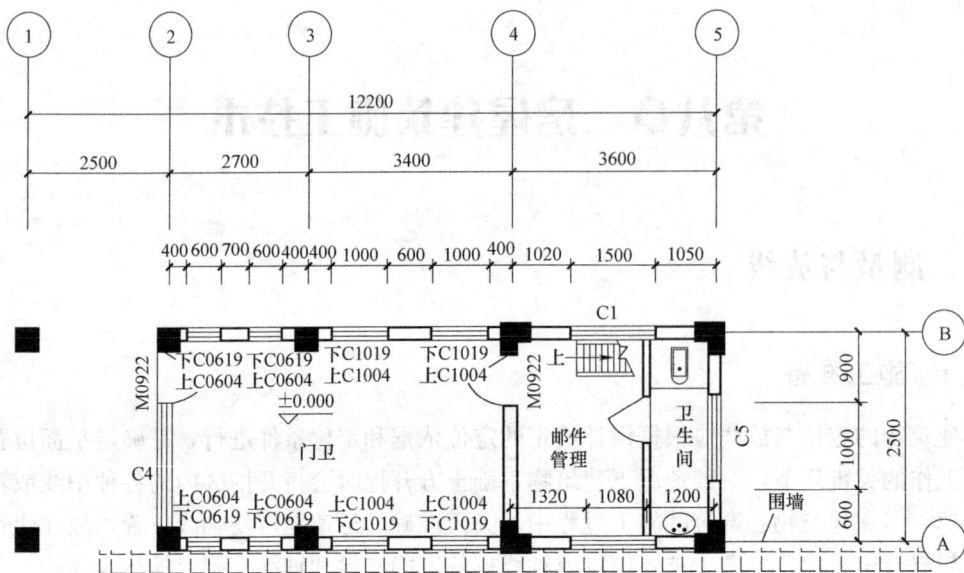

图 8-2 建筑平面图

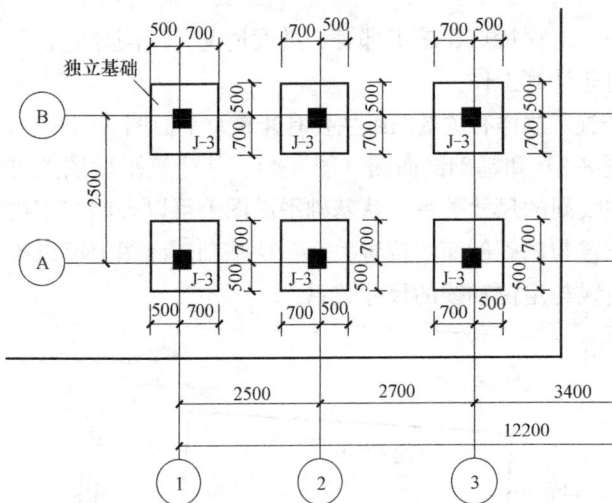

图 8-3 基础平面图

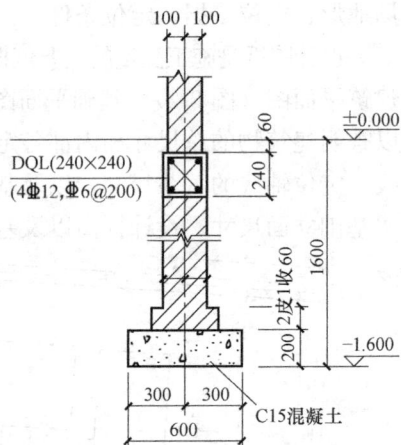

图 8-4 基础剖面图

2. 现场踏勘

全面了解现场情况，对施工场地上的平面控制点和水准点进行检核。

3. 施工场地整理

平整和清理施工场地上影响正常施工的物体，以便进行测设工作。

4. 确定测设方案

首先了解设计要求和施工进度计划，然后结合现场地形和控制网布置情况。确定测设方案。

5. 准备测设仪器与数据

对测设所使用的仪器和工具进行检核。测设数据包括根据测设方法的需要而进行计算的数据和绘制测设略图（图 8-5）。

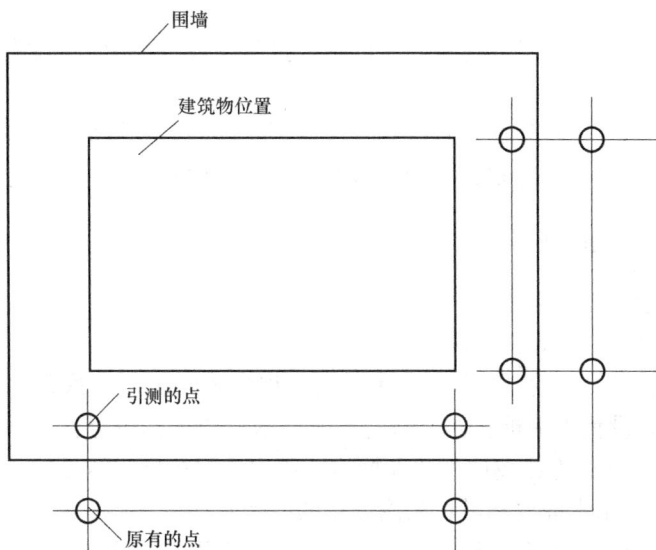

图 8-5 测设略图

8.1.2 测量与放线要求

建筑物的放线是根据已定位的外墙轴线交点桩详细测设出建筑物的其他各轴线交点的位置，并用木桩（桩上钉小钉）标定出来，该木桩称为中心桩。据此按基础宽度和放坡宽度用白灰线撒出基槽开挖边界线。

1. 设置轴线控制桩

如图 8-6 所示，轴线控制桩设置在基槽外基础轴线的延长线上，作为开槽后各施工阶段确立轴线位置的依据。轴线控制桩离基槽外边线的距离根据施工场地的条件而定，一般为 2～4m。如果场地附近有已建的建筑物，也可将轴线投设在建筑物的墙上。

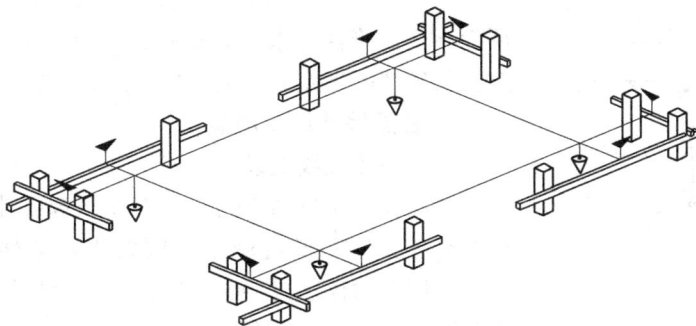

图 8-6 轴线控制桩

2. 设置龙门板

在一般民用建筑中，为了施工方便，在基槽外一定距离钉设龙门板，如图 8-6 所示。钉设龙门板的步骤如下。

（1）在建筑物四角和隔墙两端，基槽开挖边线以外的 1～1.5m 处（根据土质情况和挖槽深度确定）钉设龙门板，在每个龙门桩上测设±0.000 标高线。

（2）在龙门桩上测设同一高程线，钉龙门板，这样，龙门板的顶面标高即可在一个水平面上。

（3）根据轴线桩，用全站仪将墙、柱的轴线投到龙门板顶面上，并钉上小钉标明，称为轴线投点。

（4）用钢卷尺沿龙门板顶面检查轴线钉的间距，经检验合格后，以轴线钉为准，将墙宽基槽宽画在龙门板上，最后根据基槽上口宽度拉线，用石灰撒出开挖边线。

8.1.3 测量与放线部位

1. 基础施工测量

（1）基槽（坑）开挖深度的控制

为了控制基槽（坑）开挖深度，需在开挖过程中及时测量坑底深度，最后需在基槽（坑）壁上及拐角处设置水平桩。作为修栅和铺设基础垫层的依据。水平桩一般根据施工现场已测设的±0.000标志或龙门板顶面标高，用水准仪按高程测设的方法测设。

在施工现场，常用水准仪和塔尺来测设点的高程。如图8-7所示，在即将挖到槽底设计标高时，用水准仪在基槽壁上设置一些水平桩，使水平桩表面离槽底设计标高为整分米数，用以控制开挖基槽的深度。水平桩放样的允许误差为±10mm。打好垫层后，先将基础轴线投影到垫层上，再按照基础设计宽度定出基础边线，并弹墨线标明。

（2）垫层施工的标高控制和放线

为了控制垫层标高，需在基槽（坑）壁上测设垫层水平桩，沿水平桩弹水平墨线或拉线绳控制垫层标高。

基础垫层打好后，在龙门板轴线控制点或在轴线控制桩上拉线绳挂锤球（图8-7），或用全站仪将轴线投到垫层上，并用墨线弹出墙中心线和基础连线，作为建筑基础或安装基础模板的依据。

2. 基础墙体标高控制

基础墙中心轴线投在垫层后，用水准仪检测各墙角垫层面标高，符合要求即开始基础墙（±0.000以下）的砌筑。基础墙的高度是用皮数杆控制的，如图8-8所示。

3. 首层墙体施工测量

（1）墙体轴线测设

基础施工测量结束后，应对龙门板或轴线控制桩进行检查复核，以防基础施工期间发生碰动移位。复核无误后，可用全站仪法或线绳挂锤球法将首层墙体的轴线测设到防潮层上，确定符合要求后，把墙体轴线延长到基础外墙侧面上并做出标记，作为向上投测各层墙体轴线的依据。

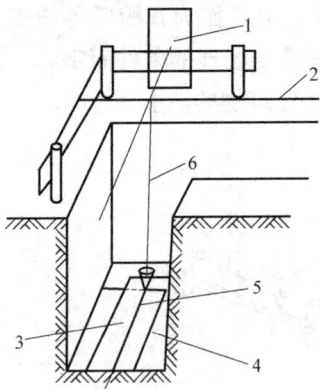

图 8-7 测设点的高程
1—X轴轴线；2—Y轴轴线；3—墙体左边线；4—墙体右边线；5—引出墙体轴线；6—铅垂线

每层楼面建好后，为保证各层墙体轴线均与基础轴线在同一铅垂面内，应将基础或首层墙面上的轴线投测到楼面上，并在楼面上重新弹出墙体轴线，检查无误后，以此为依据弹出墙体边线，再向上砌筑。

（2）墙体标高传递

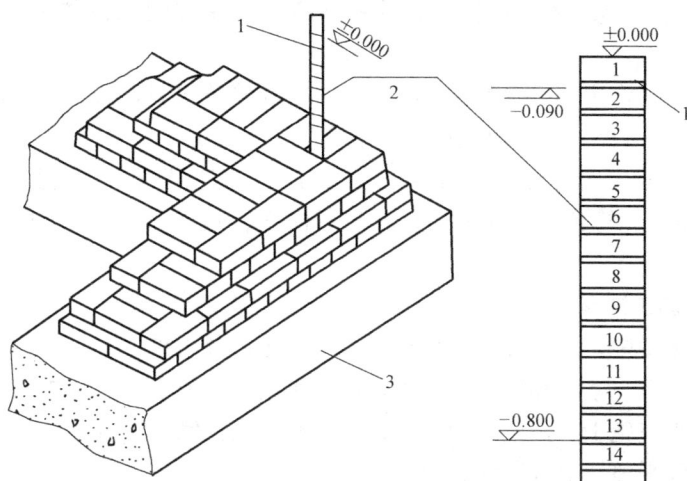

图 8-8　皮数杆

1—皮数杆第 1 皮高度；2—皮数杆第 6 皮高度；3—垫层

多层建筑施工中，要由下向上将标高传递到新的施工楼层，以便控制新楼层的墙体施工，使其标高符合设计要求。标高传递一般有以下两种方法。

（3）利用皮数杆传递标高

一层楼房墙体砌完后，把皮数杆移到二层继续使用。为使皮数杆立在准确的水平面上，应用水准仪测定楼面四角的标高，取平均值为二层的地面标高；并在皮数杆处绘出标高线，将皮数杆的±0.000 线与该线对齐，然后以皮数杆来控制墙体标高。并以同样方法逐层向上传递高程。

利用钢卷尺传递标高。在标高精度要求较高时，可用钢卷尺从底层的＋500mm 线起往上直接丈量，把标高传递到第二层，然后根据传递上来的高程测设第二层的地面标高线，以此为依据立皮数杆。在墙体砌到一定高度后，用水准仪测设该层的＋500mm 线，再向上一层的标高可以此为准用钢卷尺传递，并用同样的方法逐层传递标高。

8.2　土方与基础施工

8.2.1　施工准备

1. 安全技术

（1）人工开挖时两人间距不应小于 2.5m，采用机械开挖时，间距不应小于 10m，应自上而下逐层进行。

（2）严格按要求放坡，随时观察土壁的变动，确保基坑支撑稳固。

（3）基坑（槽）深度大于 3m 时，吊装设备距坑边距离不小于 1.5m，起吊后垂直下方不得站人，坑内人员戴安全帽。

（4）用手推车运土时，应先铺好道路。卸土时，不得翻车卸土；采用翻斗汽车运土时，施工道路的坡度、转弯半径等均应符合安全规定。

（5）深基（槽）坑应设置上下阶梯或斜坡道，应在坑四周设栏杆并悬挂危险警示标志。

（6）基坑（槽）沟边 1m 以内不得堆土、堆料和停放机具，1m 以外堆土，其高度不宜超过 1.5m，基坑（槽）距周边建筑距离不应小于 1.5m。

（7）回填管沟时，应将管道四周填土人工夯实，夯实作业应从管道两侧对称进行，高差不超过 300mm。管顶 500mm 以上，在不损伤管道的情况下，可采用机械回填与压实。

2. 土方工程施工准备

在土方工程施工中，根据开挖难易程度不同，土可分为松软土、普通土、坚土、砂砾坚土、软石、次坚石、坚石和特坚石 8 类，前 4 类属于一般土，后 4 类属于岩石。

（1）在场地平整施工前，应利用原场地上已有各类控制点，或已有建筑物、构筑物的位置、标高，测设平整场地范围线和标高。

（2）对施工区域内障碍物要调查清楚，制订方案，并征得主管部门意见和同意，拆除影响施工的建筑物、构筑物；拆除和改造通信和自来水管道、煤气管道、迁移树木等。

（3）尽可能利用自然地形设置排水沟、截水沟、挡水坝及人工排水等措施，把施工区域内的雨、雪、自然水、低洼地区的积水及时排除，使场地保持干燥，便于土方工程施工。

（4）修建临时道路、供水设施，解决好电力及生活和生产用临时房屋等问题。

3. 场地设计标高的确定

场地平整前，要确定场地设计标高。步骤大致如下：

（1）将已有地形图划分成边长相等的若干个方格网。

（2）确定各角点的自然地面标高。

（3）确定各角点的设计地面标高。

（4）确定各个角点的施工高度。

（5）确定零线。

（6）计算各方格挖、填土方量。

（7）汇总挖填土方量。

（8）调整设计标高。

4. 场地平整的施工方案

场地平整的施工方案有以下三种。

图 8-9 土方开挖

（1）先平整场地后开挖基坑（槽），如图 8-9 所示。

（2）先开挖基坑（槽）后平整场地。

（3）边开挖基坑（槽）边平整场地。

5. 土方边坡

土方坡度大小应根据土质情况、开挖深度、开挖方法、施工工期、地下水水位、坡顶荷载和气候条件等因素确定。合适的坡度应满足安全与经济两方面的要求，既保证边坡稳定，又不增多土方量。

土方边坡可做成直线形、折线形或踏步形，其坡度是以挖方深度（或填方深度）与底宽之比来表示的。

6. 施工排水

地面排水。地面水一般可通过在基坑四周设置排水沟、防洪沟、截水沟、挡水堤等来排除，并应尽量利用自然地形和原有的排水系统。

地下排水。地下排水一般采用明排水法。

明排水法（也称集水井排水法）是指在基坑逐层开挖过程中，在每层坑底四周或中央设置排水沟和集水井，基坑内的水经排水沟流向集水井，再通过水泵被抽走，如图 8-10 所示。

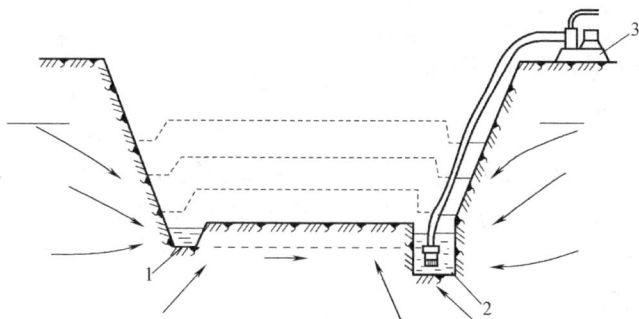

图 8-10　明排水法
1—排水明沟；2—集水井；3—离心式水泵

排水沟和集水井的设置。排水沟和集水井应设置在基础范围以外、地下水流的上游。集水井应根据地下水量、基坑平面形状及水泵能力，每隔 20～40m 设置一个。

8.2.2　基坑（槽）开挖

1. 房屋定位

定位一般用经纬仪、水平仪和钢尺等测量仪器，根据主轴线控制点，将外墙轴线的四个交点用木桩测设在地面上。

房屋外墙轴线测定后，根据建筑平面图将内部纵横的所有轴线都一一测出，并用木桩及桩顶面小钉标识出来，如图 8-11 所示。

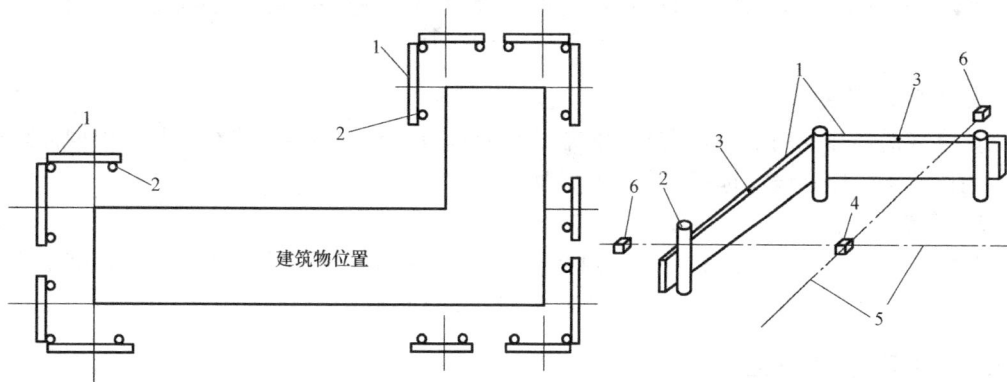

建筑物位置

图 8-11　龙门桩
1—龙门板；2—龙门桩；3—龙门板；4—中心桩；5—轴线；6—控制桩（引桩）

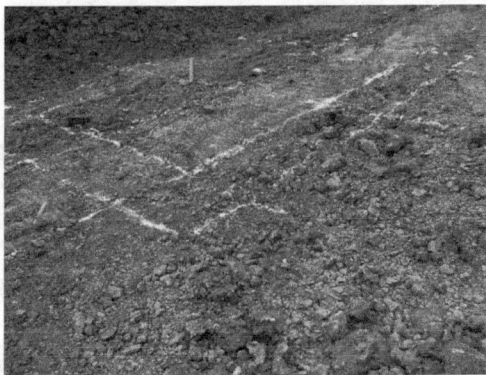

图 8-12 施工放线

2. 放线

房屋定位后，根据基础的宽度、土质情况、基础埋置深度及施工方法，计算确定基坑（槽）上口开挖宽度，拉通线后用石灰在地面上画出基坑（槽）开挖的上口边线，即放线，如图 8-12 所示。

3. 开挖

放线完毕后，即可开挖，如图 8-13 所示。基坑（槽）开挖应遵循"开槽支撑、先撑后挖、分层开挖、严禁超挖"的原则，在开挖过程中，要注意以下几点。

（1）按规定尺寸，确定基坑（槽）的开挖顺序和分层开挖深度，并连续施工。

（2）挖出的土除预留一部分用作回填外，应把多余的土运到弃土地区。在坑顶两边一定距离内不得堆放弃土，在此距离外堆土高度不得超过 1.5m。在桩基周围、墙基或围墙一侧，不得堆土过高。

（3）机械设备要放在离坑边较远处，如果地质条件不好，还应采取加固措施。

（4）基坑（槽）挖好后，应立即做垫层或浇筑基础。

（5）挖土时应在基底标高以上预留 150～300mm 厚的土层，待基础施工时再挖去。

（6）挖土不得挖至基坑（槽）的设计标高以下。

图 8-13 基坑开挖

4. 修整、清底

基坑（槽）开挖完毕后，应通过控制线检查基坑（槽）宽度并进行修整，根据标高控制点把预留土层挖到设计标高，并进行清底。

5. 验槽

验槽方法主要有观察法和钎探法两种。观察法主要利用眼睛看和钢尺量，检查土质与尺寸是否与设计资料相符；钎探法主要通过钢钎触探检验。

8.2.3 毛石基础施工

1. 材料要求

毛石基础构造如图 8-14 所示。毛石应呈块状，中部厚度不应小于 150mm。料石的宽度、厚度均不应小于 200mm，长度不应大于厚度的 4 倍。毛石应坚实、无风化剥落、无裂纹，尺寸一般以高度在 200～300mm、长在 300～400mm 之间为宜。

2. 施工程序

毛石基础施工程序为：测量放线→挖槽、清槽、验槽→放样、立皮数杆→铺浆分层砌筑。

3. 质量要求

毛石基础砌筑时，里外挂线，毛石上下错缝，里外搭砌，毛石第一皮要丁砌，坐浆砌筑。基础错台，上层毛石至少要压下层毛石三分之一，不能出现通缝或鼠洞，灰缝不大于 20mm。每日砌筑高度不超过 1200mm。雨天施工，应防止雨水冲刷。下班收工时，应覆盖砌体表面。基础砌完，经检查合格后，方可进行土的回填。组砌合理、灰浆饱满、粘结牢固、几何尺寸准确和表面平整。

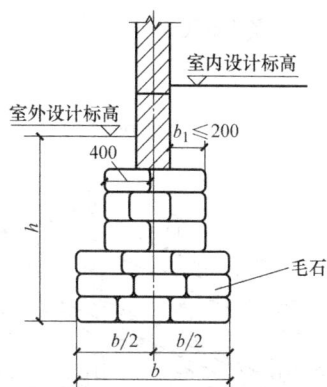

图 8-14　毛石基础
b—基础宽度方向尺寸；
h—基础高度方向尺寸

8.2.4　砖基础施工

1. 材料要求

砖基础构造如图 8-15 所示。砖的品种、强度等级必须符合设计要求，并应规格一致。

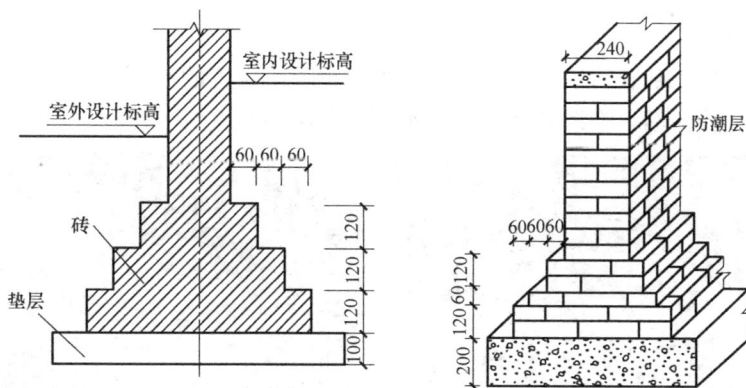

图 8-15　砖基础

2. 施工程序

砖基础施工程序为：清理基槽底，铺设垫层→确定组砌方法→拌制砂浆→砌筑→抹防潮层→回填。

3. 质量要求

砖砌体上下错缝；砖砌体接槎处灰缝砂浆密实，缝、砖应平直；每处接槎部位水平灰缝厚度不小于 5mm 或透亮的缺陷不超过 5 个；预埋拉结筋的数量、长度均符合设计要求和施工规范的规定，留置间距偏差不超过一皮砖。留置构造柱的位置正确，大马牙槎先退后进、上下顺直、残留砂浆清理干净。

103

8.2.5　条形基础

1. 基本概念

条形基础是指基础长度远远大于宽度的一种基础形式。如图 8-16 所示。

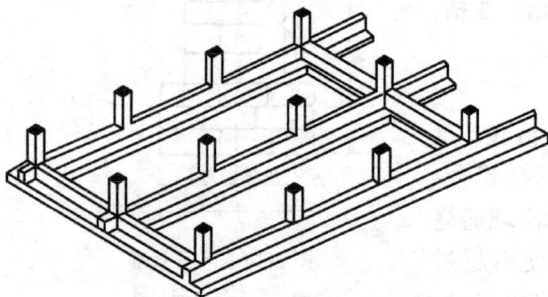

图 8-16　条形基础

2. 施工要点

（1）开挖基坑，然后除去坑底局部软弱土层，用灰土或沙砾分层回填夯实至与基底相平，并清除坑内浮土、积水、淤泥、垃圾、杂物等，最后验槽。

（2）验槽后，应立即浇筑混凝土垫层，并振捣密实。

（3）垫层达到一定的强度后，在其上弹线，铺放、绑扎钢筋。

（4）钢筋绑扎及相关专业施工完成后，立即进行模板安装，模板采用组合钢模板或木模，利用钢管或木方加固。

（5）清除模板上的垃圾、泥土和钢筋上的油污等杂物，并浇水湿润模板。

（6）分层连续浇筑条形基础混凝土，并振捣密实。

（7）混凝土浇筑完毕后，外露表面应覆盖并浇水养护。

8.2.6　独立基础

1. 基本概念

独立基础是柱下基础的基本形式，它是为单个柱子设置的、不与其他基础相连的钢筋混凝土基础，有阶梯形、锥形和杯形三种类型。如图 8-17 所示。

(a)　　　　　　　　　　　　　　　　(b)

图 8-17　独立基础
(a) 锥形；(b) 阶梯形

2. 施工要点

（1）基坑开挖、清理、验槽。

（2）验槽完成后，立即浇筑混凝土垫层，并振捣密实，确保表面平整。

（3）垫层浇筑完成后，进行表面弹线、钢筋绑扎。

（4）安装模板，模板采用小钢模或木模，利用架子管或木方加固。

（5）清除模板内的木屑、泥土等杂物，木模浇水湿润，堵严板缝及孔洞。

（6）清除完毕后，浇筑独立基础混凝土。

（7）混凝土浇筑完毕后，对于表面比较大的混凝土，使用平板振捣器振一遍，然后用刮杆刮平，再用木抹子搓平。

（8）浇筑完毕后，进行混凝土养护。

8.2.7 土方回填与压实

1. 填方土料的选择

填方土料应符合设计要求，如无设计要求时，应符合下列规定。

（1）碎石类土、爆破石渣和砂土可用作表层以下的填方土料。

（2）当填方土料为黏土时，在回填前应检查其含水量是否在控制范围内，含水量大的黏土不宜作为填方土料。

（3）含有大量有机物（腐烂物）的土，含水溶性硫酸盐大于5%的土及淤泥、冻土、膨胀土等均不应作为填方土料。

2. 土方回填

土方回填应分层进行，并尽量采用同类土；如果采用不同类土回填，应将透水性较大的土层置于透水性较小的土层之下，不能将各种土混杂在一起使用，以免填方内形成水囊。

3. 填土的压实

填土的压实方法一般有碾压法、夯实法、振动压实法三种。

（1）碾压法是利用碾压机械滚轮的压力压实土壤，使之达到所需的密实度，此法多用于大面积填方工程。

（2）夯实法是利用冲击力来夯实土壤，分机械夯实和人工夯实两种。机械夯实主要用夯锤、蛙式打夯机和内燃打夯机等；人工夯土用的工具有木夯和石夯。

（3）振动压实法是将振动压实机放在土层表面，土颗粒在振动力的作用下发生相对位移而达到紧密状态，该方法适用于振实非黏性土。如果使用振动碾进行碾压，可使土受振动和碾压两种作用，碾压效率高，适用于大面积填方工程。

4. 填土压实质量的检查

填土压实后必须要达到密实度要求，填土密实度以设计规定的控制干密度作为检查标准。土的控制干密度与最大干密度之比称为压实系数。一般场地平整，其压实系数为0.9左右，可按照表8-1所示选用。

回填土的压实要求 表 8-1

压实机具	每层铺土厚度(mm)	每层压实遍数	压实机具	每层铺土厚度(mm)	每层压实遍数
平碾	250～300	6～8	柴油打夯机	200～250	3～4
振动压实机	250～350	3～4	人工打夯机	<200	3～4

对于回填土的压实度要求达不到表8-1列举的要求，主要情况如下：

（1）原因分析

1）基坑（槽）中的积水、淤泥杂物未清除就回填。

2）基槽宽度较窄，采用手夯回填夯实，未达到要求的密实度。

3）回填土料中夹有大量的土块，受水浸泡产生沉降；或采用了含水量大的黏性土、淤泥质土等，回填质量不合要求。

4）回填土含水量大，密实度达不到要求。

（2）预防措施

1）基坑（槽）回填前，应将槽中积水排净，淤泥、松土、杂物清理干净。

2）回填土应严格分层回填、夯实。

3）填土土料中不得含有大于50mm直径的土块，不应有较多的干土块，急需进行下道工序时，宜用2∶8或3∶7灰土回填夯实。

（3）治理方法

1）基坑（槽）回填土沉陷造成墙脚散水空鼓，若混凝土面层尚未破坏，则可填入碎石，侧向挤压捣实；若面层已经裂缝破坏，则应视面积大小或损坏情况，采取局部或全部返工。局部处理可用锤、凿将空鼓部位凿开，填灰土或黏土、碎石混合物等夯实，再作面层。

2）因回填土沉陷引起结构局部下沉时，应会同设计部门，针对情况采取加固措施。

8.3 砌体结构施工

8.3.1 施工准备

1. 安全相关知识

（1）在操作前，必须检查操作环境是否符合安全要求，如道路是否畅通，工具是否完好牢固，安全设施是否符合要求，防护用品是否佩戴齐全等，符合要求后才能施工。

（2）砌基础时，应经常注意基槽有无崩落现象，堆放砖石应离开坑边1m以外，操作人员应设梯子上下，不得攀跳，下梯子时应面向梯子一侧。

（3）脚手架上堆砖不得超过3层侧砖，同一块脚手板上操作人员不应超过2人。

（4）不准用不稳固的工具或物体在脚手板面垫高操作。

（5）砍砖时应面向内打，以免碎砖屑伤人，修整石块时要戴防护镜。

（6）上、下交叉作业，必须设置安全隔板。

（7）冬期施工，脚手板如有冰霜、积雪，应先清除后才能上架子进行操作。

2. 砌体常用材料

常用的砌体材料有砖、石、砌块三大类。

（1）砖

1）烧结砖：普通砖尺寸规格为240mm×115mm×53mm，如图8-18所示。

2）非烧结砖：应考虑工程应用砌筑灰缝的宽度和厚度要求，由供需双方协商确定。

（2）石

1）毛石

乱毛石：指形状不规则的石块，中部厚度一般不小于150mm。

图 8-18　烧结砖

平毛石：指形状不规则，但有两个平面大致平行的石块，中部厚度一般不小于 200mm。如图 8-19 所示。

2）料石

料石按照其加工面的平整度不同，可分为细料石、粗料石和毛料石三种。料石的宽度、厚度均不小于 200mm，长度不大于厚度的 4 倍。

（3）砌块

图 8-19　平毛石

按照大小不同，砌块可分为小型砌块、中型砌块和大型砌块三类。如图 8-20 所示。

图 8-20　砌块

3. 砌筑砂浆

砌筑砂浆是指用于砌筑砖、石、砌块等各种块材的砂浆，它起粘结、衬垫和传力作用，是砌体的重要组成部分。常用的砌筑砂浆有水泥砂浆、水泥混合砂浆。

（1）技术要求

1）砌筑砂浆的施工稠度选要求见表 8-2。

2）其他规定详见《砌筑砂浆配合比设计规程》JGJ/T 98—2010。

（2）制备与使用

107

砌筑砂浆的稠度　　　　　　　　　　　表 8-2

砌体种类	砂浆稠度（mm）
烧结普通砖砌体、蒸压粉煤灰砖砌体	70～90
混凝土实心砖、混凝土多孔砖砌体、普通混凝土小型空心砌块砌体、蒸压灰砂砖砌体	50～70
烧结多孔砖、空心砖砌体、轻骨料小型空心砌块砌体、蒸压加气混凝土砌块砌体	60～80
石砌体	30～50

1）砌筑砂浆应通过试配确定配合比。当砌筑砂浆的组成材料有变更时，其配合比应重新确定。

2）砂浆应采用机械拌合，自投料完算起，水泥砂浆和水泥混合砂浆拌合时间不得少于 2min；掺用有机塑化剂的砂浆，应为 3～5min。拌合后的砂浆应盛入贮灰器中，如砂浆出现泌水现象，应在砌筑前再次拌合。

3）砂浆应随拌随用，水泥砂浆和水泥混合砂浆应分别在 3h 和 4h 内使用完毕；当施工期间最高气温超过 30℃时，则应分别在拌成后 2h 和 3h 内使用完毕。对掺用缓凝剂的砂浆，其使用时间可根据具体情况适当延长。

4. 施工辅助设施脚手架

脚手架是建筑施工中的临时设施，它是为解决建筑物高部位施工而专门搭设用作操作的平台，用来施工作业和作为运输通道，并能临时堆放施工用材料和机具的平台。

（1）脚手架基本要求

脚手架是建筑施工中的临时设施，它是为解决建筑物高部位施工而专门搭设用于操作的平台，按照搭设位置不同，其可分为外脚手架和里脚手架两大类。如图 8-21 所示。

图 8-21　脚手架

（2）扣件式钢管脚手架搭设要点

扣件式钢管脚手架又称为多立杆式脚手架，有双排式和单排式两种基本形式。

1）脚手架搭设范围内的地基应夯实找平，并有可靠的排水措施，防止积水浸泡。

2）杆件应按设计方案进行搭设，并注意搭设顺序，随时校正杆件的垂直和水平偏差。

3）立杆接长除顶层顶步外，其余各层各步接头必须采用对接扣件连接，并且相邻立杆的对接扣件不得在同一高度。

4）大横杆宜设置在立杆内侧，其长度不宜小于 3 跨，接长宜采用对接扣件连接，也可采用搭接。

5）脚手架主节点处必须设置一根小横杆，用直角扣件扣接且严禁拆除。

6）扣件拧紧程度应适当，一般扭力矩不小于 40N·m，不大于 70N·m。

7）脚手板应铺满、铺稳、铺实。

8）连墙件应从底层第一步大横杆处开始设置，并应靠近主节点，偏离主节点的距离不应大于 300mm。

9）脚手架必须设置纵、横向扫地杆，纵向扫地杆一般位于距底座下皮 200mm 处，横向扫地杆一般位于纵向水平扫地杆上方。

10）单排脚手架应设置剪刀撑，双排脚手架应设置剪刀撑与横向斜撑。

（3）碗扣式钢管脚手架搭设要点

碗扣式脚手架可搭设为单排脚手架、双排脚手架、满堂脚手架、支撑架、移动式脚手架、提升井架和悬挑脚手架等。

1）碗扣式钢管脚手架立杆横向间距取 1.2m，纵向间距根据建筑物结构、脚手架搭设高度及作业荷载等具体要求确定。

2）搭设时，立杆的接长缝应错开，第一层立杆应用长 1.8m 和 3.0m 的立杆错开布置，往上均用 3.0m 长杆，至顶层再用 1.8m 和 3.0m 两种长度找平。

3）脚手架每搭完一步架体后，应及时校正水平杆步距、立杆间距、立杆垂直度和水平杆水平度。架体立杆在 1.8m 高度内的垂直度偏差不得大于 5mm，架体全高的垂直度偏差应小于架体搭设高度的 1/600，且不得大于 35mm；相邻水平杆的高差不应大于 5mm。

（4）承插型盘扣式钢管脚手架搭设要点

立杆顶部插入可调托撑构件，底部插入可调底座构件，立杆之间采用套管或插管连接，水平杆和斜杆采用杆端扣接入连接盘，用楔形插销连接，形成结构几何不变体系的钢管支架。承插型盘扣式钢管支架由立杆、水平杆、斜杆等构件构成，如图 8-22 所示。

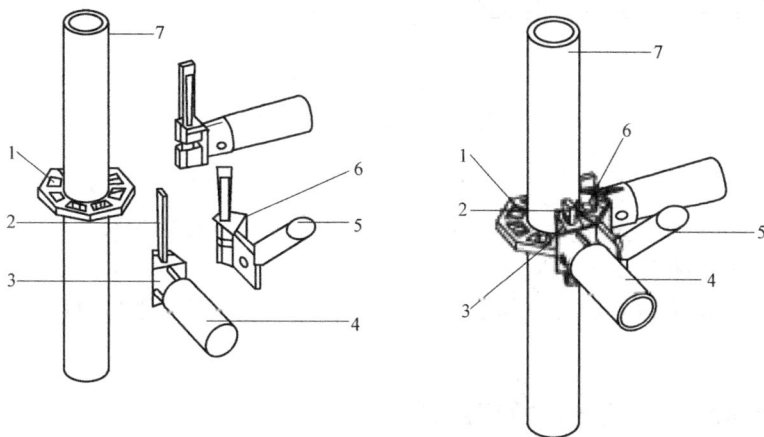

图 8-22　盘扣节点

1—连接盘；2—插销；3—水平杆杆端扣接头；4—水平杆；5—斜杆；6—斜杆杆端扣接头；7—立杆

1）模板支架立杆搭设位置应按专项施工方案放线确定。

2）模板支架搭设应根据立杆放置可调底座，应按先立杆后水平杆再斜杆的顺序搭设，形成基本的架体单元，应以此扩展搭设成整体支架体系。

3）可调底座和土层基础上垫板应准确放置在定位线上，保持水平。垫板应平整、无翘曲，不得采用已开裂垫板。

4）立杆应通过立杆连接套管连接，在同一水平高度内相邻立杆连接套管接头的位置宜错开，且错开高度不宜小于 75mm。模板支架高度大于 8m 时，错开高度不宜小于 500mm。

5）水平杆扣接头与连接盘的插销应用铁锤击紧至规定插入深度的刻度线。

6）每搭完一步支模架后，应及时校正水平杆步距，立杆的纵、横距，立杆的垂直偏差和水平杆的水平偏差。立杆的垂直偏差不应大于模板支架总高度的 1/500，且不得大于 50mm。

7）在多层楼板上连续设置模板支架时，应保证上下层支撑立杆在同一轴线上。

8）混凝土浇筑前施工管理人员应组织对搭设的支架进行验收，并应确认符合专项施工方案要求后浇筑混凝土。

9）拆除作业应按先搭后拆，后搭先拆的原则，从顶层开始，逐层向下进行，严禁上下层同时拆除，严禁抛掷。

（5）门式脚手架搭设要点

门式脚手架由螺旋基脚、门式框架、连接器、剪刀撑和水平梁架等构成基本单元，将基本单元连接并增加梯子、栏杆及脚手板即构成整片脚手架。如图 8-23 所示。

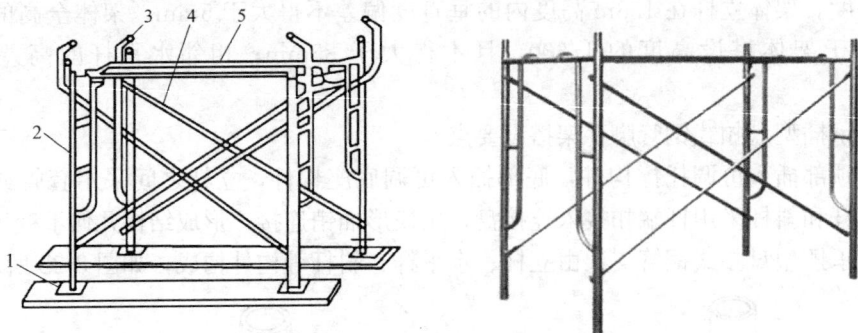

图 8-23　门式脚手架
1—底座；2—下架；3—连接销；4—斜拉杆；5—脚踏板

1）基底必须严格夯实找平，并铺可调底座，以免发生塌陷和不均匀沉降。

2）第一步门架垂直偏差不大于 2mm；门架顶部的水平偏差不大于 5mm。

3）门架的顶部和底部用纵向水平杆和扫地杆固定。

4）门架之间必需设置剪刀撑和水平梁架（或脚手板），其间连接应可靠，以确保脚手架的整体刚度。

8.3.2　砖墙砌体的组砌形式和砌筑方法

1. 墙体组砌方式

组砌是指砖在砌体中的排列，清水墙面组砌时既要考虑到墙体的整体性，还要考虑墙面美观。为了保证墙面的整体性，关键是做好上下皮的错缝搭接以及内外皮与背里填馅的拉结。

图 8-24　砖的组砌

（1）实砌墙的砌筑

实砌墙面常用的组砌方式有十字缝（全顺式）、梅花丁、一顺一丁、三顺一丁、落落丁（全丁式）。如图 8-24 所示。

1）十字缝组砌法：又称"全顺式"，同皮砖全部采用顺砖砌筑，上下层要错缝搭接，所得砖缝呈十字形。这种做法优点是节省砖材、墙面统一，缺点是内外皮与背里填馅部分的拉结不好。

如图 8-25 所示。

2）梅花丁组砌法：其特点是同一层内顺砖和丁砖交替出现，这种做法的优点是墙体拉结性较好，但是比较费砖。如图 8-26 所示。

图 8-25　十字缝组砌法

图 8-26　梅花丁组砌法

3）一顺一丁组砌法：砌法是一层顺砖与一层丁砖相互间隔砌成。上下层错缝 1/4 砖长。适用于一砖和一砖以上的墙厚。如图 8-27 所示。

4）三顺一丁组砌法：又称"三七缝"，同皮三块顺砖与块丁砖相间排列。这种形式的墙体兼有十字缝和一顺一丁的优点，墙面效果比较完整，墙体的拉结性也较好。如图 8-28 所示。

图 8-27　一顺一丁组砌法

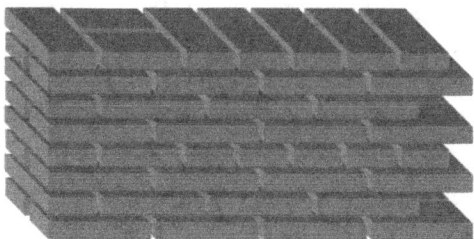

图 8-28　三顺一丁组砌法

5）落落丁组砌法：又称"全丁式"，一般仅用于糙砖墙。如图 8-29 所示。

（2）空斗墙的砌筑

空斗墙砌法分有眠空斗墙和无眠空斗墙两种。侧砌的砖称斗砖，平砌的砖称眠砖。有眠空斗墙是每隔 1～3 皮斗砖砌一皮眠砖，分别称为一眠一斗、一眠二斗、一眠三斗。无眠空斗墙只砌斗砖而无眠砖，所以又称全斗墙。如图 8-30 所示。

图 8-29　全丁式组砌法

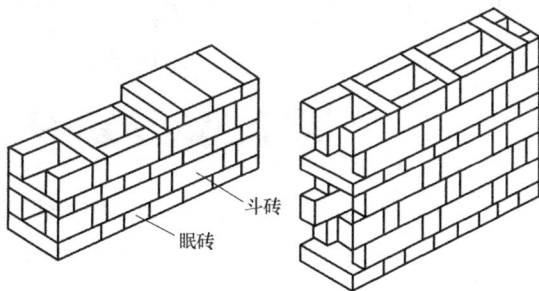

斗砖

眠砖

图 8-30　空斗墙

2. 砌筑方法

目前，工地上应用的砌筑方法有"三一"砌筑法、铺浆法和满口灰法，其中"三一"

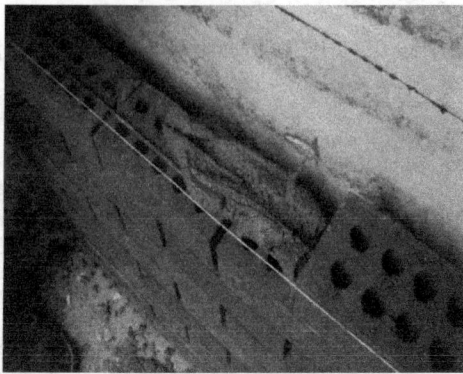

图 8-31 "三一"砌筑法

砌筑法和铺浆法最为常用。如图 8-31 所示。

3. 砖墙砌体施工工艺

工艺流程：超平→放线、弹线→摆砖样、摞底→立皮数杆挂线→墙体盘角→砌筑→勾缝→清理→验收。

操作工艺

1）找平。砌墙前应在基础防潮层或楼面上定出各层标高，并用 M7.5 水泥砂浆或 C10 细石混凝土找平。

2）放线、弹线。先将基层清扫干净，然后弹出墙体厚度，墙体的中心线，立好皮数杆。如图 8-32 所示。

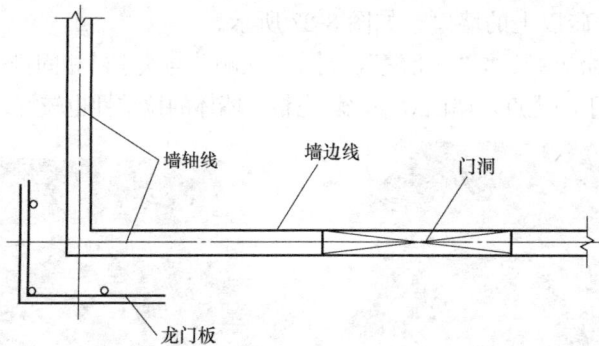

图 8-32 放线

3）排砖样、摞底。在放线的基面上按选定的组砌方式用干砖试摆。

方法：一般在房屋外纵墙方向摆顺砖，在山墙方向摆丁砖；从一个大角摆到另一个大角，砖与砖之间留 10mm 缝隙，如图 8-33 所示。

其目的是核对所放的墨线在门窗洞口、附墙垛等处是否符合砖的模数，使每层砖的砖块排列和灰缝厚度均匀，并且尽量减少砍砖。按照图纸确定的几眠几斗先进行排砖，先从转角或交接处开始向一侧排砖，内外墙应同时排砖，纵横方向交错搭物，空斗墙砌筑前必须进行试物，不够整砖处，可加砌斗砖，不得砍凿斗砖。

图 8-33 排砖样、摞底

4）立皮数杆。皮数杆是一种标志杆，在其上划有每皮砖和砖缝厚度，以及门窗洞口、过梁、楼板、梁底、预埋件等标高位置，其主要作用是控制每皮砖砌筑的竖向尺寸，并使铺灰、砌砖的厚度均匀，保证砖皮水平，控制墙体各部分构件的标高。如图 8-34 所示。

112

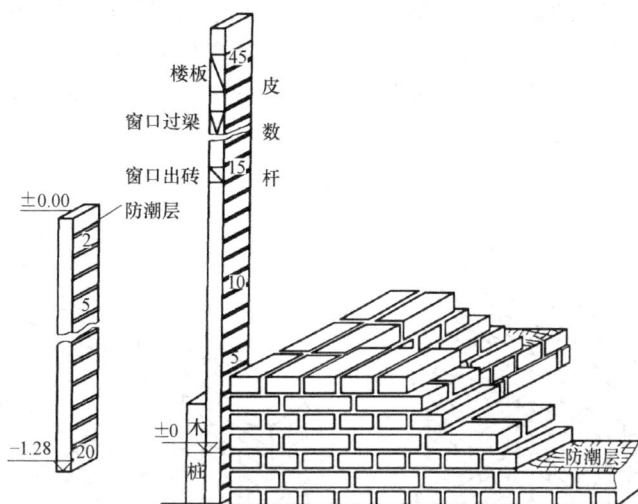

图 8-34 立皮数杆

5）墙体盘角。盘角是指先按皮数杆砌墙角，每次盘角不得超过 5 皮砖，在砌筑过程中应多靠多吊，一般三皮一吊，五皮一靠，把砌筑误差减小到最低程度，以保证墙面垂直、平整。如图 8-35 所示。

墙角砌好后，即可挂线，即在头角上挂准线，再按照准线砌筑中间墙体，以保证墙面平整，一般一砖墙、一砖半墙可单面挂线，一砖半以上的墙应双面挂线。

外墙大角，应用普通砖砌成锯齿状与斗砖咬接。盘砌大角不宜过高，以不超过 3 个斗砖为宜，新盘的大角，应及时进行吊靠，如有偏差要及时进行修整。大角平整度和垂直度符合要求后，挂线砌墙。如图 8-36 所示。

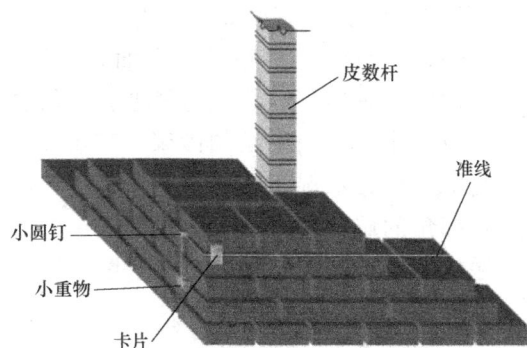

图 8-35 墙体盘角

图 8-36 挂线砌墙

6）砌砖。砌砖工程一般采用"三一"砌筑法，即"一块砖、一铲灰、一挤揉"工艺砌筑砖砌体的操作方法。砌筑时一手拿砖，一手操作披上灰的瓦刀把砖的外楞披上灰条，也可以在已经砌好的砖层外楞披上灰条。灰缝要均匀，碰头灰要打严。砌好后要用瓦刀把挤出砖外的余灰刮去，墙面不应有竖向通缝。砌砖的操作方式与各地操作习惯、使用工具相关。对不能同时砌起而必须留槎时，应砌成斜槎，斜槎水平投影长度不应小于高度的 2/3。

113

① 每 120mm 墙厚放置 1φ6 拉结钢筋（120mm 厚墙应放置 2φ6 拉结钢筋）；

② 间距沿墙高不应超过 500mm，且竖向间距偏差不应超过 100mm；

③ 埋入长度从留槎处算起每边均不应小于 500mm，对抗震设防烈度 6 度、7 度的地区，不应小于 1000mm；

④ 末端应有 90°弯钩。留槎方式如图 8-37 所示。

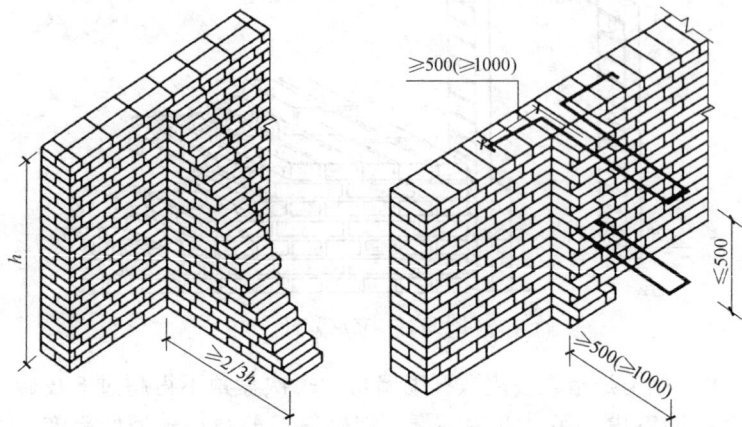

图 8-37　留槎方式

空斗墙转角及纵横相交处应同时砌起，不得留槎。每天砌筑高度不应超过 1.8m。

对砌体的砌筑顺序，当基底标高不同时，应从低处砌起，并应由高处向低处搭接，当设计无要求时，搭接长度不应小于基础扩大部分的高度；砌体的转角处和交接处应同时砌筑，当不能同时砌筑时，应按规定留槎、接槎；出檐砌体应按层砌筑，同砌筑层先砌墙身后砌出檐；房屋相邻部分高差较大时，宜先砌筑高度较大部分，后砌筑高度较小部分。

图 8-38　勾缝

7）勾缝。空斗墙的墙面一般是做粉刷墙面。如果要做成清水墙体，则要进行勾缝，勾缝的顺序是从上而下进行，先勾水平缝后勾立缝。勾缝准备：勾缝前应清除墙面上黏结的砂浆、灰尘、污物等，并洒水湿润；瞎缝应予开凿；缺楞掉角的砖，应用与墙面相同颜色的砂浆修补平整；脚手眼应用与原墙相同的砖补砌严密。如图 8-38 所示。

勾缝要求：缝深 4～5mm，横平竖直，深浅一致，搭接平整，不得有瞎缝、丢缝、裂缝和粘结不牢现象。勾缝的形式如图 8-39 所示。

4. 质量验收

（1）一般规定

1）用于清水墙、柱表面的砖，应边角整齐，色泽均匀。

2）不同品种的砖不得在同一楼层混砌。

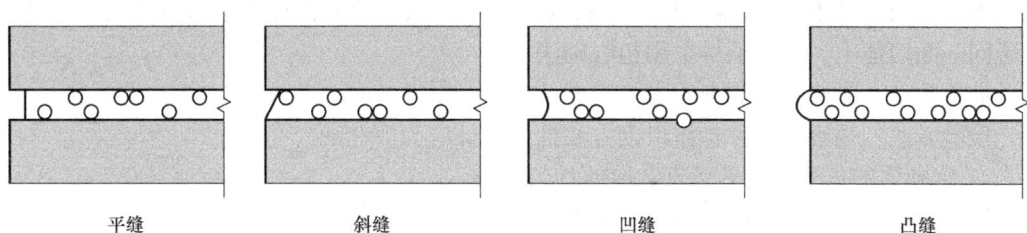

平缝　　　　　　斜缝　　　　　　　凹缝　　　　　　凸缝

图 8-39　勾缝的形式

3）砌筑烧结普通砖、烧结多孔砖、蒸压灰砂砖、蒸压粉煤灰砖砌体时，砖应提前 1～2d 适度湿润，严禁采用干砖或处于吸水饱和状态的砖砌筑。

4）240mm 厚承重墙的每层墙的最上一皮砖，砖砌体的阶台水平面上及挑出层的外皮砖，应整砖丁砌。

5）弧拱式及平拱式过梁的灰缝应砌成楔形缝，拱底灰缝宽度不宜小于 5mm；拱顶灰缝宽度不应大于 15mm，拱体的纵向及横向灰缝应填实砂浆；平拱式过梁拱脚下面应伸入墙内不小于 20mm；砖砌平拱过梁底应有 1% 的起拱。

6）砖过梁底部的模板及其支架拆除时，灰缝砂浆强度不应低于设计强度的 75%。

7）多孔砖的孔洞应垂直于受压面砌筑。半盲孔多孔砖的封底面应朝上砌筑。

8）竖向灰缝不应出现透明缝、瞎缝和假缝。

9）砖砌体施工临时间断处补砌时，必须将接槎处表面清理干净，洒水湿润，并填实砂浆，保持灰缝平直。

（2）主控项目

1）砌体灰缝砂浆应密实饱满，砖墙水平灰缝的砂浆饱满度不得低于 80%；砖柱水平灰缝和竖向灰缝饱满度不得低于 90%。

抽检数量：每检验批抽查不应少于 5 处。

检验方法：用百格网检查砖底面与砂浆的粘结痕迹面积。每处检测 3 块砖，取其平均值。

2）砖砌体的转角处和交接处应同时砌筑，严禁无可靠措施的内外墙分砌施工。在抗震设防烈度为 8 度及 8 度以上的地区，对不能同时砌筑而又必须留置的临时间断处应砌成斜槎，普通砖砌体斜槎水平投影长度不应小于高度的 2/3。多孔砖砌体的斜槎长高比不应小于 1/2。斜槎高度不得超过一步脚手架的高度。

抽检数量：每检验批抽查不应少于 5 处。

检验方法：观察检查。

3）非抗震设防及抗震设防烈度为 6 度、7 度地区的临时间断处，当不能留斜槎时，除转角处外，可留直槎，但直槎必须做成凸槎，且应加设拉结钢筋，拉结钢筋应符合下列规定：（详见砖墙砌体施工工艺流程，砌砖部分中介绍）

抽检数量：每检验批抽查不应少于 5 处。

检验方法：观察和尺量检查。

（3）一般项目

1）砖砌体组砌方法应正确，内外搭砌，上、下错缝。清水墙、窗间墙无通缝；混水墙中不得有长度大于 300mm 的通缝，长度 200～300mm 的通缝每间不超过 3 处，且不得位于同一面墙体上。砖柱不得采用包心砌法。

抽检数量：每检验批抽查不应少于 5 处。

检验方法：观察检查。砌体组砌方法抽检每处应为 3～5m。

2）砖砌体的灰缝应横平竖直，厚薄均匀。

抽检数量：每检验批抽查不应少于 5 处。

检验方法：水平灰缝厚度用尺量 10 皮砖砌体高度折算。竖向灰缝宽度用尺量 2m 砌体长度折算。

3）砖砌体尺寸、位置的允许偏差及检验应符合表 8-3 的规定。

砖砌体尺寸、位置的允许偏差及检验　　　　　表 8-3

项次	项目			允许偏差（mm）	检验方法	抽检数量
1	轴线位移			10	用经纬仪和尺或用其他测量仪器检查	承重墙、柱全数检查
2	基础、墙、柱顶面标高			±15	用水准仪和尺检查	不应少于 5 处
3	墙面垂直度	每层		5	用 2m 托线板检查	不应少于 5 处
		全高	<10m	10	用经纬仪、吊线和尺或用其他测量仪器检查	外墙全部阳角
			>10m	20		
4	表面平整度	清水墙、柱		5	用 2m 靠尺和楔形塞尺检查	不应少于 5 处
		混水墙、柱		8		
5	水平灰缝平直度	清水墙		7	拉 5m 线和尺检查	不应少于 5 处
		混水墙		10		
6	门窗洞口高、宽（后塞口）			±10	用尺检查	不应少于 5 处
7	外墙上下窗口偏移			20	以底层窗口为准，用经纬仪或吊线检查	不应少于 5 处
8	清水墙游丁走缝			20	以每层第一皮砖为准，用吊线和尺检查	不应少于 5 处

8.3.3　毛石砌体的组砌形式和砌筑方法

1. 毛石砌体的砌筑要点

（1）毛石砌体应采用铺浆法砌筑。砂浆必须饱满，其饱满度应大于 80%。

图 8-40　毛石砌筑

（2）毛石砌体应分皮卧砌，各皮石块间应利用毛石自然形状经敲打修整后与先砌毛石基本吻合、搭砌紧密；毛石应上下错缝、内外搭砌，不得采用外面侧立毛石、中间填心的砌筑方法；中间不得有过桥石、铲口石和斧刃石。

（3）毛石砌体的灰缝厚度宜为 20～30mm，石块间不得有相互接触现象。石块间较大的空隙应填塞砂浆后用碎石块嵌实，不得采用先放碎石后填塞砂浆或干填碎石块的方法。如图 8-40 所示。

2. 料石砌体的砌筑要点

（1）料石砌体应采用铺浆法砌筑，砌筑时料石应放置平稳，砂浆必须饱满。

（2）砂浆铺设厚度应略高于规定的灰缝厚度，其高出的厚度为：细料石是 3～5mm；粗料石、毛料石是 6～8mm。

（3）料石砌体的灰缝厚度为：细料石砌体不大于 5mm；粗料石和毛料石砌体不大于 20mm。

（4）料石砌体的水平灰缝和竖向灰缝的砂浆饱满度均应大于 80％。

（5）料石砌体上下皮竖向灰缝应相互错开，错开长度应不小于料石宽度的 1/2。

8.4　钢筋混凝土结构施工

8.4.1　施工准备

1. 模板工程的安全技术

（1）进入施工现场人员必须戴好安全帽，高空作业人员必须系安全带。

（2）经医生检查不适宜高空作业的人员，不得进行高空作业。

（3）工作前应先检查使用的工具是否牢固，扳手等工具必须用绳链系挂在身上，以免掉落伤人。传递模板、工具，应用运输工具或绳子系牢后升降，不得乱扔。工作时要思想集中。

（4）安装与拆除 5m 以上的模板，应搭脚手架，并设防护栏，防止上下在同一垂直面操作。

（5）遇六级以上大风时，应暂停室外的高空作业。雪、霜、雨后，应先清扫施工现场，等略干、不滑时再进行工作。

2. 钢筋工程的安全技术

（1）在高空绑扎和安装钢筋时，注意不要将钢筋集中堆放在模板或脚手架的某一部位，以确保安全。

（2）在脚手架上不要随便放置工具、箍筋或短钢筋，以免放置不稳滑下伤人。

（3）搬运钢筋的工人须戴帆布垫肩、围裙及手套；除锈工人应戴口罩及风镜；电焊工应戴防护镜并穿工作服。

（4）300～500mm 的钢筋短头禁止用机器切割。

（5）在有电线通过的地方安装钢筋时，须小心谨慎，勿使钢筋碰到电线。

3. 混凝土工程安全技术

（1）搅拌机、卷扬机、皮带运输机和振动器等接电要安全可靠，绝缘接地装置良好，并应进行试运转。

（2）搅拌机应由专人操作，中途发生故障时，应立即切断电源进行修理；运转时不得将铁锹伸入搅拌筒内卸料；其机械传动外露装置应加保护罩。

（3）垂直运输设备应有安全可靠的保护装置；在安装完毕后，应进行相关试验，经有关部门检验合格后方可使用；应进行定期检修和保养；操作垂直运输设备司机应经过专业培训。

（4）混凝土浇捣操作人员使用振动器时必须穿戴绝缘胶靴和绝缘手套，湿手不得接触振捣器的电源开关。

（5）禁止站在不易站稳的高处向低处混凝土面直接洒水养护。

8.4.2　模板工程施工

1. 阶梯基础模板施工

模板安装时，先在侧板内侧画出中线，在基坑底弹出基础中线，把各台阶的侧板拼成方框。然后把下台阶模板放在基坑底，两者中线相互对准，并用水平尺校正其标高，在模板周围钉上木桩。上台阶模板放在下台阶模板上并对中，校正其标高后固定。其他层安装方法相同，如图 8-41 所示。

2. 柱模板施工

柱模板的安装要点如下。

（1）弹线及定位。弹线时，先在基础面（楼面）弹出柱轴线及边线，同一柱列先弹两端柱，再拉通线弹中间柱的轴线及边线；定位时，按照边线先把底盘固定好，然后再对准边线安装柱模板，如图 8-42 所示。

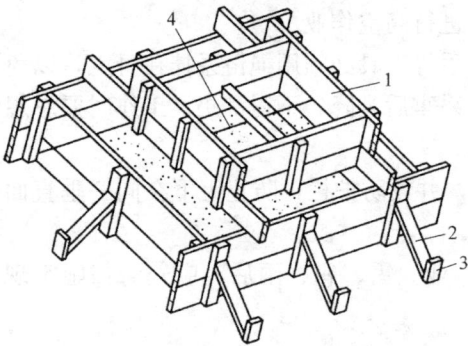

图 8-41　阶梯基础模板
1—拼板；2—斜撑；3—木桩；4—铁丝

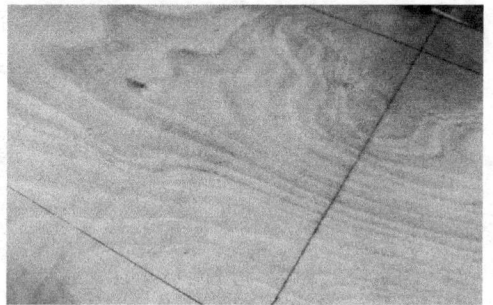

图 8-42　柱模板弹线及定位

（2）柱箍的设置。为防止混凝土浇筑时模板发生鼓胀变形，柱箍的设置间距应根据柱模断面大小经计算确定，下部的间距应小些，往上可逐渐增大间距，但一般不超过1.0m，如图 8-43 所示。柱截面尺寸较大时，应考虑在柱模内设置对拉螺栓。

图 8-43　柱箍的设置

图 8-44　复核梁底标高

3. 梁模板施工

梁模板是指砖混和框架结构每层的独立梁和砖墙上的圈梁模板，其特点是跨度大、宽度小而高度大，构件截面小，数量多，布置零星分散。

梁模板主要由侧板、底板、夹木、托木、搭头木、支撑等组成。

梁模板施工要点如下。

（1）梁模板的安装应在复核梁底标高、校正轴线位置无误后进行，如图8-44、图8-45所示。

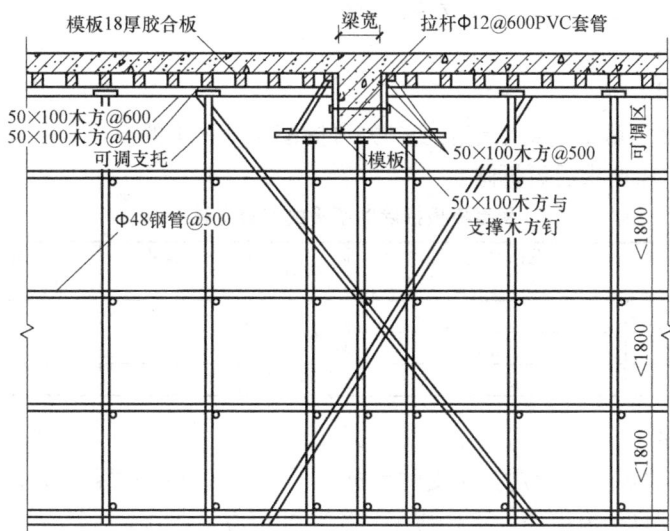

图 8-45　模板支撑

（2）梁底板下用顶撑支设，顶撑间距视梁的截面积大小而定，一般为 0.8～1.2m；顶撑之间应设水平拉杆和剪刀撑，使之互相拉撑成为一个整体；当梁底距地面高度大于6m 时，应搭设排架或满堂红脚手架支撑；为确保顶撑支设的坚实，应在夯实的地面上设置底座、木垫板和楔子，如图8-46所示。

（3）梁模板安装顺序为：搭设和调平模板支架（包括安装水平拉杆和剪刀撑）→按标高铺梁底模板→拉线找直→绑扎梁钢筋→安装垫块→安装梁两侧模板→调整模板。

图 8-46　梁模板安装示意图

（4）现浇梁模板支架搭设时，应根据轴线布设，保证立杆与下层立杆相对应，同时纵向与横向的立杆在同一直线上。

4. 楼板模板施工

楼模板是由底模和搁栅组成，底模一般用木胶合板拼成，或采用定型木模块、钢模板，铺设在搁栅上。搁栅一般用断面 50mm×100mm 的方木。

楼模板的安装一般是在梁模板完成后进行。楼模板的安装顺序为：楼板支架安装→钢楞→搁栅→顶板模板拼装→调整验收→进行下道工序。

板模板的施工要点如下。

（1）安装时应注意复核板底标高。

（2）模板铺设方向从四周或墙、梁连接处向中央铺设。

（3）阳台、雨篷等挑檐模板必须撑牢拉紧，防止向外倾覆、确保安全。

（4）楼板跨度大于 4m 时，模板的跨中要起拱，起拱高度为板跨度的 1‰～3‰。

（5）肋形楼盖模板一般应先支梁、墙模板，然后将桁架或搁栅按设计要求支设在梁侧模通长的托木上，调平固定后再铺设楼板模板。

5. 模板的拆除

（1）拆除时间

混凝土结构浇筑后，达到一定强度，方可拆模。不承重的模板，一般 12 小时后拆除。承重模板达到表 8-4 要求后可拆除。

承重模板拆除时所需的混凝土强度 表 8-4

结构类型	结构跨度（m）	按设计混凝土强度的标准值百分率计（%）	结构类型	结构跨度（m）	按设计混凝土强度的标准值百分率计（%）
板	≤2	50	梁、拱、壳	≤8	75
	2～8	75		>8	100
	>8	100	悬臂梁构件	—	100

（2）拆除顺序

1）模板拆除的顺序一般是：先支的后拆，后支的先拆；先拆除非承重部分，后拆除承重部分。重大、复杂模板的拆除，应事先制定拆模方案。

2）框架结构模板的拆除顺序一般为：首先拆柱模板，然后拆楼板底模板、梁侧模板，最后拆梁底模板。

3）楼板模板支柱的拆除，应按下列要求进行。

上层楼板正在浇筑混凝土时，下一层楼板模板支柱不得拆除，再下一层的楼板模板支柱，仅可拆除一部分。跨度不小于 4m 的梁下均应保留支柱，其间距不得大于 3m。

6. 质量要求

模板工程施工质量要求：

（1）要保证工程结构各部分的形状、尺寸及相互位置正确。

（2）要具有足够的强度、刚度和稳定性。

（3）构造简单，装拆方便，能多次循环使用。

（4）接缝严密，不漏浆。

在浇筑混凝土前，应对模板工程进行验收；模板安装和浇筑混凝土时，应对模板及其支架进行观察和维护。发现异常情况时，应按施工技术方案及时进行处理。现浇结构模板安装的偏差应符合表 8-5 的规定。

现浇结构模板安装的偏差 表 8-5

项目		允许偏差（mm）	检验方法
轴线位置		5	尺量
底模上表面标高		±5	水准仪或拉线、尺量
模板内部尺寸	基础	±10	尺量
	柱、墙、梁	±5	尺量
	楼梯相邻踏步高差	5	尺量

项目		允许偏差(mm)	检验方法
柱、墙垂直度	层高≤6m	8	经纬仪或吊线、尺量
	层高>6m	10	经纬仪或吊线、尺量
相邻模板表面高差		2	尺量
表面平整度		5	2m靠尺和塞尺量测

8.4.3 钢筋工程

1. 钢筋的加工

（1）准备。熟悉弯曲钢筋的规格、形状和尺寸，以便确定操作步骤和准备工具、材料，如图 8-47 所示。

（2）断料。钢筋断料可采用手工工具和机械进行，如图 8-48 所示。

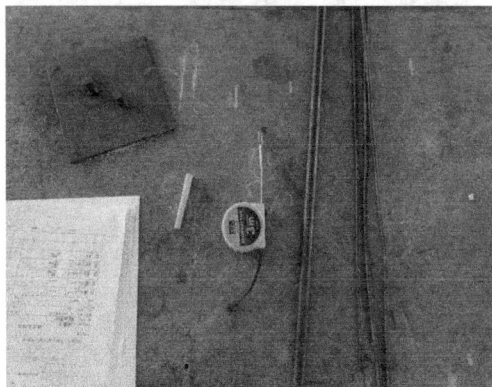

图 8-47 钢筋加工工具

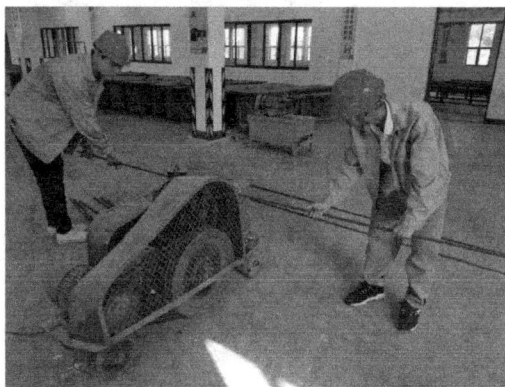

图 8-48 钢筋加工

（3）画线。弯曲前将钢筋各段尺寸画在钢筋上，要根据钢筋的弯曲类型、弯曲角度伸长值、弯曲曲率半径、板距等因素综合考虑。

根据不同弯曲角度扣除调整值（量度差值），其扣法是从相邻两端中各扣一半。

画线工作宜从钢筋中部向两边进行，不对称的钢筋可从一端向另一端画线，如有出入则重复进行，如图 8-49 所示。

（4）试弯。试弯就是将已画线的钢筋弯曲成图纸规定的形状，如不准确，再次调整，直至符合要求为止，如图 8-50 所示。

（5）弯曲成型。手工弯曲成形步骤，为了保证钢筋弯曲形状正确，弯曲弧准确，操作时扳子部分不碰扳柱，扳子与扳柱间应保持一定距离，如图 8-51 所示。

2. 基础钢筋绑扎

（1）钢筋绑扎顺序

独立柱基础：基础钢筋网片→插筋→柱受力钢筋→柱箍筋。如图 8-52 所示。

（2）钢筋绑扎操作要点

1）四周两行钢筋交叉点应每点扎牢，中间部分交叉点可相隔交错扎牢，但必须保证受力钢筋不发生位移。

2）基础底板采用双层钢筋网时，在上层钢筋网下面应设置钢筋撑脚或混凝土撑脚，以保证钢筋位置正确。如图 8-53 所示。

图 8-49　画线

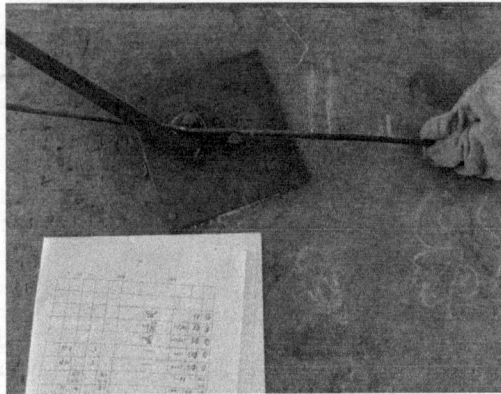

图 8-50　试弯

图 8-51　弯曲成型

图 8-52　独立柱基础钢筋绑扎

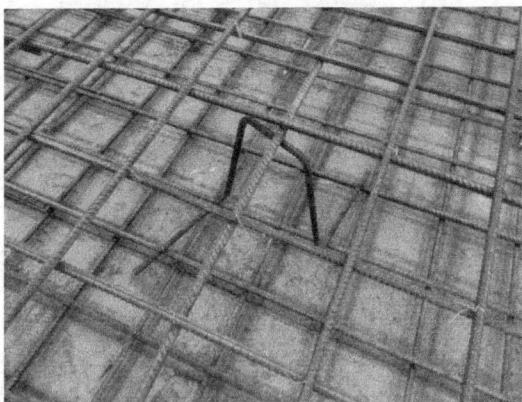

图 8-53　钢筋撑脚

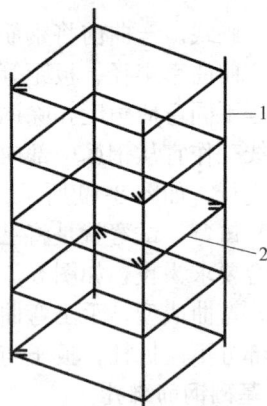

图 8-54　箍筋接头交错布置示意图
1—柱竖筋；2—柱箍筋

3）独立柱基础为双向弯曲，其底面短边钢筋应放在长边钢筋的上面。

4）钢筋的弯钩应朝上，不要倒向一边；但双层钢筋网的上层钢筋弯钩应朝下。

5）现浇柱与基础连接用的插筋，其箍筋应比柱的箍筋缩小一个柱筋直径，以便连接。

3. 现浇框架柱钢筋绑扎

（1）钢筋绑扎顺序：确定钢筋位置→摆放钢筋→绑扎。

（2）钢筋绑扎操作要点

1）对基础或下层伸出钢筋进行整理，钢筋应清理干净，并进行理直，若发现伸出钢筋位置与设计要求位置出入大于允许偏差，应进行调整。

2）按图样要求计算好每根（段）柱子所要箍筋数量，按箍筋接头交错布置原则先理好，依次套在伸出筋上，然后立竖筋。如图 8-54 所示。

3）竖筋和伸出筋的接头可采用绑扎搭接、绑条焊接、电渣焊接、气压焊接和挤压连接等方法。

4）在立好的竖筋上用色笔画出箍筋间距，然后将套好的箍筋往上移动，由上往下绑扎，注意箍筋的间距，四角宜用缠扣。

5）箍筋转角与主筋交点均要绑扎，主筋与箍筋非转角部分交点可用梅花式交错绑扎。箍筋的接头（即弯钩叠合处）应沿柱子竖向交错布置。

4. 梁板钢筋绑扎

（1）钢筋绑扎顺序

清理模板→模板上画线→绑扎下层钢筋→绑扎上层（负弯矩）钢筋。如图 8-55 所示。

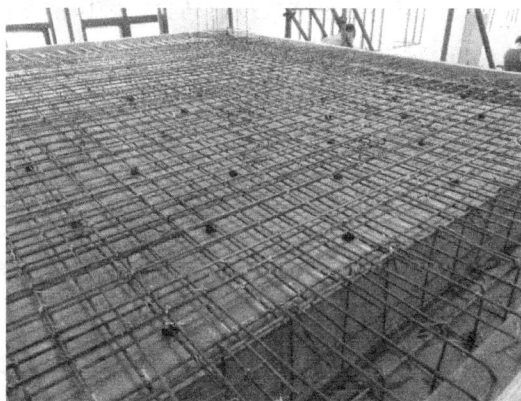

图 8-55　梁板钢筋绑扎

（2）钢筋绑扎操作要点

1）将模板清扫干净，在模板上画好主筋、分布筋间距。要及时配合预埋件、电线管、预留孔等的安装。

2）钢筋搭接长度、位置的确定应符合规范要求。

3）双向板钢筋在相应点绑扎，单向板外围两根钢筋的相交点，应全部绑扎，中间点可隔点交错绑扎；绑扎一般用八字扣。

4）双层钢筋的绑扎顺序为先下层后上层，两层钢筋之间，须加钢筋支架，间距 1m 左右，并和上下层钢筋连成整体，以保证上层钢筋的位置。

5）绑扎负弯矩钢筋时，每个扣均要绑扎。

5. 现浇悬挑雨篷钢筋绑扎

（1）现浇悬挑雨篷钢筋构造雨篷板为悬挑式构件，为防止板的倾覆，雨篷板与雨篷梁必须一次整浇。雨篷配筋如图 8-56 所示。

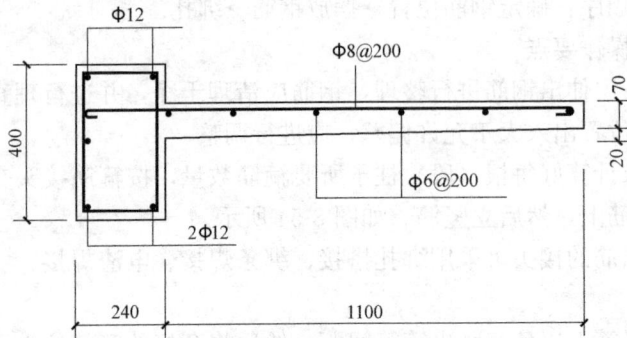

图 8-56 雨篷配筋图

（2）钢筋绑扎操作要点

1）雨篷的主筋在上，分布筋在主筋的内侧，位置应正确，不可放错。

2）钢筋的弯钩应全部向内，雨篷梁与板的钢筋应有足够的锚固长度。

3）雨篷钢筋骨架在模内绑扎时，不准踩在钢筋骨架上进行绑扎。

4）雨篷板双向钢筋的交叉点均应绑扎，铁丝方向呈八字形。

5）应垫放足够数量的马凳，确保钢筋位置的准确。

6. 常用绑扎方法及适用范围

常用绑扎方法如图 8-57 所示。

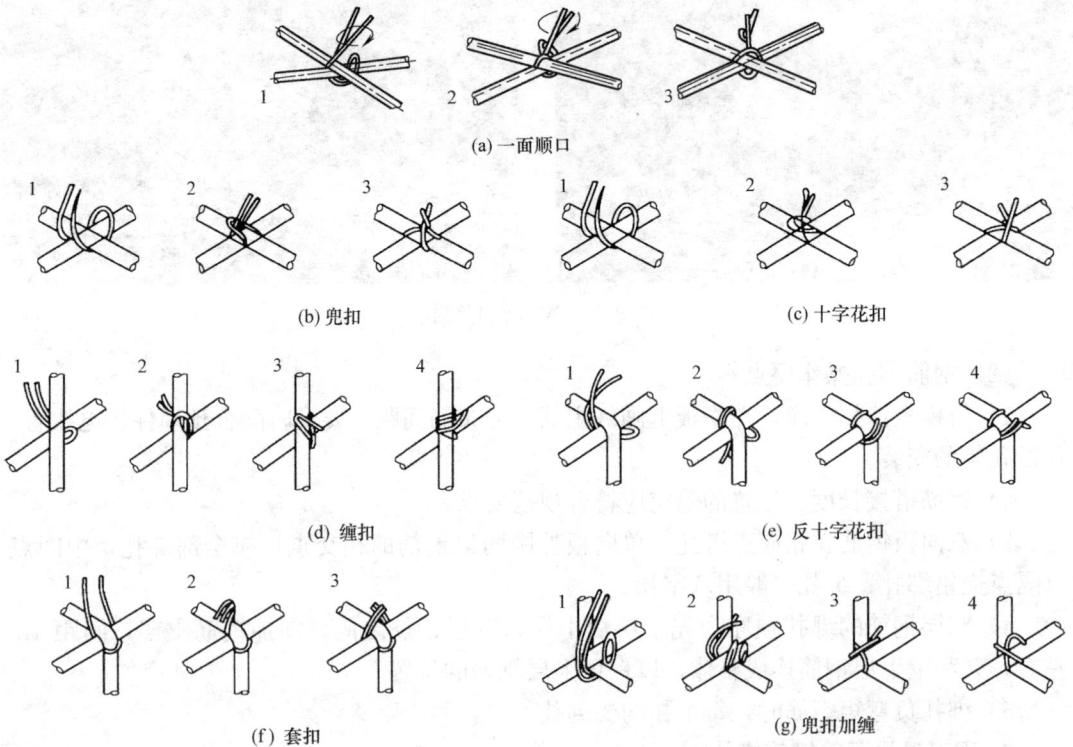

图 8-57 常用绑扎方法

绑扎法适用范围如下：

（1）一面顺扣操作法用于平面上扣很多的地方，如楼板等不易滑动的部位。

（2）十字花扣、兜扣适用于平板钢筋网和箍筋处绑扎。

（3）缠扣主要适用于墙钢筋网和柱箍的绑扎。

（4）反十字花扣、兜扣加缠适用于梁骨架的箍筋和主筋的绑扎。

（5）套扣用于梁的架立筋和箍筋的绑口处。

7. 钢筋工程质量验收

（1）钢筋的品种、级别、规格和数量必须符合设计要求。

（2）钢筋的连接方式、接头位置、接头数量和接头面积百分率等必须符合规定。

（3）钢筋连接是否牢固，有无松动、移位和变形现象，钢筋骨架里有无杂物等。

（4）预埋件的规格、数量和位置等要符合要求。

（5）钢筋绑扎要求位置正确、绑扎牢固，钢筋安装位置的偏差应符合规定。

8.4.4　混凝土工程

1. 混凝土的浇筑

（1）混凝土浇筑前的准备工作

1）对模板、钢筋、支架及预埋件进行检查并填写隐蔽工程质量验收记录。

2）应清除模板内或垫层上的杂物。

3）表面干燥的地基、垫层、模板上应洒水湿润。

4）现场环境温度高于35℃时，宜对金属模板进行洒水降温，洒水后不得留有积水。

（2）混凝土浇筑的一般规定

1）混凝土在浇筑前不应发生初凝和离析现象。

2）为避免发生离析现象，混凝土倾倒高度不宜超过2m，对于竖向结构（如墙、柱），不宜超过3m，否则应设置溜槽、串筒或振动溜管。

3）浇筑竖向结构混凝土前，应先在底部填筑一层50～100mm厚的与混凝土成分相同的水泥砂浆。

4）浇筑时，应时常观察模板、支架、钢筋、预埋件及预留孔洞的情况，当发现有变形、移位时，应立即停止浇筑，并应在已浇筑混凝土凝结前修整完好。为保证混凝土的均匀性和密实性，混凝土宜分层连续浇筑，当必须间歇时，间歇时间宜缩短，并在下层混凝土初凝前，将上层混凝土浇筑完毕。如图8-58所示。

图8-58　混凝土浇筑

2. 混凝土的振捣

内部振捣器，工作部分是一棒状空心圆柱体，内部装有偏心振子，在电动机带动下高速转动而产生高频微幅的振动，其常用来捣实梁、柱、墙、基础和大体积混凝土。

在使用插入式振捣器时，应注意以下几点。

（1）应做到"快插慢拔"。

（2）混凝土分层浇筑时，振捣器插入混凝土后应上下抽动。

（3）振捣器插点排列要均匀，可按"行列式"或"交错式"的次序移动。

（4）振捣器的移动间距适宜。

（5）准确掌握好每个插点的振捣时间。

表面振捣器，将一个带偏心块的电动振动器安装在钢板或木板上，振动力通过平板传给混凝土。

3. 混凝土的养护

（1）洒水养护

1）混凝土浇筑完毕后12h以内应进行覆盖并保湿养护。

2）浇水的次数以能保持混凝土湿润为准。

3）养护用水要求与拌制水相同。

4）当平均气温低于5℃时，不得浇水，应按冬期施工要求保温养护。

（2）覆盖薄膜布养护

覆盖薄膜布养护是指将不透水、不透气的薄膜布覆盖在混凝土表面，保证混凝土在不失水的情况下得到充分的养护。

这种养护方法的优点是：不必浇水、操作方便、能重复使用、可提高混凝土的强度。

4. 混凝土工程中常见质量问题及修补措施

（1）质量问题：蜂窝、麻面、孔洞、露筋、缺棱掉角、裂缝。如图8-59所示。

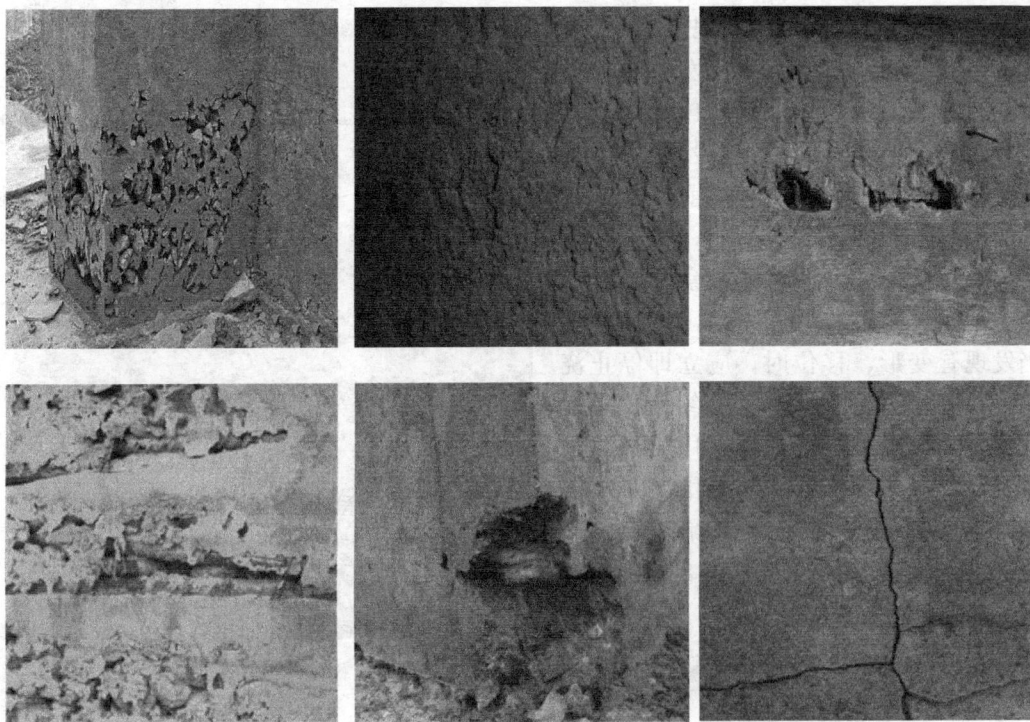

图8-59　混凝土工程质量常见问题

（2）修补措施

1）对于蜂窝、麻面、孔洞、露筋问题，若不严重，则可去掉不密实的混凝土，然后清理表面、洒水湿润，再用水泥砂浆抹平；若问题严重，则应去掉不密实的混凝土，然后清理表面、支设模板、洒水湿润、涂抹混凝土界面剂，再用细石混凝土浇筑密实。

2）对于缺棱掉角问题，若不严重，则可与面层装饰施工一并处理；若严重，宜在水泥砂浆或细石混凝土修补后用磨光机械磨平。

3）对于裂缝问题，若缝隙不深，则可封闭裂缝；若缝裂缝较深，则可注浆封闭。

5. 混凝土质量验收

（1）一般规定

1）现浇结构质量验收应符合下列规定：

① 现浇结构质量验收应在拆模后、混凝土表面未作修整和装饰前进行，应作出记录；

② 已经隐蔽的不可直接观察和量测的内容，可检查隐蔽工程验收记录；

③ 修整或返工的结构构件或部位应有实施前后的文字及图像记录。

2）现浇结构的外观质量缺陷应由监理单位、施工单位等各方根据其对结构性能和使用功能影响的严重程度按表8-6确定。

现浇结构外观质量缺陷

表 8-6

名称	现象	严重缺陷	一般缺陷
露筋	构件内钢筋术被混凝土包裹而外露	纵向受力钢筋有露筋	其他钢筋有少量露筋
蜂窝	混凝土表面缺少水泥砂浆而形成石子外露	构件主要受力部位有蜂窝	其他部位有少量蜂窝
孔洞	混凝土中孔穴深度和长度均超过保护层厚度	构件主要受力部位有孔洞	其他部位有少量孔洞
夹渣	混凝土中夹有杂物且深度超过保护层厚度	构件主要受力部位有夹渣	其他部位有少量夹渣
疏松	混凝土中局部不密实	构件主要受力部位有疏松	其他部位有少量疏松
裂缝	裂缝从混凝土表面延伸至混凝土内部	构件主要受力部位有影响结构性能或使用功能的	其他部位有少量不影响结构性能或使用功能的
连接部位有缺陷	构件连接处混凝土有缺陷或连接钢筋、连接件松动	连接部位有影响结构传力性能的缺陷	连接部位有基本不影响结构传力性能的缺陷
外形缺陷	缺棱掉角、棱角不直、翘曲不平、飞边凸肋等	清水混凝土构件有影响使用功能或装饰效果的外形缺陷	其他混凝土构件有不影响使用功能的外形缺陷
外表缺陷	构件表面麻面、掉皮、起砂、沾污等	凡有重要装饰效果的清水混凝土构件有外表面缺陷	其他混凝土构件有不影响使用功能的外表缺陷

（2）主控项目

现浇结构的外观质量不应有严重缺陷。对已经出现的严重缺陷，应由施工单位提出技术处理方案，并经监理单位认可后进行处理；对裂缝或连接部位的严重缺陷及其他影响结构安全的严重缺陷，技术处理方案应经设计单位认可。对经处理的部位应重新验收。

检查数量：全数检查。

检查方法：观察，检查处理记录。

（3）一般项目

现浇结构的外观质量不应有一般缺陷。对已经出现的一般缺陷，应由施工单位按技术处理方案进行处理。对经处理的部位应重新验收。

检查数量：全数检查。

检验方法：观察，检查处理记录。

8.5 屋面施工

8.5.1 屋面工程

屋顶具有承重和围护的双重功能。屋顶主要由顶棚、结构层、找坡层、隔气层、保温层、找平层、结合层、防水层、保护层组成。按外观形式划分，屋顶常见的类型主要有平屋顶、坡屋顶。

1. 平屋顶

由于建筑功能要求、地区差异的不同，平屋顶的构造层次也有所不同，一般包括结构层、防水层、保温层、隔气层、找坡层、找平层、结合层、保护层等辅助构造层次，如图8-60所示。

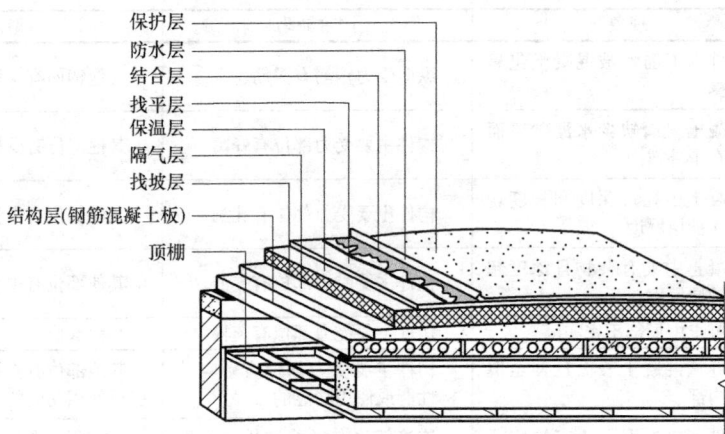

图 8-60 平屋顶的构造

2. 坡屋顶

坡屋顶是一种沿用较久的屋面形式，形式多样，相互组合可形成丰富多彩建筑造型。根据材料的不同，坡度可取 10%～50%，坡度大于 50%时需加强固定。

（1）坡屋顶的组成

坡屋顶主要由屋面、支承结构、顶棚等部分组成，必要时还可增加保温层、隔热层等。坡屋顶的组成，如图 8-61 所示。屋面的主要作用是防水和围护。支承结构的主要作用是为屋面提供基层、承受屋面荷载并把它传到垂直构件上。顶棚形式可结合室内装修进行，可增加室内空间的艺术效果。

（2）坡屋顶的承重结构

坡屋顶的承重结构用来承受屋面传来的荷载，并把荷载传递给墙或柱。常见的结构形

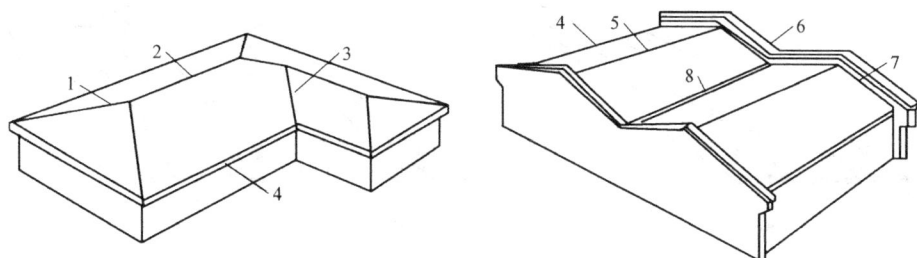

图 8-61　坡屋顶的组成

1—斜脊；2—主脊；3—斜沟；4—檐口；5—屋脊；6—出山；7—泛水；8—天沟

式有檩式结构和板式结构两种。

1）檩式结构

檩式结构的坡屋顶是利用各种瓦材做防水层，凭借瓦与瓦之间的搭接来达到防水的目的。屋面主要由椽条、屋面板、油毡、顺水条、挂瓦条及瓦片等组成。

在屋架或山墙上支承檩条，檩条上铺设屋面板或椽的结构体系。平瓦屋面是依靠上下及左右间相互搭接形成防水能力。适用于防水等级为Ⅱ级、Ⅲ级、Ⅳ级的屋面防水，适宜的排水坡度为 20%～50%。根据基层的不同，平瓦屋面铺设有空铺瓦屋面和实铺瓦屋面两种常见做法。

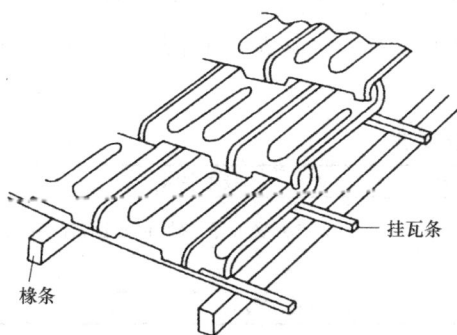

图 8-62　空铺瓦屋面构造

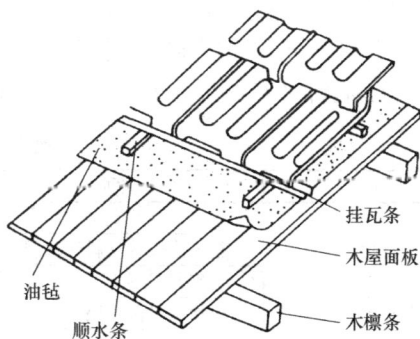

图 8-63　实铺瓦屋面构造

① 空铺瓦屋面。在檩条上安装椽条，其上钉挂瓦条，挂瓦条上铺平瓦，如图 8-62 所示，这种屋面构造简单、经济，但易渗水，保温隔热性能差，多用于南方地区非保温及简易建筑。

② 实铺瓦屋面。在檩条或椽条上钉屋面板，屋面板上铺油毡，钉顺水条和挂瓦条，上铺平瓦，如图 8-63 所示。这种屋面的防水、防渗、耐久性能好，且能提高屋面的保温隔热性能，但木材用量多，工程造价高，多用于标准及防水要求较高的建筑。

2）板式结构

板式结构是将钢筋混凝土屋面板、预制空心板或挂瓦板，直接搁置在上部为三角形的横墙、屋架或斜梁上的支承方式。在板上用砂浆贴瓦或用挂瓦条挂瓦。常见的板式结构有钢筋混凝土平瓦屋面和挂瓦板平瓦屋面两种。钢筋混凝土挂瓦板如图 8-64 所示。

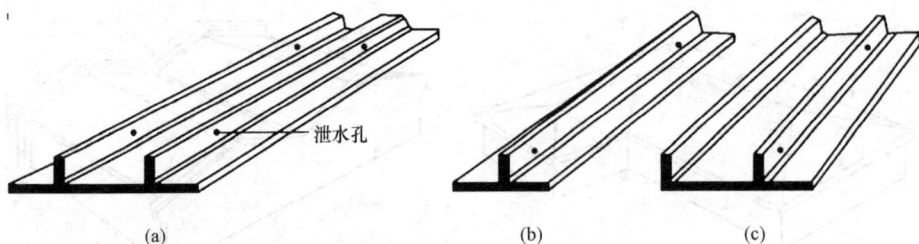

图 8-64　钢筋混凝土挂瓦板

(a) 双肋板；(b) 单肋板；(c) F 板

8.5.2　坡屋面施工

1. 施工准备与基层处理

屋面结构施工完成，水、通风、电等专业施工完毕；穿过屋面板的各种预埋管根部及拔气道、屋面上人孔、排水沟、天沟等根部均已按设计要求施工完毕。

由于钢筋混凝土坡屋面板在施工时表面难以达到在其上部直接做防水层的要求。在屋面钢筋混凝土板上先浇水湿润后，用水泥加 108 胶加水调制成水泥素浆，在板面上满刮一道，主要是为了封闭毛细孔洞和作为基层接浆。在素浆上做一层砂浆找平层，厚度 20mm，为了增加结构层的防水效果，可在水泥砂浆中掺加水泥用量 5% 的防水粉，并按照配合比进行配料用搅拌机搅拌均匀，在屋面上摊铺，按事先定好的灰饼厚度用 2m 长的铝合金刮扛找平，采用木抹子将砂浆搓平压实，再用铁抹子将其表面抹平压光，找平层抹完 6～8h 后淋水养护，不小于 72h，见表 8-7。

找平层厚度和技术要求

表 8-7

类别	基层种类	厚度(mm)	技术要求
水泥砂浆找平层	整体现浇混凝土	15～20	1：2.5～1：3(水泥：砂)体积比,宜掺抗裂纤维
	整体或板状材料保温层	20～25	
	装配式混凝土板	20～30	
细石混凝土找平层	板状材料保温层	—	混凝土强度等级 C20

2. 铺贴成品瓦

(1) 屋面放线。弹出屋脊中线，然后从屋檐上两侧弹出一条平行线，确定屋檐第一层瓦的位置，在左右檐边分别量出屋脊中线与此线的长度，修正两檐边的误差，保证屋面的方正度误差控制在 5mm 之内。为保证屋面瓦间距均匀相等，可量出左右檐边的长度，根据屋面瓦的几何尺寸，上下搭接长度和第一层瓦出檐长度，确定每层瓦的间距，在两边山檐分别划好等份，弹线确定每层瓦的位置。

(2) 屋面瓦铺挂前的准备工作。屋面瓦运输堆放应避免多次倒运，要瓦长边侧立堆放，最好一顺一倒合拢靠紧，堆放成长条形，高度以 5～6 层为宜，堆放、运瓦时，要稳拿轻放。屋面瓦的质量应符合要求，砂眼、裂缝、掉角、缺边等不符合质量要求规定的尽量不选用，但半边瓦和掉角、缺边的瓦可用于山檐边、斜沟或斜脊处，其使用部分的表面不得有缺损或裂缝。待基层检验合格后，方可上瓦。

(3) 屋面瓦施工。首先在屋面檐口和屋脊处，用水泥砂浆找出平面，铺瓦时应从下至上、从右至左，两端延坡挂线，两线应在相同的平面上进行挂平行线铺设，带线从檐口铺到屋脊，使屋面瓦片达到横平、顺直、斜成线的整体效果。如图 8-65 所示。

在顺水条顶端两侧各安装一根挂瓦条，使挂瓦条顶端间距 40mm。挂瓦条规格不小于 25mm×25mm，在开放式及木板铺设屋面上要有油毡衬垫，且至少伸过屋脊顶处150mm。中间部分：从第一根挂瓦条开始往下，每间隔 332～356mm 装挂瓦条。安装

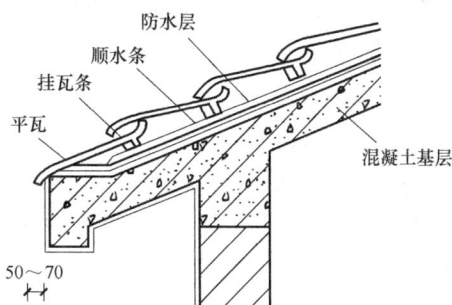

图 8-65 屋面瓦施工

檐口最后一根挂瓦条，让它紧贴着檐边，高度跟檐口压板齐，但须比其他挂瓦条高出一寸。挂瓦条的连接点，应放在顺水条的中线上，并要相互错开。用卡条调整挂瓦条，使各行均匀、平齐。必要时，只能转动顺水条来调节，而不应轻易斧削挂瓦条。

从屋檐右下角开始铺第一张瓦，自右向左排列，至铺满第一排，注意左右两端的瓦片，必须保持在瓦楞突起的部位。否则，须重新调整瓦片的排列。铺第二排瓦时，将瓦片与第一排瓦片交错搭接，使整个屋面更牢固，雨水的排泄更有效。根据屋面的坡度，将瓦固定在挂瓦条上，在屋檐处所有孔隙都必须采用水泥浆、木板或装饰物，并打部分通气孔，让积聚在瓦下面的水分排出挥发。

（4）细部做法。

纯水砂浆掺 5％～10％相同颜色料粉并用胶水充分拌合后勾缝，涂刷在外露坐浆处，注意不能涂刷在主瓦、脊瓦和天沟瓦的表面。

所有出屋面管道、拔气道、屋面人孔、屋面与立墙、突出屋面结构等处均应做泛水处理，泛水距瓦面最低处不应小于 250mm，泛水以下墙面用水泥砂浆抹平，压住瓦材，瓦间空隙用水泥砂浆填实。

8.6 装饰施工

8.6.1 抹灰工程

抹灰一般应分层操作，即底层、中层和面层。底层为粘结层，其作用主要是与基层粘结并初步找平，根据基层（基体）材质的不同而采取不同的做法。中层为找平层，主要起找平作用，根据工程要求可以一次抹成，也可以分遍（道）涂抹，所用材料基本上与底灰相同。面层为装饰层，即通过不同的操作工艺使抹灰表面达到预期的装饰效果。

1. 抹灰工程的分类

抹灰工程按施工部位的不同，可分为室内抹灰和室外抹灰两类。按使用要求及装饰效果的不同，可分为一般抹灰、装饰抹灰和特种砂浆抹灰。一般抹灰是指在建筑物墙面涂抹石灰砂浆，水泥砂浆，水泥混合砂浆，聚合物水泥砂浆和麻刀石灰，纸筋石灰，石膏灰等。装饰抹灰是指通过选用材料及操作工艺等方面的改进，而使抹灰具有装饰效果。主要

包括水磨石、水刷石、干粘石、斩假石、拉毛与拉条抹灰、装饰线条抹灰以及弹涂、滚涂、彩色抹灰等。

2. 一般抹灰施工

（1）内墙抹灰

根据设计要求的质量等级，进行吊垂直、套方、找规矩，经检查后确定抹灰厚度。操作时，先贴上灰饼再贴下灰饼；贴灰饼时，要根据室内抹灰要求选择下灰饼的正确位置，用靠尺板找好垂直与平整。灰饼宜用1∶3水泥砂浆做成50mm见方的形状。用与抹灰层相同的砂浆冲筋，冲筋的间距应根据墙面宽度来决定，筋宽50mm左右为宜。冲完筋2h左右就可以抹底灰，不要过早或过迟。先薄薄抹一层灰，接着分层装档、找平，再用大杠垂直水平刮找一遍，用木抹子搓毛。然后进行全面检查，墙面平整度、阴阳角方正、各面交接处光滑平整均应符合标准规定，再用靠尺检查墙面垂直与平整。当底灰抹平后，应设专人把预留孔洞、电箱、槽盒周边50mm的石灰砂浆清理干净，用砂浆把洞、箱、槽、盒抹成方正，光滑、平整，要比底灰或标筋高2mm。当底子灰六七成干时，即可开始抹罩面灰。罩面灰应两遍成活，厚度约2mm，最好两人同时操作，一人先薄薄刮一遍，另一人随即抹灰。抹灰要按先上后下顺序进行，再赶光压实，然后用钢板抹子压一遍，最后用塑料抹子顺抹子纹压光，随即用毛刷蘸水将罩面灰污染处清刷干净。

（2）外墙抹灰

外墙抹灰，在寒冷地区不宜冬期施工。外墙的抹灰层要求有一定的防水性能。外墙抹水泥砂浆的一般配比为水泥∶砂＝1∶3。抹底层时，必须把砂浆压入灰缝内，并用木抹子压实刮平，然后用笤帚在底层上扫毛，并要浇水养护。底层砂浆抹后第二天，先弹分格线，粘分格条。抹时先用1∶2.5水泥砂浆薄薄刮一遍，再抹第二遍，先抹平分格条，而后根据分格条厚度用木杠刮平，再用木抹子搓平，用钢皮抹子揉实压光，最后用刷子蘸水按同一方向轻刷一遍，目的是要达到颜色一致，然后起出分格条，并用水泥浆把缝勾齐。"隔夜条"需在水泥砂浆达到强度之后再起出来。如底子灰较干，罩面灰纹不易压光，用劲过大又会造成罩面灰与底层分离空鼓，所以应洒水后再压。当底层较湿，罩面灰收水较慢，当天不能压光成活时，可撒干水泥砂粘在罩面灰上吸水，待干水泥砂吸水后，把这层水泥砂刮掉再压光。水泥砂浆罩面成活24h后，要浇水养护3d。

3. 装饰抹灰施工

装饰抹灰，一般是指采用水泥、石灰砂浆等抹灰的基本材料，除对墙面作一般抹灰之外，利用不同的施工操作方法将其直接做成饰面层。装饰抹灰与一般抹灰的区别在于两者具有不同的装饰面层，其底层和中层的做法与一般抹灰基本相同。

4. 抹灰质量控制

抹灰层厚度要求是抹灰饰面的第二个结构要素，在实际的建筑装饰装修施工中，抹灰层的厚度控制是一项非常重要的工作。各道抹灰的厚度一般是由基层材料、砂浆品种、工程部位、质量标准及气候条件等因素确定的。抹灰层的平均总厚度根据具体部位、基层材质及抹灰等级标准等要求而有所差异，但不能大于表8-8规定的数值，每层灰的控制厚度见表8-9。

抹灰层平均总厚度（单位：mm）　　　　　表 8-8

项目	基层	抹灰层厚度（≤）	项目	基层	抹灰层厚度（≤）
内墙抹灰	普通抹灰	18	外墙抹灰	砖墙面	20
	中级抹灰	20		勒脚及突出墙面部分	25
	高级抹灰	25		石材墙在	35

每层灰的控制厚度（单位：mm）　　　　　表 8-9

抹灰材料	每层灰厚度	抹灰材料	每层灰厚度
水泥砂浆	5～7	麻刀灰	＜3
石灰砂浆、混合砂浆	7～9	纸筋灰、石灰膏	＜2

8.6.2　吊顶工程

吊顶一般是由吊杆、龙骨架和饰面组成，其中吊杆是骨架与饰面的中间连接件，龙骨架可承重并固定装饰板，饰面主要是进行室内装饰。吊顶可隐蔽设备管线；做吊顶造型，增加装饰效果；可起到保温、隔热、吸声作用。

1. 吊顶的类型

（1）开敞式吊顶。开敞式吊顶的饰面是敞开的，如图 8-66 所示。吊顶的单体构件，一般同室内灯光照明的布置结合起来，有的甚至全部用灯具组成吊顶，并加以艺术造型，使其变成装饰品。

（2）隐蔽式吊顶。隐蔽式吊顶是指龙骨不外露，罩面板表面呈整体的形式（又称暗龙骨吊顶）。罩面板与龙骨的固定有三种方式：用螺钉拧在龙骨上；用胶粘剂粘在龙骨上；将罩面板加工成企口形式，用龙骨将罩面板连接成一个整体。这种吊顶的龙骨，一般采用轻钢或镀锌铁片挤压成型，吊杆可选用钢筋或型钢，规格和连接构造均应经计算确定。吊杆一般应吊在主龙骨上，如果龙骨无主、次之分，则吊杆应吊在通长的龙骨上。

（3）活动式吊顶。活动式吊顶一般和铝合金龙骨或轻钢龙骨配套使用，是将新型的轻质装饰板明摆浮搁在龙骨上，便于更换。龙骨可以是外露的，也可以是半露的，其构造如图 8-67 所示。

图 8-66　开敞式吊顶

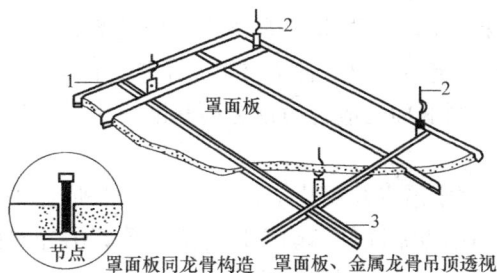

罩面板

节点

罩面板同龙骨构造　罩面板、金属龙骨吊顶透视

图 8-67　活动式吊顶装配示意图
1—边龙骨；2—伸缩式吊杆；3—龙骨

（4）金属装饰板吊顶。金属装饰板吊顶是各种金属条板、金属方板和金属搁栅安装的吊顶。它是以加工好的金属条板卡在铝合金龙骨上，或是将金属条板、方板、搁栅用螺钉或自攻螺钉将条板固定在龙骨上。这种金属板安装完毕，不需要在表面再做其他装饰。

2. 暗龙骨吊顶安装

(1) 木龙骨吊顶安装

1) 安装吊点紧固件。无预埋的顶棚，可用金属胀铆螺栓或射钉将角钢块固定于楼板底（或梁底）作为安设吊杆的连接件。对于小面积轻型的木龙骨装饰吊顶，也可用胀铆螺栓固定木方（截面约为 40mm×50mm），吊顶骨架直接与木方固定或采用木吊杆。

2) 固定边龙骨。在木骨架吊顶施工中，沿标高线在四周墙（柱）面固定边龙骨的方法主要有两种。一种是沿吊顶标高线以上 10mm 处在建筑结构表面打孔，钻孔间距 500～800mm，在孔内打入木楔，将边龙骨钉固定于木楔上；另一种做法是先在木龙骨上钻孔，再用水泥钉通过钻孔将边龙骨钉固于混凝土墙、柱面（此法不宜用于砖砌体）。

3) 分片吊装。将拼接组合好的木龙骨架托起，至吊顶标高位置。对于高度低于 3m 的吊顶骨架，可用高度定位杆做临时支撑；吊顶高度超过 3m 时，可用铁丝在吊点上做临时固定。根据吊顶标高线拉出纵、横水平基准线，作为吊顶的平面基准。将吊顶龙骨架向下略作移位，使之与基准线平齐，待整片龙骨架调正调平后，即将其靠墙部分与沿墙龙骨钉接。

4) 龙骨架与吊点固定。固定做法有多种，视选用的吊杆及上部吊点构造而定，如以 Φ6 钢筋吊杆与吊点的预埋钢筋焊接；利用扁铁与吊点角钢以 M6 螺栓连接；利用角钢作吊杆与上部吊点角钢连接等。吊杆与龙骨架的连接，根据吊杆材料的不同可分别采用绑扎、钩挂及钉固等，如扁铁及角钢杆件与木龙骨可用两个木螺钉固定。

5) 龙骨架分片间的连接。分片龙骨架在同一平面对接时，将其端头对正，然后用短木方进行加固，将木方钉于龙骨架对接处的侧面或顶面均可。对一些重要部位的龙骨接长，须采用铁件进行连接紧固。

6) 龙骨的整体调平。木骨架按图纸要求全部安装到位后，即在吊顶面下拉出十字或对角交叉的标高线，检查吊顶骨架的整体平整度。

(2) 轻钢龙骨吊顶安装

1) 弹线定位。采用吊线坠、水平尺或用透明塑料软管注水后进行测量等方法，根据吊顶的设计标高在四周墙（柱）面弹线，其水平允许偏差为 ±5mm。如果有与吊顶构造相关的特殊部位，如检修马道或吊挂设备等，应注意吊顶构造必须与其脱开距离。

2) 固定吊顶边部骨架材料。吊顶边部的支承骨架应按设计的要求加以固定。吊顶边部支承材料底面均应与吊顶标高基准线相平（罩面板钉装时应减去板材厚度）且必须牢固可靠。

3) 固定吊点及安装吊杆。依据设计所选定的方式方法进行龙骨骨架悬吊点的处理，将吊杆与吊点紧固件精确连接。应计算好吊杆的长度尺寸，需要套丝的应注意套丝尺寸并留有余地，以备紧固和调节。

4) 安装主龙骨。轻钢龙骨顶棚骨架施工，先高后低。主龙骨和次龙骨（图 8-68）要求达到平直，为了消除顶棚由于自重下沉产生挠度和目视的视差，可在每个房间的中间部位，用吊杆螺栓进行上下调节，预先给予一定的起拱量，一般视房间的大小分别起拱 5～20mm，待水平度全部调好后，再逐个拧紧。如顶棚需要开孔，先在开孔的部位画出开孔的位置，将龙骨加固好，再用钢锯切断龙骨和石膏板，保持稳固、牢靠。顶棚板的分隔应在房间中部，做到对称，轻钢龙骨和板的排列可从房间中部向两边依次安装，使顶棚布置美观、整齐。

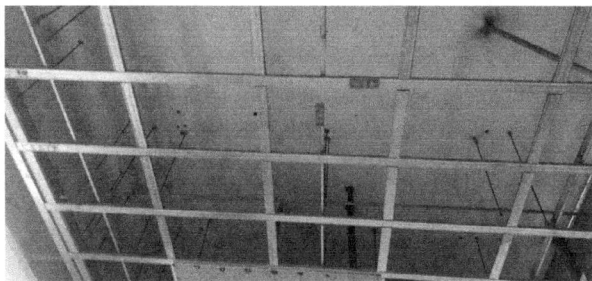

图 8-68　主龙骨和次龙骨

5）调平。主龙骨安装就位后，以一个房间为单位进行调平。调平方法可采用木方按主龙骨间距钉圆钉，将龙骨卡住先做临时固定，按房间的十字和对角拉线，根据拉线进行龙骨的调平、调直。为使主龙骨保持稳定，使用镀锌铁丝作吊杆者宜采取临时支撑措施，可设置木方上端顶住顶棚基体底面，下端顶稳主龙骨，待安装吊顶板前再进行拆除。

6）安装次龙骨。对于主、次龙骨的安装程序，由于其主龙骨在上，次龙骨在下，所以一般的做法是先用吊件安装主龙骨，然后以挂件在主龙骨下吊挂次龙骨。主、次龙骨的连接方式取决于龙骨类型，对不同类型的龙骨，可根据工程实际需要确定。

3. 明龙骨吊顶安装

（1）弹线施工

用水准仪在房间内每个墙（柱）角上抄出水平点，弹出水准线，从水准线量至吊顶设计高度加上一层石膏板的厚度，用粉线沿墙（柱）弹出水准线，即为吊顶次龙骨的下皮线，同时，按吊顶平面图，在混凝土顶板弹出主龙骨的位置。主龙骨应从吊顶中心向两边分，最大间距为 1000mm，并标出吊杆的固定点，吊杆的固定点间距 900～1000mm。如遇到梁和管道固定点大于设计和规程要求，应增加吊杆的固定点。

（2）吊杆安装

不上人的吊顶，吊杆长度小于 1000mm，可以采用 Φ6 的吊杆；如果大于 1000mm，应采用 Φ8 的吊杆，还应设置反向支撑。吊杆可以采用冷拔钢筋和盘圆钢筋，但采用盘圆钢筋时应采用机械将其拉直。上人的吊顶，吊杆长度小于 1000mm，可以采用 Φ8 的吊杆；如果大于 1000mm，应采用 Φ10 的吊杆，还应设置反向支撑。制作好的吊杆应做防锈处理，吊杆用膨胀螺栓固定在楼板上，用冲击电锤打孔，孔径应稍大于膨胀螺栓的直径。

（3）龙骨安装

1）主龙骨安装。龙骨应吊挂在吊杆上，主龙骨间距为 900～1000mm，主龙骨分为轻钢龙骨和 T 形龙骨。主龙骨应平行房间长向安装，同时应起拱，起拱高度为房间跨度的 1/300～1/200，主龙骨的悬臂段不应大于 300mm，否则应增加吊杆，主龙骨的接长应采取对接，相邻龙骨的对接接头要相互错开。

2）次龙骨安装。次龙骨应紧贴主龙骨安装，次龙骨间距为 300～600mm。

3）边龙骨安装。边龙骨的安装应按设计要求弹线，沿墙（柱）上的水平龙骨线把 L 形镀锌轻钢条用自攻螺钉固定在预埋木砖上；如为混凝土墙（柱），可用射钉固定，射钉间距应不大于吊顶次龙骨的间距。

4. 罩面板安装

罩面板安装方法有自攻螺钉钉固法、胶结粘固法和托卡固定法。用自攻螺钉钉固时要注意罩面板在自由状态下固定，四周要求封闭，对于石膏板要防止板面受潮。胶结粘固法的施工要点是按材料性质选用适宜的胶结材料，掌握好压合时间。当轻钢龙骨为 T 型时，多为托卡固定法安装罩面板，通长次龙骨安装完毕，经检查标高、间距、平直度符合要求后，就可进行罩面板安装。

8.6.3 门窗工程

门窗按材料可分为木门窗、钢门窗、铝合金门窗和塑料门窗四大类。门窗安装应采用预留空洞口的施工方法，不得采用边安装边砌口或先安装后砌口的施工方法。另外，门窗安装必须牢固，在砖砌体上安装门窗时严禁用射钉固定。

1. 木门窗的安装

木门的一般形式有夹板门（又称满鼓门）、镶板（木板、胶合板或纤维板等）门、半截玻璃门、拼板门、双扇门、联窗门、推拉门、平开木大门、钢木大门及弹簧门等；另有古典式花格门，可用于仿古风格和体现民族风格的建筑装饰工程中。

木窗由窗框、窗扇组成，在窗扇上按设计要求安装玻璃。

木门窗安装前要检查核对好型号，按图纸对号分发就位。安门框前，要用对角线相等的方法复核其兜方程度。当在统长走道上嵌门框时，应拉统长麻线，以便控制门框面位于同一平面内，保持门框锯角线高度的一致性。特别对多层建筑的外墙面尤其要注意，应使安装后的门、窗框有横平竖直的整齐感。

（1）将修刨好的门窗扇，用木楔临时立于门窗框中，排好缝隙后画出铰链位置。剔好铰链槽后，将铰链放入，上下铰链各拧一颗螺钉把扇挂上，检查缝隙是否符合要求，扇与框是否齐平，扇能否关住。检查合格后，再把螺钉全部上齐。

（2）双扇门窗扇安装方法与单扇的安装基本相同，只是多一道工序——错口。双扇门应按开启方向看，右手门是盖口，左手门是等口。

（3）门窗扇安装好后要试开，其标准是：以开到哪里就能停到哪里为好，不能有自开或自关的现象。如果发现门窗扇在高、宽上有短缺的情况，高度上应将补钉的板条钉在下冒头下面；宽度上，在装铰链一边的梃上补钉板条。

（4）门窗扇安装后要试验其启闭情况，以开启后能自然停止为好，不能有自开或自关现象。如果发现门窗在高、宽上有短缺，在高度上可将补钉板条钉于下冒头下面，在宽度上可在安装合页一边的梃上补钉板条。为使门窗开关方便，平开扇的上下冒头可刨成斜面。

2. 金属门窗的安装

（1）铝合金门窗的安装

铝合金门窗是用经过表面处理的型材，通过下料、打孔、铣槽、攻丝和制窗等加工过程而制成的门窗框料构件，再与连接件、密封件和五金配件一起组装而成。安装铝合金门的关键，是要保持上下两个转动部分在同一个轴线上。

1）检查门窗洞口和预埋件。铝合金门窗的安装必须采用后塞口的方法，严禁边安装边砌口或是先安装后砌口。当设计有预埋铁件时，门窗安装前应复查预留洞口尺寸及预埋件的埋设位置，如与设计不符合应予以纠正。

2）放线。在洞口弹出门、窗位置线，门、窗可以立于墙的中心线部位，也可将门、窗立于内侧，使门、窗框表面与饰面平行。

3）门窗框就位与固定。对于面积较大的铝合金门窗框，应事先按设计要求进行预拼装，先安装通长的拼樘料，然后安装分段拼樘料，最后安装基本单元门窗框。

4）填缝所用的材料。原则上按设计要求选用，但不论使用何种填缝材料，其目的均是密闭和防水。根据现行规范要求，铝合金门窗框与洞口墙体应采用弹性连接，框周缝隙宽度宜在20mm以上，缝隙内分层填入矿棉或玻璃棉毡条等软质材料，框边需留5～8mm深的槽口，待洞口饰面完成并干燥后，清除槽口内的浮灰渣土，嵌填防水密封胶。

5）铝合金门窗扇的安装。需在土建施工基本完成的条件下进行，以保护其免遭损伤。框装扇必须保证框扇立面在同一平面内，就位准确，启闭灵活。平开窗的窗扇安装前，先固定窗铰，然后再将窗铰与窗扇固定。推拉门窗应在门窗扇拼装时于其下横底槽中装好滑轮，注意使滑轮框上有调节螺钉的一面向外，该面与下横端头边平齐。对于规格较大的铝合金门扇，当其单扇框宽度超过900mm时，在门扇框下横料中需采取加固措施，通常的做法是穿入一条两端带螺纹的钢条。安装时应注意要在地弹簧连杆与下横安装完毕后再进行，也不得妨碍地弹簧座的对接。

6）清理。铝合金门、窗交工前，应将型材表面的塑料胶纸撕掉，如果发现塑料胶纸在型材表面留有胶痕，宜清理干净，玻璃应进行擦洗，对浮灰或其他杂物，应全部清理干净。待定位销孔与销对上后，再将定位销完全调出，并插入定位销孔中，最后，用双头螺杆将门拉手安装在门扇边框两侧。

（2）涂色镀锌钢板门窗的安装

1）带副框的涂色镀锌钢板门窗安装

按门窗图纸尺寸组装副框，用自攻螺钉将连接件固定在副框上，将副框装入洞口，用对拔木楔临时定位，将连接件与洞口两侧的预埋铁件焊接，涂色镀锌钢板门窗的预留洞口尺寸，当墙内没有预埋铁件时，也可采用射钉或胀铆螺栓按上述预埋铁件的布置原则，将门窗副框连接件与洞口墙体连接。

进行洞口抹灰，抹灰前应对基层进行常规处理，在湿润的基层上用1∶3水泥砂浆抹压平整。窗框副框底部抹灰时，要嵌入硬木条或玻璃条，副框两侧预留槽口，待抹灰凝结干燥后注入密封膏防水。门窗洞口抹灰后可进行室内外的其他饰面施工，待洞口处水泥砂浆完全凝结硬化后，即将门窗成品用自攻螺钉与副框连接固定。安装推拉窗时，应调整好滑块，可用建筑密封膏将洞口与副框、副框与外框、外框与门窗之间的所有安装缝进行填充密封，窗型材构件表面的保护膜层，擦净门窗框扇及玻璃。

2）不带副框的涂色镀锌钢板门窗安装

按设计要求进行室内外及门窗洞口的饰面处理，洞口抹灰后的成型尺寸应略大于门窗外框尺寸，其间隙宽度方向为3～5mm，高度方向为5～8mm，在门窗洞口内根据固定点的配置原则确定固定点，按设计要求弹好安装控制线，根据固定点的位置用冲击电钻钻孔，将门窗放入洞口安装线位置，调整门窗的垂直度、水平度及对角线，合格后用木楔做临时固定。用胀铆螺栓将门窗框与洞口墙体连接固定。用建筑密封膏将门窗框与墙体之间的所有缝隙加以封闭，揭去型材表面的保护膜层，擦净门窗框扇及玻璃。

采用射钉安装不带副框的涂色镀锌钢板门窗，在砖墙上严禁用射钉固定。将门窗外框先用自攻螺钉固定好连接件，放入洞口内调整水平度、垂直度和对角线合格后，以木楔做临时固定，然后用射钉将门窗外框连接件与洞口墙体连接。此后进行室内外其他装饰，待洞口的抹灰砂浆干燥后，即清理门窗构件装入内扇。

3. 塑料门窗的安装

塑料门窗是以聚氯乙烯、改性聚氯乙烯或其他树脂为主要原料，轻质碳酸钙为填料，添加适量助剂和改性剂，经双螺杆挤压机挤出成型为各种截面的空腹门窗异型材，再根据不同的品种规格选用不同截面异型材组装而成。因塑料的变形大、刚度差，一般在空腔内加入木条或型钢，以增加抗弯曲能力。塑料窗在窗洞口的位置，要求窗框与基体之间需留有 10～20mm 的间隙。固定窗框的具体操作方法有三种，即直接固定法、连接件固定法、假框法。

直接固定法，窗洞施工时预先埋入防腐木砖，将塑料窗框送入洞口定位后，用木螺钉穿过窗框异型材与木砖连接，从而把窗框与基体固定。对于小型塑料窗，也可以采用在基体上钻孔，塞入尼龙胀管，即用螺钉将窗框与基体连接。

连接件固定法，在塑料窗异型材的窗框靠墙一侧的凹槽内或凸出部位，事先安装之字形铁件做连接件。塑料窗放入窗洞调整对中后用木楔临时稳固定位，然后将连接铁件的伸出端用射钉或胀铆螺栓固定于洞壁基体。

假框法，先在窗洞口内安装一个与塑料窗框相配的镀锌铁皮金属框，然后将塑料窗框固定其上，最后以盖缝条对接缝及边缘部分进行遮盖和装饰。或者是当旧木窗改为塑料窗时，把旧窗框保留，待抹灰饰面完成后即将塑料窗框固定其上，最后加盖封口板条。此做法的优点是可以较好地避免其他施工对塑料窗框的损伤，并能提高塑料窗的安装效率，如图 8-69 所示。

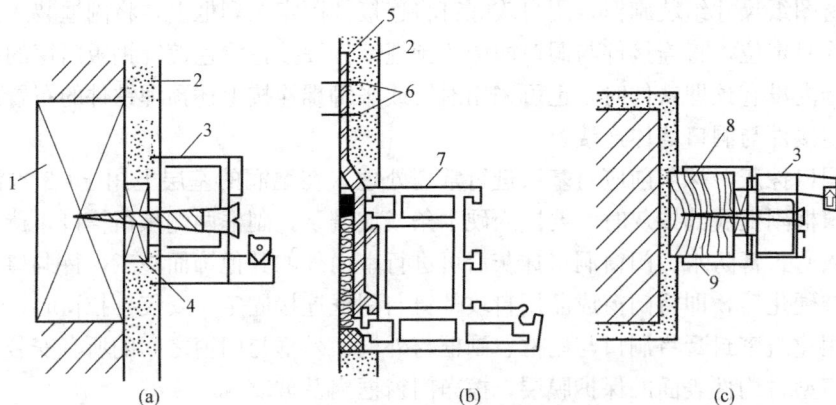

图 8-69 塑料窗框与墙体的连接固定

(a) 直接固定法；(b) 连接件固定法；(c) 假框法

1—木砖；2—抹灰层；3—塑料窗框；4—木楔；5—连接件；6—射钉；

7—窗框异型材；8—旧木窗框；9—塑料盖口条

（1）连接点位置的确定

1）在确定塑料窗框与墙体之间连接点的位置和数量时，应主要从力的传递和 PVC 窗的伸缩变形需要两个方面来考虑。连接点的位置应能使窗扇通过铰链作用于窗框的力，尽可能直接地传递给墙体。由于目前连接点的数量多，采用离散固定的方法，因此必须要有足够多的固定点，以防止塑料窗在温度应力、风压及其他静载的作用下产生变形。并且连接点的位置和数量还必须适应 PVC 变形较大的特点，以保证在塑料窗与墙体之间的微小位移不会影响到窗户的性能及连接本身。

2）在具体布置连接点时，首先应保证在与铰链水平的位置上，应设连接点，并应注意相邻两连接点之间的距离应小于 700mm。而且在转角、直档及有搭钩处的间距应更小一些。为了适应型材的线性膨胀，一般不允许在有横档或竖梃的地方设框墙连接点，相邻的连接点应该在距离其 150mm 处。

（2）框墙间隙处理

塑料窗框与建筑墙体之间的间隙，应填入矿棉、玻璃棉或泡沫塑料等绝缘材料作缓冲层，在间隙外侧再用弹性封缝材料如氯丁橡胶条或密封膏密封，以封闭缝隙并同时适应硬质 PVC 的热伸缩特性。注意不可采用含沥青的嵌缝材料，以避免沥青材料对 PVC 的不良影响。此间隙可根据总跨度、膨胀系数、年最大温差先计算出最大膨胀量，再乘以要求的安全系数，一般取 10～20mm。在间隙的外侧，国外一般多用硅橡胶嵌缝条。但不论用何种弹性封缝料，重要的是应满足两个条件：一是该封缝料应能承受墙体与窗框间的相对运动而保持密封性能；二是不应对 PVC 有软化作用。在上述两项工作完成后，就可进行墙面抹灰封缝。工程有要求时，最后还需加装塑料盖口条。

4. 门窗玻璃的安装

门窗玻璃安装的具体工艺流程及注意事项如下：

（1）玻璃安装后应用手轻轻敲打，响声应坚实，不得有"啪啦啪啦"的声音，钢门窗的玻璃安装应用钢丝卡固定，间距不得大于 300mm，且每边不应少于两个。

（2）玻璃宜集中裁割，边缘不得有缺口和斜曲。钢木框、扇玻璃按设计尺寸或实测尺寸，长宽各应缩小一个裁口宽度的 1/4 裁割。铝合金及塑料框、扇玻璃的裁割尺寸应符合现行国家标准对玻璃与玻璃槽之间配合尺寸的规定，并满足设计和安装的要求。

（3）安装玻璃时，使玻璃在框口内准确就位，玻璃安装在凹槽内，内外侧间隙应相等，间隙宽度一般为 2～5mm。

（4）存放玻璃库房与作业面的温度不能相差过大，玻璃如果从过冷或过热的环境中运入操作地点，应待玻璃温度与室内温度相近后再进行安装。

（5）玻璃安装前应满刮 1～3mm 厚的底油灰，一定要认真操作，铺平、铺严。

（6）安装压花玻璃或磨砂玻璃时，应检查花面是否向外，磨砂面应向室内。

（7）玻璃安装工程的施工必须按施工工艺规程进行施工，不得偷工减料。

8.6.4 饰面板（砖）工程施工

饰面工程是指将块料面层镶贴（或安装）在墙柱表面以形成装饰层。块料面层的种类基本可分为饰面板和饰面砖两大类。

1. 饰面板的安装

饰面板的安装工艺见表 8-10。

饰面板的安装工艺 表8-10

饰面板	类型	安装过程
预制水磨石、大理石和磨光花岗石饰面板材的安装	大规格块材的安装	钻孔、剔槽；穿铜丝或镀锌铁丝；绑扎钢筋网；弹线；画出就位线；安装大理石或预制水磨石、磨光花岗石；灌浆；擦缝
	薄型小规格块材的安装	进行基层处理和吊垂直、套方、找规矩，其他可参见镶贴面砖操作工艺有关部分。要注意同一墙面不得有一排以上的非整砖，并应将其镶贴在较隐蔽的部位
塑料板粘贴施工	涂胶黏剂	粘贴时，应在塑料板和基层面上各涂胶粘剂两遍，纵横交错进行，应涂得薄面均匀，不要漏涂。第二遍须在第一遍胶粘剂干至不黏手时再涂。第二遍涂好后也要等其略干再粘贴塑料板。粘贴后可用辊子滚压，压出其中气泡，提高粘贴质量。粘贴时不得用力拉扯塑料板。粘贴完成后应进行养护，养护时间按所用胶粘剂固化期而定

2. 饰面砖粘贴

（1）内墙釉面砖粘贴

1）找规矩、放线、排砖

用水平尺找平，校核方正。算好纵横皮数和镶贴块数，画出皮数杆，定出水平标准，进行排序，特别是阳角必须垂直。在有脸盆镜箱的墙面，应按脸盆下水管部位分中，往两边排砖。肥皂盒、电器开关插座等，可按预定尺寸和砖数排砖，尽量保证外表美观。

2）基层处理

镶贴处墙面应清理基层，如墙面上有石灰膏、乳胶漆、壁纸等装饰物，或地面上有污物，一定要清理干净，否则水泥砂浆与基层黏结不牢，另外，如果墙体自身有裂缝，应做妥善处理后才可贴砖，以免日后基本结构裂缝变大导致墙面砖开裂。

对于坚硬光滑的基层，如混凝土墙面，必须对基层先进行凿毛、甩浆处理。凿毛的深度为5～10mm、间距为30mm，毛面要求均匀，并用钢丝刷子刷干净，用水冲洗。然后在凿毛面上甩水泥砂浆，其配合比为水泥：中砂：胶粘剂＝1：1.5：0.2。甩浆厚度为5mm左右，甩浆前先润湿基层面，甩浆后注意养护。

3）镶贴

根据已弹好的水平线，稳好水平尺板，作为镶贴第一层瓷砖的依据，一般由下往上逐层镶贴。为了保证间隙均匀，每块砖的找正可采用塑料十字架，镶贴后在半干时再取出十字架，进行嵌缝，这样缝隙均匀美观。一般采用掺108胶素水泥砂浆作粘结层，随调随用。将其满铺在瓷砖背面，中间鼓四角低，逐块进行镶贴，随时用塑料十字架找正，全部工作应在3h内完成。一面墙不能一次贴到顶，以防塌落。随时用干布或棉纱将缝隙中挤出的浆液擦干净。镶贴后的每块瓷砖，可用小铲轻轻敲打牢固。工程完工后，应加强养护。同时，可用稀盐酸刷洗表面，随时用水冲洗干净。粘贴后48h，用同色素水泥擦缝。工程全部完成后，应根据不同的污染程度用稀盐酸刷洗，随即再用清水冲洗。

4）贴结牢固检查

凡敲打瓷砖面时发出空声，说明贴结不牢或缺灰，应取下瓷砖重贴。

（2）外墙面砖粘贴

1）抹灰前墙面必须清扫干净，浇水湿润。

2）大墙面和四角、门窗口边弹线找规矩，必须由顶层到底一次进行，弹出垂直线，并决定面砖出墙尺寸分层设点，做灰饼。横线则以楼层为水平基线交圈控制，竖向线则以四周大角和通天垛、柱子为基线控制。每层打底时则以此灰饼作为基准点进行冲筋，使其底层灰做到横平竖直。同时，要注意找好凸出檐口、腰线、窗台、雨篷等饰面的流水坡度。

3）先将墙面浇水湿润，然后用1∶3水泥砂浆刮一遍，厚度约为6mm，紧跟用同强度等级灰与所冲的筋找平，随即用木杠刮平、木抹搓毛。终凝后浇水养护。

4）弹线分格。待基层灰六至七成干时即可按图纸要求进行分格弹线，同时进行面层贴标准点的工作，以控制面层出墙尺寸及墙面垂直、平整。

5）排砖。根据大样图及墙面尺寸进行横竖排砖，以保证面砖缝隙均匀，符合设计图纸要求，注意大面和通天柱子、垛子排整砖以及在同一墙面上的横竖排列，均不得有一行以上的非整砖。非整砖行应排在次要部位，如窗间墙或阴角处等，但亦要注意一致和对称。如遇突出的卡件，应用整砖套割吻合，不得用非整砖拼凑镶贴。

6）浸砖。外墙面砖镶贴前，首先要将面砖清扫干净，放入净水中浸泡2h以上，取出待表面晾干或擦干净后方可使用。

7）镶贴面砖。在每一分段或分块内的面砖，均为自下向上镶贴。从最下一层砖下皮的位置线先稳好靠尺，以此托住第一皮面砖。在面砖外皮上口拉水平通线，作为镶贴的标准。在面砖背面宜采用1∶2水泥砂浆或1∶0.2∶2＝水泥∶白灰膏∶砂的混合砂浆镶贴。砂浆厚度为6～10mm，贴上后用灰铲柄轻轻敲打，使之附线，再用钢片开刀调整竖缝，并用小杠通过标准点调整平面垂直度。

8）面砖勾缝与擦缝。宽缝一般在8mm以上，用1∶1水泥砂浆勾缝，先勾水平缝再勾竖缝，勾好后要求凹进面砖外表面2～3mm。若横竖缝为干挤缝，或小于3mm者，应用白水泥配颜料进行擦缝处理。面砖缝子勾完后用布或棉丝蘸稀盐酸擦洗干净。

8.6.5 涂饰工程施工

涂料敷于建筑物表面并与基体材料很好地粘结，干结成膜后，既对建筑物表面起到一定的保护作用，又能起到建筑装饰的效果。涂料主要由胶粘剂、颜料、溶剂和辅助材料等组成。涂饰工程施工操作方法有刷涂、滚涂、喷涂、刮涂、弹涂、抹涂等。

1. 外墙涂饰面工程施工

外墙涂饰面直接与风霜雨雪及空气中的污染物相接触，直接受自然气候的影响，外墙涂饰面工程也是提升建筑美观度的重要手段，因此，外墙饰面在施工中要注意施工质量，其施工方法有刷涂、滚涂、抹涂、喷涂等。

（1）刷涂

采用鬃刷或毛刷施涂，第一遍横涂走刷要平直，有流坠马上刷开，回刷一次，蘸涂料要少，一刷一蘸，不宜蘸得太多，防止流淌，由上向下一刷紧挨一刷，不得留缝。第一遍干后刷第二遍，一般为竖涂，注意第一遍深层涂料稠度不宜过大，深层要薄，使基层快速吸收为佳。上遍涂层干燥后，再进行下遍涂层，间隔时间依涂料性能而定。涂料挥发快的和流平性差的，不可过多重复回刷，注意每层厚薄一致，刷罩面层时，走刷速度要均匀，涂层要均匀。

（2）滚涂

首先把涂料搅匀调至施工黏度，少量倒入平漆盘中摊开。用辊筒均匀地蘸涂料，并在底盘或辊网上滚动至均匀后再在墙面或其他被涂物上滚涂，注意在接槎部位或滚涂达到一定段落时，应用空辊子滚压一遍，以保护滚涂饰面的均匀和完整，不留痕迹。

（3）抹涂

用刷涂、滚涂方法先刷一层底层涂料做结合层，然后抹涂饰面，其方法是底层涂料涂饰后 2h 左右即可用不锈钢抹压工具涂抹，涂层厚度为 2～3mm，抹完后，间隔 1h 左右，用不锈钢抹子拍抹饰面压光，使涂料中的胶粘剂在表面形成一层光亮膜，涂层干燥时间一般为 48h 以上，其间未干应注意保护。抹涂饰面涂料时，不得回收落地灰，不得反复抹压。工具和涂料应及时检查，如发现不干净或掺入杂物时应清除或不用。

（4）喷涂

喷枪移动范围不能太大，一般直线喷涂 700～800mm 后下移折返喷涂下一行，横向或竖向往返喷涂。喷涂作业时手握喷枪要稳，涂料出口应与被涂面垂直。喷枪移动时应与被喷面保持平行，喷枪运行速度一般为 400～600mm/s。

喷涂应一道紧挨一道地进行，手握喷枪要稳，不要漏喷，也不要流淌。发现漏喷处要及时补上。喷枪要按"S"形轨迹运行，如图 8-70 所示。开始喷涂时不要过猛，发现喷斗内无涂料时，要及时关闭高压空气阀门。为防止出现虚喷和花脸，涂层的接槎应留在分格缝处，如果不能留在分格缝时，第二次喷涂时要进行遮挡。

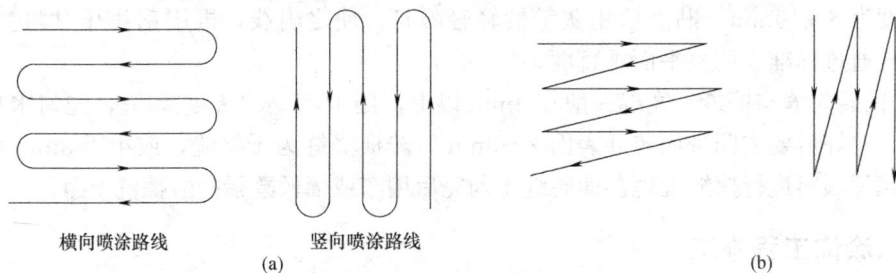

横向喷涂路线　　竖向喷涂路线
(a)　　　　　　　　　　　　　　　　　(b)

图 8-70　喷枪运行路线
（a）正确运行路线；（b）错误运行路线

将涂料调至施工所需稠度后装入贮料罐或压力供料筒中，关闭所有开关。喷涂面的上下或左右搭接宽度为喷涂宽度的 1/3～1/2。喷涂时应先喷门、窗附近，涂层一般要求两遍成活（横一竖一）。喷枪喷不到的地方用涂刷，排笔填补。

2. 内墙涂饰面工程施工

（1）木基层涂饰施工方法

1）基层处理。木材面的木毛、边棱用一号以上砂纸打磨，先磨线脚后磨平面，要顺木纹打磨，如有小活翘皮、重皮处则可嵌胶粘牢。在节疤和油渍处，用酒精漆片点刷。

2）刷底子油。清油中可适当加颜料调色，避免漏刷。涂刷顺序为：从外至内，从左至右，从上至下，顺木纹涂刷。

3）擦腻子。腻子多为石膏腻子。腻子应不软不硬、不出蜂窝，挑丝不倒为宜。批刮时应横抹竖起，将腻子刮入钉孔及裂缝内。如果裂缝较大，应用牛角板将裂缝用腻子嵌满。表面腻子应刮光，无残渣。

4）磨砂纸。用一号砂纸打磨。打磨时应注意不可磨穿涂膜并保护棱角，磨完后用湿布擦净，对于质量要求比较高的，可增加腻子及打磨的遍数。

5) 刷漆。刷第一遍厚漆，将调制好的厚漆涂刷一遍，其施工顺序与刷底子油的施工顺序相同。应当注意厚漆的稠度以达到盖底、不流淌、无刷痕为准。涂刷时应厚薄均匀。厚漆干透后，对底腻子的收缩或残缺处，再用石膏腻子抹刮一次。待腻子干透后，用砂纸磨光；然后刷第二遍厚漆，涂刷方法与第一遍相同，刷调合漆，涂刷方法与厚漆施工方法相同。由于调合漆稠度较大，涂刷时要多刷多理，挂漆饱满，动作敏捷，使涂料涂刷得光亮、均匀、色泽一致。刷完后仔细检查一遍，有毛病应及时修整。

（2）抹灰基层上的涂饰

1) 无机硅酸盐内墙涂饰

基层要平整，但不能太光滑，否则会影响涂料粘结效果。内墙应根据装饰要求满刮1～2遍腻子，腻子干后应用砂纸打磨平整；涂料的涂刷可采用刷涂法，或刷涂与滚涂相结合的方法进行施工，刷涂时，涂料的涂刷方向和行程长短均应一致，由于涂料干燥较快，应勤蘸短刷，初干后不可反复涂刷。新旧接槎最好留在分格缝处，一般涂刷两遍即可，其时间间隔应以上一遍涂料充分干燥为准，但有的品种可以两遍连续涂刷，即刷完第一遍后随即刷第二遍。注意涂刷均匀，刷涂与滚涂相结合时，先将涂料刷涂于基层面上，随即用辊子滚涂，辊子上应蘸少量涂料，滚涂方向应一致，操作要迅速。

2) 乳胶类内墙涂饰

基层应表面平整、纹理质感均匀一致，否则，会因光影作用而使涂膜颜色显得深浅不一致。基层表面不宜太光滑，以免影响涂料与基层的粘结力，为了增强基层与腻子或涂料的粘结力，可以在批刮腻子或涂刷涂料之前，先刷一遍与涂料体系相同或相应的稀乳液，这样稀乳液可以渗透到基层内部，使基层坚实干净，增强与腻子或涂层的结合力。然后满刮腻子，应满刮乳胶涂料腻子1～2遍，等腻子干后再用砂纸磨平。涂刷涂料，施工时涂料的涂膜不宜过厚或过薄。过厚易流坠起皱，影响干燥；过薄则不能发挥涂料的作用。一般以充分盖底、不透虚影、表面均匀为宜。涂刷遍数一般为两遍，必要时可适当增加涂刷遍数。在正常气温条件下，每遍涂料的时间间隔约1h。

3) 丙烯酸系薄质涂料涂饰

基层处理，对于加气混凝土，应先刷一遍108胶∶水泥∶水＝1∶2∶4的水泥浆料。抹涂涂料。在底层涂料及表层涂料中按使用说明书适当加入稀释剂或水，用手提式搅拌器充分搅匀。先采用刷涂或滚涂工艺将底层涂料均匀地涂饰1～2遍；底层涂料施工完毕间隔2h左右，再用不锈钢抹灰工具，抹涂面层涂料1～2遍；抹完后约1h，用抹子拍平、抹实压光；养护并干燥固化，需要2d以上。

（3）金属基层上各种涂饰施工方法

1) 基层处理。金属基层上的浮土、灰浆必须打扫干净。已刷防锈涂料但出现锈斑的，须用铲刀铲除底层防锈涂料后，再用钢丝刷和砂布彻底打磨干净，补刷一道防锈涂料，待防锈涂料干透后，将凹坑、缺棱、拼缝等处，用石膏腻子刮磨平整。待腻子干后用一号砂纸打磨，磨完后用湿布擦净。

2) 刮腻子。用牛角板或橡皮刮板在基层上满刮一遍石膏腻子。要求刮薄收净、均匀平整无飞刺。腻子干透后，用一号砂纸打磨平整、光滑。

3) 刷第一遍厚漆。将厚漆与清油、熟桐油和汽油按比例配制，其稠度以达到盖底、不流淌、不显刷痕为宜。涂刷应厚薄均匀，刷纹通顺。全部刷完后应检查一下有无漏刷处，对于线角和阴阳角处有流坠、裹棱、透底等毛病的，应清理修补。待后期干透后，在底腻子收缩或残缺处，再用石膏腻子补抹一次。待腻子干后，打磨平整。

4）刷第二遍厚漆。涂刷方法与第一遍涂刷方法相同。第二遍厚漆刷好后，用一号砂纸或旧细砂纸轻磨一遍，最后打扫干净。

5）刷调和漆。涂刷方法同前。由于调和漆黏度较大，涂刷时要多刷多理，涂油饱满，不流坠，使之光亮、均匀、色泽一致，刷完后要仔细检查一遍，如有疵病及时修理。

（4）彩色涂料艺术涂饰

内墙涂料，喷涂后可形成多种色彩层次，产生立体花纹，具有良好的耐水性、耐洗刷性和透气性。可适用于混凝土、砂浆、石膏板、木材、钢、铝等基层涂饰。基层处理完毕后，进行底层涂料施工，用涂料辊滚涂两遍，也可喷涂或刷涂。面层涂料施工：待底层干燥后（2h 后），将搅拌均匀的面层涂料用喷枪进行喷涂，喷嘴压力为 0.2～0.25MPa，喷嘴距墙为 120～150mm，喷涂时喷枪缓慢，匀速移动，有漏喷、疵病等可进行局部刮除后补喷，但间隔时间不宜超过 2h。

8.7　防水施工

建筑防水施工主要集中在屋面、厨房、卫生间、地下室等几个部位，屋面防水工程按照采用防水材料和施工方法不同，可分为卷材防水屋面、涂膜防水屋面和刚性防水屋面。卷材防水屋面和涂膜防水屋面是用各种防水卷材和防水涂料，经施工将其铺贴或涂布在防水工程的迎水面，达到防水目的。刚性防水采用的材料主要是细石混凝土，依靠混凝土自身的密实性并配合一定的构造措施，达到防水目的。

厨房、卫生间采用聚氨酯防水涂料或氯丁胶乳沥青防水涂料施工。各种防水工程质量应在施工过程中严格控制，每一道工序经检查合格后，方可进行下一道工序的施工，这样才能达到工程的各部位不漏水、不积水的要求。地下建筑工程一般采用防水混凝土、沥青防水卷材、水泥砂浆等进行防水施工。

8.7.1　屋面防水工程施工

屋面防水工程按其构造可分为柔性防水屋面、刚性防水屋面、上人屋面、架空隔热屋面、蓄水屋面、种植屋面和金属板材屋面等。屋面防水可多道设防，将卷材、涂膜、细石防水混凝土复合使用，也可将卷材叠层施工。

根据《屋面工程质量验收规范》GB 50207—2012 的规定，屋面防水工程应根据建筑物的类别、重要程度、使用功能要求确定防水等级，并按相应等级进行防水设防；对防水有特殊要求的建筑屋面，应进行专项防水设计，不同的防水等级有不同的设防要求，见表 8-11。屋面工程应根据工程特点、地区自然条件等，按照屋面防水等级设防要求，进行防水构造设计。

1. 卷材防水屋面

卷材防水屋面属柔性防水屋面，其优点是质量轻，防水性能较好，尤其是防水层，具有良好的柔韧性，能适应一定程度的结构振动和胀缩变形；缺点是造价高，特别是沥青卷材易老化、起鼓，耐久性差，施工工序多，工效低，维修工作量大，产生渗漏时修补、找漏困难等。

屋面防水等级和设防要求　　　　　　　　　　　　　　　　表 8-11

屋面防水等级	设防要求	建筑物类别	屋面防水功能重要程度	建筑物种类
	专项设计	特别重要或对防水有特殊要求的建筑屋面	如一旦发生渗漏，会造成巨大的经济损失和政治影响，或引起爆炸等灾害，甚至造成人身伤亡	国家级特别重要的档案馆、博物馆，特别重要的纪念性建筑；核电站，精密仪表车间等有特殊防水要求的工业建筑
I	两道防水设防	重要建筑和高层建筑	如一旦发生渗漏，会使重要的设备或物品遭到破坏，造成重大的经济损失	重要的博物馆、图书馆、医院、宾馆、影剧院等民用建筑；仪表车间、印染车间、军火仓库等工业建筑
II	一道防水设防	一般建筑	如一旦发生渗漏，会使一些物品受到损坏，在一定程度上影响使用或美观，或影响人们的正常工作或生活秩序	住宅、办公楼、学校、旅馆等民用建筑；机械加工车间、金工车间、装配车间、仓库等工业建筑

卷材防水屋面一般由结构层、隔气层、保温层、找平层、防水层和保护层等组成，如图 8-71 所示。其中，隔气层和保温层在一定的气温条件和使用条件下可不设。

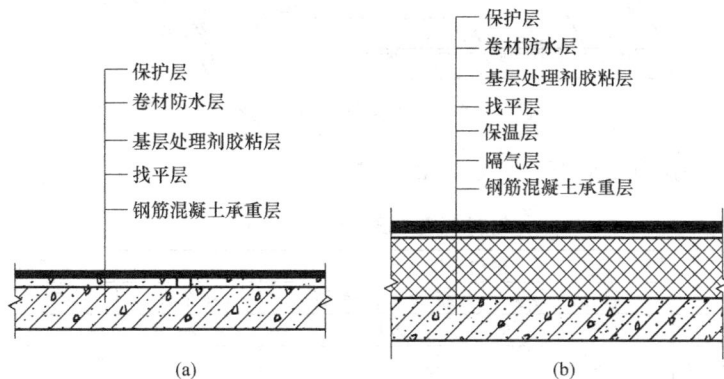

图 8-71　卷材防水屋面构造层次示意图
(a) 不保温卷材防水屋面；(b) 保温卷材防水屋面

2. 卷材防水的一般规定

（1）卷材的铺贴方向。屋面坡度小于 3% 时，卷材宜平行屋脊铺贴；屋面坡度在 3%～16% 时，卷材可平行或垂直屋脊铺贴；屋面坡度大于 16% 或屋面受振动时，沥青防水卷材应垂直屋脊铺贴。高聚物改性沥青防水卷材和合成高分子防水卷材可平行或垂直屋脊铺贴，上、下层卷材不得相互垂直铺贴。

（2）卷材的铺贴方法。卷材防水层上有重物覆盖或基层变形较大时，应优先采用空铺法、点粘法、条粘法或机械固定法，但距屋面周边 800mm 内以及叠层铺贴的各层卷材之间应满粘；防水层采取满粘法施工时，找平层的分格缝处宜空铺，空铺的宽度宜为 100mm；卷材屋面的坡度不宜超过 26%，当坡度超过 26% 时应采取防止卷材下滑的措施。

（3）卷材铺贴的施工顺序。屋面防水层施工时，应先做好节点、附加层和屋面排水比较集中等部位的处理，然后由屋面最低处向上进行。铺贴天沟、檐沟卷材时，宜顺天沟、檐沟方向，减少卷材的搭接。铺贴多跨和有高低跨的屋面时，应按先高后低、先远后近的顺序进行。等高的大面积屋面，先铺贴离上料地点较远的部位，后铺贴较近的部位。划分施工部位时，其界限宜设在屋脊、天沟、变形缝处。

（4）搭接方法和宽度要求。卷材铺贴应采用搭接法，相邻两幅卷材的接头还应相互错开 300mm 以上，以免接头处多层卷材因重叠而粘结不实。叠层铺贴，上、下层两幅卷材的搭接缝也应错开 1/3 幅宽，如图 8-72 所示。当采用高聚物改性沥青防水卷材点粘或空铺时，两头部分必须全粘 500mm 以上。平行于屋脊的搭接缝，应顺水流方向搭接；垂直于屋脊的搭接缝，应顺年最大频率风向搭接。叠层铺设的各层卷材，在天沟与屋面的连接处应采用交叉接法搭接，搭接缝应错开，接缝宜留在屋面或天沟侧面，不宜留在沟底。

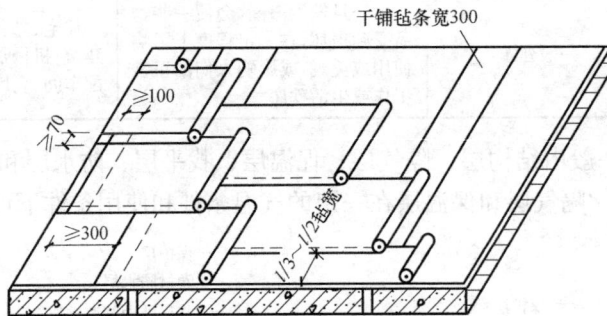

图 8-72　卷材水平铺贴搭接要求

各种卷材的搭接宽度应符合表 8-12 的要求。

卷材搭接宽度（单位：mm）　　　　　　　　　　　　表 8-12

铺贴方法 卷材种类		短边搭接		长边搭接	
		满粘法	空铺、点粘、条粘法	满粘法	空铺、点粘、条粘法
沥青防水卷材		100	150	70	100
高聚物改性沥青防水卷材、自粘橡胶沥青防水卷材		80	100	80	100
合成高分子防水卷材	胶粘剂	80	100	80	100
	胶粘带	50	60	50	60
	单焊缝	60,有效焊接宽度不小于 25			
	双焊缝	80,有效焊接宽度 10×2＋空腔宽			

3. 沥青防水卷材施工工艺

（1）基层清理。施工前清理干净基层表面的杂物和尘土，并保证基层干燥。干燥程度的建议检查方法是将 $1m^2$ 卷材平坦地干铺在找平层上，静置 3～4h 后掀开检查，找平层覆盖部位与卷材上未见水印，即可认为基层干燥。

（2）喷涂冷底子油。先将沥青加热熔化，使其脱水至不起泡为止，然后将热沥青倒入桶内，冷却至 110℃，缓慢注入汽油，边注入边搅拌均匀。冷底子油采用长柄棕刷进行涂刷，一般 1～2 遍成活，要求均匀一致，不得漏刷和出现麻点、气泡等缺陷；第二遍应在第一遍冷底子油干燥后再涂刷，冷底子油亦可采用机械喷涂。

（3）油毡铺贴。油毡在铺贴前应保持干燥，其表面的撒布料应预先清扫干净，避免损伤油毡。在女儿墙、立墙、天沟、檐口、落水口、屋檐等屋面的转角处，均应加铺 1～2 层油毡附加层。

（4）细部处理。细部处理主要包括天沟、檐沟部位，女儿墙泛水部位，变形缝部位，落水口部位，伸出屋面的管道，无组织排水等部位的处理，此部分内容我们在后面再进行具体的介绍。

4. 高聚物改性沥青防水卷材施工工艺

（1）清理基层。基层要保证平整，无空鼓、起砂，阴阳角应呈圆弧形，坡度符合设计要求，尘土、杂物要清理干净，保持干燥。

（2）涂刷基层处理剂。基层处理剂是利用汽油等溶液稀释胶粘剂制成，应搅拌均匀，用长把滚刷均匀涂刷在基层表面上，涂刷时要均匀一致。

（3）高聚物改性沥青防水卷材施工。高聚物改性沥青防水卷材施工，有冷粘法铺贴卷材、热熔法铺贴卷材和自粘法铺贴卷材三种方法。

1）冷粘法铺贴卷材。胶粘剂涂刷应均匀，不露底、不堆积。卷材空铺、点粘、条粘时，应按规定的位置及面积涂刷胶粘剂。铺贴卷材时应平整、顺直，搭接尺寸准确，不得扭曲、折皱，搭接部位的接缝应满涂胶粘剂，辊压粘贴牢固。搭接缝口应用材料性质相容的密封材料封严。

2）热熔法铺贴卷材。火焰加热器的喷嘴距卷材面的距离应适中，幅宽内加热应均匀，以卷材表面熔融至光亮黑色为度，不得过分加热卷材。卷材表面热熔后应立即滚铺卷材，滚铺时应排除卷材下面的空气，使之平展并粘贴牢固，搭接缝部位宜以溢出热熔的改性沥青为度，溢出的改性沥青宽度以 2mm 左右并均匀顺直为宜。铺贴卷材时应平整顺直，搭接尺寸准确，不得扭曲，采用条粘法时，每幅卷材与基层粘结面不应少于两条，每条宽度不应小于 150mm。

3）自粘法铺贴卷材。铺贴卷材前，基层表面应均匀涂刷基层处理剂，干燥后及时铺贴卷材，铺贴卷材时应将自黏胶底面的隔离纸完全撕净。铺贴卷材时应排除卷材下面的空气，并辊压粘贴牢固，铺贴的卷材应平整顺直，搭接尺寸准确，不得扭曲、皱折。低温施工时，立面、大坡面及搭接部位宜采用热风机加热，加热后随即粘贴牢固，搭接缝口应采用材料性质相容的密封材料封严。

5. 合成高分子防水卷材施工工艺

（1）基层处理。基层表面为水泥浆找平层，找平层要求表面平整；当基层面有凹坑或不平时，可用 108 胶水水泥砂浆嵌平或抹层缓坡；基层在铺贴前做到洁净、干燥。

（2）高分子防水卷材的铺贴。高分子防水卷材的铺贴一般采用冷粘法，冷粘法施工是以合成高分子卷材为主体材料，配以与卷材同类型的胶粘剂及其他辅助材料，用胶粘剂贴在基层形成防水层的施工方法。冷粘法施工工序如下：

1）刷底胶。将高分子防水材料胶粘剂配制成的基层处理剂或胶粘带，均匀地涂刷在基层的表面，在干燥 4～12h 后再进行后道工序。胶粘剂涂刷应均匀，不露底、不堆积。

2）卷材上胶。先把卷材在干净、平整的面层上展开，用长滚刷蘸满搅拌均匀的胶粘剂，涂刷在卷材的表面，涂胶的厚度要均匀且无漏涂，但在沿搭接部位留出 100mm 宽的无胶带，静置 10～20min，当胶膜干燥且手指触摸基本不黏手时，用纸筒芯重新卷好带胶的卷材。

3）滚铺。卷材的铺贴应从流水口下坡开始，先弹出基准线，然后将已涂刷胶粘剂的卷材一端先粘贴固定在预定部位，再逐渐沿基线滚动展开卷材，将卷材粘贴在基层上。卷材滚铺施工中应注意：铺设同一跨屋面的防水层时，应先铺排水口、天沟、檐口等处排水比较集中的部位，按标高由低向高的顺序铺；在铺多跨或高低跨屋面防水卷材时，应按先高后低、先远后近的顺序进行；应将卷材顺长方向铺，并使卷材长面与流水坡度垂直，卷材的搭接要顺流水方向，不应成逆向。

4）上胶。在铺贴完成的卷材表面再均匀地涂刷一层胶粘剂。

5）复层卷材。根据设计要求可再重复上述施工方法，再铺贴一层或数层的高分子防水卷材，达到屋面防水的效果。

6）着色剂。在高分子防水卷材铺贴完成、质量验收合格后，可在卷材表面涂刷着色剂，起到保护卷材和美化环境的作用。

6. 涂膜防水屋面

涂膜防水屋面是在屋面基层上涂刷防水涂料，经固化后形成一层有一定厚度和弹性的整体涂膜，从而达到防水目的的一种防水屋面形式。防水涂料的特点：防水性能好，固化后无接缝；施工操作简便，可适应各种复杂的防水基面；与基面粘结强度高；温度适应性强；施工速度快，易于修补等。

涂膜防水屋面构造如图 8-73 所示。

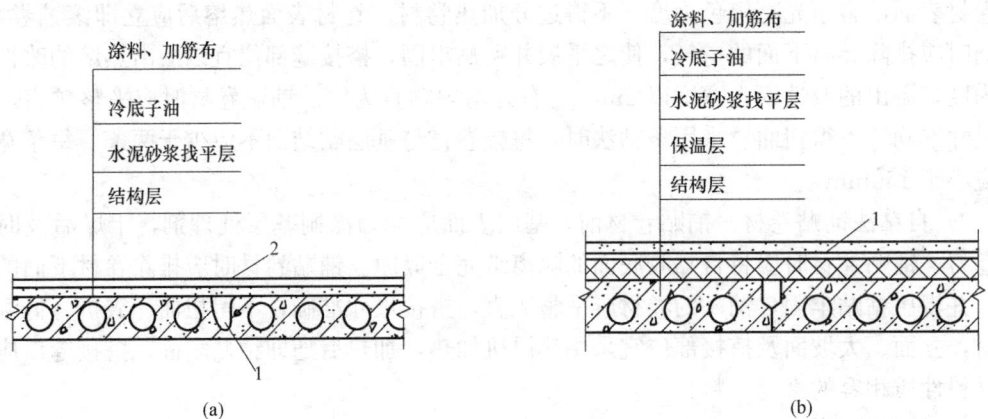

图 8-73 涂膜防水屋面构造图
（a）无保温层涂膜屋面；（b）有保温层涂膜屋面
1—细石混凝土；2—油膏嵌缝

涂膜防水屋面的施工

（1）基层清理。涂膜防水层施工前，先将基层表面的杂物、砂浆硬块等清扫干净，基层表面平整，无起砂、起壳、龟裂等现象。

（2）涂刷基层处理剂。基层处理剂常采用稀释后的涂膜防水材料，其配合比应根据不同防水材料按要求配置。涂刷时应涂刷均匀，覆盖完全。

（3）附加涂膜层施工。涂膜防水层施工前，在管根部、落水口、阴阳角等部位必须先做附加涂层，附加涂层的做法是：在附加层涂膜中铺设玻璃纤维布，用板刷涂刮驱除气泡，将玻璃纤维布紧密地贴在基层上，不得出现空鼓或折皱，可以多次涂刷涂膜。

（4）涂膜防水层施工。涂膜防水应根据防水涂料的品种分层分遍涂布，不得一次涂成；应待先涂的涂层干燥成膜后，方可涂后一遍涂料；需铺设胎体增强材料时，屋面坡度小于15％时可平行屋脊铺设，屋面坡度大于15％时应垂直屋脊铺设；胎体长边搭接宽度不应小于50mm，短边搭接宽度不应小于70mm；采用两层胎体增强材料时，上下层不得相互垂直铺设，搭接缝应错开，其间距不小于幅宽的1/3。

（5）防水涂膜应分层分遍涂布，第一层一般不需要刷冷底子油，待先涂的涂层干燥成膜后，方可涂布下一遍涂料。在板端、板缝、檐口与屋面板交接处，先干铺一层宽度为150～300mm的塑料薄膜缓冲层。铺贴玻璃丝布或毡片应采用搭接法，长边搭接宽度不小于70mm，短边搭接宽度不小于100mm，上下两层及相邻两幅的搭接缝应错开1/3幅宽，但上下两层不得互相垂直铺贴。

（6）铺加衬布前，应先浇胶料并刮刷均匀，然后立即铺加衬布，再在上面浇胶料刮刷均匀，纤维不露白，用辊子滚压实，排尽布下空气。必须待上道涂层干燥后，方可进行后道涂料施工，干燥时间视当地温度和湿度而定，一般为4～24h。涂膜防水屋面应设置保护层，保护层材料可采用绿豆砂、云母、蛭石、浅色涂料、水泥砂浆、细石混凝土或块材等。

7. 刚性防水屋面

刚性防水屋面用细石混凝土、块体材料或补偿收缩混凝土等材料作屋面防水层，依靠混凝土密实并采取一定的构造措施，以达到防水的目的。

刚性防水屋面所用材料容易取得，价格低廉、耐久性好、维修方便，但是对地基不均匀沉降、温度变化、结构振动等因素都非常敏感，容易产生变形开裂，且防水层与大气直接接触，表面容易碳化和风化，如果处理不当，极易发生渗漏水现象，所以刚性防水屋面适用于Ⅰ～Ⅲ级的屋面防水，不适用于设有松散材料保温层以及受较大振动或冲击的和坡度大于15％的建筑屋面。刚性防水屋面构造如图8-74所示。

（1）材料要求与贮运保管

1）防水层的细石混凝土宜用普通硅酸盐水泥或硅酸盐水泥，防水层内

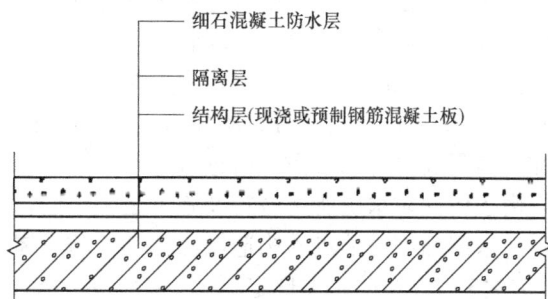

图 8-74 刚性防水屋面构造

配置的钢筋宜采用冷拔低碳钢丝，防水层的细石混凝土中，粗集料的最大粒径不宜大于15mm，含泥量不应大于1％；细集料应采用中砂或粗砂，含泥量不应大于2％。防水层细石混凝土使用的外加剂，应根据不同品种的适用范围、技术要求选择。

2）水泥贮存时应防止受潮，存放期不得超过三个月；当超过存放期限时，应重新检验确定水泥强度等级；受潮结块的水泥不得使用。外加剂应分类保管，不得混杂，并应存放于阴凉、通风、干燥处；运输时应避免雨淋、日晒和受潮。

（2）刚性防水屋面施工

1）基层要求。刚性防水屋面的结构层宜为整体现浇的钢筋混凝土。当屋面结构层采用装配式钢筋混凝土板时，应用强度等级不小于C20的细石混凝土灌缝，灌缝的细石混凝土宜掺膨胀剂。当屋面板板缝宽度大于40mm或上窄下宽时，板缝内必须设置构造钢筋，灌缝高度与板面平齐，板端缝应用密封材料进行嵌缝密封处理。

2）隔离层施工。刚性防水层在结构层与防水层之间增加一层低强度等级砂浆、卷材、塑料薄膜等材料，可起到隔离作用，使结构层和防水层变形互不约束，以减小防水混凝土产生的拉应力而导致混凝土防水层的开裂。

3）细石混凝土防水层施工，设置分格缝与钢筋网片，分格条安装位置应准确，起条时不得损坏分格缝处的混凝土。当采用切割法施工时，分割缝的切割深度宜为防水层厚度的 3/4。为防止混凝土防水层开裂，一般应在防水层中配置直径为 4～6mm、间距为 100～200mm 的双向钢筋网片，位置以居中偏上为宜。网片可绑扎或焊接，并在分格缝处断开，其保护层厚度不宜小于 10mm。浇筑细石混凝土防水层宜按"先远后近、先高后低"的原则进行。每个分格板块的混凝土应一次浇筑完成，不得留施工缝；抹压时不得在表面洒水、加水泥浆或撒干水泥，混凝土收水后应二次压光。混凝土浇筑后 12～24h 应进行养护，可采用洒水湿润、覆盖塑料薄膜、表面喷涂养护剂等养护方法，也可用蓄水法或覆盖浇水养护法，养护时间不少于 14d，养护初期禁止上人或在上面继续施工。

（3）分格缝密封处理。分格缝可采用嵌填密封材料并加贴防水卷材的方法进行处理。嵌缝工作应在混凝土养护完毕后，用水冲洗干净且达到干燥时进行。缝内和两外侧 100mm 内不得有水泥浮浆等杂物。需密封的板缝在填塞合适的背衬材料后，表面应涂刷基层处理剂，并于当天嵌填密封材料。

8. 细部构造防水处理

屋面防水的节点部位主要包括水落口、天沟、檐沟、伸出屋面管道、变形缝、泛水与卷材收头等，是屋面工程中最容易出现渗漏的薄弱环节，因此，对这些部分均应进行防水增强处理，并做重点质量检查验收。

屋面大面积防水层施工前，应先对节点进行处理，如进行密封材料嵌填、铺设附加层（附加层一般采用卷材或带有胎体增强材料的涂膜）等。有些节点如卷材收头、变形缝等，应在大面积卷材防水层完成后进行。

由于屋面防水层所用材料及施工工艺不同，其节点防水处理也有所不同，下面仅介绍卷材防水屋面部分节点的构造做法，其他防水屋面的节点构造参见《屋面工程技术规范》GB 50345—2012 的相关规定。

（1）水落口

水落口分横式水落口和直式水落口（图 8-75）。水落口埋设标高，应考虑水落口设防时增加的附加层和柔性密封层的厚度及排水坡度加大的尺寸。水落口周围直径 500mm 范

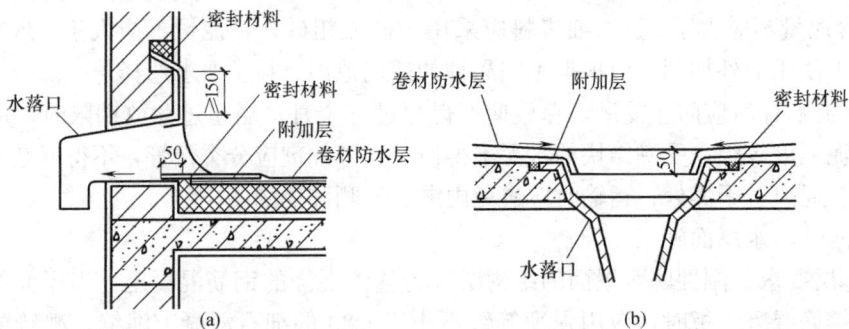

图 8-75　水落口节点构造

（a）横式水落口防水构造；（b）直式水落口防水构造

围内坡度不应小于 5%，并应用防水涂料涂封，其厚度不应小于 2mm。水落口与基层接触处，应留宽 20mm、深 20mm 的凹槽，嵌填密封材料。

（2）天沟、檐沟

天沟、檐沟应增铺附加层。当采用高聚物改性沥青防水卷材或合成高分子防水卷材时，宜设置防水涂膜附加层。天沟、檐沟与屋面交接处的附加层宜空铺，空铺宽度不应小于 200mm。天沟、檐沟卷材收头应固定密封。檐沟节点构造如图 8-76 所示。

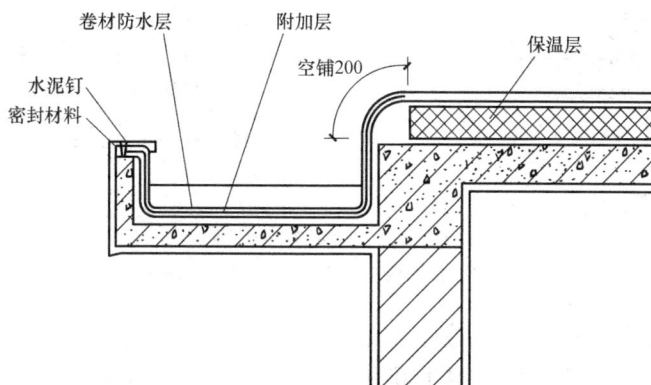

图 8-76　檐沟节点构造

（3）伸出屋面管道

伸出屋面管道周围的找平层应做成圆锥台，管道与找平层间应留凹槽，并嵌填密封材料；防水层收头处应用金属箍箍紧，并用密封材料填严。伸出屋面管道节点构造如图 8-77 所示。

（4）泛水与卷材收头

泛水是指屋面与立墙的转角部位。泛水收头应根据泛水高度和泛水墙体材料，确定其密封形式，铺贴泛水处的卷材应采用满粘法。泛水宜采取隔热防晒措施，可在泛水卷材面砌砖后抹水泥砂浆或浇筑细石混凝土保护，也可采用涂刷浅色涂料或粘贴铝箔保护。泛水节点构造如图 8-78 所示。

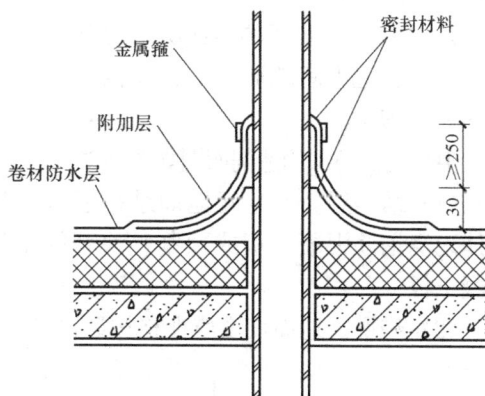

图 8-77　伸出屋面管道节点构造

墙体为砖墙时，卷材收头可直接铺至女儿墙压顶下，用压条钉压固定并用密封材料封闭严密，压顶应做防水处理；卷材收头也可压入砖墙凹槽内固定密封，凹槽距屋面找平层高度不应小于 250mm，凹槽上部的墙体应做防水处理。墙体为混凝土时，卷材收头可采用金属压条钉压，并用密封材料封固。

8.7.2　厨房、卫生间防水工程施工

住宅中穿过楼地面或墙体的上下水管道一般都集中明敷在厨房或卫生间，使本来就面积较小、空间狭窄的厕浴间和厨房形状更加复杂，在这种条件下，如仍用卷材做防水层，则很难取得良好的效果。因为卷材在细部构造处需要剪口，形成大量搭接缝，很难封闭严

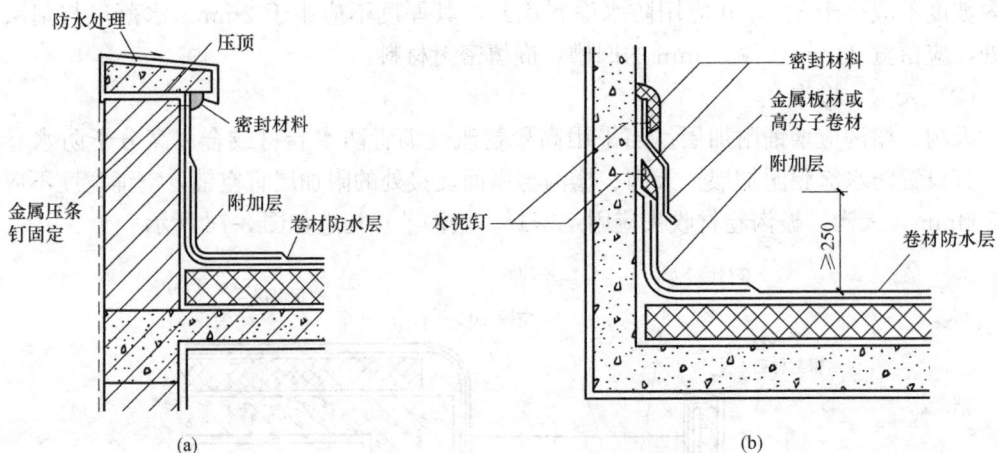

图 8-78　泛水节点构造

（a）砖墙泛水构造；（b）混凝土墙泛水构造

密和粘结牢固，防水层难以连成整体，比较
容易发生渗漏事故。因此，根据卫生间和厨
房的特点，应用柔性涂膜防水层和刚性防水
砂浆防水层，或两者复合的防水层，方能取
得理想的防水效果。

1. 厨房、卫生间的地面防水构造

厨房、卫生间地面防水构造的一般做法
如图 8-79 所示。

卫生间的防水构造剖面图如图 8-80 所示。

（1）结构层。卫生间地面结构层宜采用
整体现浇钢筋混凝土板或预制整块开间钢筋
混凝土板。

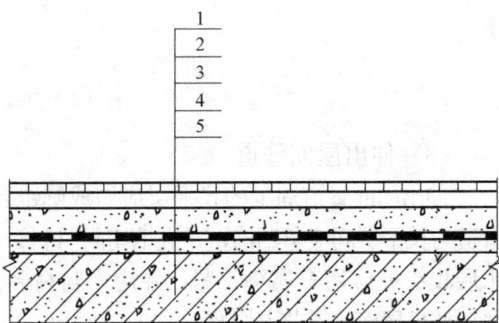

图 8-79　厨房、卫生间地面构造的一般做法

1—地面面层；2—防水层；3—水泥砂浆找平层；

4—找坡层；5—结构层

（2）垫层。地面坡度应严格按照设计要求施工，做到坡度准确、排水通畅。

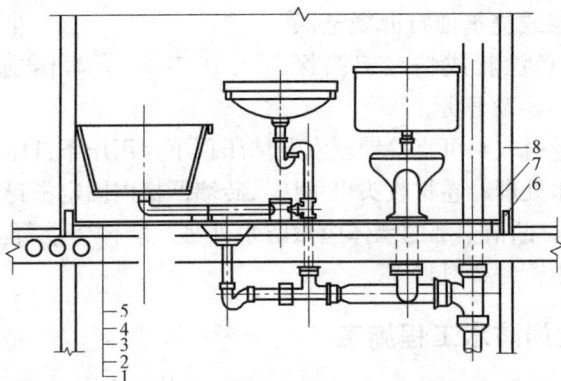

图 8-80　卫生间防水构造剖面图

1—结构层；2—垫层；3—找平层；4—防水层；5—面层；6—混凝土防水台（高出地面100mm）；

7—防水层（与混凝土防水台同高）；8—轻质隔墙板

152

（3）找平层。找平前清理基层并浇水湿润，但不得有积水，找平时边扫水泥浆边抹水泥砂浆，做到压实、找平、抹光，水泥砂浆宜掺防水剂，以形成一道防水层。

（4）防水层。由于厨房、卫生间管道多，工作面小，基层结构复杂，故一般采用涂膜防水材料较为适宜，应根据工程性质和使用标准选用。

（5）面层。地面装饰层按设计要求施工，一般采用 1∶2 水泥砂浆、陶瓷锦砖和防滑地砖等。

2. 厨房、卫生间地面防水层施工

厨房、卫生间主要采用涂膜防水或聚合物水泥砂浆防水，这两种防水做法均能够使地面和墙面形成一个连续、无缝、封闭严密的整体防水层，涂膜防水层一般选用聚氨酯防水涂膜和氯丁胶乳沥青防水涂膜等。

下面以双组分聚氨酯防水涂膜防水层施工为例进行介绍，双组分聚氨酯防水涂料是一种化学反应固化型的合成高分子防水涂料，多以甲、乙双组分形式使用。其优点是粘结牢固，封闭严密，固化成膜后体积收缩小，易形成连续、弹性、无缝、整体的涂膜防水层；涂膜抗拉强度高、延伸率大，对基层伸缩或开裂变形适应性强；缺点是成本较高，双组分材料须现场按配比准确计量、混合搅拌。

（1）管道、地漏就位。防水施工前，先将厨房、卫生间各种配管完成。所有立管、套管、地漏等构件必须就位正确，安装牢固，不得有任何松动现象。特别是地漏，标高必须准确，否则无法保证排水坡度（图 8-81 和图 8-82）。

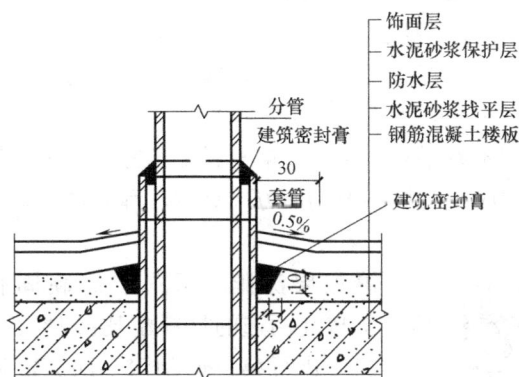

图 8-81　卫生间套管防水构造　　　　图 8-82　卫生间地漏防水构造

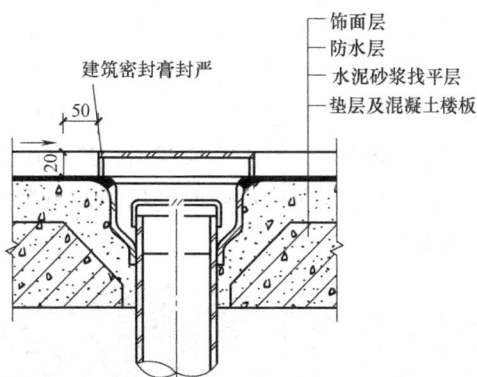

（2）堵洞、管根围水试验。所有楼板的管洞、套管洞周围的缝隙均应用掺加膨胀剂的细石混凝土浇灌密实抹平；孔洞较大时，应采用吊模浇筑膨胀混凝土。待全部处理完毕后进行管根围水试验，24h 无渗漏，方可进行下道工序施工。

（3）基层处理。厨房、卫生间的防水基层必须用 1∶3～1∶2.5 的水泥砂浆做找平层，收水后应二次压光并充分养护。要求找平层表面坚实，无空鼓、起砂、掉灰现象。

找平层排水坡度必须符合设计要求，抹找平层时可在管道根部原标高基础上提高 5～10mm 坡向地漏；在地漏周围做成略低于地面的洼坑，一般为 5mm。卫生间转角墙下水管防水构造如图 8-83 所示。

找平层坡度以 1%～2% 为宜，阴阳角处抹成半径小于 10mm 的小圆弧，管道、套管

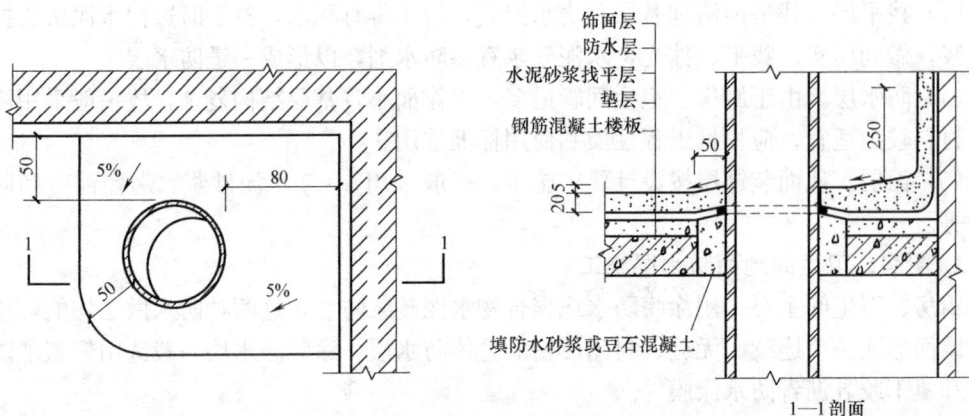

图 8-83　卫生间转角墙下水管防水构造

根部、地漏周围应留 10mm 宽的小槽，待找平层干燥后用嵌缝材料进行嵌填、补平。

（4）聚氨酯涂膜防水层施工。

涂刷底胶，将聚氨酯甲、乙两组分和二甲苯按比例配合搅拌均匀，即可使用。用滚动刷或油漆刷蘸底胶均匀地涂刷在基层表面，涂刷后应干燥 4h 以上，才能进行下一工序的操作。

细部增强涂刷，将聚氨酯涂膜防水材料按比例混合搅拌均匀（一般按质量比），用油漆刷蘸涂料在地漏、管根、阴阳角和出水口等容易漏水的薄弱部位均匀涂刷，不得漏刷。地面与墙面交接处，涂膜防水上翻到墙上做 100mm 高。

第一层涂膜。将防水涂料按比例配制后，倒入拌料桶中，用电动搅拌器搅拌均匀，用橡胶刮板或油漆刷刮涂一层涂料，厚度要均匀一致，从内往外退着操作。

第二层涂膜。第一层涂膜后，涂膜固化到不黏手时，按第一遍材料配比方法，进行第二遍涂膜操作，为使涂膜厚度均匀，刮涂方向必须与第一遍刮涂方向垂直，刮涂量与第一遍相同。

图 8-84　厨房、卫生间防水层施工示意

第三层涂膜。第二层涂膜固化后，仍按前两遍的材料配比搅拌好涂膜材料，进行第三遍刮涂，涂完之后未固化时，可在涂膜表面稀撒干净的直径 2～3mm 粒径的石渣，以增加与水泥砂浆覆盖层的粘结力。对于卫生间的墙身防水高度应不低于 1.8m。厨房、卫生间防水层施工示意如图 8-84 所示。

（5）防水质量检查。

当聚氨酯涂膜防水层完全固化后，应做防水质量检查。根据现行《建筑地面工程施工质量验收规范》GB 50209 的规定，地面防水层应采用蓄水方法检查，蓄水深度最浅处不得小于 10mm，蓄水时间不得少于 24h；有防水要求的建筑地面的面层应采用泼水方法检查。

8.8　设备、设施安装施工

设备、设施安装工程对提高农房品质，完善农房功能，提高农村供水安全保障能力，实现供水入农房，推动村民日常照明等用能绿色低碳转型有很大的帮助。

8.8.1　电气工程安装

在房屋建筑施工时，注意做好各系统电气预埋，灯盒埋盒的工作，预埋楼面电管时，要在钢筋铺设时再装，所有的管口要埋塞，过线盒和灯盒用泥土填满，以图纸设计方位安装，有与实际不符时，应及时请示监理和甲方确定方案。拆模后要及时派人处理已安装的灯盒和过线盒，暗敷的阴燃塑料管采用套管连接。由于阴燃塑料管容易被压损或折裂，在施工时必须采取有效的保护措施。特别是在浇筑混凝土时，电工人员必须到场跟班监护；墙体砌砖时，要派有经验的专人负责，配合安装工程预埋。开关盒和电管、插座、开关标高要符合要求，保持高度一致。

1. 配电箱的安装

配电箱包括明箱和暗箱，暗箱装配电箱根据预留洞尺寸，找好标高、水平、竖直，并将箱体用砂浆填实周边，明装箱量好尺寸，用膨胀螺栓固定，不破坏箱面油漆，水平端正不歪斜。配电箱的安装要注意配电箱的底部距离地面应符合设计要求和规范要求，导线剥削处不应损伤线芯，导线压头应牢固可靠，导线引出面板时，面板线孔应光滑无毛刺，金属面板应装设绝缘保护套，配电箱内盘面闸具位置应与支线相对应，其下面应装设卡片框架，标明回路名称。

2. 电线管路敷设

施工人员必须认真熟悉图纸，严格按设计要求的管线规格、型号及敷设方式进行施工。根据设计图纸要求，配合土建施工做好各楼层的暗管敷设。关于管路的连接、防腐、弯曲半径、弯扁度、跨接地线、保护层、固定盒位置、标高、管口处理等要符合施工规范。在施工过程中应认真加强看护，保证管路畅通，及时做好自检、互检、隐检工作，并及时报验监理，保证施工符合实际和规范要求。

3. 灯具安装

灯具安装前，应对灯具进行外观检查，完好无损的灯具方可使用，根据灯具的安装场所，检查灯具是否符合要求，灯内配线是否符合设计及工艺标准，检查标志灯的指示方向是否正确，应急灯是否可靠灵敏，3kg以上的灯具须埋吊钩或螺栓，预埋件必须牢固可靠。走廊的吊灯低于2.4m处，灯具金属外壳应做良好接地处理，灯具安装牢固、端正，位置正确。

4. 开关、插座安装

插座安装采用"左零右火"方式，开关接线采用"上开下关"方式，并要求水平牢固。开关接线时，应将盒内导线理顺，依次接线后，将盒内导线盘成圆圈，放置于开关盒内，单相三孔或三相四孔的接地或接零线均应在上方。

5. 防雷工程

接地体顶面埋设深度符合设计要求，当无要求时，不应小于0.6m，角钢及接地体应垂直配置。除接地体外，接地体引出线的垂直部分和接地体装置焊接部位应进行防腐处理；在做防腐处理前，表面必须除锈并去掉焊接处残留的焊药。

8.8.2 给水排水工程安装

在基础和主体施工阶段，除配合土建预埋预留外，必须做好安装前的准备工作，如熟悉施工图、技术交底、备料、管道支架加工、管件加工、管道除锈、刷油防腐等工作。当土建主体施工达到一定程度并具备安装条件时，即可进行管道安装。管道安装一般按自下而上、分层安装的原则进行。

1. 管道安装工艺流程

（1）给水管道安装工艺流程：

安装准备→预制加工→立管安装→干管安装→支管安装→管道水压试验、冲洗→管道防腐。

（2）排水管道安装工艺流程：

安装准备→管道预制→立管安装→干管安装→支管安装→灌水、通水试验。

2. 给水管道安装要点

（1）各种管材、管件、阀门、设备及组件必须符合设计要求和具备产品合格证。

（2）干管安装时，一般从总进水口开始操作。总进水口端头需加装好临时堵板以备试压用，对大口径的管道，则用法兰连接，管道安装前要清扫管腔，安装时要找直找平，要复核甩口位置、方向和变径是否正确，对于暂留的管口要加装临时堵头。

（3）立管安装时，先从上至下统一吊线，均匀固定好管卡，再将预制好的立管按编号分层排列，由下到上按顺序安装，并复核预留甩口的高度、方向是否正确，如为钢管时，外露丝扣、焊缝和镀锌层破损处要刷好防锈漆。支管甩口要加装临时堵头，立管上阀门安装朝向要合理，要便于操作和维修，安装时，要用线坠吊直找平。

（4）支管安装时，将预制好的支管从主管甩口处依次逐段进行安装。如有阀门应将阀门盖卸下再安装。在有阀门处需加装活接头，以便日后维修。要核定不同卫生洁具的吸水预留口高度和位置，找平找正后埋好支管管卡，安装好支管，并上好临时堵头。

（5）管道的安装过程以 PPR 管安装为例进行介绍。

1）水管安装之前需要准备熔接机、剪刀、记号笔、直尺和清洁用毛布等，熔接机需要有可靠接地措施；安装熔接头并检查，规格正确、连接牢固可靠后方可通电；红色指示灯点亮表示正在加温，绿色指示灯点亮表示可以熔接；检查管材、管件的规格尺寸是否符合规定要求；一般家庭安装不推荐使用埋地暗敷方式，而是采用嵌墙或嵌埋天花板的暗敷方式。

2）熔接之前需要清洁管材熔接表面和管件承口表面，不能有各种污渍（图 8-85）；管材端口在一般情况下应切除 20～30mm 长度，如有细微裂纹则必须切除 40～50mm 长度。

3）水管管材熔接之前需要在管材表面划出一段沿管材纵向长度不小于最小承插深度的圆周标线，如图 8-86 所示。

4）水管熔接加热。将管材管件匀速地推进熔接模套和模芯，管材推进深度至标志线，管件推进深度至承口端面与模芯终止端面平齐；推进过程中不能有旋转、倾斜等现象，如

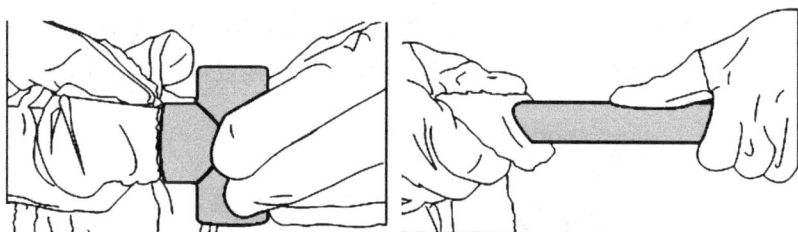

图 8-85 清洁家装水管管材

图 8-87 所示；加热时间按照标准规定执行，冬天一般延长加热时间 50%。

5）管材、管件对接插入及调整。对接插入时速度尽量快一些，防止水管表面过早地硬化；对接插入时允许有不大于 5°的角度调整，但是必须在规定的调整时间内完成，对接插入时不允许管材、管件之间有相对的旋转运动，如图 8-88 所示。

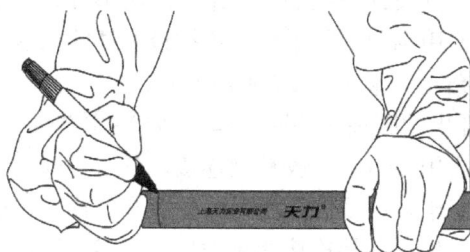

图 8-86 划线

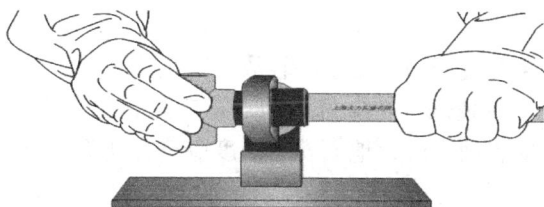

图 8-87 管道熔接

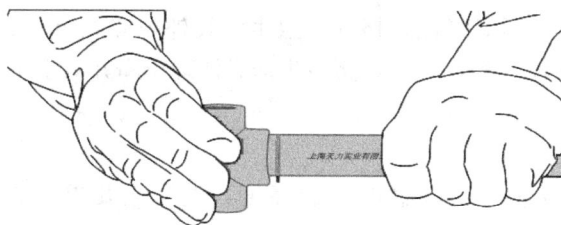

图 8-88 管道对接插入

6）水管定型及冷却。在允许的调整时间过后，管材和管件之间应保持相对静止，不允许再有任何相对移位；冷却应采用自然方式较合理，禁止使用水、冰等冷却物强行冷却。

（6）管道安装完毕后需要在常温下状态调节规定的时间后方可进行试压，一般采用试压泵（图 8-89）进行管道试压，试压充水时应在管道的最高点安装排气口，只有当管道内的气体完全排放完毕后方可进行试压；一般冷水管道验收压力为系统工作压力的 1.5 倍，热水管试验压力为系统工作压力的 2.0 倍，保压时间不小于 1 小时，压力下降不允许大于 6%。试压用的管堵属试压专用，在试压完毕后应更换成可长久使用的金属管堵。

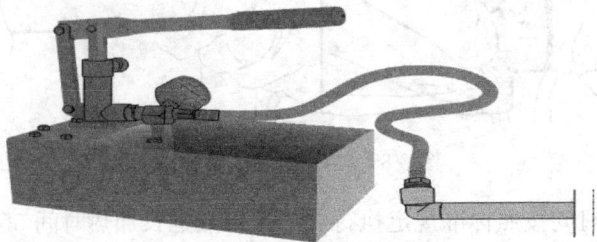

图 8-89 试压泵

3. 排水管道安装要点

排水管道预制时，需根据设计图纸要求并结合现场情况，量好管道尺寸。塑料排水管施工时，管道断口的毛刺要用刮刀清除平滑，承插口和插管的连接部位要将水分和灰尘擦拭干净，要用毛刷涂抹胶粘剂，插入粘结时需将插口稍做转动。以利胶粘剂分布均匀，30～60s 粘牢后应及时将溢出的胶粘剂清除干净，多口粘连时应注意预留口方向。

室内排水管及雨水管采用塑料管，胶粘剂连接，各卫生间的排水横支管采用集中或在现场预制组装，接口胶粘完毕，应根据胶粘剂的性能和气候条件静置至接口固化后方能吊装就位，伸至楼板上的与卫生设备相连接的承插口应临时用泡沫塑料或水泥袋纸堵好，以防施工时杂物落入管腔堵塞管道，塑料排水管每隔 4m 应设一个伸缩节，塑料排水管堵塞时，不得使用带有锐边尖口的机具清通。

4. 卫生洁具安装

卫生洁具在检验和搬运过程中，要小心轻放，防止磕碰，检验完的产品应重新进行包装、分类、分型号规格，单独码放，应选好地点，应防止上部有重物砸下，周围应有围护，各卫生器具安装要求表面平整、地面安装高度应符合规范要求。

（1）卫生洁具及配件预装

卫生洁具及配件在进入施工现场前已经过进行检验，但是在保管和搬运过程中，也会有意外地损伤，所以卫生洁具安装前，应 100% 进行检验，应核对卫生洁具的型号、规格是否符合设计要求，是否具备产品合格证，卫生洁具外观应规矩、造型端正、表面光滑、美观、无裂纹，边缘平滑，色调一致，将卫生洁具清理干净并对卫生洁具部分配件进行集中预装。

（2）脸盆安装

脸盆支架的安装应能满足脸盆的安装高度，设计无要求时自地面至器具上边缘800mm，支架在墙上孔洞位置的确定，脸盆甩口中心垂直于墙面，划出垂直线，支架的固定方式一般采用膨胀螺栓。对脸盆及配件进行检验，主要进行外观检查有无损伤，盆是否周正，下水口的圆度，塑料配件的圆度和硬度等，然后将脸盆清洗干净。脸盆配件预装部分包括冷水、热水嘴安装、上下水口的安装，脸盆水嘴的安装应注意冷热水嘴的方向位置，应为左热右冷，成套的冷热水嘴一般都有成品橡胶垫。然后清理下水甩口周边卫生，检查管道甩口封堵情况，将堵头去掉，用手电检查甩口管内是否有异物，必要时进行通水，检查是否通畅，自检支架安装位置，如果没有问题将脸盆放在支架上测量脸盆的安装高度和水平，如有误差可以进行微量的调整，直到符合质量标准为止。稳装后的脸盆再进行给水连接管的安装。

（3）地漏安装

地漏安装应平正，无渗漏，地漏应安装在地面最低处，其箅子顶面应低于设置处地面5mm。地漏水封深度不得小于50mm，扣碗安装位置正确，并开启灵活，地漏要做好防腐处理。

（4）坐便器安装

坐便器在地面施工完成后安装，检查排水管下水口周围清理干净，取下临时堵头，检查管内有无杂物，墙面与排水甩口划垂直中心线，将坐便器出水口对准预留的污水管口放平、放正，在坐便器两侧固定螺孔处画好印记，移去坐便器，在画好的印记上钻孔，安装膨胀螺栓或开脚螺栓，螺栓规格应与坐便器上的孔相匹配，坐便器安装时，将坐便器配套密封圈轻轻压实，用水平尺校平、找正，然后在固定螺栓上以铅垫圈并拧紧，固定后在固定螺栓上加装饰罩。水箱安装应对准坐便器尾部中心，在墙上画好垂直中心线，按水箱的高度在墙上标出水箱固定孔位置，螺栓加垫拧紧。给水阀与给水横管的连接采用螺栓连接，与水箱的连接采用铜管，用格林接头装紧。

卫生洁具安装后，应进行盛水试验，检验给水、排水各接口是否渗漏，排水是否畅通。浴盆做盛水试验时，水应放至溢水孔处。坐便器的水箱盛水量放至控制水位。盛水试验的时间为24h，以不渗不漏为合格。

第九章 乡村建筑修缮技术

房屋建筑在经过一段时间使用后，会造成饰面的损坏，此外也有房屋结构或基层等损坏而造成饰面缺陷。房屋的结构损坏需要由专业公司和专业人士利用专业设备来完成检查和修复，而房屋的装饰损坏一般只需要查找到原因并进行简单的维修即可。

9.1 农村房屋的查勘与鉴定

9.1.1 农村住房鉴定的基本知识

农村住房的安全性鉴定，以定性判断为主。根据房屋主要构件的危险程度和影响范围评定其危险程度等级，结合防灾措施鉴定对房屋的基本安全作出评估。

鉴定以现场检查为主，并结合入户访谈、走访建筑工匠等方式了解房屋建造和使用情况。

农村住房的查勘可分结构、装修和设备三大部分。设备的查勘一般委托专业单位负责。

1. 房屋查勘的顺序和方法

房屋查勘工作首先应根据查勘的目的制定查勘方案。一般采取"从外部到内部，从屋顶到底层，从承重构件到非承重构件，从表面到隐蔽，从局部到整体"的查勘顺序，也可以根据房屋的现场条件、环境情况、结构现状等，进行局部或重点的查勘。房屋查勘的方法很多，常见的方法有：直观检查法；仪器检查法；计算分析法；荷载试验法；重复观测检查法等。

直观检查法：是指以目测和简单工具查勘房屋的完损情况，以经验判断构件和房屋的危、损原因和范围、等级。此法可概括为"听、看、问、查、测"五个字，"听"：即查勘人员要耐心听取房屋使用人的反映；"看"：观察房屋的外形、墙壁、门窗以及结构构件的表面情况；"问"：详细询问用户有关房屋损坏原因等情况，获得对查勘有帮助的资料；"查"：是对房屋承重结构如屋架、梁、柱、板等，进行仔细查勘；"测"：是对基础下沉、房屋倾斜、墙壁凹凸、屋架或梁变形等直观现象，借助仪器进行测量。

仪器检查法：是指用经纬仪、水准仪、激光准直仪等检查房屋的变形、沉陷、倾斜等；用回弹仪枪击法、撞击法、敲击法等机械方法进行非破损性检验。

计算分析法：是将查勘的有关资料和测量结果，运用结构理论加以计算和分析，从而对房屋作出评定的一种方法。

房屋查勘结束时要填写《房屋安全普查记录表》，见表9-1。

2. 农村住房安全性鉴定应按下列程序进行

(1) 场地安全性鉴定。核查场地是否为地质灾害易发区，结合场地周边环境调查情况，进行安全性鉴定，鉴定结果分为危险和基本安全两个等级。

房屋安全普查记录表　　　　编号：　　　　　　表 9-1

房屋地址				结构		层数		建造年代	
建筑面积		总建筑面积		户数		人数			
住宅面积		非住宅面积		留房部位面积					
房屋用途		产别		产权人		联系电话			

危房部位记录(附照片)

年份	历年修缮情况记录
初评	检查人		等级	
复评	检查人		等级	
备注	

（2）房屋基本情况调查。结合现场查勘，收集农户基本信息和房屋信息。

（3）房屋组成部分危险程度鉴定。对房屋各组成部分现状进行现场调查、查勘和检测，包括地基基础、上部承重结构和围护结构，分别鉴定其危险性，鉴定结果分为 A、B、C、D 四个等级。

（4）房屋整体危险程度鉴定。对房屋各组成部分危险程度鉴定分级情况进行汇总，确定房屋整体危险性，鉴定结果分为 A、B、C、D 四个等级。

（5）防灾措施鉴定。检查房屋是否采取防灾措施，并对防灾措施完备情况进行调查，鉴定结果分为具备防灾措施、部分具备防灾措施和完全不具备防灾措施 3 个等级。

（6）处理建议。对被鉴定的房屋，根据房屋整体危险程度鉴定和防灾措施鉴定结果，综合考虑安全性提升加固改造措施，提出原则性的处理建议。

（7）出具鉴定报告。农村住房安全性鉴定报告内容应包括农户和房屋基本信息，房屋组成部分危险程度鉴定情况，房屋整体危险程度鉴定和防灾措施鉴定情况，并根据鉴定结果提出处理建议，附房屋简图和现场照片。

（8）争议处理。当农村住房安全性鉴定结论存在争议时，应委托专业机构进行仲裁鉴定。如图 9-1 所示。

（9）在房屋组成部分危险程度鉴定基础上，对房屋整体危险程度进行鉴定，按下列等级划分。

A 级（无危险点）：结构能满足安全使用要求，承重构件未发现危险点，房屋结构安全。

B 级（有危险点）：结构基本满足安全使用要求，个别承重构件处于危险状态，但不影响主体结构安全。

C 级（局部危险）：部分承重结构不能满足安全使用要求，局部出现险情，构成局部危房。

D 级（整体危险）：承重结构已不能满足安全使用要求，房屋整体出现险情，构成整

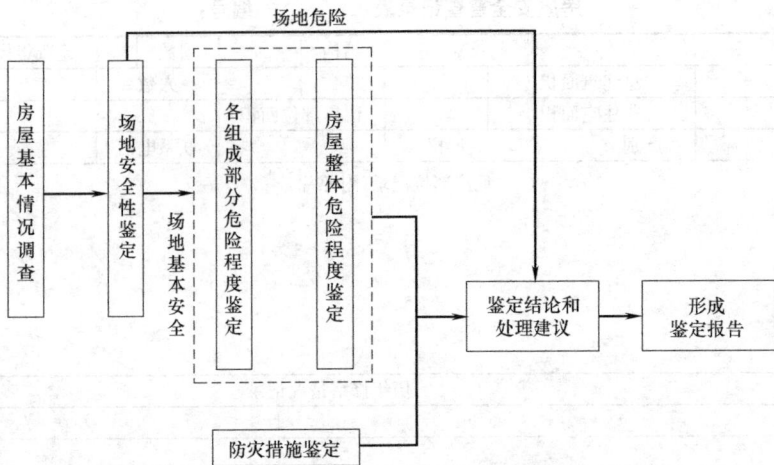

图 9-1 农村住房安全性鉴定程序

幢危房。

当既有房屋建设场地被判定为危险时，可直接鉴定为 D 级，提出迁址重建建议。

当房屋外观破坏程度严重或濒于倒塌的房屋，可不再对房屋内部进行检查，可直接鉴定为 D 级。

3. 房屋外部检查的重点

（1）房屋周边环境情况。

（2）房屋的层数、高度、平立面布置、主要建筑材料、楼（屋）盖形式等。

（3）地基基础的稳定和变形情况。

（4）房屋是否有整体倾斜、变形。

（5）房屋外观损伤和破坏情况。

4. 房屋内部检查的重点

房屋内部检查时，应首先结合外部检查确定房屋结构体系，然后对主要构件进行外观缺陷、损伤及破坏情况的检查。对各类构件的检查要点如下：

（1）承重墙体、柱、梁、楼板、屋盖构件的材质、规格尺寸，有无受力或变形裂缝及程度等。

（2）各承重构件之间的连接构造节点做法及现状，有无拉脱、松动、变形等。

（3）木构架承重房屋的刚性围护墙及其与承重木构架的连接。

（4）判定墙体裂缝性质时，应注意区分抹灰层等装饰层的损坏与构件本身的损坏，必要时应剔除其装饰层进行核查。

9.1.2 房屋组成部分危险程度鉴定

房屋由地基基础、承重构件、围护（分隔）构件、木屋架和楼（屋）盖等组成，各组成部分包括多个构件，危险程度鉴定时以危险程度最高的构件来判定组成部分的危险等级。应因地制宜，根据房屋结构体系确定主要构件并进行危险程度鉴定。

1. 地基基础鉴定

地基基础鉴定以现状鉴定为主，着重检查外露基础现状情况，上部结构有无因不均匀沉降引起的裂缝、沉降等，按下列等级进行划分：

Ａ级：上部结构无不均匀沉降裂缝和倾斜，外露基础完好；地基、基础稳定。

Ｂ级：上部结构有轻微不均匀沉降裂缝，外露基础基本完好；地基、基础基本稳定。

Ｃ级：上部结构出现明显不均匀沉降裂缝，或外露基础明显腐蚀、酥碱、松散和剥落。

Ｄ级：上部结构不均匀沉降裂缝严重，且继续发展尚未稳定，或已出现明显倾斜；基础局部或整体塌陷。

2. 砌体墙鉴定

砌体墙鉴定主要检查砌筑质量、外观现状等，按下列等级进行划分：

Ａ级：砌筑质量良好，无裂缝、剥蚀、歪斜；纵横墙交接处咬槎砌筑。

Ｂ级：砌筑质量一般，部分墙体有轻微开裂或剥蚀；纵横墙交接处无明显通缝。

Ｃ级：砌筑质量差，墙体普遍开裂，剥蚀严重；纵横墙体脱闪；个别墙体歪斜；承重墙体厚度≤120mm。

Ｄ级：墙体严重开裂，部分墙体严重歪斜；局部倒塌或有倒塌危险。

当小型混凝土空心砌块墙未按要求设置芯柱时，结合质量现状，应判定为Ｃ级或Ｄ级。

3. 石砌墙体鉴定

石砌墙体鉴定主要检查砌筑质量、砌筑方式、外观现状等，按下列等级进行划分：

Ａ级：石料规整，砌筑质量良好；无空鼓、歪斜；纵横墙交接处咬槎砌筑。

Ｂ级：石料基本规整，砌筑质量一般；墙体有轻微开裂或空鼓；纵横墙交接处无明显通缝。

Ｃ级：石料规整性差，砌筑质量差；墙体普遍开裂，明显空鼓，部分石料松动；纵横墙体脱闪，个别墙体歪斜。

Ｄ级：墙体严重开裂；部分墙体严重歪斜；局部倒塌或有倒塌危险。

当墙体采用乱毛石、鹅卵石砌筑，或砌筑砂浆为泥浆或无浆干砌时，应判定为Ｃ级或Ｄ级。

4. 生土墙体鉴定

生土墙体鉴定主要检查砌筑（夯筑）质量、砌筑方式、外观现状等，按下列等级进行划分：

Ａ级：土坯墙块体规整、砌筑质量良好，夯土墙夯筑质量好，干缩裂缝较少。墙面无剥蚀、空鼓；纵横墙交接处咬槎砌筑。

Ｂ级：土坯墙砌筑质量或夯土墙夯筑质量一般，干缩裂缝较多但不严重；受力裂缝轻微；墙面轻微剥蚀或空鼓；纵横墙交接处无明显通缝。

Ｃ级：墙体砌筑或夯筑质量差，干缩裂缝严重并出现明显受力裂缝；墙面明显剥蚀，空鼓严重；纵横墙体脱闪，个别墙体歪斜。

Ｄ级：墙体严重开裂；部分墙体严重歪斜，局部倒塌或有倒塌危险。

处于长期受潮状态或周边排水不畅的生土墙体，应判定为Ｃ级或Ｄ级。

5. 承重木结构鉴定

承重木构架鉴定主要检查木柱、梁、檩等各构件的现状及榫卯节点连接情况，按下列等级进行划分：

Ａ级：无腐朽或虫蛀；构件无变形；有轻微干缩裂缝；榫卯节点良好。

Ｂ级：轻微腐朽或虫蛀；构件有轻微变形；构件纵向干缩裂缝深度超过木材直径的

1/6；榫卯节点基本良好。

C级：明显腐朽或虫蛀；梁、檩跨中明显挠曲或出现横向裂缝，梁檩端部出现劈裂；柱身明显歪斜；木柱与柱基础之间错位；构件纵向干缩裂缝深度超过木材直径的1/4；榫卯节点有破损或有拔榫迹象；承重柱存在接柱或转换情况且未采取可靠连接措施。

D级：严重腐朽或虫蛀；梁、檩跨中出现严重横向裂缝；柱身严重歪斜；木柱与柱基础之间严重错位；构件纵向干缩裂缝深度超过木材直径的1/3；榫卯节点失效或多处拔榫。

6. 梁、板、柱等混凝土构件鉴定

梁、板、柱等混凝土构件的鉴定主要检查质量现状，按下列等级进行划分：

A级：表面平整，或仅有少量微小开裂或个别部位剥落；钢筋无明显露筋、锈蚀；预制板端部支承稳固，采取加强连接措施。

B级：表面轻微开裂或局部剥落；个别部位钢筋露筋、锈蚀；预制板端部支承基本稳固。

C级：保护层剥落严重；钢筋露筋、锈蚀，出现明显锈胀裂缝；梁、板出现明显受力裂缝和变形；预制板端部支承长度不足。

D级：保护层剥落非常严重；部分钢筋外露；梁、板出现严重受力裂缝和变形；预制板端部支承长度严重不足，有坠落危险。

7. 围护墙体鉴定

围护墙体鉴定主要检查刚性围护墙及其与承重木构架连接现状，围护墙体质量鉴定根据墙体类别参见以上各条要求，按下列等级进行划分：

A级：围护墙与承重木柱间有拉结措施；山墙、山尖墙与木构架或屋架有墙揽拉结；内隔墙顶与梁或屋架下弦有拉结。

B级：采取部分拉结措施；围护墙与承重木柱之间未出现明显通缝。

C级：无拉结措施；贴砌山墙、山尖墙与屋架分离；围护墙体与承重木柱之间出现明显竖向通缝。

D级：无拉结措施；贴砌山墙、山尖墙与屋架分离且有明显外闪；围护墙体与承重木柱之间脱闪。

8. 木屋架鉴定

木屋架鉴定主要检查各构件的现状以及节点连接情况，按下列等级进行划分：

A级：无腐朽或虫蛀；无变形；自身稳定性良好，没有平面内变形和平面外偏斜；榫卯节点良好。

B级：轻微腐朽或虫蛀；有轻微变形；自身稳定性尚可，有轻微平面内变形或平面外偏斜；榫卯节点基本良好。

C级：明显腐朽或虫蛀；下弦跨中出现横纹裂缝；端部支座移位或松动；出现明显平面内变形或平面外歪斜；榫卯节点有破损、松动或有拔榫迹象。

D级：严重腐朽或虫蛀；下弦跨中出现严重横纹裂缝；端部支座失效；出现平面内严重变形或平面外严重歪斜；榫卯节点多处拔榫。

9. 楼（屋）盖鉴定

楼（屋）盖鉴定主要检查构件现状，按下列等级进行划分：

A级：楼（屋）面板无明显受力裂缝和变形；椽、瓦完好；屋面无渗水现象。

　　B级：楼（屋）面板有轻微裂缝但无明显变形；瓦屋面局部轻微沉陷，椽、瓦小范围损坏；屋面小范围渗水。

　　C级：楼（屋）面板明显开裂和变形；瓦屋面出现较大范围沉陷，椽、瓦较大范围损坏；屋面较大范围渗水。

　　D级：楼（屋）面板开裂严重，部分塌落；瓦屋面大范围沉陷，椽、瓦大范围严重损坏；屋面大范围渗水漏雨。

9.1.3　房屋整体危险程度鉴定

　　在各组成部分危险程度鉴定结果基础上，结合房屋宏观情况进行综合判定，确定其整体危险程度等级：

　　A级：房屋各组成部分各项均为A级，即房屋没有损坏，整体现状基本完好。

　　B级：房屋各组成部分至少一项为B级，即房屋出现轻微破损，存在轻度危险。

　　C级：房屋各组成部分至少一项为C级，即房屋出现中度破损，存在中度危险。

　　D级：房屋各组成部分至少一项为D级，即房屋出现严重破损，存在严重危险。

　　生土墙体承重、砖土混合承重房屋，泥浆砌筑的砖木、石木结构房屋，即使观感完好，但存在潜在原始缺陷，不应评为A级。

9.1.4　防灾措施鉴定

　　在进行房屋危险程度鉴定的同时，应进行防灾措施鉴定，鉴定结果分为具备防灾措施、部分具备防灾措施、完全不具备防灾措施3个等级。应因地制宜根据主要灾种提出防灾措施鉴定要求。8度及以上高地震烈度区应对抗震构造措施着重进行鉴定。

　　抗震构造措施鉴定主要检查以下项目是否符合，进行综合判断并分级：

　　（1）墙体承重房屋基础埋置深度不宜小于500mm，8度及以上设防地区应设置钢筋混凝土圈梁。

　　（2）8度及以上设防地区，砌体墙承重房屋四角应设置钢筋混凝土构造柱。

　　（3）8度及以上设防地区的房屋，承重墙顶或檐口高度处应设置钢筋混凝土圈梁；6度、7度设防地区的房屋，宜根据墙体类别设置钢筋混凝土圈梁、配筋砂浆带圈梁或钢筋砖圈梁；现浇钢筋混凝土楼板可兼做圈梁。

　　（4）8度及以上设防地区，端开间及中间隔开间木构（屋）架间应设置竖向剪刀撑，檐口高度应设置纵向水平系杆。

　　（5）承重窗间墙最小宽度及承重外墙尽端至门窗洞边的最小距离不应小于900mm。

　　（6）承重墙体最小厚度，砌体墙不应小于180mm，料石墙不应小于200mm，生土墙不应小于240mm。

　　（7）后砌砖、砌块等刚性隔墙与承重结构应有可靠拉结措施。

　　生土承重结构、砖木混杂结构等应鉴定为"部分具备防灾措施"或"完全不具备防灾措施"。

9.1.5　处理建议

　　经鉴定为局部危房或整幢危房时，应按下列方式进行处理：

（1）经鉴定为 C 级危房的农村住房，鼓励因地制宜进行加固维修，解除危险。

（2）经鉴定为 D 级危房，确定已无修缮价值的农村住房，应拆除、置换或重建。

（3）经鉴定为 D 级危房，短期内不便拆除又不危及相邻建筑和影响他人安全时，应暂时停止使用，或在采取相应的临时安全措施后，改变用途不再居住，观察使用。

（4）有保护价值的 D 级传统民居及有历史文化价值的建筑等，应专门研究后确定处理方案。

（5）确定加固维修方案时，应将消除房屋局部危险与抗震构造措施加固综合考虑。

（6）当条件允许时，加固维修宜结合房屋宜居性改造和节能改造同步进行。

9.2　墙体修缮技术

9.2.1　砌体工程的维修

在结构强度稳定性能够保证的条件下，根据使用要求、美观要求和房屋耐久性的要求可对砖砌体工程进行一般的维修。如表面保护性抹灰层损坏、砌体材料表面因腐蚀、风化产生剥落、砂浆粉化或产生尚未威胁安全的非受力性沉降裂缝和温度裂缝的处理等。对上述裂缝的维修应在结构不均匀沉降已经稳定、裂缝不再发展时进行，避免维修后再产生裂缝。常用维修措施主要有填缝、抹灰、喷浆、择砌置换和压力灌浆等。

（1）填缝补强。填缝补强是维修砖砌体裂缝的一种最简单的方法。操作时先将缝隙清理干净，根据裂缝宽度的不同，分别用勾缝抿子、灰抹子等工具将裂缝填抹严实，一般使用 1：3 水泥砂浆填缝。采用填缝的维修处理方法，可在美观、适用、耐久性等方面起到一定作用，但对提高砖砌体的整体性、强度等方面作用不大。

（2）抹灰固化。采用在砖砌体表面抹灰的维修法一般用于对裂缝的处理，也可作为对砖砌体表面酥碱等缺陷的处理及防水、防渗措施。抹灰时应先剔除砖砌体表面的松散部分，用水冲洗干净后再进行抹灰处理，抹灰用的砂浆应至少比原墙面砂浆高出一个标号等级。抹灰处理后对提高砖砌体的整体性、砌体强度均能起到一定的作用。

（3）喷浆填缝。喷浆是代替抹灰处理裂缝的一种方法，且比抹灰具有更好的强度保证、抗渗性和整体性。

（4）择砌置换。择砌置换一般适用于砖砌体局部腐蚀或酥碱严重，以及因打洞等造成墙体局部结构破坏的维修处理。维修时首先将腐蚀或酥碱部位的砌块轻轻挖掉，并清理砌体表面的砂浆，浇水冲洗干净后，重新用砖及比原砌体高一等级标号的砂浆补砌好。择砌置换时一定要随时挖除随时补砌，操作时动作要轻，尽量减少对原砌体的振动和损伤，要将受损部分砖砌体剔除，用整砖填塞，要求接槎良好，砂浆饱满。置换用的砌体块材可以是原砌体材料，也可以是其他材料，如配筋混凝土、实心砌块等。如图 9-2 所示。

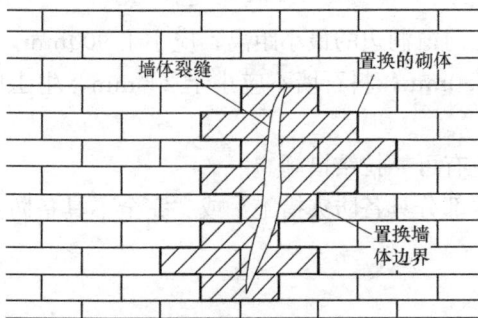

图 9-2　置换法处理裂缝图

施工要点：

1）把需要置换部分及周边砌体表面抹灰层剔除，然后沿着灰缝将置换砌体凿掉。在凿打过程中，应避免扰动不置换部分的砌体。

2）仔细把粘在砌体上的砂浆剔除干净，清除浮尘后充分润湿墙体。

3）修复过程中应保证填补砌体材料与原有砌体可靠嵌固。

4）砌体修补完成后，再做抹灰砂浆。

（5）压力灌浆。压力灌浆对于修复砌体大面积裂缝是非常有效的一种方法，其原理是利用空气压缩机（压力为 0.4～0.6MPa，容量为 0.6m³/min）、贮泵罐（耐压强度为0.6MPa，容量为 0.6L）、喷枪将浆液灌入裂缝内，从而把砌体重新胶结为一个整体，以达到修复砌体强度、整体性、耐久性和抗渗性的目的。操作方法如下：

1）确定灌缝口位置并打眼。墙面裂缝宽度在 1mm 以下者，每间隔 200～300mm 设置一个灌缝口；墙面裂缝宽度在 1～5mm 之间者，间隔 300～400mm 设置一个灌缝口；墙面裂缝宽度在 5mm 以上者，间隔 400～450mm 设置一个灌缝口。用打眼机打眼眼深30～40mm，直径 20～30mm。

2）做灌缝口。清除眼内碎块粉末后，用长 50mm，直径 10～15mm 的铁管做芯子，放入打好的眼内，用 1∶3 水泥砂浆封闭抹平。待砂浆初凝后，轻轻将其旋动并拔出，即做成灌缝口。

3）灌缝与封口。灌浆前应先灌水以保证浆液的畅通，再将配制好的浆液用灌注枪自下排而上排的顺序由灌缝口灌入，当灌下排口而浆液从上排口流出时，即用橡皮塞封住下口。全部灌完 30min 后，再由上至下的顺序进行第二次补灌，补灌完毕后，用 1∶3 水泥砂浆将灌浆口抹平即可。

9.2.2　砌体工程的加固

1. 砌体工程加固鉴定

（1）砌砖墙体。当砖墙体出现下述情况之一时，应及时进行加固处理。

1）墙体产生裂缝长度超过层高的 1/2、缝宽大于 20mm 的竖向裂缝或产生的裂缝长度超过层高 1/3 的多条裂缝。

2）梁支座下的墙体产生明显的竖向裂缝。

3）门窗洞口或窗间墙体产生明显的交叉裂缝或竖向裂缝、水平裂缝。

4）墙体产生倾斜，其倾斜量超过层高 1.5/100（三层以上，超过总高的 0.7/100）或相邻墙体连接处断裂成通缝。

5）风化、剥落、砂浆粉化导致墙面及有效截面削弱达 1/4。

（2）砖柱。当砖柱出现下述情况之一时，应及时进行加固处理。

1）柱身产生水平裂缝或竖向贯通裂缝，产生的裂缝长度超过柱高的 1/3。

2）梁支座下的柱体产生多条竖向裂缝。

3）柱体产生倾斜，其倾斜量超过层高 1.2/100（三层以上，超过总高的 5/1000）。

4）风化、剥落、砂浆粉化导致有效截面削弱达 1/5。

2. 砌体工程的结构加固

通过对砌体结构的加固可增加砌体结构的强度和稳定性，并保留砌体的原有结构形式。

（1）墙、柱强度不足的加固。墙、柱强度不足，加固前应进行强度验算以确定补加承载能力的数值，从而选择加固方案并确定加固断面，一般采取以下几种方案：

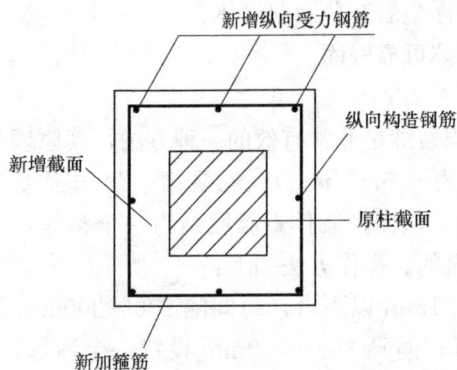

图 9-3 增设钢筋混凝土套层加砖柱

1）增设钢筋混凝土套层。在砖柱或砖壁柱的一侧或几侧用钢筋混凝土扩大原构件截面（即钢筋混凝土套层）。为了加强新增加的钢筋混凝土与原砖砌体的联系，通过在原砌体上钻孔，相应设置拉结钢筋作为箍筋。箍筋直径不应小于 6mm。箍筋的间距不应大于 150mm。柱的两端各 500mm 范围内，箍筋应加密，其间距可取 100mm。若加固后的构件截面高度 $h \geqslant 500mm$，尚应在截面两侧加设纵向构造钢筋，钢筋混凝土套层除了直接参与承载外，还可以阻止原有砌体在竖向荷载作用下发生侧向变形，从而提高原有砌体的承载能力，如图 9-3 所示。

2）增设钢筋混凝土扶壁柱。在砖墙的单侧或双侧增设筋混凝土扶壁柱。根据验算的刚度要求进行扶壁柱截面的选择和扶壁柱间距的确定，由于增大了砖墙截面，因此可以使砖体承受较大的荷载，同时，对墙体的刚度和稳定性的不足也有明显的补强作用。当采用两对边增设钢筋混凝土外加层加固带壁柱墙或窗间墙时，应沿砌体高度每隔 250mm 交替设置不等肢 U 形箍和等肢 U 形箍。不等肢 U 形箍在穿过墙上预钻孔后，应弯折成封闭式箍筋，并在封口处焊牢。U 形筋直径为 6mm；预钻孔的直径可取 U 形筋直径的 2 倍；穿筋时应采用植筋专用的结构胶将孔洞填实。对带壁柱墙，尚应在其拐角部位增设纵向构造钢筋与 U 形箍筋焊牢。如图 9-4 所示。

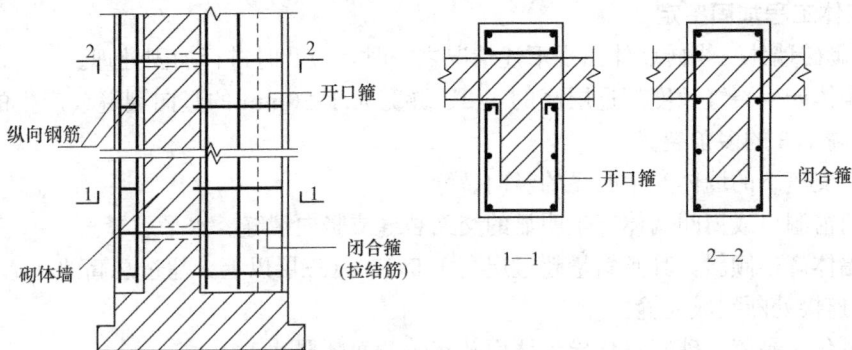

图 9-4 带壁柱墙的加固构造

3）用钢筋混凝土扩大原扶壁柱的截面。用钢筋混凝土加固原扶壁柱时，通常采用三面增加截面的形式。为了使加固的钢筋混凝土与原砌体结合牢固共同工作，要设置间距 600～800mm 的横向拉结钢筋。加固混凝土的厚度及配筋，应通过刚度计算确定，但要求厚度不小于 80mm，纵向配筋采用 Φ10～Φ12，间距 100mm，横向钢筋采用 Φ6～Φ8，间距 150～200mm。为了确保新旧构件的牢固结合，保证加固质量，施工时应先水保证柱面湿润。同时混凝土的坍落度应稍大，一般以 70～90mm 为宜。如图 9-5 所示。

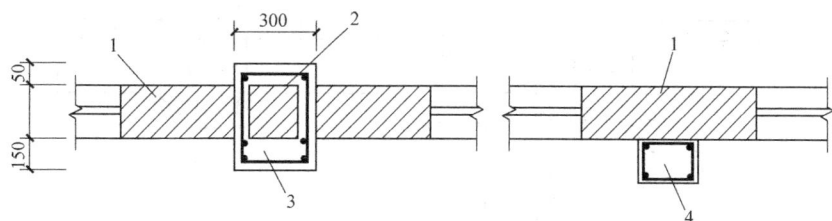

图 9-5　用钢筋混凝土扩大原扶壁柱

1—原窗间墙；2—每隔 5 皮砖孔放入φ8 箍筋后填砂浆；3—增设钢筋混凝土扶壁柱；4—贴墙设桩

4）用新砌体增大墙、柱截面进行加固。根据独立柱、砖壁柱、窗间柱及承重端承载力不够的具体情况（根据刚度验算结果），在砌体尚未被压裂或只有轻微裂缝时，可采取此方法达到加固的目的。

加固时采用的砂浆标号应至少比原砌体的砂浆标号提高一个等级，并在新旧砌体之间埋设拉结钢筋以保证结合牢固。砌体断面增大后，如原基础不能满足构造要求时，还需相应增大基础。

5）用配筋喷浆层或配筋抹灰层进行加固。当砌体表层腐蚀或酥破时，或砌体需要的加固断面厚度较小时，可采用配筋喷浆层或配筋抹灰层对砌体进行加固。施工时先将原砌体表层剔凿清洗不干净，绑扎钢筋，再浇水润湿后，进行喷浆或抹灰，对喷浆或抹灰层进行养护、使其达到应有的强度。

6）用型钢加固砌体柱。用型钢加固砌体柱适用于独立柱。首先用角钢包住各柱角，角钢之间扁钢焊牢固，组成钢套箍。此方法也可用于加固窗间墙，其特点是操作方法简单，施工速度快，改变原结构的尺寸较小；缺点是用钢量大，加固效果不够美观。如图 9-6 所示。

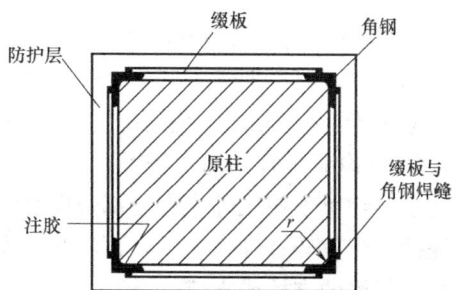

图 9-6　外包型钢加固

（2）墙、柱稳定性不足的加固。主要措施有：加大断面厚度、加固锚固补强和补加支撑等。

加大了砌体断面的厚度，也就减少了墙、柱的高厚比，从而可增加砌体的稳定性，同时又有补强作用，加固前应根据增强断面的需要进行高厚比的计算。

当砌体的锚固不足或锚固发生异常时，应根据具体情况做加固锚固补强，具体可采用增设螺栓连接、增设埋设铁件进行焊接等方法。

（3）墙、柱发生裂缝、倾斜或稳定性不足时，可加设斜向支撑进行临时加固，也可增砌隔墙或增设钢拉杆、钢支撑等，作为永久性加固措施。

当采用外加预应力撑杆加固砌体柱时，宜选用两对角钢组成的双侧预应力撑杆的加固方式，预应力撑杆的锚固件，应用乳胶水泥或铁屑砂浆，并通过膨胀栓锚固在坚实的混凝土基层上，结合面应进行粗糙和清洁处理。撑杆预应力加固法应根据施工条件及预应力值大小确定，其方法为人工张拉、楔顶法、机械张拉法及电热法。如图 9-7 所示。

（4）砌体的其他修缮加固技术

1）增设梁垫

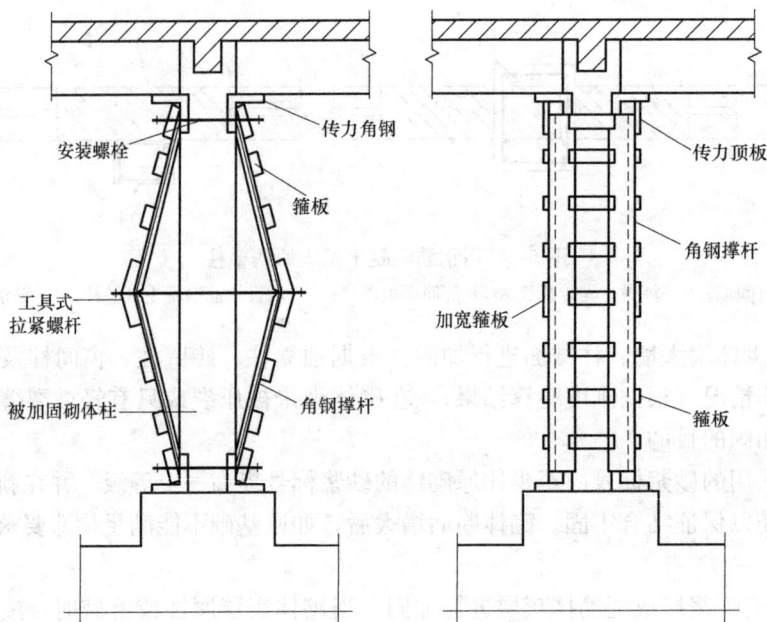

图 9-7　预应力撑杆加固方式

① 当大梁下原砌体（或原梁垫）被局部压碎，或大梁下墙体出现局部竖向裂缝时，应增设（或更换）梁垫进行加固。

② 增设梁垫宜采用现浇或预制的钢筋混凝土梁垫，其混凝土强度等级，现浇时不低于 C20；预制时不低于 C25。梁垫尺寸应按现行设计规范的要求，经计算确定，且梁垫厚度不应小于 180mm；梁垫的配筋应按抗弯条件计算配置。

③ 增设梁垫宜采用"托梁"的方法进行施工。"托梁"支顶牢固后，按梁垫尺寸和安装要求拆除梁下被压碎或有局部竖向裂缝的砌体，并采用强度等级比原砌筑砂浆高一级的水泥砂浆和整砖补砌完整后，再浇筑或安置梁垫；待梁垫混凝土达到设计要求强度后，方能拆除托梁的支柱或支撑。

④ 拆除梁下砌体时，应轻敲细打，逐块拆除，不得影响不拆除砌体的整体性和强度，拆除完毕后，应清除碎渣和清洗浮灰，并待砌体充分湿润后，再坐浆安设梁垫。

⑤ 当安装预制钢筋混凝土梁垫时，应先铺设 10mm 厚不低于 M10 的水泥混合砂浆，并注意与大梁紧密接触。如梁垫安装后与大梁底未达到紧密接触时，可用钢板填塞紧密。

⑥ 托梁柱或支撑的支承处应牢固。当支承在地面上时，应采取措施分布所承担的荷载，以防止支承点沉降；当支承在楼面上时，应逐层支顶和采取分布荷载措施，以防止造成楼面的破坏和局部损伤。

2）砌体局部拆砌

① 当墙体局部破裂但在查清其破裂原因后尚未影响承重及安全时，可将破裂墙体局部拆除，并按提高砂浆强度等级一级的要求采用整砖填砌。

② 拆砌墙体时，应根据墙体破裂情况分段进行，拆砌前应对支承在墙体上的楼盖（或屋盖）进行可靠的支顶。

③ 分段拆砌墙体时，应先砌部分留槎，并埋设水平钢筋与后砌部分拉结。拉结做法

可采用每五皮砖设 2Φ8 拉结钢筋，钢筋长度 1.2m，每端压入 600mm。

④ 局部拆砌墙体时，新旧墙交接处不得凿水平槎或直槎，应做成踏步槎接缝，缝间设置拉结钢筋以增强新旧墙的整体性。当采用钢筋扒钉进行拉结时，扒钉可用 Φ6 钢筋弯成，长度应超过接缝（槎）两侧各 240mm，两端弯成长 100mm 的直弯钩，并钉入砖缝，扒钉间距取 300mm。如遇拆砌墙体位于转角处或纵横墙交接处时，应采取相应的可靠措施进行拉结锚固。拆砌的最上一皮砖与其上原砖墙相接处的水平灰缝，应用高强砂浆或细石混凝土填塞密实。

⑤ 局部拆砌墙体时，在新旧墙或先后段接缝处，施工时应将接槎剔干净，用水充分湿润，且砌筑时灰缝应饱满。

3）增设扶壁柱加固

增设扶壁柱可用于砖墙及带壁柱砖墙的加固，可以有效地增加墙体的折算厚度和墙体截面或减小墙体的计算高度，从而提高墙体的受压承载力，增设扶壁柱法可分为砖扶壁柱法和钢筋混凝土扶壁柱法两种。

施工要点：

① 扶壁柱的截面宽度不应小于 240mm，其厚度不应小于 120mm。当用角钢与螺栓拉结时，应沿墙的全高和内外的周边，增设水泥砂浆或细石混凝土防护层。加固用的块材强度等级应比原结构的设计块材强度等级提高一级，不得低于 MU15；并应选用整砖（砌块）砌筑。加固用的砂浆强度等级，不应低于原结构设计的砂浆强度等级，且不应低于 M5。

② 砖扶壁柱加固根据旧砌体的构造和位置不同可分为：在窗间墙或横墙的适当部位增设扶壁砖柱；原带有扶壁柱的砖墙或独立砖柱可在柱的一端或两个端面镶砌砖垛，以增加柱截面高度等。

③ 混凝土扶壁柱与原砖墙的连接十分重要，其连接方式与砖扶壁柱基本相同。当原墙厚度小于 240mm 时，U 形箍筋应穿透原墙体，并加以弯折。U 形箍筋竖向间距不应大于 240mm，纵筋直径不宜小于 120mm。混凝土扶壁柱与原墙也可采用销键连接法。销键的纵向间距不应大于 1000mm。

④ 用混凝土加固原砖墙时，宜采用喷射混凝土施工法，补强混凝土的厚度不宜小于50mm，连接箍筋可采用两个开口箍和一个闭口箍间隔放置的方法，开口箍应插入原墙灰缝内不少于 120mm 深，封口箍在穿墙后再行弯折；当插入箍筋有困难时，可先用电钻钻孔后再将箍筋插入。纵筋的直径不应小于 8mm。

⑤ 窗间墙设混凝土扶壁柱或增设混凝土贴墙柱用以加固砖砌体，混凝土扶壁柱的截面宽度不宜小于 250mm，厚度不宜小于 70mm；采用的混凝土强度等级可用 C15～C20级；开口箍筋插入原砖墙灰缝内不应少于 120mm，闭口箍筋应穿墙后再弯折，当插入箍筋困难时，可先用电钻钻孔后插入。纵筋直径不得小于 8mm，并应伸入下部扩大的混凝土新基础内。

4）粘贴纤维复合材料加固

对于轴心受压砖柱的加固，可采用粘贴纤维复合材料加固法，即利用树脂类胶结材料将纤维布沿其全长无间隔的环向连续粘贴于砌体表面，与原结构构件协同工作，从而达到对结构构件加固补强及改善结构受力性能的目的。

施工要点：

① 用胶粘剂把碳纤维片材（纤维布或板）粘贴在构件外部，要求长期使用环境温度不高于 60℃。

② 轴心受压构件可采用沿全长无间隔地环向连续粘贴纤维织物的方法（简称环向围束法）进行加固。

③ 被加固的轴心受压砖柱，其现场实测砖强度等级不得低于 MU7.5，砂浆强度不得低于 0.4MPa。

④ 粘贴在砌体表面上的纤维复合材，其表面应进行防护处理。表面防护材料应对纤维及胶粘剂无害。

⑤ 当被加固构件的表面有防火要求时，应按现行国家标准《建筑防火设计规范》GB 50016（2018 年版）规定的耐火等级及耐火极限要求，对胶粘剂和钢板进行防护。

构造要求：

① 环向围束的纤维织物层数，对圆形截面不应少于 2 层，对于正方形和矩形截面柱不应少于 3 层。

② 环向围束上下层之间宜相互错开粘贴；若采用搭接方式粘贴时其搭接宽度不应小于 50mm，且搭接位置应相互错开，纤维织物环向截断点的延伸长度不应小于 200mm。

③ 当采用环向围束加固正方形和矩形截面构件时，其截面棱角应在粘贴前加以圆化（倒角）处理；柱的圆化半径，对碳纤维不应小于 25mm，对玻璃纤维不应小于 20mm。

9.3 屋面修缮技术

目前，农村房屋屋面主要有坡屋面和平屋面，使用时间长后会产生屋面渗漏现象，应根据渗漏部位和产生的原因进行针对性的维修。主要如下：

9.3.1 坡屋面修缮技术

1. 水泥瓦、黏土瓦和陶瓦屋面渗漏维修应符合下列规定

（1）少量瓦件产生裂纹、缺角、破碎、风化时，应拆除破损的瓦件，并选用同一规格的瓦件予以更换。

（2）对瓦屋面木基层进行修理，松动部分用铁钉钉牢，腐朽部分进行更换。

（3）瓦件松动时，应拆除松动瓦件，重新铺挂瓦件。

（4）块瓦大面积破损时，应清除全部瓦件，整体翻修。

2. 沥青瓦屋面渗漏维修应符合下列规定

（1）沥青瓦局部老化、破裂、缺损时，应更换同一规格的沥青瓦。

（2）沥青瓦大面积老化时，应全部拆除沥青瓦，并按《屋面工程技术规范》GB 50345—2012 的规定重新铺设防水垫层及沥青瓦。

3. 卷材防水层局部龟裂、发脆、腐烂等的维修应符合下列规定

（1）宜铲除已破损的防水层，并应将基层清理干净、修补。

（2）采用卷材维修时，应按照修缮方案要求，重新铺设卷材防水层，其搭接缝应粘结牢固、密封严密。

（3）采用涂料维修时，应按照修缮方案要求，重新涂布防水层，收头处应多遍涂刷并密封严密。

4. 其他部位的修缮

（1）天沟、檐沟渗漏的修缮

1）当渗漏点较少或分布零散时，应拆除开裂破损处已失效的防水材料，重新进行防水处理，修缮后应与原防水层衔接形成整体，且不得积水，如图9-8所示。

图 9-8　天沟、檐沟防水卷材修缮
1—新铺卷材或涂膜防水层；2—原防水层；3—新铺附加层

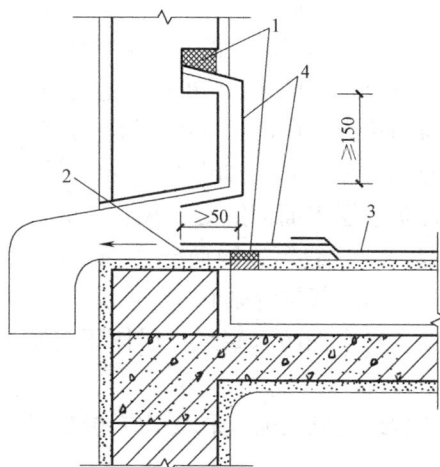

2）当渗漏严重的部位翻修时，宜先将已起鼓、破损的原防水层铲除、清理干净，并修补基层，再铺设卷材或涂布防水涂料附加层，然后重新铺设防水层，卷材收头部位应固定、密封。

（2）水落口防水构造渗漏维修应符合下列规定

1）横式水落口卷材收头处张口、脱落导致渗漏时，应拆除原防水层，清理干净，嵌填密封材料，新铺卷材或涂膜附加层，再铺设防水层，如图9-9所示。

2）直式水落口与基层接触处出现渗漏时，应清除周边已破损的防水层和凹槽内原密封材料，基层处理后重新嵌填密封材料，面层涂布防水涂料，厚度不应小于2mm，如图9-10所示。

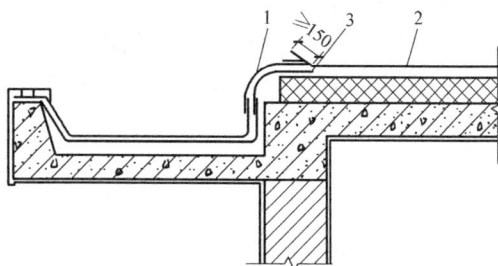

图 9-9　水落口防水构造渗漏修缮
1—新嵌密封材料；2—新铺附加层；
3—原防水层；4—新铺卷材或涂膜防水层

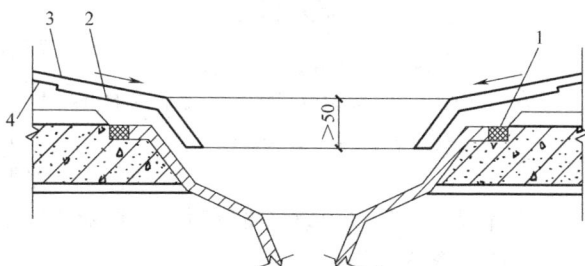

图 9-10　直式水落口与基层接触处渗漏修缮
1—新嵌密封材料；2—新铺附加层；
3—新涂膜防水层；4—原防水层

9.3.2　刚性屋面的修缮

1. 刚性防水层泛水部位渗漏的维修应符合下列规定：

（1）泛水渗漏的维修应在泛水处用密封材料嵌填，并应铺设卷材或涂布涂膜附加层。

（2）当泛水处采用卷材防水层时，卷材收头应用金属压条钉压固定，并用密封材料封闭严密，如图 9-11 所示。

2. 分格缝渗漏维修应符合下列规定：

（1）采用密封材料嵌填时，缝槽底部应先设置背衬材料，密封材料覆盖宽度应超出分格缝每边 50mm 以上，如图 9-12 所示。

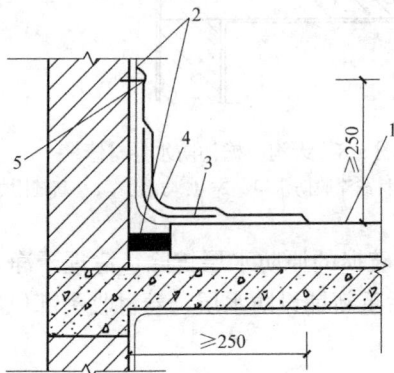

图 9-11 卷材收头处构造

1—原刚性防水层；2—新嵌密封材料；3—新铺附加层；
4—新铺防水层；5—金属条钉压

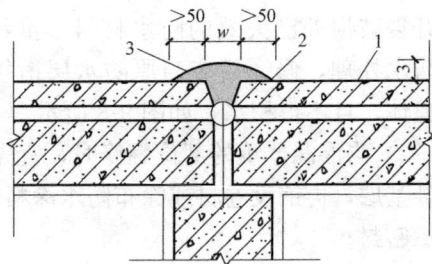

图 9-12 分格缝密封材料嵌填

1—原刚性防水层；2—新铺背衬材料；
3—新嵌密封材料；w—分格缝上口宽度

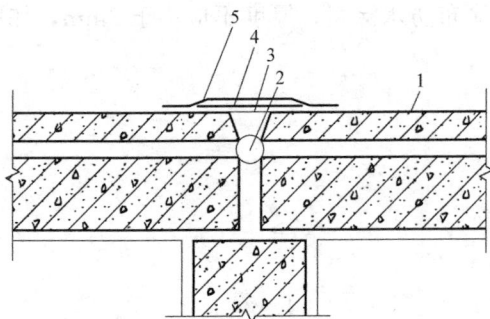

图 9-13 涂膜防水层维修

1—原刚性防水层；2—新铺背衬材料；3—新嵌密封材料；
4—隔离层；5—新铺卷材或涂膜防水层

（2）采用铺设卷材或涂布有胎体增强材料的涂膜防水层维修时，应清除高出分格缝的密封材料。面层铺设卷材或涂布有胎体增强材料的涂膜防水层应与板面贴牢封严。铺设防水卷材时，分格缝部位的防水卷材宜空铺，卷材两边应满粘，且与基层的有效搭接宽度不应小于 100mm，如图 9-13 所示。

刚性防水层表面因混凝土风化、起砂、酥松、起壳、裂缝等原因而导致局部渗漏时，应先将损坏部位清除干净。再浇水湿润后，用聚合物水泥防水砂浆分层抹压密实、平整。

刚性混凝土防水层裂缝维修时，宜针对不同部位的裂缝变异状况，采取相应的维修措施，并应符合下列规定：

（1）有规则裂缝采用防水涂料维修时，宜选用高聚物改性沥青防水涂料或合成高分子防水涂料，并应符合下列规定：

1）应在基层补强处理后，沿缝设置宽度不小于 100mm 的隔离层，再在面层涂布带有胎体增强材料的防水涂料，且宽度不应小于 300mm。

2）采用高聚物改性沥青防水涂料时，防水层厚度不应小于 3mm，采用合成高分子防水涂料时，防水层厚度不应小于 2mm。

3）涂膜防水层与裂缝两侧混凝土粘结宽度不应小于 100mm。

（2）有规则裂缝采用防水卷材维修时，应在基层补强处理后，先沿裂缝空铺隔离层，其宽度不应小于100mm，再铺设卷材防水层，宽度不应小于300mm，卷材防水层与裂缝两侧混凝土防水层的粘结宽度不应小于100mm，卷材与混凝土之间应粘结牢固、收头密封严密。

（3）有规则裂缝采用密封材料嵌填维修时，应沿裂缝剔凿出15mm×15mm的凹槽，基层清理后，槽壁涂刷与密封材料配套的基层处理剂，槽底填放背衬材料，并在凹槽内嵌填密封材料，密封材料应嵌填密实、饱满、防止裹入空气，缝壁粘牢封严。

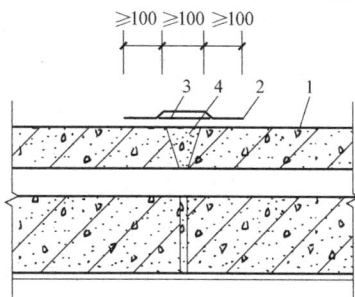

图9-14 宽裂缝维修

1—原刚性防水层；2—新铺卷材或有胎体增强的涂膜防水层；3—新铺隔离层；4—嵌填聚合物水泥砂浆

（4）宽裂缝维修时，应先沿缝嵌填聚合物水泥防水砂浆或掺防水剂的水泥砂浆，再按规定进行维修，如图9-14所示。

9.4 木结构构件的修缮技术

1. 木屋架的加固

（1）木夹板加固屋架

屋架上弦个别节点因斜纹偏大，出现断裂或有危害性木料时，可采用木夹板加固，如图9-15所示。这类问题在上弦节间时更为不利，此时可在有缺陷部位的上弦下面贴附一根新木料，但新木料两端的支承要处理得可靠，方能有效地帮助原有的上弦受力，如图9-16所示。

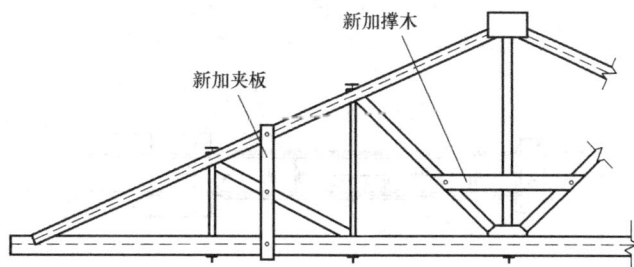

图9-15 上弦及斜腹杆加夹板加固

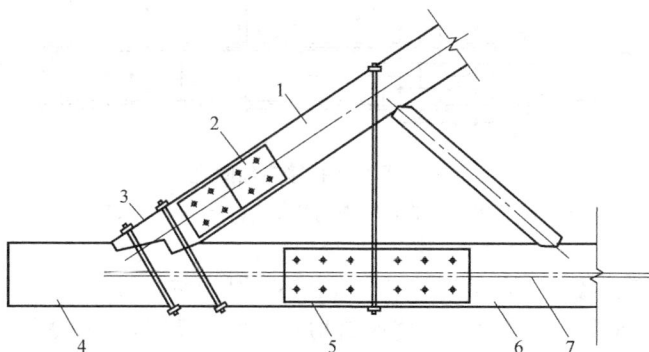

图9-16 端节点加固

1—原上弦；2—新加木夹板；3—新接上弦；4—新接下弦；5—新加钢夹板；6—原下弦；7—调整后毛截面轴线

（2）木夹板串杆加固屋架

木夹板串杆加固施工时，应按固定木夹板、添配料、固定钢件、后串拉杆顺序进行。钢件与木件的承压面结合紧密，位置准确，串杆顺直，安装对称平行，固定牢靠。对圆钢串杆的螺栓，必须用双螺母，伸出螺母的长度不应小于螺栓直径的 0.8 倍，木夹板串杆加固屋架的要求如下：

1）下弦受拉接头受剪面出现裂缝（不论裂缝粗细），或原木下弦只采用单排螺栓，而下弦的其他部位完好时，可局部采用新的受拉装置代替原来的螺栓连接。当采用木夹板串杆加固时，应选择有利的夹板方向和位置，并应核算夹板螺栓对下弦的削弱影响。如图 9-17、图 9-18 所示。

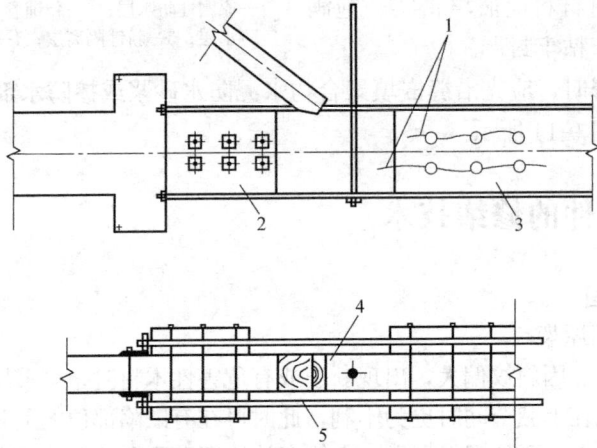

图 9-17　下弦受拉节点加固之一

1—下弦或木夹板出现任一截面开裂；2—加固木夹板；3—螺栓；4—腹杆未绘出；5—加固串杆

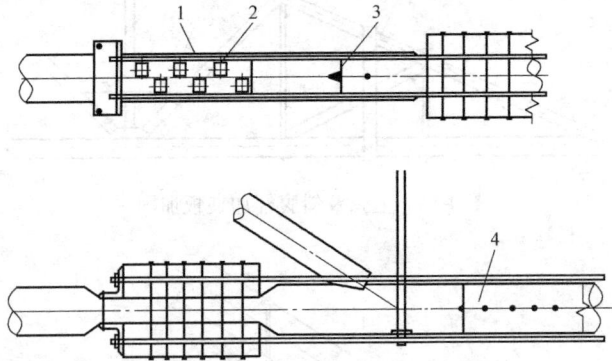

图 9-18　下弦受拉接头加固之二

1—加固串杆；2—加固木夹板；3—腹杆未绘出；4—原有木夹板，单排螺栓

2）屋架端部严重腐朽、原有节点的木材已不能利用时，可按下面方法加固：

① 如能根除造成腐朽的条件，可将腐材切除后更换新材，并采用如图 9-19 所示方法加固。

② 如无法根除造成腐朽的条件，则切除腐朽后需用型钢焊成件（如图 9-20）或用钢

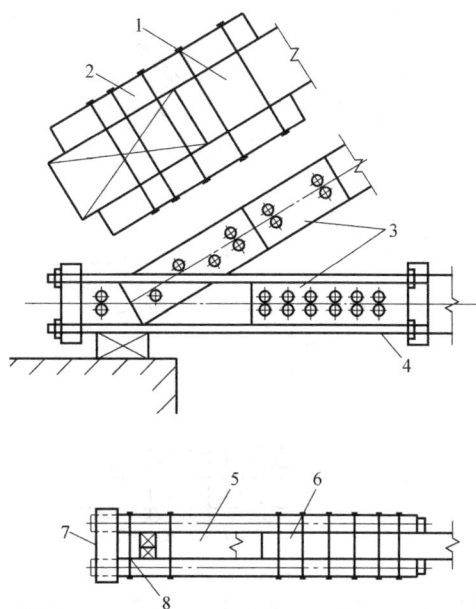

图 9-19 支座节点腐朽用木夹板串杆加固

1—原有上弦；2—新加木方；3—新加木夹板；4—串杆；5—上弦；

6—原有下弦；7—槽钢；8—新加硬木枕块

筋混凝土节点代替原有的木质节点构造。如有女儿墙时，则加固用的钢筋混凝土端头可与排水天沟结合考虑。如图 9-21 所示。

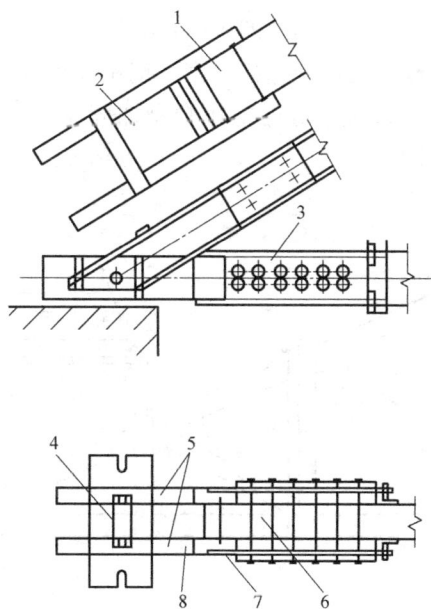

图 9-20 支座节点腐朽用型钢串杆加固

1—原有上弦；2—新加槽钢；3—新加木夹板；4—销轴；5—下弦槽钢；

6—原有下弦；7—串杆焊接在槽钢翼缘上；8—上弦槽钢未绘出

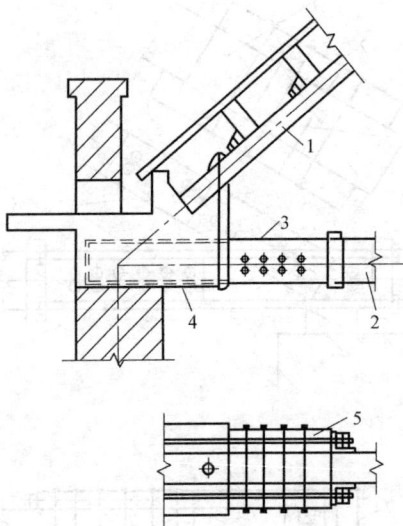

图 9-21　支座节点腐朽用钢筋混凝土加固接头

1—上弦；2—下弦；3—串杆；4—钢筋混凝土端头；5—木夹板

（3）钢拉杆加固木竖杆

木屋架受拉木竖杆的剪面开裂，可用新的圆钢拉杆代替木竖杆，新拉杆应尽量设置在原来的木拉杆附近。木拉杆用钢拉杆加固，可用在屋架中央，也可用于节间木竖杆的加固，如图 9-22 所示。

钢拉杆一般有两根或四根，这种形式的串拉杆必须穿过钢件孔眼与原木竖杆应对称对应平行串附。钢件加工须规整，与屋架连接紧密，钢拉杆顺直，固定牢靠。用钢拉杆加固中间的木竖杆前，应拆除局部屋面，临时支撑脊檩加固屋架。用钢拉杆加固节间木竖杆时，可以不拆除屋面进行加固。

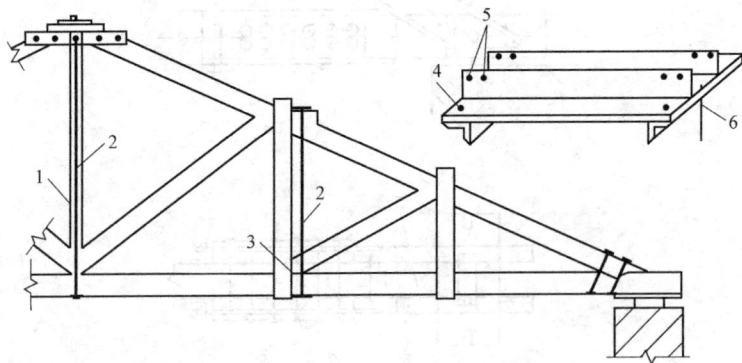

图 9-22　木竖杆加固

1—原有木拉杆；2—加固拉杆；3—原有夹板剪面开裂；4—螺栓孔；

5—与脊檩锚固的木螺钉孔；6—加固拉杆

（4）木屋架倾斜后的处理：

1）带有上弦斜杆的木屋架倾斜后，木屋架上弦截面较粗大，刚度较好，发生倾斜屋架可采用卷扬机带动牵拉钢索牵拉，每榀屋架设牵拉1～3个点，支座可用千斤顶水平推动或人力锤击敲动，逐榀扶正屋架。如图9-23所示。

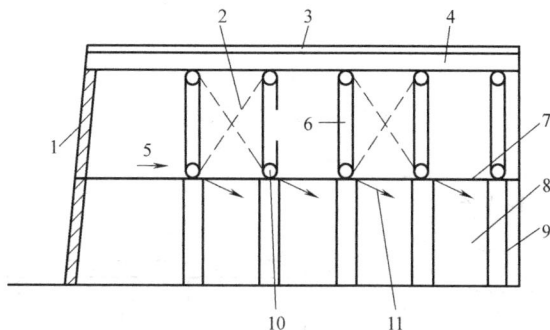

图9-23 屋架扶正示意图

1—拆除倾斜墙头部分；2—剪力撑（施工放松）；3—屋脊；4—桁条；5—千斤顶；
6—屋梁；7—水平系杆；8—墙；9—墙坪（壁式柱）；10—木下弦；11—牵拉钢索

2）带中柱的有木上弦屋架倾斜的修缮，这类屋架除可按照无中柱的按1）纠偏方法处理外，还应对中柱进行处理，用屋脊顶部推、牵纠正时，对屋架中柱下支承点应重新整理垫正；对采用下部滑移方法时，将屋架下弦中央部分用临时支撑撑起，再行拨动中柱和推动支座滑移，施工后紧固各节点的联结，收紧所有支撑。

2. 木梁加固

（1）采用夹接、托接方法加固

木梁在支承点（入墙端）易产生腐朽、虫蚀等损坏，梁端采用夹接或托接加固比较可靠。如果梁上下侧损坏深度大于梁高的1/3，应经计算后夹接。如果损坏深度大于3/5以上，必须替换梁头。梁头如中间被蛀空，可经计算后采用夹接方法加固。

加固施工前，应将梁临时支撑或卸除上面的荷载；当多个楼层梁加固时，各支撑点应上下对齐。将木梁临时支撑后，锯去梁的损坏部分，采用夹接、托接方法加固。

1）夹接。用两块木夹板夹接加固（图9-24）时，木夹板的截面和材质不应次于原有木梁截面和材质的标准，并应选用纹理平直、没有木节和髓心的干材制作，任何情况下都不得采用湿材制作。施工时，应截掉平梁的损坏部位，修换木料的端头与梁截面接缝应严实、顺直，螺栓拧紧固定后夹板与梁接触平整、严密。加固圆截面梁时，夹板与梁新加工平面紧密结合。

木夹板的长度，螺栓的规格和数量，应根据计算及现行规范来确定。

2）托接。梁用槽钢或其他材料托在下面加固（图9-25）。槽钢与木梁连接的受拉螺栓及其垫板受力均应进行验算。用槽钢托接，受力较为可靠，构造处理方便，可用于木夹板加固构造处理或施工较困难之处。

（2）用下撑式钢拉杆加固

下撑式钢拉杆加固形式较多，图9-26是一种较简单的做法，该加固方法一般用在加

179

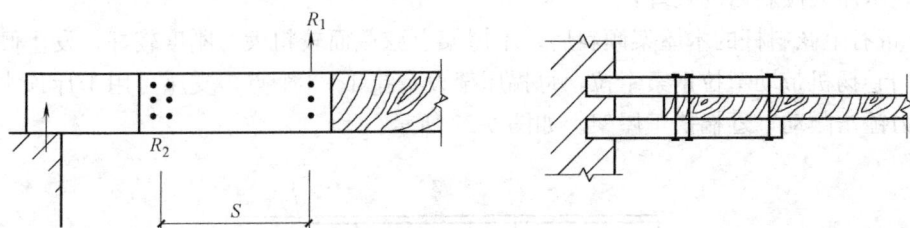

图 9-24 木梁夹接加固

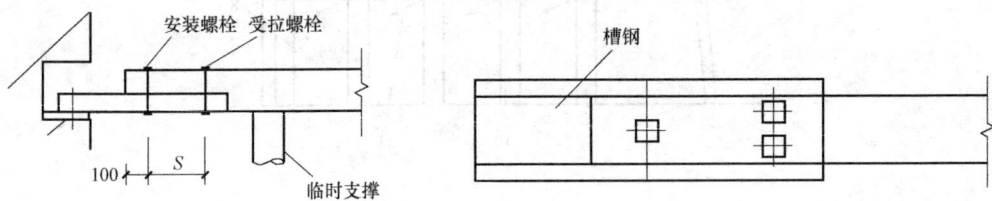

图 9-25 木梁端部托接的加固

固截面小、承载能力不足、出现颤动或挠度过大的梁，经加下撑式钢拉杆组成新的受力构件。

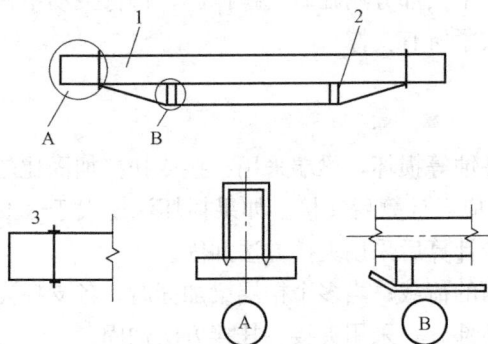

图 9-26 下撑式钢拉杆加固梁
1—木梁；2—撑杆；3—支撑钢拉杆

在加固前，要特别注意检查木梁两端头的材质是否腐朽、虫蛀，只有在材质完好的条件下才能保证钢拉杆固定牢靠。

根据设计要求和加固构件的实际尺寸，做出钢件、拉杆、撑杆样板，经复核无误后方可下料制作。加固组装时应将各部件临时支撑固定，试装拉杆达到设计要求后固定撑杆，张紧拉杆。钢拉杆应张紧拉直，固定牢靠，撑杆和钢件与梁的接触面应吻合严密。对新加的拉杆下撑系统，应在梁轴线的同一垂直平面内。

（3）用扁钢箍加固

木梁有纵向劈裂损坏时，可采用扁钢箍加固，如图 9-27 所示。

扁钢箍制作要求外形规整，保证尺寸准确，与梁结合贴附。加工时要足尺放样，安装时应逐个拧紧固定螺栓，各扁钢箍不得松动。特别要注意连接螺栓卡口闭合后应有间隙，这样才能使螺栓紧固严密，并与梁表面贴附，梁的裂缝应填实。

（4）斜撑式双夹板加固

对斜撑式双夹板加固梁，应根据设计要求和实测尺寸放样下料，安装时夹板应对称平行放置，其角度和螺栓位置要正确，夹板两端和梁、柱结合面应平整严实。

（5）用托木加固梁柱节点

用托木加固梁柱节点（图9-28），节点铆榫应复位，打紧木楔固定牢靠，加固时应一次钻通托木与柱的孔眼，螺栓固定后托木应与梁柱接触严密。

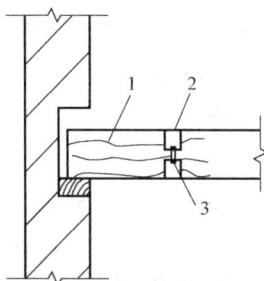

图 9-27 扁钢箍加固

1—裂缝；2—钢箍；3—螺栓

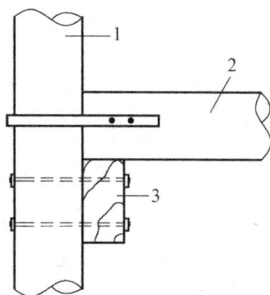

图 9-28 梁柱节点处用托木加固

1—柱；2—梁；3—托木

3. 木柱加固

（1）房屋因变形、木柱根部腐朽损坏下沉，在木柱加固前需要重新扶正。嵌入墙内的木柱一般需拆开砌体后才能加固。加固前，柱上的梁、架应设置临时支撑。

（2）木柱根损坏可采用接柱或增设柱墩的方法加固如图9-29所示。

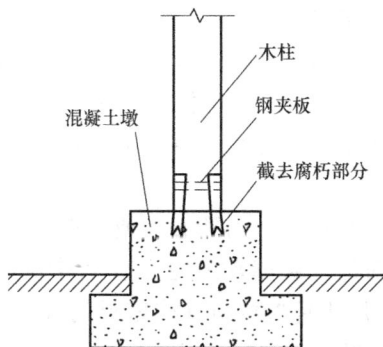

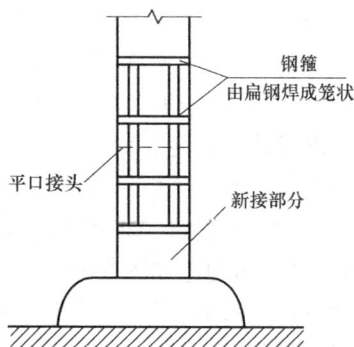

图 9-29 腐朽柱脚修缮

1）用砖砌或混凝土接墩柱，锯截的木柱截面应垂直柱轴线。柱与柱墩相接处，应做好防腐防潮处理。柱墩混凝土达到设计强度的50%后，方可拆除临时支撑，柱和柱墩的连接面应平整、结合严密，锚固钢件的规格、尺寸、位置、预埋深度等应符合设计要求。钢件与木柱连接的孔眼应顺孔钻通，螺栓拧紧固定。

2）用木材接木柱加固时，可采用平缝对接和搭接榫连接的方法。

采用平缝对接时，锯截的承压面应垂直柱轴线，结合平整、严实，夹板与柱应结合紧密，固定牢靠。

采用搭接榫连接时螺栓系紧固定后，上下承压面应吻合严密，竖向的结合面应在柱轴线位置上，如图9-30所示。

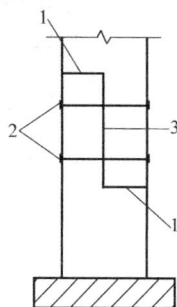

图 9-30 搭接榫连接

1—承压面；2—螺栓；
3—竖向结合面

9.5　渗漏修缮技术

9.5.1　外墙面防渗漏技术

外墙面渗漏主要是墙面裂缝或墙面材料（抹灰砂浆）老化而引起的，维修时应根据情况不同而分别处理。墙面材料（抹灰砂浆）老化而引起的渗漏应及时更换墙面材料，或者表面涂刷防水涂料。这里主要介绍因墙面裂缝引起的渗漏维修。

1. 外墙面裂缝引起渗漏的修缮技术

墙面裂缝不严重的可采用防水水泥砂浆填塞及灌实进行补缝，也可采用对砌体墙面的内外表面用防水水泥砂浆粉刷，将裂缝口封闭和粘合。

当裂缝较严重时，且缝宽度不能保持稳定、易随着正常使用的结构荷载或砌体湿热的变化而时开时合的裂缝，宜使用有足够柔韧性的材料进行修补。裂缝修补方法可采用填缝法、压浆法、外加网片法。

（1）填缝法

填缝法用于砌体中宽度大于 0.5mm 的裂缝。当用于处理活动裂缝时，应填柔性密封材料。

1）修复裂缝前，首先应剔凿干净裂缝表面的抹灰层，然后沿裂缝开凿 U 形槽。对凿槽的深度和宽度，应符合下列要求：

① 当为静止裂缝时，槽深不宜小于 15mm，槽宽不宜小于 20mm。

② 当为活动裂缝时，槽深宜适当加大，且应凿成光滑的平底，以利于铺设隔离层；槽宽宜按裂缝预计张开量 t 加以放大，通常可取为（15mm+5t）。另外，槽内两侧壁应凿毛。

③ 当为钢筋锈蚀引起的裂缝时，应凿至钢筋锈蚀部分完全露出为止，钢筋底部混凝土凿除的深度，以能使除锈工作彻底进行。

2）材料。对静止裂缝，采用改性环氧砂浆、氨基甲酸乙酯胶泥或改性环氧胶泥等作为充填材料，其充填构造如图 9-31（a）所示；对活动裂缝，采用丙烯酸树脂、氨基甲酸乙酯、氯化橡胶或可挠性环氧树脂等为充填用的弹性密封材料（或密封剂），并可采用聚乙烯片、蜡纸或油毡片等为隔离层，其充填构造如图 9-31（b）所示。

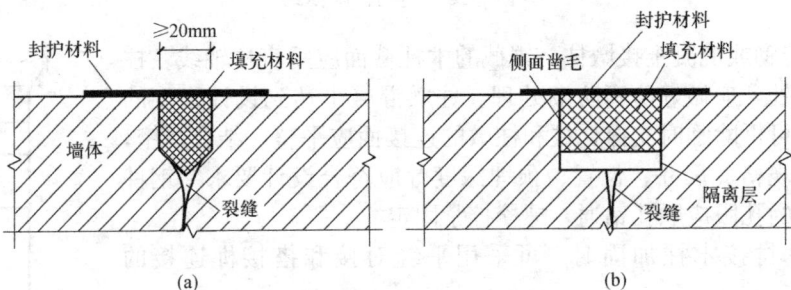

图 9-31　填充法裂缝补图
（a）静止裂缝；（b）活动裂缝

3）施工要点：

① 充填封闭裂缝材料前，应先将槽内两侧凿毛的表面浮尘清除干净。

② 采用水泥基修补材料填补裂缝时，应先将裂缝及周边砌体表面润湿。

③ 采用有机材料不得湿润砌体表面时，应先在槽内两侧面上涂刷一层树脂基液，待其固化后即可充填所选用的材料。

④ 充填时，应采用搓压的方法将封闭材料填入裂缝中，并应修复平整。

（2）压浆法

压浆法用于处理裂缝宽度大于 0.5mm，深度较深的裂缝。

1）材料：无收缩水泥基灌浆料、环氧基灌浆料等。

2）施工要点：

① 清理裂缝。砌体裂缝两侧不少于 100mm 范围内的抹灰层剔凿掉，油污、浮尘清除干净；用钢丝刷、毛刷等工具，清除裂缝表面的灰尘、白灰、浮渣及松软层等污物；用高压气尽量清除缝隙中的颗粒和灰尘。

② 灌浆嘴安装。

（a）选定灌浆嘴位置。当裂缝宽度在 2mm 以内时，灌浆嘴间距可取 200~250mm；当裂缝宽度在 2~5mm 时，可取 350mm；当裂缝宽度大于 5mm 时，可取 45mm，且应设在裂缝端部和裂缝较大处。

（b）钻眼。按标准位置钻深度 30~40mm 的孔眼，孔径宜略大于灌浆嘴的外径。钻好后应清除孔中的粉屑。

（c）固定灌浆嘴。在孔眼用水冲洗干净后，先涂刷一道水泥浆，然后用 M10 的水泥砂浆或环氧树脂砂浆将灌浆嘴固定，裂缝较细或墙厚超过 240mm 时墙应两侧均安放灌浆嘴。

③ 封闭裂缝。在已清理干净的裂缝两侧，先用水浇湿砌体表面，再用纯水泥浆涂刷一道，然后用 M10 水泥砂浆封闭，封闭宽度约为 200mm。

④ 试漏。待水泥砂浆达到一定强度后，应进行压气试漏。对封闭不严的漏气处应进行修补。

⑤ 配浆。根据浆液的凝固时间及进浆强度，确定每次配浆数量。浆液稠度过大，或者出现初凝情况，应停止使用。

⑥ 压浆。

（a）压浆前应先灌水，此时空气压缩机的压力控制在 0.2~0.3MPa。

（b）然后将配好的浆液倒入储浆罐，打开喷枪阀门灌浆，直至邻近灌浆嘴（或排气嘴）溢浆为止。

（c）压浆顺序应自下而上，边灌边用塞子堵住已灌浆的嘴，灌浆完毕且已初凝后，即可拆除灌浆嘴，并用砂浆抹平孔眼。

3）在压浆时应严格控制压力，防止损坏边角部位和小截面的砌体，必要时，应作临时性支护。

（3）外加网片法

外加网片法用于增强砌体抗裂性能，限制裂缝开展，修复风化、剥蚀砌体。

1）材料：钢筋网、钢丝网、复合纤维织物网等。当采用钢筋网时，其钢筋直径不宜大于 4mm。当采用无纺布替代纤维复合材料修补裂缝时，仅允许用于非承重构件的静止细裂缝的封闭性修补上。

2）施工要点：

网片覆盖面积应按裂缝或风化、剥蚀部分的面积确定，同时应充分考虑网片的锚固长度。一般情况下，网片短边尺寸不应小于500mm。网片的层数：对钢筋和钢丝网片，一般为单层；对复合纤维材料，一般为1～2层；设计时可根据实际情况确定。

3）外加网片固定后应进行表面抹灰防水砂浆或喷射防水砂浆。

9.5.2　厕浴间防渗漏技术

厕浴间的渗漏主要在地面防水、管道根部以及墙面，修缮时应根据情况，查明渗漏的原因，再分别处理。

（1）地面防水层渗漏主要是地面裂缝、防水层破坏而引起，维修时就要根据裂缝的宽度和防水层损坏情况分别处理处理。

大于2mm的裂缝，应沿裂缝局部清除面层和防水层，沿裂缝剔凿宽度和深度均不应小于10mm的沟槽，清除浮灰、杂物，沟槽内嵌填密封材料，铺设带胎体增强材料涂膜防水层并与原防水层捂接封严，经蓄水检查无渗漏再修复面层。

小于2mm的裂缝，可沿裂缝剔除4mm宽面层，暴露裂缝部位，清除裂缝浮灰、杂物，铺设涂膜防水层，经蓄水检查无渗漏，再修复面层。

对于小于0.5mm裂缝，可不铲除地面面层，清理裂缝表面后，沿裂缝走向涂刷二遍宽度不小于100mm的无色或浅色合成高分子涂膜防水层。

采用聚合物水泥砂浆翻修时，应将面层及原防水层全部凿除，清理干净后，在裂缝及节点等部位按规定进行防水处理，涂刷基层处理剂并用聚合物水泥砂浆重做防水层，防水层经检验合格后方可做面层。

采用防水涂膜翻修时，面层清理后，基层应牢固、坚实、平整、干燥。平面与立面相交及转角部位均应做成圆角或弧形。卫生洁具、设备、管道（件）应安装牢固并处理好固定预埋件的防腐、防锈、防水和接口及节点的密封。铺设防水层前，应先做附加层。做防水层时，四周墙面涂刷高度不应小于100mm。在做二层以上涂层施工时，涂层间相隔时间应以上一道涂层达到实干为宜。

（2）管道根部渗漏的主要原因有：地漏安装过高造成地面积水、穿过楼地面管道的根部积水渗漏、管道与楼地面间裂缝、楼地面与墙面交接部位渗漏等。

地漏安装过高造成地面积水时，应凿除相应部位的面层，修复防水层，再铺设面层并重新安装地漏。地漏接口和翻口外沿嵌填密封材料时，应堵严。

穿过楼地面管道的根部积水渗漏，应沿管根部轻剔凿出宽度和深度均不应小于10mm的沟槽，清理浮灰、杂物后，槽内嵌填密封材料，并在管道与地面交接部位涂刷管道高度及地面水平宽度均不小于100mm、厚度不应小于1mm无色或浅色合成高分子防水涂料。

管道与楼地面间裂缝小于1mm，应将裂缝部位清理干净，绕管道及管道根部地面涂刷两遍合成高分子防水涂料，其涂刷管道高度及地面水平宽度均不应小于100mm，涂膜厚度不应小于1mm。

因穿过楼地面的套管损坏而引起的渗漏水，应更换套管，对所设套管要封口，并高出楼地面20mm以上，套管根部要密封。

楼地面与墙面交接缝渗漏，应将裂缝部位清理干净，涂刷带胎体增强材料的涂膜防水层，其厚度不应小于1.5mm，平面及立面涂刷范围均应大于100mm。

楼地面与墙面交接部位酥松等损坏，应凿除损坏部位，用 1∶2 水泥砂浆修补基层，涂刷带胎体增强材料的涂膜防水层，其厚度不应小于 1.5mm，平面及立面涂刷范围应大于 100mm。新旧防水层搭接宽度（压槎宽度）不应小于 50～80mm；压槎顺序要注意流水方向。铺设带有胎体增强材料涂膜防水层，封严贴实。

（3）墙面渗漏主要是墙面未做防水处理或防水层高度未达到要求而造成。

如墙面未做防水处理的，应将饰面层铲除，重新做防水处理并符合防水层高度要求。对于有沐浴房的房间，防水高度不得低于 2m；有洗手盆的，防水高度不得低于 1.2m；其他部位不得低于 0.6m。

9.6　其他损坏修缮技术

其他损坏修缮技术主要包括内外墙体抹灰层的剥落、空鼓；墙地面地砖、地板的损坏；室内涂料的损坏；门窗的损坏以及其他细部的损坏等。

9.6.1　内墙抹灰

内墙抹灰的缺陷和损坏主要包括：墙体与门窗框交接处抹灰层空鼓，墙面抹灰层空鼓、裂缝，墙面起泡、开花或有抹纹，墙面抹灰层析白及墙裙、轻质隔墙抹灰层空鼓、裂缝等。

1. 墙体与门窗框交接处抹灰层裂缝

维修措施主要有：

（1）门洞每侧墙体内预埋木砖应不少于 3 块，预埋位置要正确，木砖尺寸应与标准砖相同，并经过防腐处理。

（2）门框塞缝宜采用混合砂浆，砂浆不宜太稀，塞缝前先浇水润湿，缝隙过大时应分层多次填塞。

（3）维修时，先清除松动部分的浮灰，再加固预埋件，然后用水泥砂浆粉补，最后在表面涂刷涂料装饰。

（4）门框与墙体间也可用装饰条盖缝处理。

2. 内墙面抹灰层空鼓、裂缝

主要采用挖补抹灰或贴缝修补的方法，其施工工艺如下：

（1）对于缝隙较大的部位要，将起鼓的范围内的抹灰铲除并清理干净，在其四周向里铲出 15° 的倾角。当基体为砖砌体时，应刮掉砖缝 10～15mm 深，使新灰能嵌入缝内，与砖墙结合牢固。

（2）基体表面（含四周铲口）洒水湿润，要求洒足而均匀，但也不要过量。

（3）抹底灰，按原抹灰层的分层厚度分层补抹。

（4）抹罩面层，待第二遍抹灰层干到六、七成（一般约为 1～4h），罩面层应与原抹灰面相平，并在接缝处用排笔压实抹光。

（5）对于细小缝隙，一般在裂缝处先用砂纸打磨，再粘贴无纺布或穿孔纸带，然后再批嵌腻子刷涂料。

3. 混凝土顶板抹灰空鼓、裂缝

混凝土现浇楼板底抹灰，往往在顶板四角产生不规则裂缝，中部产生通长裂缝。

维修措施主要有：

（1）现浇混凝土楼板底表面有木丝、油毡等杂物时必须清理干净；使用钢模、组合小钢模现浇混凝土楼板，应用清水加10％的火碱（氢氧化钠），将隔离剂、油垢清刷干净；现浇楼板如有蜂窝麻面情况，应事先用1：2水泥砂浆修补抹平，凸出部分需剔凿平整。

（2）为了使底层砂浆与基层粘结牢固，抹灰前一天顶板应喷水湿润，抹灰时再洒水一遍。现浇混凝土顶板抹灰，底层砂浆用1：0.5：1混合砂浆，厚度2～3mm，操作时应顺模板纹方向垂直抹，用力将底灰挤入顶板缝隙中，紧跟抹中层砂浆找平。混凝土顶板抹灰，一般应在上层地面做完后进行。

（3）屋顶部位的空鼓应及时铲除，避免掉落伤人。维修时要先清理干净，并用108胶涂刷1～2遍，以增加基层与抹灰层的粘结，同时抹灰层应尽量薄，以减少抹灰层的重量，待抹灰干燥后，再批腻子、刷涂料；另外也可先用砂纸对基层进行处理干净后，直接用白水泥腻子进行批嵌，待干燥并经打磨后再刷涂料。

4. 靠窗边的墙面抹灰有剥落

维修措施主要有：

对于窗框与墙体间未做防水处理的，应用发泡防水材料重新进行防水处理，再批腻子，刷涂料。对于因淋水而剥落的墙面应部分铲除，批嵌腻子再刷涂料。

5. 抹灰面层起泡、开花

维修措施主要有：

墙面开花有时需经过1个多月的过程，才能使掺在灰浆内未完全熟化的石灰颗粒继续熟化膨胀完全。因此，在处理时应待墙面确实没有再开花情况时，再挖去开花处松散表面，重新用腻子找补刮平，最后再涂刷涂料。

6. 轻质隔墙抹灰空鼓、裂缝

维修措施主要有：

（1）空鼓部位应及时清除干净，并涂刷108胶，再用相应的腻子批嵌。

（2）裂缝部位应先对缝隙进行处理，清理干净缝隙内的浮灰，然后刷108胶，补腻子并在缝隙处粘贴穿孔纸带，然后在穿孔纸带上批嵌腻子，最后涂刷涂料。

9.6.2 外墙面抹灰

1. 抹灰空鼓、脱落

维修措施主要有：

（1）要先清除表面浮灰，且对外墙表面的凹凸要先做好填补或剔凿；对加气混凝土块表面不平，缺棱掉角现象要先用水泥石灰混合砂浆分层补齐且外涂了108胶。

（2）大面积空鼓：应全部铲除，先用108胶水泥浆处理好基体，再用与原抹灰相同的材料，按抹灰工程的做法分层重新进行施工。

（3）局部空鼓：四周不空鼓的抹灰和基体连接牢固的可继续观察，暂不处理；空鼓凸出抹灰面的应铲除修补。

2. 抹灰层裂缝

维修措施主要有：

（1）表面裂缝维修时应将裂缝加宽到 10～20mm，同时清除缝内杂质，浇水润湿，再按抹灰做法补缝，具体可采用丙烯酸乳漆掺石膏和滑石粉，刮披腻子，用砂纸打磨平，再刷两遍乳胶浆，补抹的灰要与原有的灰结合严密、平整。

（2）抹灰面与基体都开裂时，应先查出裂缝原因再修补。修补时应加宽裂缝，先修补基体裂缝，后用灰修补表面裂缝。补抹的灰要与原有的灰面尽量一致。

3. 外墙面砖空鼓、剥落

维修措施主要有：

（1）对于空鼓严重的面砖，且超过一定高度 2m 的要取下重新铺贴；对于高度在 2m 以下、空鼓不严重的面砖可采用胶水修补。

（2）重新铺贴时，要先进行基层处理，修理平整后并涂刷 108 胶水泥浆，然后按铺贴工艺要求进行施工，施工完成后要进行适当的养护。

（3）对于空鼓不严重的面砖，应先将缝隙处的浮灰清理掉并用水湿润，待干后，用针筒将环氧树脂胶或强力胶从砖边缝隙挤压到空鼓处，并用小锤轻敲，当边缝处有多余的胶溢出时即可，然后用干净抹布清除溢出的胶液，再把缝勾严，最后用胶带纸将修补的面砖临时固定住。

4. 外墙面砖掉角、局部釉面损坏

维修措施主要有：

（1）损坏严重的要取下重新铺贴。

（2）损坏不严重可用白水泥或环氧树脂胶加适量颜料调配成腻子进行修补。

5. 装饰抹灰剥落、污染等

维修措施主要有：

（1）将开裂部位铲除后，基层凿毛、清理干净、浇水湿润，刷一层 108 胶水泥浆随后抹底层灰，其他按装饰抹灰的施工工艺要求进行操作。

（2）对于墙面污染可用高压水枪冲洗或用草根蘸水、条刷等来搓刷。如有锈斑可用草酸稀释液先清洗，然后再用清水冲洗。

6. 外墙大理石、花岗石破损、开裂、掉落、空鼓等

维修措施主要有：

（1）对于基层为混凝土、强度高且平整的，可用强力胶直接粘贴。操作时，先将基层清理干净，将表面松动部分清除，选择好新的石材（为便于安装，规格一般要比原有的小一些），用干净抹布将石材背面擦干净，然后调配好强力胶，用刮刀均匀地涂刷在石材的背面，一块板一般涂刷 5～6 个点即可（四周及中间各一个点），然后将石材安装到相应的位置上，并进行临时的支撑，防止因胶未发挥作用前石材掉落。

（2）对于基层强度不高的或砖墙的，应按施工工艺要求进行操作。操作时，先要在新的石材边上和墙上钻孔。先用冲击电钻在墙上钻孔，孔径 6mm，孔深 30mm；再用 3mm 钻头在石材上钻孔深 10mm。钻孔时应向下呈 15°倾角，防止灌浆后环氧树脂水泥浆外流。钻孔后将孔洞内灰尘全部清除干净。然后用专用灌注枪将配制好的环氧树脂水泥浆灌入孔内，枪头应伸入孔底，慢慢向外退出。再放入锚固螺栓（螺栓杆是全螺纹型），并在一端拧上六角螺母。放入螺栓时，应先将螺栓经过化学除油处理，表面涂抹一层环氧树脂浆后，慢慢转入孔内。为了避免水泥浆外流弄脏石材表面，可用石灰堵塞洞口，待树脂浆固化后再进行清理。对残留在石材表面的树脂浆，应用丙酮或二甲苯及时擦洗干净。最后在树脂浆灌注2～3d后，洞口可用108胶白水泥浆掺色封口，色浆的颜色应与花岗石的颜色相接近。

（3）当外墙大理石、花岗石局部空鼓，面积不大时，可用冲击钻在空鼓处钻直径3mm的孔洞，然后将孔洞周围的灰尘清理干净，再用专用灌注机向空鼓处灌入配制好的环氧树脂胶或强力胶，待有多余的胶溢出时，用干净抹布擦净，最后用带相同颜色的石粉（可用原石材碾磨）加环氧树脂胶配制成的人造石填孔，待有强度后用砂布打磨上蜡即可。

9.6.3　实木地板

1. 表面起鼓、油漆剥落

维修措施主要有：更换地板。

2. 地板起拱

维修措施主要有：

起下踢脚板，再次预留伸缩缝；在房间与房间连接处加装扣条；重新安装踢脚线，清理出石膏、腻子等预留伸缩缝；起开地板，重新补装；拆掉地板，地面处理平整，干燥后重新铺装地板。

3. 地板裂缝

维修措施主要有：

拆掉地板，地面处理平整、干燥后重新铺装；根据裂缝的大小，决定补蜡、重新灌胶；用专用工具固定或重装；挪开重物，重新灌胶固定。

4. 表面磨损、油漆剥落

维修措施主要有：

用砂纸或砂轮将表面磨光，再重新刷相同性质的油漆。

5. 板企口碎裂，板与板的缝隙增大

维修措施主要有：

（1）碎裂严重、缝隙过大，应重新铺设。

（2）局部碎裂，开裂可以用补披腻子，然后涂刷地板漆的方法修补。

9.6.4　复合地板

1. 表面磨损

维修措施主要有：更换地板。

2. 地板松动、地板间裂缝明显

维修措施主要有：起开踢脚线用弹簧再固定或更换地板。

9.6.5　地砖地面

1. 地面空鼓、破损、松动

维修措施主要有：

（1）大面积空鼓、破损、松动应将地砖起出重新施工。施工时基层表面应清理干净，并浇水湿润，但不得有积水，以保证垫层与基层结合良好。基层表面涂刷纯水泥浆应均匀，并做到随刷随铺水泥砂浆结合层。

（2）板块面层在铺设前，应浸水湿润，并将石板背面浮灰、杂物清扫干净，等板块达到面干饱和时铺设最佳。

（3）结合层为干硬性水泥砂浆的配合比常用 1∶3～1∶2，采用不低于 32.5 普通硅酸盐水泥、粗中砂（含泥量小于 3%）。板块应进行试铺，试铺时板块应对好纵横缝，并用皮锤轻敲，使砂浆密实。板块铺设合格后搬起石板，检查砂浆结合层是否平整、密实，增补砂浆浇一层水灰比为 0.5 左右的纯水泥浆后，再铺设原板，四角同时落下，并用水平尺找平。或用水泥净浆满抹于板材背面，直接粘贴于基层上。

（4）板块铺设后，应在第二天对板块缝用水泥进行擦缝。擦缝前应将缝内松散砂浆清掉，擦缝完应及时将浮灰清理干净。

（5）板块铺设后，在砂浆强度没有达到规定要求时，严禁上面走人，如有特殊情况，应在表面铺厚木板。

（6）局部空鼓或基层牢固的，可将面砖起出，将基层清理干净后用环氧树脂胶或强力胶涂刷在砖的背面，直接粘贴在基层上，并用重物临时压住，以增强粘结力。

2. 板块面层接缝处不平、缝隙不均匀

维修措施主要有：

（1）在缝隙处用白水泥或加入相同颜色配制的水泥浆填缝。

（2）如果接缝高差过大，应将地砖起出，重新按工艺要求施工。

9.6.6　水泥砂浆楼地面

1. 起砂

维修措施主要有：

用钢丝刷将起砂部位的面层清刷干净，用水润湿后抹 108 胶水泥浆（108 胶∶水泥∶粗中砂＝1∶5∶2.5）厚度 3～4mm 为宜。抹好待砂浆终凝以后，覆盖洒水养护 7d。

2. 空鼓

维修措施主要有：

（1）对局部空鼓、开裂现象，修补时应将损坏部位的灰皮剔净，并将四周凿进结合良好处 30～50mm，且剔成坡槎，用水冲洗干净，补抹 1∶2.5 水泥砂浆，当厚度超过 15mm 时，应分层抹，即留出 3～4mm 深度，待第一层砂浆终凝后，再抹 3～4mm 厚 108 胶水泥砂浆面层，并用铁抹子压光，随后进行的养护同起砂修缮的养护。

（2）若大面积空鼓开裂时应全部铲除整个面层，并将基层凿毛，按水泥砂浆楼地面的施工要求重做。

3. 开裂

维修措施主要有：

（1）当裂缝细小且无发展时可不进行维修（此种情况正常）。

（2）当裂缝少而宽时，可将裂缝向两边加宽剔凿（每边 10～15mm），且形成坡槎，然后用补抹空鼓的方法，分层施工（施工方法同空鼓修补）并及时养护。

（3）对于预制板板缝出现的面层裂缝，可先将板缝凿开，适当凿毛清理干净，在板缝内先刷纯水泥素浆，然后浇灌细石混凝土，面层抹水泥砂浆压平、压光。

9.6.7 水性涂料

1. 表面污染、发霉

维修措施主要有：

（1）对于一般污染不严重的可用湿毛巾轻轻擦拭，较严重的可用砂布打磨，然后按工艺要求涂刷涂料。

（2）对于有颜色渗入的，应先用砂布打磨，清除灰尘后，局部再用涂料补刷涂料1～2遍。

（3）受潮发霉的涂料，应及时铲除，先基层处理并干燥后，再用腻子批嵌，最后按工艺要求涂刷涂料。

2. 表面开裂、剥皮、脱落

维修措施主要有：

（1）基层受潮，腻子膨胀，应及时铲除，重新按要求进行施工。

（2）表面剥皮应及时清理干净并用砂布打磨，并用腻子批嵌平整，面层修补时应采用与基层相同性质的涂料。

（3）如果是由于基层抹灰层或结构层开裂引起表面开裂的，应先进行裂缝的处理，然后再按上述方法修补。

9.6.8 油性涂料（油漆）

1. 面层出现露底、漆膜发白现象

维修措施主要有：

在涂料表面用砂布或砂纸打磨，清除浮灰后，再选用同性质的涂料涂刷1～2遍。同时涂刷有颜色的涂料时应尽量避免在灯光下进行，以免影响涂刷影响。

2. 油漆剥落

维修措施主要有：

小面积的油漆剥落，可先用细砂纸打磨，然后抹上腻子，刷上底漆，再重新上漆。大面积的剥落必须把表面剥落部分全部刮去，重新按工艺要求涂刷油漆。

3. 油漆起泡

维修措施主要有：

先除去起泡的油漆，让木料自然干燥，然后刷上底漆，最后再在整个修补面上重新上漆；或先刮掉起泡的漆皮，再用树脂填料填平裂纹，重新上漆；或不用填料，在刮去漆皮后，直接涂上微孔漆。

4. 漆膜出现裂纹

维修措施主要有：

这种情况多半要用化学除漆剂或热风喷枪将漆除去后，再重新上漆。若断裂范围不大，这时可用磨砂块或干湿两用砂纸沾水，磨去断裂的油漆，在表面打磨光滑之后，抹上腻子，刷上底漆，并重新上漆。

5. 漆膜失去光泽

维修措施主要有：

用干湿两用砂纸把旧漆磨掉，刷去打磨的灰尘，用干净湿布把表面擦净，待干透后，再重新刷上面漆。要特别注意的是，在气温很低的环境下涂漆，漆膜干后，也可能会失去光泽。

第三篇

乡村环境建设

第十章 乡村道路建设

10.1 乡村道路规划与设计

10.1.1 乡村道路交通的特点与分类

1. 乡村道路交通的特点

（1）交通运输工具类型多、行人多。（2）道路基础设施差。（3）人流、车流的流量和流向变化大。（4）交通管理和交通设施不健全。（5）缺少停车场，道路两侧违章建筑多。（6）车辆数量增长快，交通发展迅速。

2. 乡村道路的分类和分级

乡村所辖地域范围内的道路按主要功能和使用特点可划分为公路和村镇道路两类。（1）公路：乡村公路一般为四级公路（Ⅰ类）、四级公路（Ⅱ类）两个类型。当乡村公路交通组成有大型、重载型车辆时，则应按《公路工程技术标准》JTG B01—2014 执行。（2）村镇道路：根据使用功能和通行能力划分为主干路、干路、支路和巷路四个等级。村镇道路规划技术指标见表 10-1。

村镇道路规划技术指标表 表 10-1

规划技术指标	道路级别			
	主干路	干路	支路	巷路
计算行车速度(km/h)	40	30	20	—
道路红线宽度(m)	24～36	16～24	10～14	—
车行道宽度(m)	14～24	10～14	6～7	3.5
每侧人行道宽度(m)	4～6	3～5	0～3	0
道路间距(m)	≥500	200～500	120～300	60～150

10.1.2 乡村道路系统规划的基本要求

（1）满足、适应交通运输的要求；（2）结合地形、地质和水温条件，合理规划道路网走向；（3）满足乡村环境要求；（4）满足乡村景观的要求；（5）有利于地面水的排除；（6）满足各种工程管线布置的要求。

乡村道路系统规划除应满足以上条件外，还应满足以下方面：1）乡村道路应与铁路、公路、水路等对外交通系统密切配合，同时要避免铁路、公路穿过村镇内部。2）乡村道路要方便居民与农用机具通向田间，要统一考虑与田间道路的相互衔接。3）道路系统规划设计应少占田地，少拆房屋，不损坏重要历史文物。

10.1.3 乡村道路系统的形式

目前常用的道路系统可归纳成四种类型：方格网式（棋盘式）、放射环式、自由式、混合式。前三种是基本类型，混合式道路系统是由几种基本类型组合而成的。

（1）方格网式（棋盘式）：最大的特点是道路排列比较整齐，基本呈直线，街坊用地多为长方形，有利于建筑布置和识别方向，交通机动性好。缺点是交通分散，道路主次功能不明确，交叉口数量多，影响行车通畅。一般适用于地形平坦的乡村。如图 10-1 所示。

（2）放射环式：由放射道路和环形道路组成。优点是使公共中心和各功能分区有直接通畅的交通联系，较易于结合自然地形和现状。缺点是容易造成中心区交通拥挤、行人以及车辆的集中，其交通灵活性不如方格网式好。适用于规模很大的乡村。

（3）自由式：因结合地形起伏，迁就地形而形成的，道路弯曲自然，无一定的几何图形。优点是充分结合自然地形，道路自然顺畅，可以减少道路工程土石方量。缺点是道路弯曲、方向多变，影响建筑物和管线工程的布置。适用于山区和丘陵地区。

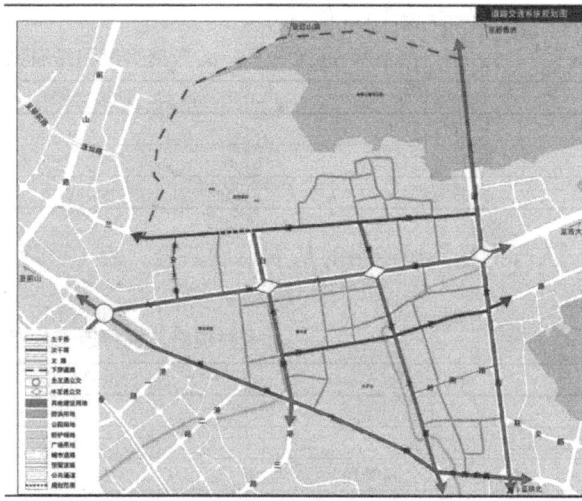

图 10-1　方格网式道路系统

（4）混合式：结合乡村的最自然条件和现状特点，力求吸收前三种基本形式的优点，避免其缺点，因地制宜规划布置乡村道路系统。

事实上在道路规划设计中，不能机械地单纯采用某一类形式，应本着实事求是的原则，立足地方的自然条件和现状特点，采用综合方格网式、放射环式、自由式道路系统的特点，扬长避短，科学、合理地进行乡村道路系统规划布置。

10.1.4　乡村道路的技术设计

1. 路线设计应符合下列规定

（1）选线应结合区域环境、地质、水文条件，合理利用地形，满足使用功能，保证安全。（2）应综合考虑平、纵、横要素，整体均衡，并注重与环境和自然景观的协调。（3）大桥及中长隧道应为路线走向控制点，中小桥、短隧道及一般构造物的设置应服从路线走向。（4）圆曲线半径较小或纵坡较大的路段，应设置速度控制设施。

2. 乡村道路横断面设计

道路横断面是指沿着道路宽度、垂直于道路中心线方向的剖面。对横断面设计的基本要求是：1）保证车辆和行人交通的畅通和安全；2）满足路面排水及绿化、地面杆线、地下管线等公用设备布置的工程技术要求；3）路幅综合布置应与街道功能、沿街建筑物性质、沿线地形相协调；4）节约乡村用地，节省工程费用；5）减少交通运输所产生的噪声、扬尘和废气对环境的污染；6）必须远近期相结合，以近期为主，又要为乡村交通发展留有余地。

（1）道路宽度的确定

道路横断面的规划宽度被称为路幅宽度，通常指乡村总体规划中所确定的建筑红线之

195

间的道路用地在总宽度，包括车行道、人行道、绿化带以及安排各种管（沟）线所需宽度的总和。

车行道是道路上提供每一纵列车辆连续安全按规定行车速度行驶的地带。车道宽度和路肩宽度应符合表10-2的规定。

车道宽度和路肩宽度 表10-2

道路等级	四级公路（Ⅰ类）	四级公路（Ⅱ类）
车道数	2	1
车道宽度(m)	3.0	3.5
路肩宽度(m)	0.25	0.50

人行道是乡村道路的基本组成部分。表10-3列举了乡村道路、人行道宽度的组合建议值。

乡村道路、人行道宽度组合建议值 表10-3

道路类别	乡村道路最小宽度(m)	人行道最小宽度(m)
主干路	4.0～4.5	3.00
次干路	3.5～4.0	2.25
车站、码头、公园等路	4.5～5.0	3.00
支路、巷路	1.5～2.5	1.5

注：现状人口大于2.0万的乡村可适当放宽。

道路绿化的布置水平在一定程度上体现了整洁、宁静、文明、绿色、环保的乡村景观面貌。人行道绿化根据规划横断面的用地宽度可布置单行或双行行道树。行道树布置在人行道外侧的圆形或方形（也可用长方形）的穴内，方形坑的尺寸不小于1.5m×1.5m，圆形直径不小于1.5m。植物分隔带兼作公共车辆停靠站台或行人过街停留之用，宜有2.0m的宽度。

分隔带又称分车带，分隔带的宽度宜与道路个组成部分的宽度比例相协调，最窄为1.2～1.5m；若兼作公共交通车辆停靠站或停放自行车用的分流分隔带，不宜小于2m。作为分向分隔带除因路段过长而增设人行横道线处中断外，应连绵不断直到交叉口前。分流分隔带仅宜在重要的公共建筑、支路和巷路出入口，以及人行横道处中断，通常以80～150m为宜，其最短长度不少于一个停车视距。

（2）道路横断面的综合布置

乡村道路横断面可以分为一块板、两块板、三块板等不同形式。一块板就是在路中完全不设分隔带的车行道断面形式，是目前乡村道路普遍采用的一种形式，适用于路幅宽度较窄、交通量不大、混合行驶四车道已能满足，非机动车不多等情况；两块板就是在路中心设置分隔带将车行道一分为二，使对向行驶车流分开的断面形式，适用于快速干路，车辆行驶灵活性差，转向需调头，车道利用率低，占地多，近年来较少采用；三块板就是设置两道分隔带将车行道一分为三，中央为机动车道，两侧为非机动车道，适用于路幅较宽、非机动车多、交通量大、车辆速度要求高等情况。道路横断面的选择除考虑交通外，还因综合考虑环境、沿街建筑使用、乡村景观以及路上、地下各种管线、杆柱设施的协调、合理安排。

3. 乡村道路的线形设计

道路由于受地形、地物、地质条件、交通吸收点和集散点布局要求的限制，往往需要在平面、立面上恰当调整道路中心线的转折方向，以满足行车安全、通畅、迅速、舒适、线型美观和工程经济的综合要求。这种使道路各直线段与曲线段在平面和立面上有平顺、柔和的衔接，并在技术标准上满足道路等级的交通要求即道路线型设计。

道路线形包括道路平面线形和道路纵断面线形。道路平面线形是指道路红线范围内的道路中心线及其他主要特征在现状地形图上的平面投影位置、几何形状和各部分的尺寸。道路纵断面线形是指道路中心线或其他主要特征线在纵向所做的垂直剖面（立面）线形。

10.1.5　乡村道路的构造

乡村道路的一般结构：路基、路面和附属工程。如图 10-2 所示。

1. 路基

路基是路面的基础，为乡村道路提供一个平整的基面，承受地面上传下来的荷载，是保证路面具有足够强度和稳定性的重要条件之一。根据周围地形变化和挖填方情况，

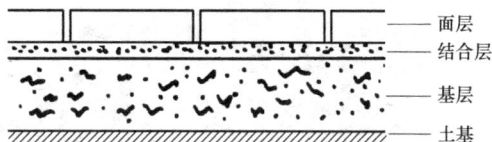

图 10-2　乡村道路的路面层结构示意图

一般有三种路基形式，如图 10-3 所示。（1）填土路基：是在比较低洼的场地上，填筑土方或石方做成的路基。这种路基一般都高于两旁场地的地坪，因此也常常被称为路堤。（2）挖土路基：即沿着路线挖方后，其基面标高低于两侧地坪，如同沟堑一样的路基，因而这种路基又被叫作路堑。在这种路基上，人、车所产生的噪声对环境影响较小，其消声减噪的作用十分明显。（3）半挖半填土路基：在山坡地形条件下，多见采用挖高处填低处的方式筑成半挖半填土路基。这种路基上，路两侧是一侧屏蔽另一侧开敞，施工上也容易做到土石方工程量的平衡。

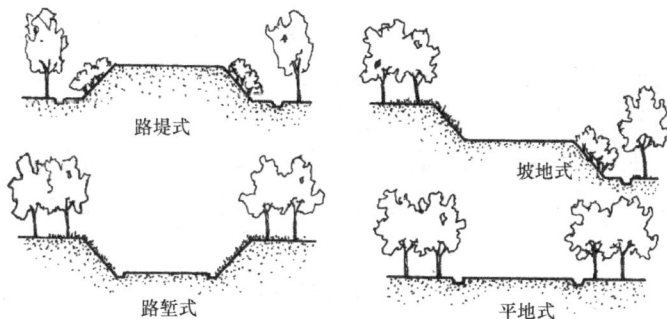

图 10-3　路基形式

2. 路面

路面是用坚硬材料铺设在路基上的一层或多层的道路结构部分。路面应当具有较好的耐压、耐磨和抗风化性能；要做得平整、通顺，能方便行人或行车。按照路面在荷载作用下工作特性的不同，可以把路面分为刚性路面和柔性路面两类。

（1）刚性路面，主要指现浇的水泥混凝土路面。这种路面在受力后发生混凝土板的整体作用，具有较强的抗弯强度。刚性路面坚固耐久，保养翻修少，但造价较高。

（2）柔性路面，是用黏性、塑性材料和颗粒材料做成的路面，也包括使用土、沥青、草皮和其他结合材料进行表面处治的粒料、块料加固的路面。柔性路面在受力后抗弯强度

很小，路面强度在很大程度上取决于路基的强度。这种路面的铺路材料种类较多，适应性较大，易于就地取材，造价相对较低。砖石路面如图 10-4 所示。

图 10-4 砖石路面

从横断面上看，乡村道路路面是多层结构的，其结构层次随道路级别、功能的不同而有一些区别。一般道路的路面部分，从下至上结构层次的分布顺序是：垫层、基层、结合层和面层。

（1）垫层：在路基排水不畅、易受潮受冻情况下，需要在路基之上设一个垫层，以便有利排水，防止冻胀，稳定路面。做垫层的材料要求水稳定性良好，一般可采用煤渣土、石灰土、砂砾等，铺设厚度 80～150mm。

（2）基层：基层位于路基和垫层之上，承受由面层传来的荷载，并将荷载分布至其下各结构层。要选用水稳定性好，且有较大强度的材料来做，如碎石、砾石、工业废渣、石灰土等。基层铺设厚度可在 60～150mm 之间。

（3）结合层：在采用块料铺砌作面层时，要结合路面找平，而在基层和面层之间设置一个结合层，以使面层和基层紧密结合起来。结合层材料一般选用 30～50mm 厚的粗砂、1：3 水泥砂浆等。

（4）面层：位于路面结构最上层，包括其附属的磨耗层和保护层。面层要采用质地坚硬、耐磨性好、平整防滑、热稳定性好的材料来做。面层的材料及其铺装厚度，要根据道路铺装设计来确定。

3. 附属工程

（1）道牙：一般分为立道牙和平道牙两种形式。它们安置在路面两侧，使路面与路肩在高程上起衔接作用，并能保护路面，便于排水。道牙一般用砖或混凝土制成，在乡村步道中也可以用瓦、大卵石、切割条石等。

（2）明沟和雨水井：是为收集路面雨水而建的构筑物，在园林中常用砖块砌成。

（3）种植池：在路边或广场上栽种植物，一般应留种植池。种植池的施工材料，特别是外池壁的贴面砖材料最好与园路面层材料一致，色彩或质地略有区别，但反差不宜太大。

（4）台阶、礓磙、磴道

台阶：当路面坡度超过 12°时，为了便于行走，在不通车辆的路段上，可设台阶。台阶的宽度与路面相同，每级台阶的高度为 120～170mm，宽度为 300～380mm。一般台阶不应连续使用，每 10～18 级后应设一段平坦的地段，使游人有恢复体力的机会。每级台阶应有 1%～2%的向下的坡度，以利排水。可以用天然山石、预制混凝土砖、塑木纹板等材料施工。

礓磙：在坡度较大的地段上，一般纵坡超过 17%时，本应设台阶，但为了能通过车辆，将斜面作成锯齿形坡道，称为礓磙。

磴道：在地形陡峭的地段，可结合地形或利用露岩设置磴道。当纵坡大于 60%时，应做防滑处理，并设扶手栏杆等。

10.1.6　乡村道路的装饰

整体现浇铺装：适用于主干路、次干路，主要为沥青混凝土路面和水泥混凝土路面。

（1）沥青混凝土路面，以 30～50mm 厚沥青混凝土作表面层，分细粒式、中粒式、粗粒式，一般不用其他方式进行装饰处理。

（2）水泥混凝土路面，一般采用 C20 混凝土，做 120～160mm 厚，每 10m 设伸缩缝一道。主要采用表面抹灰处理，常用普通抹灰、彩色水泥抹灰、水磨石饰面、露骨料饰面等。

片材贴面铺装：适用于支路或巷路。常用的片材主要是花岗石、大理石、釉面墙地砖、陶瓷广场砖和马赛克等。在混凝土基层上铺垫一层水泥砂浆，起找平和结合作用。一般垫层设计厚度为 10～25mm，可根据片材的具体厚度而确定；水泥与砂的配合比采用 1：2.5。一般采用片材贴面装饰的路面，其边缘要设置道牙石，以使路边更加整齐和规范。如图 10-5 所示。

图 10-5　片材路面

板材砌块铺装：整形的板材、方砖、预制的混凝土砌块铺在路面，作为道路结构面层的，都属于这类铺地形式。适用于一般的散步游览道、草坪路、滨河步道和游息林荫道、街道人行道等。

（1）板材铺地：石板常见尺寸：497mm×497mm×50mm、697mm×497mm×60mm、997mm×697mm×70mm。混凝土方砖：正方形，常用规格297mm×297mm×60mm、397mm×397mm×60mm等，表面经过翻模加工为方格纹或其他图纹。预制混凝土板：常见有497mm×497mm、697mm×697mm等规格，铺砌方法同石板，如不加钢筋，板厚度不宜小于80mm。

（2）黏土砖墁地：规格较多，有方砖、长方砖。方砖一般采用平铺方式，有错缝平铺和顺缝平铺做法。

（3）预制砌块铺地：各种形状、各种颜色和各种规格尺寸，可组合成路面的不同图纹和不同装饰色块。

（4）预制道牙铺装：道牙铺装在道路边缘，起保护路面作用，有石材凿打整形为长条形的，也有按设计用混凝土预制的。

砌块嵌草铺装：预制混凝土砌块与草皮相间铺装路面，能够很好地透水透气，具有鲜明的生态特点。主要用于人流量不太大的散步道、草坪道路或庭院内道路等。砌块嵌草铺装边缘要设置道牙加以规范和对路面起保护作用。也可用板材砌块铺砌作为边带。

砖石镶嵌铺装：

（1）花街铺地：是指用碎石、卵石、瓦片、碎瓷等碎料拼成的路面。具有很好的装饰作用和较高的观赏性，有助于强化园林意境，具有浓厚的民族特色和情调，多见于古典园林中。

（2）雕砖卵石路面，又被誉为"石子画"，它是选用精雕的砖、细磨的瓦和经过严格挑选的各色卵石拼凑成的路面。图案内容丰富，如以花鸟鱼虫、传统民间图案等为题材进行铺砌，多见于古典园林中的道路。

（3）卵石路是以各色卵石为主嵌成的路面。借助卵石的色彩、大小、形状和排列的变化可以组成各种图案，具有很强的装饰性。这种路面耐磨性好，防滑，富有江南园路的传统特点，但清扫困难，且卵石容易脱落。多用于花间小径、水旁亭榭周围。如图10-6所示。

图10-6　卵石路面

10.1.7　乡村道路的排水

乡村道路边沟和排水沟应符合下列规定：（1）山岭重丘区、年降水量大于或等于250mm的挖方路基和低路堤应设置边沟，冲刷严重路段应设置硬化边沟：年降水量小于250mm或无集中排水要求的平原区路段可不设置边沟。（2）边沟、排水沟可采用图10-7所示的浅碟形、三角形、矩形等横断面形式。地形平缓的低填浅挖路段宜采用浅碟形、三角形等形式：土质边沟可采用天然弧线形横断面。（3）村镇路段宜选择盖板边沟、暗埋式边沟等形式。（4）边沟砌筑宜充分利用当地材料，可采用浆砌卵石、浆砌片石、现浇混凝土或混凝土预制块等方式。浅碟形土质边沟可选用砂砾、石渣、卵石等当地利料加固。（5）边沟纵坡应结合路线纵坡、地形、土质、出水口位置等情况选定，宜与路线纵坡一致且不宜小于0.3%。（6）汇水面积较大、纵向边沟连续长度超过500m的路段，应设置排水设施将水引流到路基之外。

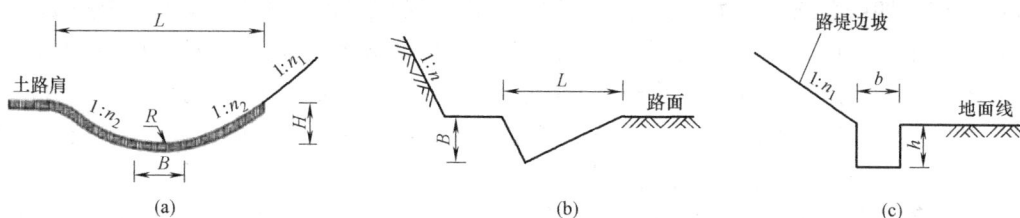

图 10-7　典型边沟或排水沟形式
(a) 浅碟形；(b) 三角形；(c) 矩形

10.1.8　乡村道路的桥涵

桥涵设计应符合下列规定：（1）桥位宜选择河道顺直、水流稳定、河床地质良好的河段。（2）桥涵结构形式应根据公路功能、通行能力和防灾减灾等需要，按照因地制宜、就地取材、便于施工和养护的原则，合理选用。（3）桥梁宜采用标准跨径、技术成熟的桥型。（4）桥涵设置应充分考虑地质、水文、通航等条件，合理确定桥梁规模、基础形式及埋置深度，加强桥涵结构及桥头引道路基的防护，提高抗冲刷、抗水毁能力。（5）桥涵设计的汽车荷载等级不应低于公路-Ⅱ级。

设置人行道的桥梁应计入人群荷载，并应符合下列规定：（1）桥梁计算跨径小于或等于 50m 时，人群荷载标准值为 $3.0kN/m^2$；桥梁计算跨径大于或等于 150m 时，人群荷载标准值为 $2.5kN/m^2$；桥梁计算跨径大于 50m、小于 150m 时，可由线性内插得到人群荷载标准值。（2）非机动车、行人密集的桥梁，人群荷载标准值应为上述标准值的 1.15 倍。

桥面人行道和护栏的布置应符合下列规定：（1）村镇路段桥梁宜在两侧设置人行道，人行道宽度宜为 1m，大于 1m 时，按 0.5m 的级差增加。（2）设置人行道的桥梁，可通过路缘石等分隔设施将人行道与行车道进行分离，路侧应设置护栏。（3）路缘石高度可取用 0.25～0.35m。

桥面净空应符合下列规定：不设置人行道的四级公路（Ⅱ类）桥面净宽不应小于 4.5m。路、桥不同宽度间应顺势过渡。桥上设置的各种管线、安全设施等不得侵入公路建筑限界。

涵洞设置应满足路基排水及泄洪要求，充分考虑农田水利及自然水系排灌与周围灌溉系统衔接，并应符合下列规定：（1）涵洞宜根据当地材料采用经济适用、方便施工与养护的圆管涵、盖板涵、波纹管涵、拱涵等结构形式，跨径不宜小于 0.75m。（2）涵洞进出口工程应完善，涵顶填土应满足最小厚度要求。（3）排水不畅路段，应通过增设涵洞等排水设施进行疏导。

10.1.9　乡村道路的隧道

隧道设计应符合下列规定：（1）隧道应综合考虑其所处的地形、地质、施工等条件进行设计。（2）四级公路（Ⅰ类）、四级公路（Ⅱ类）隧道宜采用中、短隧道。（3）当路基中心开挖深度大于 30m 时，宜进行明挖与隧道方案的技术、经济和环保论证，择优选定。（4）四级公路（Ⅱ类）隧道宜采用双车道。条件受限时，可采用单车道，长度不应大于

500m。（5）四级公路（Ⅰ类）隧道应采用双车道。双车道隧道设计应执行《公路工程技术标准》JTG B01—2014 四级公路隧道的规定。（6）单车道隧道洞口两端应设置错车道，其路基宽度不应小于 6.5m，有效长度不宜小于 15m。长度大于 250m 的单车道隧道，宜在隧道中部设置错车道 1 处。（7）单车道隧道可根据需要设置人行道，人行道宜设置在排水沟上。（8）隧道洞内为水泥混凝土路面时，表面应刻槽、压槽、拉毛或凿毛。

单车道隧道路线平、纵面技术指标应符合下列规定：（1）两隧道口之间应保证通视，平面线形宜采用直线。（2）纵坡不应小于 0.3%，不宜大于 3%，困难路段不宜大于 4%，但短于 100m 的隧道可不受此限制。（3）隧道内的纵坡宜设置为单向坡。

洞门及衬砌结构应符合下列规定：（1）应根据隧道进出口地形及地质条件，结合环境保护，合理选择洞门结构形式。（2）隧道衬砌应综合考虑地形、地质条件、埋深、断面形状、施工条件等因素，洞口段可采用整体式或复合式衬砌，洞身段可采用喷锚衬砌或复合式衬砌。衬砌应有足够的强度和稳定性，保证隧道长期安全使用。（3）Ⅰ、Ⅱ级围岩的单车道隧道，洞身段可不进行衬砌，但应喷射水泥砂浆作为保护层，必要时辅以局部锚杆支护。洞口段 10m 应进行衬砌，并应设置洞门。（4）单车道隧道衬砌可采用直墙式或曲墙式，设置人行道时宜采用直墙式。

隧道防排水应遵循"防、排、截、堵相结合，因地制宜，综合治理"的原则，保证隧道结构物和运营设备的正常使用和行车安全。隧道防排水设计应对地表水、地下水妥善处理，洞内外应形成一个完整畅通的防排水系统。

10.2 乡村道路施工

10.2.1 路基施工

1. 路基类型

（1）一般路基干湿类型

路基的干湿类型表示路基在最不利季节的干湿状态，分为干燥、中湿、潮湿和过湿四类。

（2）特殊路基类型

1）软土地区路基：以饱水的软弱黏性土沉积为主的地区称为软土地区。软土包括饱水的软弱黏性土和淤泥。在软土地基上修建公路时，容易产生路堤失稳或沉降过大等问题。

2）滑坡地段路基：滑坡是指在一定的地形地质条件下，由于各种自然的和人为的因素影响，山坡的不稳定土（岩）体在重力作用下，沿着一定的软土面（带）作整体的、缓慢的、间歇性的滑动变形现象。滑坡有时也具有急剧下滑现象。

3）膨胀土地区路基：膨胀土系指土中含有较多的黏粒及其他亲水性较强的蒙脱石或伊利石等黏土矿物成分，且有遇水膨胀，失水收缩的特点，是一种特殊膨胀结构的黏质土。多分布于全国各地二级及二级以上的阶地与山前丘陵地区。

2. 路基填料的选择

用于道路路基的填料，要求挖取方便，压实容易，强度高，水稳定性好。其中强度要求是按 CBR 值确定，应通过取土试验确定填料最小强度和最大粒径。

（1）土石材料

巨粒土、石质土，如碎（砾）石土、砂土质碎（砾）石及碎（砾）石砂（粉粒或黏粒土），粗粒土中的粗、细砂质粉土，细粒土中的轻、重粉质黏土都具有较高的强度和足够的水稳定性，属于较好的路基填料。

砂土可用作路基填料，但由于没有塑性，受水流冲刷和风蚀时易损坏，在使用时可掺入黏性大的土；轻、重黏土不是理想的路基填料，以及含水量超过规定的土，不得直接作为路堤填料，需要应用时，必须采取满足设计要求的技术措施，经检查合格后方可使用；粉性土必须掺入较好的土体后才能用作路基填料，且在高等级公路中，只能用于路堤下层（距路槽底 0.8m 以下）。

黄土、盐渍土、膨胀土等特殊土体必须用作路基填料时，应严格按其特殊的施工要求进行施工。淤泥、沼泽土、冻土、有机土、含草物皮土、生活垃圾、树根和含有腐朽质的土不得用作路基填料。

（2）工业废渣

满足要求或经过处理之后满足要求的煤渣、高炉矿渣、钢渣、电石渣等工业废渣可以用作路基填料，但在使用过程中应注意避免造成环境污染。

3. 填方路基施工

（1）土方路堤施工技术

1）土方路堤填筑施工工艺流程。

2）土方路堤操作程序：取土→运输→推土机初平→平地机整平→压路机碾压。

3）土方路堤填筑作业常用推土机、铲运机、平地机、挖掘机、装载机等机械，按以下几种方法作业。①水平分层填筑法：填筑时按照横断面全宽分成水平层次，逐层向上填筑。是路基填筑的常用方法。②纵向分层填筑法：依路线纵坡方向分层，逐层向上填筑。常用于地面纵坡大于 12%，用推土机从路堑取料填筑，且距离较短的路堤。此方法的缺点是不易碾压密实。③横向填筑法：从路基一端或两端按横断面全高逐步推进填筑。由于此方法填土过厚，不易压实，仅用于无法自下而上填筑的深谷、陡坡、断岩、泥沼等机械无法进场的路堤。④联合填筑法：路堤下层用横向填筑而上层用水平分层填筑。适用于因地形限制或填筑堤身较高，不宜采用水平分层法或横向填筑法自始至终进行填筑的情况。单机或多机作业均可，一般沿线路分段进行，每段距离以 20～40m 为宜，多在地势平坦，或两侧有可利用的山地土场的场合采用。

4）施工一般技术要领：

① 必须根据设计断面，分层填筑、分层压实。

② 路堤填土宽度每侧应宽于填层设计宽度，压实宽度不得小于设计宽度，最后削坡。

③ 填筑路堤宜采用水平分层填筑法施工。如原地面不平，应由最低处分层填起，每填一层，经过压实符合规定要求之后，再填上一层。

④ 原地面纵坡大于 12%的地段，可采用纵向分层法施工，沿纵坡分层，逐层填压密实。

⑤ 山坡路堤，地面横坡不陡于 1∶5 且基底符合规定要求时，路堤可直接修筑在天然的土基上。地面横坡陡于 1∶5 时，原地面应挖成台阶（台阶宽度不小于 1m），并用小型夯实机加以夯实。填筑应由最低一层台阶填起，并分层夯实，然后逐台向上填筑，分层夯

实，所有台阶填完之后，即可按一般填土进行。

⑥ 不同土质混合填筑路堤时，以透水性较小的土填筑于路堤下层时，应做成4%的双向横坡；如用于填筑上层时，除干旱地区外，不应覆盖在由透水性较好的土所填筑的路堤边坡上。

⑦ 不同性质的土应分别填筑，不得混填。每种填料层累计总厚度不宜小于0.5m。

⑧ 凡不因潮湿或冻融影响而变更其体积的优良土应填在上层，强度较小的土应填在下层。

⑨ 河滩路堤填土，应连同护道在内，一并分层填筑。可能受水浸淹部分的填料，应选用水稳性好的土料。

（2）填石路基施工技术

1）填料要求：石料强度（饱水试件极限抗压强度）要求不小于15MPa，风化程度应符合规定，最大粒径不宜大于层厚的2/3。在高速公路及一级公路填石路堤路床顶面以下500mm范围内，填料粒径不得大于100mm，其他等级公路填石路堤路床顶面以下300mm范围内，填料粒径不得大于150mm。

2）填筑方法：竖向填筑法、分层压实法、冲击压实法和强力夯实法。

（3）土石路堤施工技术

1）填料要求：石料强度大于20MPa时，石块的最大粒径不得超过压实层厚的2/3；当石料强度小于15MPa时，石料最大粒径不得超过压实层厚，超过的应打碎。

2）填筑方法：土石路堤不得采用倾填方法，只能采用分层填筑，分层压实。当土石混合料中石料含量超过70%时，宜采用人工铺填；当土石混合料中石料含量小于70%时，可用推土机铺填，最大层厚400mm。

4. 挖方路基施工技术

（1）土质路堑施工技术

路堑的开挖方法根据路堑深度、纵向长短及现场施工条件，有横向挖掘法、纵向挖掘法和混合式挖掘法等几种基本方法。

横向挖掘法包括适用于挖掘浅且短的路堑的单层横向全宽挖掘法，挖掘深且短的路堑的多层横向全宽挖掘法；纵向挖掘法具体方法有分层纵挖法、通道纵挖法、分段纵挖法；混合式挖掘法为多层横向全宽挖掘法和通道纵挖法混合使用。

推土机是土方路堑施工中最常用的机械之一。推土机开挖土方作业由切土、运土、卸土、倒退（或折返）、空回等过程组成一个循环。影响作业效率的主要因素是切土和运土两个环节。因此，必须以最短的时间和距离切满土，并尽可能减少土在推运过程中散失。推土机开挖土质路堑作业方法与填筑路基相同的有下坡推土法、槽形推土法、并列推土法、接力推土法和波浪式推土法。另有斜铲推土法和侧铲推土法。

公路工程施工中以单斗挖掘机最为常见，而路堑土方开挖中又以正铲挖掘机使用最多。正铲挖掘机挖装作业灵活，回转速度快，工作效率高，特别适用于与运输车辆配合开挖土方路堑。正铲工作面的高度一般不应小于1.5m，否则将降低生产效率，过高则易塌方，损伤机具。其作业方法有侧向开挖和正向开挖。

（2）石质路堑施工技术

1）基本要求：在开挖程序确定之后，根据岩石条件、开挖尺寸、工程量和施工技术要求，通过方案比较拟定合理的方式。其基本要求是：保证开挖质量和施工安全；符合施工工期和开挖强度的要求；有利于维护岩体完整和边坡稳定性；可以充分发挥施工机械的生产能力；辅助工程量少。

2）开挖方式：①钻爆开挖：是当前广泛采用的开挖施工方法。有薄层开挖、分层开挖（梯段开挖）、全断面一次开挖和特高梯段开挖等方式。②直接应用机械开挖：该方法没有钻爆工序作业，不需要风、水、电辅助设施，简化了场地布置，加快了施工进度，提高了生产能力。但不适于破碎坚硬岩石。③静态破碎法：将膨胀剂放入炮孔内，利用产生的膨胀力，缓慢地作用于孔壁，经过数小时至 24h 达到 300～500MPa 的压力，使介质裂开。

3）石质路堑常用爆破方法：光面爆破、预裂爆破、微差爆破、定向爆破、洞室爆破。

5. 路基雨期施工技术

（1）雨期施工前准备工作

1）对选择的雨期施工地段进行详细的现场调查研究，据实编制实施性的雨期施工组织计划。

2）应修建施工便道并保持晴雨畅通。

3）住地、库房、车辆机具停放场地、生产设施都应设在最高洪水位以上地点或高地上，并应远离泥石流沟槽冲积堆一定的安全距离。

4）应修建临时排水设施，保证雨期作业的场地不被洪水淹没并能及时排除地面水。

（2）雨期施工技术要点

1）雨期路堤施工地段除施工车辆外，应严格控制其他车辆在施工场地通行。

2）在填筑路堤前，应在填方坡脚以外挖掘排水沟，保持场地不积水，如原地面松软，应采取换填措施。

3）应选用透水性好的碎（卵）石土、砂砾、石方碎渣和砂类土作为填料。利用挖方土作填方时应随挖随填，及时压实。含水量过大无法晾干的土不得用作雨期施工填料。

4）路堤应分层填筑。每一层的表面，应做成 2%～4% 的排水横坡。当天填筑的土层应当天完成压实。

5）雨期填筑路堤需借土时，取土坑距离填方坡脚不宜小于 3m。平原区路基纵向取土时，取土坑深度一般不宜大于 1m。

6. 路基冬期施工技术

（1）路基施工可冬期进行的工程项目

1）泥沼地带河湖冻结到一定深度后，如需换土时可趁冻结期挖去原地面的软土、淤泥层换填合格的其他填料。

2）含水量高的流动土质、流沙地段的路堑可利用冻结期开挖。

3）河滩地段可利用冬期水位低，开挖基坑修建防护工程，但应采取加温保温措施，注意养护。

4）岩石地段的路堑或半填半挖地段，可进行开挖作业。

（2）冬期施筑路堤技术要点

1）冬期施工的路堤填料，应选用未冻结的砂类土，碎石土、卵石土，开挖石方的石块石渣等透水性良好的土。

2）冬期填筑路堤，应按横断面全宽平填，每层松厚应按正常施工减少 20%～30%，且最大松铺厚度不得超过 30cm。压实度不得低于正常施工时的要求。当天填的土必须当天完成碾压。

3）当路堤高距路床底面 1m 时，应碾压密实后停止填筑。

4）挖填方交界处，填土低于 1m 的路堤都不应在冬期填筑。

5）冬期施工取土坑应远离填方坡脚。如条件限制需在路堤附近取土时，取土坑内侧到填方坡脚的距离应不得小于正常施工护坡道的 1.5 倍。

6）冬期填筑的路堤，每层每侧应按设计和有关规定超填并压实。待冬期后修整边坡，削去多余部分并拍打密实或加固。

（3）冬期施工开挖路堑表层冻土的方法

1）爆破冻土法：当冰冻深度达 1m 以上时可用此法炸开冻土层。炮眼深度取冻土深度的 0.75～0.9 倍，炮眼间距取冰冻深度的 1～1.3 倍并按梅花形交错布置。

2）机械破冻法：1m 以下的冻土层可选用专用破冻机械如冻土犁、冻土锯和冻土铲等，予以破碎清出。

3）人工破冻法：当冰冻层较薄，破冻面积不大，可用日光暴晒法、火烧法、热水开冻法、水针开冻法、蒸汽放热解冻法和电热法等方法胀开或融化冰冻层，并辅以人工撬挖。

（4）冬期开挖路堑技术要点

1）当冻土层破开挖到未冻土后，应连续作业，分层开挖，中间停顿时间较长时，应在表面覆雪保温，避免重复被冻。

2）挖方边坡不应一次挖到设计线，应预留 300mm 厚台阶，待到正常施工季节再削去预留台阶，整理达到设计边坡。

3）路堑挖至路床面以上 1m 时，挖好临时排水沟后，应停止开挖并在表面覆以雪或松土，待到正常施工时，再挖去其余部分。

4）冬期开挖路堑必须从上向下开挖，严禁从下向上掏空挖"神仙土"。

5）每日开工时先挖向阳处，气温回升后再挖背阴处，如开挖时遇地下水源，应及时挖沟排水。

6）冬期施工开挖路堑的弃土要远离路堑边坡坡顶堆放。弃土堆高度一般不应大于 3m，弃土堆坡脚到路堑边坡顶的距离一般不得小于 3m，深路堑或松软地带应保持 5m 以上。弃土堆应摊开整平，严禁把弃土堆于路堑边坡顶上。

7. 路基排水分类及施工要求

路基工程施工前应做好原地面临时排水设施，并与永久排水设施相结合。路基排水分排除地面水和排除地下水两大类。1）排除地面水可采用边沟、截水沟、排水沟、跌水与急流槽、拦水带、蒸发地等设施。其作用是将可能停滞在路基范围内的地面水迅速排除，防止路基范围内的地面水流入路基内。2）排除地下水设施有排水沟、暗沟（管）、渗沟、渗井、检查井等。其作用是将路基范围内的地下水位降低或拦截地下水并将其排除到路基范围以外。

（1）路基地面水排水设施的施工要点

1）边沟设置于挖方地段和填土高度小于边沟深度的填方地段。平曲线处边沟施工时，沟底纵坡应与曲线前后沟底纵坡平顺衔接，不允许曲线内侧有积水或外溢现象发生。曲线外侧边沟应适当加深，其增加值等于超高值。土质地段当沟底纵坡大于3%时应采取加固措施；采用干砌片石对边沟进行铺砌时，应选用有平整面的片石，各砌缝要用小石子嵌紧；采用浆砌片石铺砌时，砌缝砂浆应饱满，沟身不漏水；若沟底采用抹面时，抹面应平整压光。

2）截水沟设置时主要考虑位置。在无弃土堆的情况下，截水沟的边缘离开挖方路基坡顶的距离视土质而定，以不影响边坡稳定为原则；路基上方有弃土堆时，截水沟应离开弃土堆脚1～5m；山坡上路堤的截水沟离开路堤坡脚至少2.0m，并用挖截水沟的土填在路堤与截水沟之间，修筑向沟倾斜坡度为2%的护坡道或土台，使路堤内侧地面水流入截水沟排出。

（2）路基地下水排水设施的施工要点

1）排水沟和暗沟用于当地下水位较高，潜水层埋藏不深时。沟底宜埋入不透水层内，可兼排地表水。排水沟或暗沟采用混凝土浇筑或浆砌片石砌筑时，应在沟壁与含水量地层接触面的高度处，设置一排或多排向沟中倾斜的渗水孔。沟壁外侧应填以粗粒透水材料或土工合成材料作反滤层。沿沟槽每隔10～15m或当沟槽通过软硬岩层分界处时应设置伸缩缝或沉降缝。

2）渗沟用于降低地下水位或拦截地下水。渗沟有填石渗沟、管式渗沟和洞式渗沟三种形式。

3）渗井用于排除路基附近的影响路基稳定的地面水或浅层地下水。其直径500～600mm，井内填充材料按层次在下层透水范围内填碎石或卵石，上层不透水层范围内填砂或砾石，井壁和填充料之间应设反滤层。渗井离路堤坡脚不应小于10m，渗水井顶部四周（进口部除外）用黏土筑堤围护，井顶应加筑混凝土盖，严防渗井淤塞。

10.2.2 道路面层施工

1.水泥混凝土路面

（1）水泥混凝土面层施工

1）核实，检验和确认路面中心线、边线及各设计标高点的正确无误。

2）若是钢筋混凝土面层，则按设计选定钢筋并编扎成网。钢筋网应在基层表面以上架设，架设高度应距混凝土面层顶面50mm。钢筋网接近顶面设置要比在底部加筋更能保证防止表面开裂，也更便于充分捣实混凝土。如图10-8所示。

图10-8 水泥混凝土路面

3）按设计的材料比例，配制、浇筑、捣实混凝土，并用长 1m 以上的直尺将顶面刮平。顶面稍干一点，再用抹灰砂板抹平至设计标高。施工中要注意做出路面的横坡与纵坡。

4）混凝土面层施工完成后，应即时开始养护。养护期应为 7d 以上，冬期施工后的养护期还应更长些。可用湿的织物、稻草、锯木粉、湿砂及塑料薄膜等覆盖在路面上进行养护。冬季寒冷，养护期中要经常用热水浇洒，要对路面保温。

5）路面要进一步进行装饰的，可按下述的水泥路面装饰方法继续施工。不再做路面装饰的，则待混凝土面层基本硬化后，用锯割机每隔 7~9m 锯缝一道，作为路面的伸缩缝（伸缩缝也可在浇筑混凝土之前预留）。

（2）水泥路面的装饰施工

水泥路面装饰的方法有很多种，要按照设计的路面铺装方式来选用合适的施工方法。

1）普通抹灰与纹样处理

用水泥砂浆在混凝土面层浇筑后尚未硬化时进行抹面处理，抹面厚度为 10~15mm。当抹面层初步收水，表面稍干时，再用下面的方法进行路面纹样处理。

① 滚花：用钢丝网做成的滚筒，或者用模纹橡胶裹在 300mm 直径铁管外做成的滚筒，在经过抹面处理的混凝土面板上滚压出各种细密纹理。滚筒长度在 1m 以上比较好。滚花路面如图 10-9 所示。

② 压纹：利用一块边缘有许多整齐凸点或凹槽的木板或木条，在混凝土抹面层上挨着压下，一面压一面移动，就可以将路面压出纹样，起到装饰作用。用这种方法时要求抹面层的水泥砂浆含砂量较高，水泥与砂的配合比可为 1∶3。压纹路面如图 10-10 所示。

图 10-9　滚花路面

图 10-10　压纹路面

③ 锯纹：在新浇的混凝土表面，用一根直木条如同锯割一般来回动作，一面锯一面前移，即能够在路面锯出平行的直纹，有利于路面防滑，又有一定的路面装饰作用。

④ 刷纹：最好使用弹性钢丝做成刷纹工具。刷子宽 450mm，刷毛钢丝长 100mm 左右，木把长 1.2~1.5m。用这种钢丝刷在未硬的混凝土面层上可以刷出直纹、波浪纹或其他形状的纹理。

2）彩色水泥抹面装饰

水泥路面的抹面层所用水泥砂浆，可通过添加颜料而调制成彩色水泥砂浆，用这种材料可做出彩色水泥路面。彩色水泥调制中使用的颜料，需选用耐光、耐碱、不溶于水的无机矿物颜料。

3）彩色水磨石饰面

彩色水磨石地面是用彩色水泥石子浆罩面，再经过磨光处理而做成的装饰性路面。按照设计，在平整、粗糙、已基本硬化的混凝土路面面层上，弹线分格，用玻璃条、铝合金条（或铜条）作分格条。然后在路面刷上一道素水泥浆，再用 1：1.25～1：1.50 彩色水泥细石子浆铺面，厚度 8～15mm。铺好后拍平，表面用滚筒滚压实在，待出浆后再用抹子抹平。水磨石的开磨时间应以石子不松动为准，磨后将泥浆冲洗干净。待稍干时，用同色水泥浆涂擦一遍，将砂眼和脱落的石子补好。第二遍用 100～150 号金刚石打磨，第三遍用 180～200 号金刚石打磨，方法同前。打磨完成后洗掉泥浆，再用 1：20 的草酸水溶液清洗，最后用清水冲洗干净。

4）露骨料饰面

混凝土应该用粒径较小的卵石配制。混凝土露骨料主要是采用刷洗的方法，在混凝土浇好后 2～6h 内就应进行处理，最迟不得超过浇好后的 16～18h。刷洗工具一般用硬毛刷子和钢丝刷子。刷洗应当从混凝土板块的周边开始，要同时用充足的水把刷掉的泥砂洗去，把每一粒暴露出来的骨料表面都洗干净。刷洗后 3～7d 内，再用 10% 的盐酸水洗一遍，使暴露的石子表面色泽更明净，最后还要用清水把残留盐酸完全冲洗掉。

2. 沥青路面

（1）施工前准备：1）认真按验收规范对基层严格验收，如有不合要求地段要求进行处理，认真对基层进行清扫，并用森林灭火器吹干净。2）在摊铺前对全体施工技术人员进行技术交底，明确职责，责任到人，使每个施工人员都对自己的工作心中有数。3）采用汽车式洒布机进行下封层施工。

（2）沥青混合料摊铺

1）用摊铺机进行二幅摊铺，上下两层错缝 0.5m，摊铺速度控制在 2～4m/min。沥青下面层摊铺采用拉钢丝绳控制标高及平整度，上面层摊铺采用平衡梁装置，以保证摊铺厚度及平整度。摊铺速度按设置速度均衡行驶，并不得随意变换速度及停机，松铺系数根据试验段确定。正常摊铺温度应在 140～160℃ 之间。另在上面层摊铺时纵横向接缝口订立 40mm 厚木条，保证接缝口顺直。如图 10-11 所示。

2）对于路头的摊铺尽量避免人工作业，应采用小型摊铺机摊铺，以保证平整度及混合料的均匀程度。

3）摊铺时对于平石边应略高于平石 3mm，至少保平，对于搭接在平石上的混合料用铲子铲除，推耙推齐，保持一条直线。

4）摊铺过程中对于道路上的窨井，在底层料进行摊铺前用钢板进行覆盖，以避免在摊铺过程中遇到窨井而抬升摊铺机，保证平整度。在摊铺细料前，把窨井抬至实际摊铺高程。窨井的抬法应根据底

图 10-11 沥青路面施工

层料摊铺情况及细料摊铺厚度结合摊铺机摊铺时的路情况来调升，以保证窨井与路面的平整度。对于细料摊铺过后积聚在窨井上的粉料应用小铲子铲除，清扫干净。

（3）沥青混合料碾压：1）沥青混合料的压实应按初压、复压、终压（包括成型）三个阶段进行。压路机以慢而均匀的速度碾压。2）选择合理的压路机组合方式及碾压步骤，以达到最佳结果。压实后的沥青混合料符合压实度及平整度的要求。3）沥青混合料压实采用钢筒式静态压路机及轮胎压路机或振动压路机组合的方式。压路机的数量根据生产现场决定。4）沥青混合料初压应摊铺后较高温度下进行，并不得产生推移、发裂，压实温度根据沥青稠度、压路机类型、气温铺筑层厚度、混合料类型经试铺试压确定。5）压路机从外侧向中心碾压。6）碾压时将驱动轮面向摊铺机。碾压路线及碾压方向不能突然改变而导致混合料产生推移。压路机启动、停止必须减速缓慢进行。

3. 预制道板铺装

基层材料有 40～60mm 厚混凝土、100～150mm 厚灰土等。如为一般游步道或休息场所，并且路基条件良好，可不设基层。结合层一般用 M2.5 混合砂浆、M5 水泥砂浆或 1:3 白灰砂浆。砂浆摊铺宽度应大于铺装面 50～100mm，砂浆厚度为 20～30mm，便于结合和找平。缸砖的结合层须用水泥砂浆。对于较大尺寸的规则型块料，也可直接采用 30～50mm 厚的粗砂作为结合层，施工更为方便，此时结合层仅起找平及防泥作用。铺贴面层块料时要安平放稳，用橡胶锤敲打时注意保护边角。发现不平时应重新用砂浆找平，严禁向砖底局部填塞砂浆或支垫碎砖块等。接缝应平顺正直，遇有图案时需更加仔细。最后用 1:10 干水泥沙扫缝，再泼水沉实。养生期为 5～7d。

4. 嵌草铺装

对于块料与植草混合布置的路面，一般有两种做法，一种是在铺装块料之间留出植草空隙，如冰纹嵌草铺地；一种是先预制成各式各样能植草的混凝土砖。施工时，常不设置基层。块料的结合层宜采用水泥砂浆（或粗砂），且不大于块料底面或仅宽出 20mm 以内，以减少对草块生长的影响。植草区填入肥沃种植土，种植土一般用新鲜壤土、塘泥、堆沤的厩肥等混合而成，土面低于铺块表面 10～20mm。

5. 花岗石铺装

垫层采用 M10 水泥砂浆厚 50mm；路基用 50mm 厚粗砂和 100mm 厚级配砾石组成，基层宜用 150mm 厚 C15 或 C20 混凝土；结合层采用水泥砂（体积比为 1:4 或 1:6）或水泥砂浆，铺砌时结合层与板材应分段同时铺砌，且板材要先用水浸湿，表面擦干或晾干后才可铺设。施工时，用木尺找平，四边紧靠木尺，缝隙小于 3mm，纵向每 20m 留伸缩缝一条，缝宽 15mm，缝条石一侧用砂浆抹平，涂一遍沥青，贴一层油毡，再涂一次沥青。伸缝间每 5m 做缩缝一条，缝宽 8mm，砂浆抹平后涂沥青一遍。沥青或油毡应低于石面 30mm。铺设花岗石板材应平整，线路顺直；板材间、板材与结合层及在墙角、镶边和靠墙处均应紧密砌合，不得有空隙。

6. 红砖（荷兰砖）铺装

红砖的硬度与自然石、混凝土、石板比起来固然差些，并有易磨损的缺点，但以其色彩及易于施工的特点，用于专供行人步行的通道，还算是理想的材料。

上等的红砖铺成庭园路时，橙红的砖，与绿油油的草坪对比强烈，相互辉映，使庭园的景色清新悦目。烧过头的火砖色泽较深，未烧熟的砖呈黄红色，如果以混合作用的方式排列，往往也独树一帜，然若要求整齐，就要选用颜色、品质均一的标准红砖。铺红砖之前，先打一层 30mm 厚的碎石层，再铺灰泥之后才开始排放砖块，最后再用 1 份水泥与 3 份砂配成的灰泥填入砖间缝隙，这种添缝用的灰泥不必掺水。

7. 卵石面层施工

所谓卵石是指直径 30～80mm，形状圆滑的河川冲刷石。用卵石铺设的园路乍看起来稳重而又实用，别具一格。施工时，因石块的大小、高低不完全相同，为使铺出的路面平坦，必须在路基下功夫。先将未干的灰泥填入，再把卵石及切石一一填下，较大的埋入灰泥的部分多些，使路面整齐高度一致。摆完石块后，再在石块之间填入稀灰泥，填充实后就算完成了。卵石排列间隙的线条要呈不规则的形状，千万不要弄成十字形或直线形。此外，卵石的疏密也应保持均衡，不可部分拥挤，部分疏松。

10.3　案例介绍

案例：溧阳戴埠镇灵官村

溧阳戴埠镇灵官村

第十一章 乡村水系建设与治理

11.1 乡村水系建设

乡村水系指由位于农田或农民居住区域的河流、湖泊、塘坝等水体组成的水网系统，承担着行洪排涝、灌溉供水、生态、养殖及景观等功能，是乡村自然生态系统的核心组成部分，与乡村振兴、新农村建设密切相关。

11.1.1 乡村水系的作用和存在的问题

1. 乡村水系的作用

一是恢复自然生态水系，改善乡村宜居环境的必然要求。乡村河湖水环境质量直接关系到乡村饮水安全和农产品安全，并在很大程度上影响着农民生产生活质量，良好的乡村水系生态环境是最公平的公共产品，是重现乡村自然风光、实现人与自然和谐共生的关键前提。

二是推动乡村产业兴旺、引导农民致富的强大驱动。健康的乡村河湖水系是保障乡村生活供水和农业生产用水的前提条件，是构建现代农业产业体系的基础支撑。

三是加快美丽乡村建设、实现乡村乡风文明的重要保障。河湖水系是水资源的载体，也是人与水相互作用的媒介，以水系为依托，结合区域文化特点，做足水文章，深入挖掘乡村背后的故事和水文化基因，充分展示水文化底蕴，有助于强化地域文化元素，重塑乡村文化生态，丰富乡村文化业态和乡村文化生活，促进乡村文明与水生态环境相融合，让乡愁成为离开乡村的人最美的守望，成为没来过乡村的人最美的畅想。

四是补齐乡村水利基础设施短板、保障乡村水安全的关键举措。乡村水系多属中小河流支流及末端河道，数量多、分布广，承担着乡村的灌溉供水、行洪排涝、纳污净化、生态、养殖等多项任务，是乡村生活、生产和生态环境改善密不可分的要素。通过乡村水系梳理，可进一步恢复河流生态空间、改善河流水生态环境提高防洪排涝标准，提升乡村用水安全保障能力。

2. 乡村水系存在的主要问题

（1）河塘淤塞萎缩较为普遍。很多乡村河道淤积堵塞，部分河湖甚至萎缩。有的河流被阻断或填埋，河流之间的水力联系被割断，平原河网地区断头河（浜）问题依然存在。

（2）侵占水域岸线问题突出。围湖造田、滩地种植等现象仍然存在，水域空间、岸线被挤占、河湖自然形态受到破坏，影响行洪。

（3）河湖水污染严重（图 11-1）。全国农村污水处理率不足 10%，生活污水、规模化养殖、中小型企业排放的废水以及农业面源污染等大多直接排入水体，严重影响乡村河湖水生态环境。

（4）许多河流防洪标准低。许多中小河流防洪标准不到 5 年一遇，有的甚至处于未设防状态，成为乡村水利基础设施的短板和薄弱环节。

（5）河湖生态流量保障不足。部分农村河道由于生活生产用水紧缺，河流生态用水常常被挤占，缺水断流现象较为普遍，导致河道功能濒临退化。

3. 乡村水系的设计需要考虑的因素

湖、池、河、溪涧、瀑布、跌水、泉、岛等常常是乡村水系景观的构图中心。因而，在考虑水系的布置时应注意：一是水系的由来去处；二是水系布置要结合环境条件，因地制宜；三是水系布置要考虑综合景观需要；四是水系设计方案合理，技术先进，材料可取，施工可行，经济适用。

图 11-1　河道污染

11.1.2　乡村水系的设计思路

1. 改善生态

生态环境的提升首先是水污染治理，通过对现有的水系进行底泥清淤，解决水系现状堆积的污染物；建立雨污分流机制，埋设市政综合污水管网对村民生活污水进行截留，充分阻断污染源；对于初期雨水，在水系周边种植水生植物进行净化，改善水质。驳岸形态尽量以自然曲线为主，避免人工化、形式感过强的僵硬形态，曲线变化的形式可以增加驳岸线空间的生气和活力，也有利于营造更丰富的滨水活动空间。尽量以软质的缓坡驳岸为主，岸边多种水生植物自然搭配种植，营造多样化的植物生境，强调滨水景观的自然与生态。

2. 完善交通

梳理对外交通及内部交通关系，对外充分考虑周边地块的空间布局，打造高效易达、舒适宜人、体现当地特色的绿色交通系统，提高场地可达性。对内建立独立、连续的滨水交通体系，设置多条游线，提供多游线体验，水岸两侧通过桥进行连接。

3. 补足功能

场地的功能设置和人的日常活动密不可分，乡村水系景观的功能主要分为四大类：生产生活型、休闲游憩型、生态教育型、观光游览型。生产生活型主要包括耕作、盥洗渔业等；休闲游憩型尽量满足各年龄段活动的需要，老人有打太极拳、遛鸟、聊天、垂钓的团体，青年人有瑜伽、亲子农场的社团，小朋友有自己一起玩耍的小伙伴，需为其提供相应的儿童游玩设施，如滑梯、秋千、跷跷板、沙坑等，此外晨练、散步、闲聊等全民休闲的场地也需考虑在内。生态教育型是滨水空间的专属特色功能，主要是生态知识的科普和传播。观光游览型是充分利用水体这一优势资源，打造游船、水岸骑行、跑步、观鸟、写生等一系列游览活动。通过增加功能、举办活动的方式激活乡村滨水活力。

4. 传承文化

乡村水系营造应充分挖掘乡村的人文风俗，融入设计当中，强调和突出乡村的地域性及独特性，体现出每个地方不同的文化内涵，使人们充分感受到乡村景观的独特魅力。用景观的方式还原场地原有历史文化建筑及历史生活场景，增强村民的心理认同和归属感。对乡村文化的要素及特征进行提炼总结，用现代的设计方法进行演变和设计，运用到滨水景观元素例如景墙、铺装中，从而延续和传承乡村地域文化。

5. 营造乡土氛围

注重色彩的控制，色彩越接近自然，乡土气息越浓厚，总体色彩以低纯度、淡雅的色彩体系为主，营造生态、质朴、宁静的乡土氛围。乡土材料的运用有利于增强滨水空间的独特性，解决滨水景观过于城市化的问题，同时也更符合村民的审美习惯，增强村民对景观空间的认同感，常见的乡土材料有木材、麻石、青砖、瓦片、混凝土等，注重不同质感、色彩材料的组合形式，加强景观的艺术性。植物景观营造上，尽量体现乡土性，从乡土植物品种的选择及植物搭配的乡土性两个方面考虑。植物配置以当地自然植物群落为基础，避免照搬城市过于人工化的植物搭配。

11.1.3　乡村河道

河道是水的载体，它和其他水体一样是生命系统与环境系统在特定空间结合而成的一类生态系统，它与人类生活和活动紧密相关。如图 11-2 所示。

图 11-2　乡村河道

生态河道是指满足河道基本的水利功能基础上，依靠自然作用和少量人为干预，能长期维持河道生物多样性和生态平衡，达到自然环境与人文环境和谐发展的河道。生态河道空间主要包括河槽、河堤、河堤背水坡及其禁脚地 5～10m（没有堤防的河道为河口两侧外 20～50m）的范围。

生态河道的基本特征：

（1）具有完整的生态结构，纵向与横向具有较好的连通性。

（2）人为干扰较少，对进化过程中遇到的自然干扰（如洪水、干旱、大风等）具有依靠自然作用和少量人为干扰条件下的恢复力；在外部输入干扰不大的情况下能进行自我调节，维持生态平衡。

（3）管理实践过程中不损害邻近生态系统。

（4）维持健康的环境条件。

（5）能够提供合乎自然和人类需求的生态服务。

11.1.4　乡村水景的设计

按水流的状态可将水景分为静态水景和动态水景两种。静态水景，如湖、池等，特点是宁静、祥和、明朗。水景的作用主要是净化环境、划分空间、丰富环境色彩、增加环境气氛。

动态水景以流动的水体，利用水姿、水色、水声来增强其活力和动感，令人振奋。形式上主要有流水、落水和喷水三种。流水如小河、小溪、涧，多为连续的、有宽窄变化的带状动态水景；落水如瀑布、跌水等，这种水景立面上必须有落水高差的变化；喷水是水受压后向上喷出的一种水景形式，如喷泉等。

1. 湖

湖属于静态水体，有天然湖和人工湖之分。前者是自然的水域景观，如著名的云南滇池、杭州西湖、广东星湖等。人工湖则是人工依地势就低挖掘而成的水域，沿岸因境设景，自然天成图画。湖的特点是水面宽阔平静，具有平远开朗之感。如图 11-3 所示。

图 11-3　湖面

此外，湖往往有一定的水深以利于水产，湖岸线和周边天际线较好。有时，还常在湖中利用人工堆土成小岛，用来划分水域空间，使水景层次更为丰富。

乡村水系设计中利用湖体来营造水景，应充分体现湖的水光特色。首先要注意湖体岸线的水滨设计，讲究湖岸线的"线形艺术"；其次要注意湖体水位设计，选择合适的排水设施，如水闸、溢流孔（槽）、排水孔等；三是要注意人工湖的基址选择，应选择壤土、土质细密、土层厚实之地，不宜选择过于黏质或渗透性大的土质为湖址。如果渗透力过大，必须采取工程措施设置防漏层。

2. 池

池是静态水体。人工池形式多样，可由设计者任意发挥。一般而言，池的面积较小，岸线变化丰富且具有装饰性。水较浅，不能开展水上活动，以观赏为主，常配以雕塑、喷水、花坛等。池可分为自然式水池、规则式水池和混合式水池三种，现代的流线型抽象式水池更为活泼、生动、富于想象。

人工池通常是乡村水系中局部构图中心。一般可用作广场中心、道路尽端以及和亭、廊、花架、花坛组合形成独特的景观。水池布置要因地制宜，充分考虑基址现状，其位置

215

应在乡村较为醒目的地方，使其融于环境中。大水面宜用自然式或混合式，小水面可自然式，也可采用规则式。此外，还要注意池岸设计，做到开合有致、聚散得体。如配置于草坪或规则铺装中的水池，特讲究流线艺术，池底要求较为明快的铺饰或自然的卵石打底；池岸色彩简洁宜人，池中多用小汀步，有时还需配喷水、灯光等。有时要在池内养鱼，或种植花草。这时应根据植物生长的特性来确定池水深度，所选的植物也不宜过多。如原池水太深，又要种植物时，应先将植物种植在种植箱内或盆中，并在池底砌砖或垫石为基座，再将种植盆移至基座上。如图 11-4 所示。

图 11-4　人工池

3. 溪涧

溪流是连续的带状动态水体。清溪浅而宽，水沿滩泛溢而下，轻松愉快，柔和如意。如将清溪加深变窄，则成为"涧"，涧水量充沛，水流急湍，扣人心弦。溪涧多为曲折狭长的带状水面，有强烈的宽窄对比；溪中常分布汀步、小桥、滩地、点石等；并有随流水走向的若隐若现的小路。如图 11-5 所示。

图 11-5　溪涧

自然界中的溪流多是在瀑布或涌泉下游形成的，上通水源，下达水体。溪岸高低错落，流水清澈晶莹，且多有散石净砂，绿草翠树，很能体现水的姿态和声音。

　　乡村中溪涧的布置讲究师法自然，宽窄曲直对比强烈，空间分隔开合有序。平面上要求蜿蜒曲折，立面上要求有缓有陡，整个带状游览空间层次分明，组合有致，富有节奏感。

　　布置溪涧最好选择有一定坡度的基址，并依流势而设计，急流处 5% 左右，缓流处 0.5%～1%，普通的溪流多为 0.5% 左右，溪流宽 1～2m，水深 50～100mm，一般不超过 300mm 为好，平均流量为 $0.5m^3/s$，流速 200mm/s。要充分利用水姿、水色和水声。通过溪道中散点山石创造水的各种流态，配植沉水植物，间养红鲤赏其水色；布置跌水可听其水声。

11.2　乡村水系治理

11.2.1　乡村河道治理

　　乡村河道往往汇流面积不大、断面较小、水流速度慢，是流域河网的"毛细血管"。

1. 乡村河道治理的目标

　　河流由河床和水流两个部分组成，河床使水流归槽，水流对河流冲刷要摆脱河床约束，它们相互作用构成一对矛盾的统一体。治理和利用河流首先要协调好河床和水流的矛盾，满足河道的生态健康，其次是使河道发挥最大的功能。如图 11-6 所示。

图 11-6　清理淤泥

　　对河道的治理主要从以下几个方面考虑：

　　(1) 满足河道的基本水利功能；

　　(2) 满足物质生产功能；

　　(3) 满足景观功能；

　　(4) 生态功能是河道的最高功能。

2. 平面与断面设计

　　(1) 平面设计。河道走向应因势利导，在满足水利要求的前提下，尽量利用原有河槽及河岸水势，采取曲线形布置，河道横断面不必强求统一，使河道轴线、堤岸线蜿蜒有度，富有曲线美，并利于河床及河岸稳定，亦为其他功能的实施留有空间。

　　(2) 横断面设计。首先应采用开敞式结构，避免暗涵结构，乡村内部河道断面优先采

217

用复式断面结构，其中下部深槽为梯形，上部为梯形或矩形，中间连接段则为人行小径，深槽断面大小以满足 25 年一遇洪水标准为宜，枯季水流和小洪水一般经由深槽排泄；平台及上部结构则用来排泄超设计标准的洪峰，同时又为亲水游览娱乐设施、草地种植创造条件。

3. 河道景观生态设计

在维持河道水利功能基础上，景观生态设计可采取以下措施：

（1）河边缓冲绿地。避免紧邻河岸建设居住区、大型交通道路，应保留一定宽度的河道生态缓冲带和人们的亲水空间；同时，又使河水安全、长流和清澈。如图 11-7 所示。

图 11-7　河边缓冲绿地

（2）河滩和河岸修筑亲水游览设施。在河道平台（滩地）及绿化带修建水榭、亭、廊、台、椅和滨河小径供人们休憩、游览；水工建筑物设计时应兼顾环境、景观生态要求。

（3）保持优良的水量和水质。流动的河水是乡村景观中最生动的要素之一，保持河水有一定的流量和水位，改善河道水体感观指标和生化指标，防止工业废水及生活污水未经处理直接排入河道。

（4）利用河边滩地设立人工湿地，并注重河槽内挺水植物、沉水植物及湿地植物的种植，形成良好的物种多样的生态长廊。

11.2.2　驳岸与护坡

1. 驳岸

驳岸，在园林水体边缘与陆地交界处，为保护岸壁防止坍塌的水工建筑物。如图 11-8 所示。

（1）驳岸的形式

1）根据驳岸的造型及压顶材料分为

① 规则式驳岸：岸线平直或呈几何线形，多用整形的砖、石料或混凝土块压顶。多属永久性驳岸，要求较好的砌筑材料和较高的施工技术。特点是规整、简洁、明快，但缺少变化。适宜周围规整的建筑物，或营造明快、严肃的氛围时使用。

② 自然式驳岸：岸线曲折多变，压顶常用自然山石或仿生形式。外观无固定形状或规格的岸坡处理，如常用的假山石驳岸、仿木桩驳岸、卵石驳岸等。特点是自然亲切、景观效果好。适宜岸线曲折迂回，周围是自然的山体，或营造自然幽静、闲适的气氛时使用。

图 11-8　驳岸

③ 混合式驳岸：根据周围环境特征和其他要求分段采用规则式或自然式。适宜周围环境情况多变的大型水体，如水体周围具有地形平坦或起伏的变化、建筑布局或风格的变化、空间性质的变化等，可根据不同地段的环境选择相适宜的驳岸形式。

2）根据驳岸结构形式可分为

① 重力式驳岸：主要依靠墙身自重来保证岸壁的稳定，抵抗墙后土体的压力。

② 后倾式驳岸：是重力式驳岸的特殊形式，墙身后倾，特点：受力合理、造价经济。

③ 插板式驳岸：由钢筋混凝土制成的支墩和插板组成，特点：体积小、造价低。

④ 板桩式驳岸：由板桩垂直打入土中，板边用楔口嵌入组合而成。分自由式和锚着式两种，自由式桩入土深度一般取水深的两倍，锚着式可浅一些，此形式驳岸施工时无需排水、挖基槽，适用于现有水体岸壁的加固。

⑤ 混合式驳岸：由两部分组成，下部采用重力式块石小驳岸或板桩，上部采用块石护坡。

（2）常见驳岸类型

1）假山石驳岸：墙身用毛石或砖或混凝土砌筑，一般隐于常水位以下，岸顶布置自然山石，是最具园林特点的驳岸类型。

2）混凝土仿木桩驳岸：常水位以上用混凝土塑成仿松皮木桩等形状；特点：别致而有韵味，观赏效果好。

3）卵石驳岸：常水位以上用大卵石堆砌或将较小的卵石贴于混凝土上；特点：风格朴素自然。

4）条石驳岸：岸墙以及压顶用整形花岗石条砌筑；特点是坚固耐用、整洁大方，但造价较高。

5）墙身用毛石砌成虎皮形式，砂浆缝宽 20～30mm，可用凹缝、凸缝或平缝；压顶多用花岗石、混凝土块等整形块料。特点：多空隙，可减少冻土对驳岸的破坏，能忍耐因气温变化造成的热胀冷缩。

6）竹桩驳岸：由竹桩和竹片笆组成。特点：造价经济、施工期短，但不耐风浪冲击和淘刷，且有一定的使用年限，只能作为临时性驳岸。

2. 护坡

护坡是指为防止边坡受冲刷，在坡面上所做的各种铺砌和栽植的统称。护坡主要作用是防止滑坡、减少地面水和风浪的冲击，保证岸坡稳定。如图 11-9 所示。

图 11-9 护坡

护坡的常见类型。

（1）植物型护坡：通过在岸坡种植植被，利用植物发达根系的力学效应（深根锚固和浅根加筋）和水文效应（降低孔压、削弱溅蚀和控制径流）进行护坡固土、防止水土流失，在满足生态环境的需要的同时进行景观造景。优点：主要应用于水流条件平缓的中小河流和湖泊港湾处。固土植物一般应选择耐酸碱性、耐高温干旱，同时应具有根系发达、生长快、绿期长、成活率高、价格经济、管理粗放、抗病虫害的特点。缺点：抗冲刷能力较弱。

（2）土工材料复合种植基护坡。

1）土工网垫固土种植基护坡：主要由网垫、种植土和草籽三部分组成。优点：固土效果好；抗冲刷能力强；经济环保。缺点：抗暴雨冲刷能力仍然较弱，取决于植物的生长情况；在水位线附近及以下不适用该技术。

2）土工单元固土种植基护坡：土工单元种植基，是利用聚丙烯等片状材料经热熔粘连成蜂窝状的网片，在蜂窝状单元中填土植草，起到固土护坡作用。优点：①材料轻、耐磨损、抗老化、韧性好、抗冲击力强、运输方便。②施工方法方便，并可多次利用。缺点：适用的河道坡度不能太陡，水流不能太急，水位变动不宜过大。

3）土工格栅固土种植基护坡：格栅是由聚丙烯、聚录乙烯等高分子聚合物经热塑或模压而成的二维网格状或具有一定高度的三维立体网格屏栅。优点：具有较强抗冲刷能力，能有效防止河岸垮塌；造价较低，运输方便，施工简单，工期短；土工格栅耐老化、抗高低温。缺点：当土工格栅裸露时，经太阳暴晒会缩短其使用寿命；部分聚丙烯材料的土工格栅遇火能燃烧。

（3）生态石笼护坡：石笼网是由高抗腐蚀、高强度、有一定延展性的低碳钢丝包裹上PVC材料后使用机械编织而成的箱型结构。优点：具有较强的整体性、透水性、抗冲刷性、生态适宜性；应用面广；有利于自然植物的生长，使岸坡环境得到改善；造价低、经济实惠，运输方便。缺点：由于该护坡主体以石块填充为主，需要大量的石材，因此在平原地区的适用性不强；在局部护岸破损后需要及时补救，以免内部石材泄漏，影响岸坡的稳定性。

（4）植被型生态混凝土坡：生态混凝土是一种性能介于普通混凝土和耕植土之间的新型材料，由多孔混凝土、保水材料、缓释肥料和表层土组成。优点：可为植物生长提供基质；抗冲刷性能好；护坡孔隙率高，为动物及微生物提供繁殖场所；材料的高透气性在很大程度上保证了被保护土与空气间的湿热交换能力。缺点：降碱处理问题；强度及耐久性有待验证；可再播种性需进一步验证。

（5）生态袋护坡：生态袋是采用专用机械设备，依据特定的生产工艺，把肥料、草种和保水剂按一定密度定植在可自然降解的无纺布或其他材料上，并经机器的滚压和针刺等工序而形成的产品。优点：稳定性较强；具有透水不透土的过滤功能；利于生态系统的快速恢复；施工简单快捷。缺点：易老化，生态袋内植物种子再生问题。生态袋孔隙过大袋状物易在水流冲刷下带出袋体，造成沉降，影响岸坡稳定。

（6）多孔结构护坡：多孔结构护坡是利用多孔砖进行植草的一类护坡，常见的多孔砖有八字砖、六棱护坡网格砖等。优点：形式多样，可以根据不同的需求选择不同外形的多孔砖；多孔砖的孔隙既可以用来种草，水下部分还可以作为鱼虾的栖息地；具有较强的水循环能力和抗冲刷能力。缺点：河堤坡度不能过大，否则多孔砖易滑落至河道；河堤必须坚固，土需压实、压紧，否则经河水不断冲刷易形成凹陷地带；成本较高，施工工作量较大；不适合砂质土层，不适合河岸弯曲较多的河道。

（7）自嵌式挡土墙护坡：自嵌式挡土墙的核心材料为自嵌块。优点：防洪能力强；孔隙为鱼虾等动物提供良好的栖息地；节约材料；造型多变，主要为曲面型、直面型、景观型和植生型，满足不同河岸形态的需求；对地基要求低；抗震性能好；施工简便，施工无噪声，后期拆除方便。缺点：墙体后面的泥土易被水流带走，造成墙后中空，影响结构的稳定，在水流过急时容易导致墙体垮塌；该类护岸主要适用于平直河道，弯度太大的河道不适用于此护岸；弯道需要石材量大，且容易造成凸角，此处承受的水流冲击较大，使用这类护岸有一定的风险。

（8）截水沟护坡的坡面设计。

截水沟一般设在坡顶，与等高线平行。沟宽 200～450mm，深 200～300mm，用砖砌成。沟底、沟内壁用 1：2 水泥砂浆抹面。为了不破坏坡面的美观，可将截水沟设计为盲沟，即在截水沟内填满砾石，砾石层上面覆土种草。从外表看不出坡顶有截水沟，但雨水流到沟边就会下渗，然后从截水沟的两端排出坡外。如图 11-10 所示。

园林护坡既是一种土方工程，又是一种绿化工程；在实际的工程建设中，这两方面的工作是紧密连接在一起的。在进行设计之前，应当仔细踏勘坡地现场，核实地形图资料与现状情况，针对不同的情况提出不同的工程技术措施。特别是对于坡面绿化工程，要认真调查坡面的朝向、土壤情况、水源

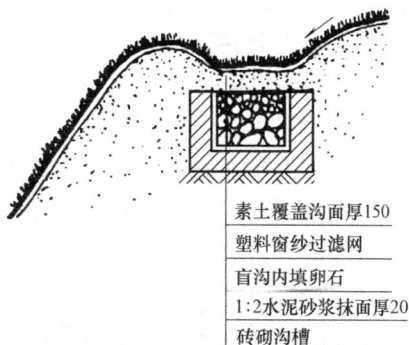

素土覆盖沟面厚150

塑料窗纱过滤网

盲沟内填卵石

1：2水泥砂浆抹面厚20

砖砌沟槽

图 11-10　截水沟的做法

供应情况等条件，为科学地选择植物和确定配植方式，以及制定绿化施工方法，做好技术上的准备。

11.2.3　乡村生活污水处理

乡村污废水主要由生活污水和生产废水组成，以生活污水为主。乡村生活污水分散、量小、水质水量不稳定、污水搜集节点多。

乡村生活污水的一般来源于：厨房污水、生活洗涤与沐浴污水、厕所污水。根据不同来源可将生活污水分为黑水和灰水两大类：黑水由粪尿及其冲洗水组成，含有生活污水中大部分的氮、磷等营养物质，有机物含量高，COD、总氮、总磷排放量分别约占每人每年 COD、总氮和总磷排放总量的 58%、86% 和 80%；灰水则指黑水以外的生活污水，包括洗涤、洗浴污水和厨房污水，其特点是水中悬浮物、有机物、营养物质（如氮、磷）浓度及微生物含量比混合生活污水低。家庭日常生活中，所产生的灰水量通常占总用水量

50％～80％，黑水产生量则一般为 15％～30％。此外，部分乡村开展"农家乐"旅游项目，其排放的餐饮污水中含油污水比例较高，在进入管网前需增设隔油池，减少进入管网的污水中的含油量。

1. 乡村生活污水治理原则

（1）城乡统筹，突出重点。污水治理是乡村人居环境改善的重要任务，也是流域及区域水环境改善的关键。在城乡统筹区域供水、城镇污水治理工作的基础上，统筹城乡、区域生活污水治理。

（2）生态为本，循环利用。乡村生活污水可生化性好，且农作物生长所需的氮磷含量较高，综合考虑农村生活污水特点、居民生活用水习惯和传统农业生产需求，树立生态低碳理念，结合农田灌溉回用、生态保护修复和环境景观建设，注重水资源和氮磷资源的循环利用，将乡村生活污水治理与生态农业发展、生态堤岸净化紧密衔接。

（3）因村制宜，分类指导。根据地理区位、环境容量、村庄形态、尾水利用、经济水平等因素，合理选择适宜村庄生活污水治理模式。按照"能集中则集中、宜分散则分散"的原则推进乡村生活污水有效治理。

（4）政府主导，一体实施。明确县级组织实施主体责任，结合不同建设模式，优选实施方式，强化一体化推进、规模化建设、专业化管护，保证村庄生活污水应收尽收、治理后的尾水稳定达标排放或利用。

2. 乡村生活污水分散处理模式推荐技术

（1）四格式化粪池

1）适用范围

四格式化粪池适用于镇村布局规划确定的一般村庄和经济发展水平一般、排水体制尚不健全、水环境容量大的地区，通过建造生态卫生户厕，作为污水处理手段，以消减进入环境中的污染物量。

2）技术简介

化粪池是利用重力沉降和厌氧发酵原理，对粪便污染物进行沉淀、消解的污水处理设施。沉淀粪便通过厌氧消化，使有机物分解，易腐败的新鲜粪便转化为稳定的熟污泥。

四格式化粪池是在三格式化粪池的基础上，增加一格，悬挂或填充填料，构成强化化粪池。污水在第四格内沿一定方向流动，通过填料上微生物对污染物的降解，达到进一步改善水质、减少环境污染负荷的目的。

在环境较为敏感的区域，对于非规划发展村庄，可在化粪池之后设置小型潜流或水平流人工湿地，进一步消减化粪池出水中的有机物及氮磷。

（2）净化槽

1）适用范围

净化槽适用于村庄 1～30 户农户粪便、厨房排水、洗衣排水和洗浴排水等生活污水的处理，日处理规模 1～10m³ 水；适用于住宅分散、远离污水处理厂、污水收集管网敷设困难，前期投资过高的乡村。

2）技术简介

净化槽是一种人工强化生物处理的小型生活污水处理装置。净化槽里存在各种类型的微生物（细菌和原生动物），利用这些微生物对污染物质进行分解，达到处理污水的目的。

小型净化槽采用玻璃钢增强塑料（FRP）材质，在工厂批量生产，现场安装。净化槽基本构造如图 11-11 所示。

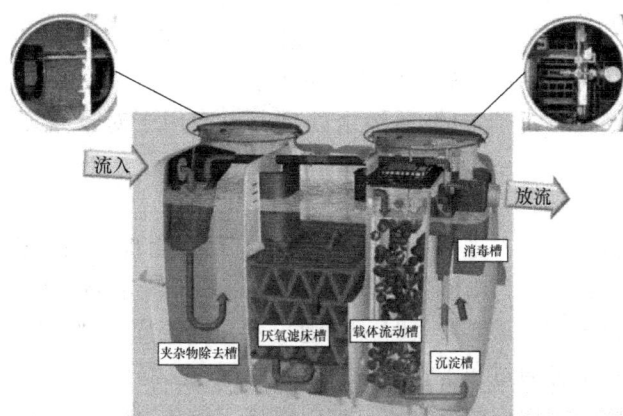

图 11-11　净化槽基本构造示意

（3）户用生态利用模块

1）适用范围

户用生态利用模块适用于 1～2 户农户生活污水的治理；适用于村庄经济、技术基础相对薄弱的村庄生活污水治理；适用于当地水环境容量较大的村庄生活污水治理。

2）技术简介

卫生间污水经出户管进入功能强化化粪池，厨房污水经户用沉渣隔油井预处理（隔油、沉砂、除渣）后进入化粪池最后一格。化粪池最后一格放置悬浮生物填料，污水中有机污染物物在填料上生物膜作用下被降解。功能强化化粪池出水自流进入模块化人工湿地，有机物被微生物进一步分解，氮磷在人工湿地内经吸附、微生物分解、植物吸收等途径被部分去除或利用。人工湿地前端或后端设有储水箱，配置喷灌设施，出水可用于作物浇灌，实现水资源及氮磷资源的利用。工艺流程如图 11-12 所示。

223

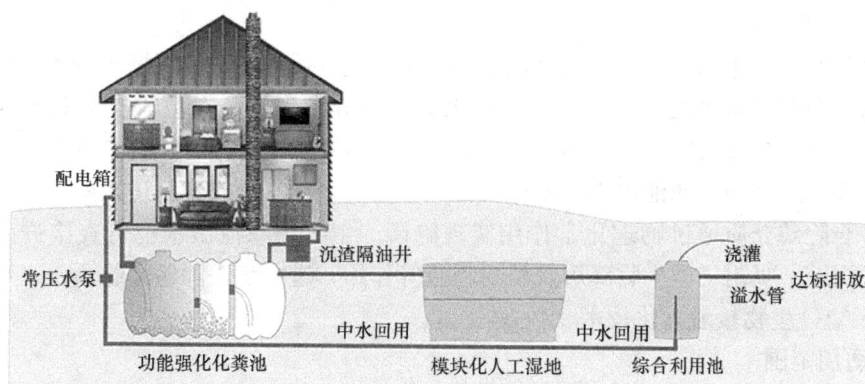

图 11-12　户用生态利用模块工艺流程

3. 乡村生活污水相对集中处理模式推荐技术

（1）脉冲生物滤池技术

1）适用范围

脉冲生物滤池技术针对村庄生活污水具有水质、水量变化较大、污水排放分散等特点而设计，适用处理规模为 5～100t/d。

适用于河网区、平原或地形较为平坦的地区，住户相对集中，户数从十几户至数百户，有排水落差的村庄可利用自然地形落差进入滤池，避免水泵提升。

既适用于村庄、中小企业的生活污水处理，也适用于对景观要求较高的生活污水处理。

2）技术简介

生活污水经管网收集后首先进入水解/脱氮池，然后由提升泵送至滤池顶部的高位水箱，经脉冲布水器周期性均匀喷洒进入滤池，滤池中滤料上的微生物在有氧条件下降解有机物，转化氨氮为硝态氮。需要脱氮时，滤池出水按回流比一部分回流至水解/脱氮池进行反硝化脱氮，另一部分通过布水管进入水生蔬菜型人工湿地或潜流人工湿地，进行氮磷的利用与进一步去除。湿地内铺设介质，种植植物或蔬菜，污水流经介质缝隙和植物根系时，通过过滤、吸附、植物根系吸收转化、微生物分解、化学沉积等作用等实现对污水中氮磷的去除。

具体运用时，工艺组合可根据实际情况灵活设置，当要求控制出水中的氮磷时，脉冲生物滤池部分出水回流至前端水解/脱氮池，进行生物脱氮，另一部分出水进入水生蔬菜型人工湿地或潜流人工湿地，进一步去除氮磷。当不要求控制出水中的氮磷时，脉冲生物滤池出水可直接排放。在具备条件时，应首先考虑利用脉冲生物滤池出水种植蔬菜或灌溉农田，实现生活污水的回用及尾水中氮磷的资源化利用。若处理设施附近有沟渠、池塘、洼地时，可对其进行生态化改造，构建生态处理单元，脉冲生物滤池出水中的氮磷在生态处理单元内得到进一步削减。

（2）生物滴滤池技术

1）适用范围

生物滴滤池技术适用处理规模为 5m³/d。适用于地形较为平坦、土地资源较为紧张、无条件配备专业管护人员的村庄。

2）技术简介

污水经收集后进入调节池，污水通过调节池均化水质水量，经泵栅罩分离大粒径杂质后，由污水泵提升至生物滴滤池，通过布水器均匀分布到安装在填料支撑架上的填料模块。污水通过填料模块时，与填料表面附着生长的生物膜充分接触，污染物被微生物吸附并进一步降解。生物滴滤池出水自流至滤池出水栅，经出水槽收集后进入除磷槽，污水中所含的磷与除磷介质通过物理化学作用实现除磷。生物滴滤池出水也可直接进入人工湿地，通过沉淀、吸附、微生物降解及植物吸收等作用，进一步去除污染物质。

（3）A/O生物接触氧化技术

1）适用范围

A/O生物接触氧化技术适用处理规模为 1～500m³/d。不仅适用于河网区、平原或地形较为平坦的地区，也适用于山区等地势起伏较大的地区。可根据人口规模、聚居程度、地形特点不同，选用分散式污水处理系统或相对集中式污水处理系统。

2）技术简介

采用 A/O 生物接触氧化技术的设备包括缺氧、好氧、沉淀三个功能段，缺氧、好氧功能段设置专用填料，通过填料上附着生长的微生物降解水中的污染物。好氧段的供氧设备为电磁式鼓风机，能耗低、噪声小、风量大，可以实现曝气、反冲、气提回流三种作用于一体。设备采用电解除磷、氯片消毒，出水水质达到《城镇污水处理厂污染物排放标准》GB 18918—2002 的一级 B 标准。

（4）生物接触氧化技术

1）适用范围

生物接触氧化技术适用处理规模为 $10\sim250\mathrm{m}^3/\mathrm{d}$。适用于居民居住相对较为集中的村庄和分部呈星落状村镇的生活污水处理。

2）技术简介

污水经由污水管网收集至格栅井，泵入预处理池，相对密度较大颗粒物在重力作用下沉淀至池体底部，漂浮物漂浮至池体顶面被去除。预处理池中配有电解除磷装置，在自控系统控制下实现初段除磷；污水经分流仓流入固定床生物仓，固定床生物仓分为高负荷生物仓及低负荷生物仓，并配有曝气机分别为二级生物仓提供氧气。通过曝气模式的自控调节，第一生物仓中主要实现大部分有机物、总氮及部分总磷的去除，第二级生物仓中主要去除残留有机物、大部分氨氮及部分总磷；生物仓出水流至内回流仓，仓中内回流泵将生物仓出水硝化液回流至高负荷生物仓，提高总氮去除率；内回流仓出水经二沉池沉淀后流出，二沉池内污泥通过污泥泵抽吸将汇集的污泥提升至预处理池，储存消化。

（5）有机填料型人工湿地

1）适用范围

有机填料型人工湿地适用于居住相对集中、当地水环境容量大、对出水水质要求不高、经济基础相对较弱村庄的生活污水处理。排水高差 $\geqslant0.2\mathrm{m}$ 的村庄可利用其地形落差，避免水泵提升。

2）技术简介

有机填料型人工湿地用塑料填料替代传统湿地的砾石、砂子、土壤等填料，塑料填料上方设开孔空心混凝土板，板上方铺填料或开孔挤塑板，栽种水生植物，污水按导流方向潜流，通过填料和植物根系，获得净化。

每级湿地床有别于传统湿地，分上下两部分，中间以不锈钢丝网隔开，湿地上部铺设加气混凝土砌块碎颗粒及瓜子片，瓜子片上栽种植物；湿地下部悬挂弹性填料，与石子等传统填料相比，比表面积更大，增强了污水处理效果。该类型湿地不易堵塞，生物量大，处理负荷高，节约用地，维护管理简便。

（6）组合型人工湿地

1）适用范围

组合型生态湿地可用于分散或集中村庄的生活污水处理，一般适用于 20 户以上（水量 $10\mathrm{m}^3/\mathrm{d}$ 以上）的村庄。生态湿地一般可以借用原有地形和高差，同时因湿地景观性好，特别适用于星级村庄、美丽村庄等村庄改造工程，可增加景观和多功能性。

2）技术简介

组合型人工湿地技术来源于德国生态湿地技术，采用模拟自然的方式处理生活污水，设施依村庄条件量身定制，与当地生态景观相协调、与居民生活环境相和谐。人工湿地利

225

用生物、物理和化学过程来去除和分解污水中的污染物，并对沉淀污泥进行脱水和矿化。

人工湿地对设备要求不高，对管理人员技术要求出很低，只要求对湿地表面的绿化景观进行修剪，难度类似于农田管理，普通农民很容易上手。同时，利用人工湿地的方式对污泥进行脱水和矿化后，能够实现返田，节约资源。建成后的湿地自身即为一种景观，与农村的环境相协调，能丰富乡村绿化量和景点，也可起到调蓄雨水径流作用。

（7）土壤渗滤技术

1）适用范围

土壤渗滤技术适用于平原、丘陵地区的小型集镇、居住相对集中的乡村、小型农村旅游景区等的生活污水处理。适用处理规模为 $10\sim500\mathrm{m}^3/\mathrm{d}$。

2）技术简介

污水收集后进入调节池，由泵间歇提升进入渗滤床内的散水管，通过散水孔进入湿地与地下渗滤单元，一部分污水在重力作用下渗滤穿透散水层之下的防堵填料往下运移，一部分污水在散水碎石层中侧向流动，通过连通散水层与通风层的砾石进入下防堵层。污水流动过程中，水中的颗粒有机物被不同粒径的填料拦截，由微生物分解和转化。经处理后的水在渗滤层底部向导流沟汇集，通过集水排水管排放或进入清水池回用。

11.3 案例介绍

案例：无锡张镇桥村：一条小河治理"撬动"美丽乡村建设

无锡张镇桥村

第十二章 乡村公共服务设施建设

12.1 乡村公共服务设施的规划

加速推进乡村公共服务体系建设，统筹公共资源在城乡间的均衡配置，建立全民覆盖、普惠共享、城乡一体、均等服务的基本公共服务体系，推动形成城乡基本公共服务均等化体制机制，实现城乡基本公共服务均等化的目标。

按照使用功能进行细分，行政村级基本公共服务配套设施分为公共教育、医疗卫生、文化体育、社会服务、公共交通、市政公用、公共安全、生活服务和政务服务等9类设施；自然村级基本公共服务配套设施分为公共教育、医疗卫生、文化体育、社会服务、公共交通、市政公用、公共安全和生活服务等8类设施。

乡村公共服务设施的规划原则：

1. 注重"以人为本"

各级各类乡村基本公共服务配套设施的配置内容和建设规模应根据规划常住人口规模，结合城乡发展的阶段目标、总体布局和建设时序分别在乡镇国土空间规划和村庄规划中落实，明确设施的位置、规模和建设要求。

乡公共服务设施规划应通盘考虑乡域范围的服务职能，并综合考虑人口规模和服务半径配置乡域公共服务设施，应根据乡驻地总体布局和公共服务设施不同项目的使用性质配置。宜采取集中与分散相结合的规划布局。

行政村级基本公共服务配套设施以0.3～1.0万村民为主要服务对象，为村民提供最基本的日常生活服务。

自然村级基本公共服务配套设施以0.03～0.1万村民为主要服务对象，为村民提供日常便民服务。各级乡村基本公共服务配套设施的设置应与常住人口规模相对应，当常住人口达到行政村级或自然村级的人口规模时，应配置本级及其以下各级配套设施项目；当常住人口规模超出行政村级时，除按照本级配置公共服务设施项目外，还应根据需要选配高一级的配套设施项目；当常住人口规模低于自然村级时，应保障最基本的配置要求。

2. 注重"集约节约"

各级各类乡村基本公共服务配套设施的空间布局，应位于人口聚居区，尽量方便村民使用。在有条件的新建地区，应采取集中布置的原则，形成功能复合的公共服务中心。鼓励同一级别、功能和服务方式类似的配套设施集中组合设置。功能相对独立或有特殊布局要求的设施可独立设置或相邻设置，不能独立设置的设施应设置独立出入口。各级、各类乡村基本公共服务配套设施用地，宜结合零星、闲置、低效建设用地以及空置用房进行再利用，减少新增建设用地。

3. 注重"刚弹结合"

乡村基本公共服务配套设施按照使用功能的管理分为两类，第一类为公益性配套设施，包括公共教育设施、医疗卫生设施、文化体育设施、社会服务设施、公共交通设施、市政公用设施、公共安全设施和政务服务设施，这类设施为必配内容，须保障实施，其中公共教育设施可依据实际使用需要有条件配置；第二类为经营性配套设施，主要为生活服务设施，这类设施由市场根据资源需要配置，宜以引导为主，充分发挥市场的调节作用。针对各类公共服务配套设施配套项目，明确各类项目的刚性或弹性控制要求，刚性为应当配置，满足相关指标要求，弹性为有条件配置，可根据设置要求和实际情况进行选择性配置。

12.2　乡村公共服务设施的配置

按照"基本公共服务均等化供给、设施分类差别化布局"的原则，统筹考虑行政村管辖范围、自然村庄分类、人口规模、设施服务能力和村民实际需求等因素，合理确定必要的公共服务设施规划建设内容和要求。鼓励各类设施共建共享，提高使用效率，降低建设成本，避免重复建设和浪费。靠近城镇的村庄，可根据与城区、镇区距离的远近，优化调整公共服务设施配置内容和标准。

1. 乡公共服务设施

乡公共服务设施绝大部分集中布置于乡驻地，规划中应通盘考虑乡域范围的服务职能，综合考虑乡域人口规模和服务半径配置乡域公共服务设施，然后尽可能将主要的公共服务设施集中设置在乡驻地。应配套行政管理设施、教育机构设施、文体科技设施、医疗保健设施、社会福利设施、商业金融设施和集贸市场设施，见表12-1。

乡公共设施配套要求　　　　　　　　　　　表 12-1

序号	设置项目		用地面积（m²）	建筑面积（m²）	配置要求
1	行政管理设施	行政管理中心(★)	1000~1500	1000~1500	包括乡政府机构以及市政、环卫等部门管理用房
		公共服务中心(☆)		≥1500	提供社会工作、就业指导、社保服务和法律援助等服务功能
		派出所(★)	≥3000	≥2000	
2	教育设施	幼儿园(★)			按36生/千人，30生/班配置
		小学(★)			按70生/千人，45生/班配置
		初中(★)			按36生/千人，50生/班配置
3	文体科技设施	文化站(★)	≥3000	≥1000	包括展览室、文化活动室、科技服务点等
		体育健身设施(★)	8000~12000	≥1000	包括室外全民健身设施、室内健身房、羽毛球场地等
4	医疗保健设施	卫生院(★)	3000~5000	3000~4000	含残疾人康复设施。卫生院床位数不得低于50床
5	社会福利设施	敬老院(★)	8000~10000	≥6000	床位数不应低于200床
		老年公寓(☆)	4000~5600	≥32000	床位数不宜低于80床
6	商业金融设施	商业金融设施(☆)		≥10000	含超市、餐饮、药店、银行等设施，宜集中布置
7	集贸市场设施	菜市场(★)	≥2000	≥1500	包括粮油、蔬菜、肉类、水产品等商品销售

"★"表示应配置，"☆"表示有条件配置（可根据设置要求和实际情况进行选择性配置）。

2. 行政村级基本公共服务配套设施

行政村级基本公共服务配套设施以 0.3～1.0 万村民为主要服务对象，为其提供最基本的日常生活服务。必须配建的设施主要包括卫生室、综合性文化服务中心（文化礼堂）、文体活动场地、小游园、居家养老服务站、镇村公交、镇村道路、自来水供应、生活污水处理、电力供应、信息网络、村邮站（快递服务站）、垃圾集中收集点、公共厕所、主要道路路灯、综治中心、警务室、防灾避灾场所、党群服务中心（便民服务中心）等；有条件配建的设施主要包括幼儿园、村史馆、残疾人之家、公共停车场、雨水排放、燃气供应、再生资源回收点、便民超市、菜市场、农资超市、农村电商服务站、爱心超市等设施，如图 12-1 所示，相关要求见表 12-2。

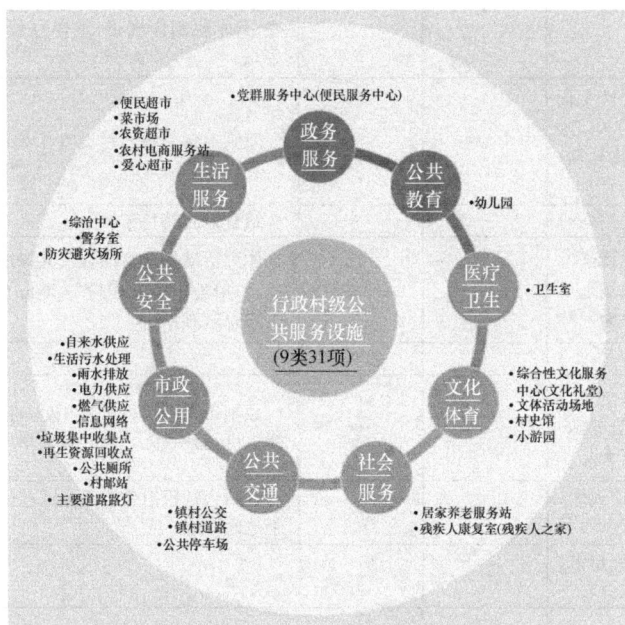

图 12-1 行政村公共服务设施

行政村公共设施配套要求　　　　　　　　　　　　　　　表 12-2

序号	设置项目		用地面积（m²）	建筑面积（m²）	配置要求
1	公共教育	幼儿园（☆）	（3班）≥810	≥1620（1350）	幼儿园在行政村内宜独立设置，应在临支路以上道路设有独立出入口，且应在主要出入口设置疏散广场，布局和校址选择必须符合就近入学、安全上学、实事求是的原则。　　每1万左右常住人口设置1个幼儿园，设活动用房、办公用房等。在人口较为分散的地区，应当根据需要增设幼儿园。　　幼儿园生活用房应满足冬至日底层满窗日照不少于3h的日照标准，活动场地应有不少于1/2的活动面积在标准的建筑日照阴影线之外，宜设置于可遮挡冬季寒风的建筑物背风面。　　乡村地区按照30生/千人，每班≤30生，用地面积≥18 m²/生。建设条件受限时应不低于括号内指标要求
			（6班）≥1620	≥3240（2700）	
			（9班）≥2430	≥4860（4050）	

229

序号	设置项目		用地面积（m²）	建筑面积（m²）	配置要求
2	医疗卫生	卫生室（★）	≥180	—	乡村卫生室宜设置于人口居住相对集中，交通条件较为便利处，可结合其他公共服务设施设置。 应包含诊断室、治疗室、换药室、观察室、预防保健室、健教室、康复室、处置室、药房和卫生间等，均独立设置，根据工作需要设置值班室、库房和计生指导室。不得一室多用。 诊断室设在入口处，实施一对一服务，诊室数与医生数匹配；入口处设候诊区域，观察室、治疗室毗邻设置，隔墙设有观察窗；观察室、诊断室设在朝阳面，有朝外窗户；厕所置于盲端，男女分开。 室内外统一着色，统一标识标牌制作标准，统一宣传栏、公示栏制作规格，整体环境温馨，采光充裕，整洁美观
3	文化体育	综合性文化服务中心（文化礼堂）（☆）	≥300	—	原则上每个行政村设置1处，宜结合村委设置
		村史馆（☆）	—	—	结合地方特色布置
		文体活动场地（★）	—	≥1000	体育活动场地宜结合公共绿地进行设置，可分2~3处，但单处用地面积应≥500m²。体育活动场地可作为紧急避难场所
		小游园（☆）	—	≥500	—
4	社会服务	居家养老服务站（★）	≥300	—	原则每个行政村设置1处，可结合村委、村卫生室设置。可与残疾人之家共建共享
		残疾人之家（☆）	≥50	—	宜结合社区卫生服务站或社区服务站设置。应设置于地面一层
5	生活服务	便民超市（☆）	—	—	—
		菜市场（★）	≥100	—	菜市场应为永久性固定建筑的室内经营场所。菜市场建设应按规划要求，合理组织交通流线，配套设置机动车和非机动车停车场（库）。 停车场（库）面积应按菜市场建筑面积的30%~50%配置，新建菜市场按其建筑面积的50%配置。应按经营者、消费者用车分区分类停放，并设置车辆停放标志等设施，做到有序停放
		农资超市（☆）	≤50	—	—
		农村电商服务站（☆）	—	—	—
		爱心超市	≥20	—	—
6	政务服务	党群服务中心（便民服务中心）（★）	200~400	—	提供就业创业、社会保障、社会救助、人口计生、金融、农民房、农业技术和农资供应信息、气象灾害预警传播、应急广播等服务功能，承担乡镇便民业务代收代办。设置村务公开栏，在规定时间内公示政务、村务、财务、服务等规定内容

"★"表示应配置，"☆"表示有条件配置（可根据设置要求和实际情况进行选择性配置）。

行政村级基本公共服务配套设施宜集中设置在交通便捷的人口聚居中心地段，并应在邻近主要道路位置设置独立出入口。

对进行分期开发、符合新设条件的新建型农民住宅集中建设区，在其他条件相近的情况下，应优先选择区位适当、规模相对较大的建设区按此标准同步规划，一次配套到位，周边其他区域可不再重复建设；若集中建设区范围内有地块先行开发建设，则现规划中配建的公共服务设施宜移至先开发地块中。

行政村级基本公共服务配套设施与其他建筑物合建时，宜设置在建筑物的1～2层，保证进出宽敞，方便村民办事，一层建筑使用面积应不小于总建筑使用面积的50%。

3. 自然村级基本公共服务配套设施

自然村级基本公共服务配套设施以0.03～0.1万村民为主要服务对象，为村民提供日常便民服务。必须配建的设施包括自来水供应、生活污水处理、电力供应、信息网络、垃圾收集点、垃圾分散收集点、主要道路路灯等；有条件配建的设施主要包括幼教点、卫生室、文体活动室、文体活动场地、小游园、居家养老服务点、镇村公交、公共停车场、雨水排放、燃气供应、公共厕所、警务室、防灾避灾场所、便民超市等基础设施。如图12-2所示，相关要求见表12-3。

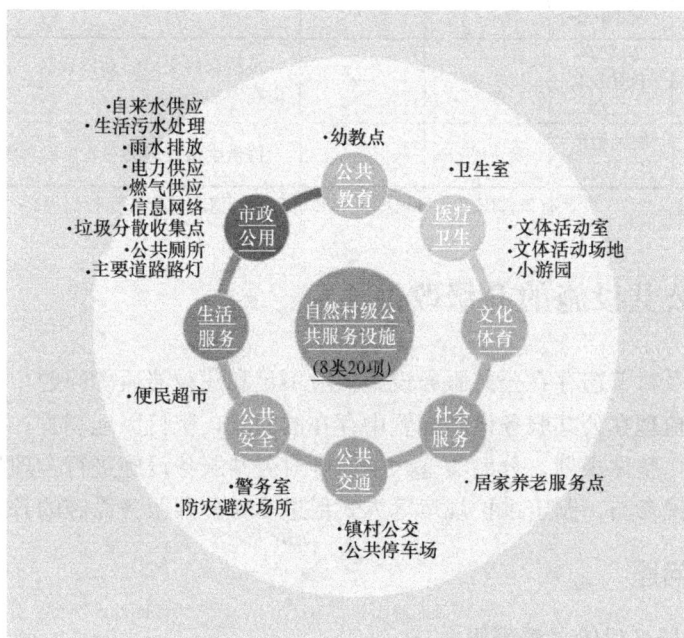

图12-2 自然村公共服务设施

自然村公共设施配套要求 表12-3

序号	设置项目		用地面积（m²）	建筑面积（m²）	配置要求
1	公共教育	幼教点（☆）	≥100	—	一般设置乳儿班（6～12个月，10人以下）、托小班（12～24个月，15人以下）、托大班（24～36个月，20人以下）三种班型。18个月以上的婴幼儿可混合编班，每个班不超过18人。合理规模≤10班。室外活动场地应≥3m²/人，受限时应≥2m²/人。宜结合社区服务站及文体活动站、居家养老服务站设置。远离行政村的自然村根据需要设置幼教点

续表

序号	设置项目		用地面积（m²）	建筑面积（m²）	配置要求
2	医疗卫生	卫生室(☆)	≥120	—	乡镇卫生院不能覆盖的地区设村卫生室作为补充,宜设置于人口居住相对集中,交通条件较为便利处,可结合其他公共服务设施设置。应包含诊断室、治疗室、换药室、观察室、预防保健室、健教室、康复室、处置室、药房和卫生间等,均独立设置,根据工作需要设置值班室、库房和计生指导室。不得一室多用。 诊断室设在入口处,实施一对一服务,诊室数与医生数匹配;入口处设候诊区域;观察室、治疗室毗邻设置,隔墙设有观察窗;观察室、诊断室设在朝阳面,有朝外窗户;厕所置于盲端,男女分开。 室内外统一着色,统一标识标牌制作标准,统一宣传栏、公示栏制作规格,整体环境温馨,采光充裕,整洁美观
3	文化体育	文体活动室(☆)	≥80	—	—
		文体活动场地(☆)	—	≥150	体育活动场地宜结合公共绿地进行设置,可作为紧急避难场所
		小游园(☆)	—	≥200	—
4	社会服务	居家养老服务点(☆)	≥80	—	可结合村文体活动室设置。提供休息、交流的室内座椅
5	生活服务	便民超市(☆)	—	—	提供生活日用品和农资购买等生产生活服务

"★"表示应配置,"☆"表示有条件配置（可根据设置要求和实际情况进行选择性配置）。

12.3 乡村公共设施的升级改造

当前我国的乡村普遍存在公共服务设施供应不足和建设滞后等问题,严重制约了乡村的进一步发展。梳理在公共服务设施配置中存在的问题,坚持因地制宜,分类指导,就地取材,降低成本,整体规划,分期实施六项原则对公共服务设施进行合理配置,并通过规范市场,鼓励村民参与,制定维护规章等方式促进乡村公共服务设施的升级改造。

12.3.1 普遍问题

1. 基本公共服务供给总量受限

在我国部分地区,农村基本公共服务的供给明显不足,甚至可以说,在个别农村地区还无法享受到城市居民能够享受到的基本公共服务。比如,看病难、看病贵,上学难、上学贵的难题依旧存在。

2. 基本公共服务供给绩效缺位

政府在基本公共服务领域内的投资与快速增长的财政支出和经济体量相比,还相差甚远,特别是在部分民生与公共安全领域,其投资增长更加缓慢,难以充分满足城乡居民对基本公共服务的诉求。更为重要的是,部分地方政府的不同部门之间经常出现职责模糊、办事效率低下、监管不力等问题,使得基本公共服务的供给更加低效。

3. 基本公共服务供给质量失衡

一个基本的事实是，对于同种类的基本公共服务，乡村的质量较差，城市的质量较高。在很多农村地区，由于政府财力十分有限，人们对政府行为的监管相对缺位，使得农民的参与意识和维权意识相对薄弱。而一旦利益诉求和表达渠道受阻，就给农村基本公共服务的供给带来诸多隐患。

12.3.2 升级措施

1. 乡驻地公共服务设施升级配置

乡村公共服务设施规划应考虑城乡统筹，以人为本，创造良好的人居环境和构建和谐社会，并应考虑公共建筑的传统风貌和地方特色，与农村景观风貌相结合。

乡公共服务设施建筑往往是乡驻地的景观标志，形成乡驻地的中心空间，其空间布局和风格应结合自然环境、突出乡土特色、强调以人为本。

既要考虑未来发展的可能，预留发展空间，又要根据当地经济社会发展水平按实际需求配置，不可贪大、求洋，要满足所在区域的人群，并兼顾所能带动的周边区域的人群需求；要根据通勤人口和流动人口的规模及特点，满足其相应的需求；要与相邻乡驻地积极共享设施，尤其是大型公共服务设施。

乡驻地公共服务设施建筑是人群集中活动的场所，其选址、布局应满足防灾、救灾的要求，有利人员疏散。

（1）行政管理设施

乡行政管理设施与镇相比，其职能更倾向于乡村事务的管理。项目配置细化了经济管理机构的分工，部分不只针对乡村事务的项目（如司法所），适当放宽设置要求，可与周边相邻城镇共同使用。乡行政管理设施的配置宜适当集中，相关部门可结合设置，提高土地的利用效率和行政的管理效率。

（2）教育机构设施

乡教育机构设施包括：职业学校、成人教育及培训机构、高中、初中、小学、幼儿园、托儿所。项目配置应结合乡驻地性质、类型、规模，经济社会发展水平、居民经济收入和生活状况，风俗民情及周边条件等实际情况比较选定。教育设施的选址要求，需要考虑教育活动开展对场地特殊要求，以及学生和儿童出入学校、幼儿园、托儿所的安全需要。

（3）文体科技设施

乡文体科技设施应结合其他公共服务设施集中设置，以共同形成集约高效的公共活动中心，该中心一般位于乡驻地的中心地段，便于服务整个乡驻地，同时还应紧邻乡驻地的主要交通干线，便于人群的集散。

（4）医疗保健设施

乡医疗保健设施项目的配置，主要依据乡驻地性质、类型、规模，经济社会发展水平、居民经济收入和生活状况，风俗民情及周边条件等实际情况，并能充分发挥其作用而确定。同时，由于各地的情况千差万别，视不同乡驻地具体情况在规划时进行选定。

（5）社会福利设施

乡村地区的社会福利事业是体现社会主义新农村、关注民生的重要指标之一。乡驻地应作为乡村社会福利设施的重点建设地区。近年来，随着农村人口外出求学和进城务工的比例不断增加，农村老人的空巢化趋势日益明显。为了使农村老年人口的生活有保障，同时解决残疾人的生活问题和孤残儿童的抚养问题，应增加乡驻地社会福利设施的设置。

乡社会福利设施包括敬老院（养老院）、孤儿院（儿童福利院）、残疾人服务站三类，布局特点是同类设施分散布置，不同类设施结合设置。即每类设施的布局应考虑服务半径、弱势群体分布特点与潜在需求、周边经济条件发展水平等因素，按实际需要均质化设置。

（6）商业金融设施

乡驻地商业金融设施的配置宜适当集中，不同类型的相关项目可结合设置，提高土地的利用效率和行政的管理效率，同时考虑到设施服务半径的要求，同样类型的项目应均衡布局，最大限度地满足乡驻地居民就近使用设施的需求。

乡商业金融设施要依据乡驻地的性质和规模分级配置，近些年农业旅游的兴起及乡村地区旅游优势的逐渐发掘，对于旅游性质的乡驻地中带有主要服务外部人群的项目，考虑旅游环境的打造和旅游效益的发挥。

（7）集贸市场

集贸市场在促进我国广大农村地区商品流动、经济繁荣中起到了桥梁和纽带作用，近年来随着改革开放和城乡建设一体化发展，集贸市场需求普遍增长，尤其是一些商贸、工贸性质的乡驻地，出现了商品类型集聚化的趋势。

集贸市场设施的主要相关因素在于乡驻地类型、区位、交通、经商基础等优势，因此集贸市场设施用地和建筑规模宜按其经营、交易的品类、销售和交易额大小、赶集人数以及相关潜在需求确定。其中，农贸产品市场以销售蔬菜、水果、粮油、副食等日常用品为主，主要服务于乡驻地人口，与乡驻地人口关联性较大。

集贸市场具有人流集聚的特点，对周边交通状况及自身设施支撑有一定的要求。

2. 村级公共服务设施升级配置

村公共服务设施的规划应通盘考虑行政村域范围的服务职能，综合考虑村域人口规模和服务半径。大部分行政村是由几个自然村落形成，在山区这种情况尤其常见。村的人口和用地规模通常都较小，其公共服务设施通常也都很小，但需要配置的类型却不能少，因此，为集约用地，方便实用，各类公共服务设施应根据村总体布局，尽可能集中于公共中心，只有在不适合与其他设施合建或服务半径太远时，才采用分散布局的方式。

公共建筑宜集中布置在位置适中、内外联系方便的地段，对外服务的商业、餐饮和市场等设施宜设置在村庄出入口附近或对外交通便利的地段。

公共建筑设计应符合相关规范标准要求，注重功能复合，适应农民群众生产生活习惯，其建筑空间组合、建筑体量、建筑风貌、色彩材质等应与周边环境相互协调、相得益彰，不能贪大求洋。

（1）村管理设施

村管理设施的设置与村的行政编制相关。按照国家对农村管理的要求，每个行政村必须设置管理设施。每个村的设施类别、用地面积、建筑面积和机构设置基本相同。管理设施的布局特点是集中布置，可与文体科技、商业金融、社会福利等设施结合设置。

（2）村教育设施

教育方面，推动城乡义务教育一体化发展，深入实施农村义务教育学生营养改善计划。实施高中阶段教育普及攻坚计划，加强农村儿童健康改善和早期教育、学前教育。

（3）村文体科技设施

村文体科技设施应结合其他公共服务设施集中设置，以共同形成集约高效的公共活动中心，该中心一般位于村的中心地段，便于服务整个村，同时还应紧邻村的主要交通干线，便于人群的集散。

要加快推进农村基层综合性文化服务中心建设，完善农村留守儿童和妇女、老年人关爱服务体系，支持多层次农村养老事业发展，加强和改善农村残疾人服务。建立城乡统筹的基本公共服务经费投入机制，完善农村基本公共服务标准。

（4）医疗保健设施

医疗方面，加快标准化村卫生室建设，实施全科医生特岗计划。建立健全统一的城乡居民基本医疗保险制度，同步整合城乡居民大病保险。

（5）社会福利设施

社会保障方面，完善城乡居民基本养老保险待遇确定和基础养老金正常调整机制。统筹城乡社会救助体系，完善最低生活保障制度、优抚安置制度。

（6）村商业设施

村商业设施要考虑其满足村民日常生活需求的功能，主要为市场自发设置。同时考虑到市场调节的不确定性和村民生活需求的刚性，标准规定规划时应结合村的性质、在一定区域内的职能、风俗民情及周边条件等因素，引导配置必要的商业设施。

本着集约用地和发挥规模效益的原则，村商业金融设施在选址上应以统筹布局、集中设置的方式为主，同时考虑到设施服务半径的要求及周边村交接的情况，标准规定同类商业金融业设施项目应均匀分布，均衡布局。

12.4 案例介绍

案例一：江苏省沭阳县官墩乡郁圩村

江苏省沭阳县官墩乡郁圩村

案例二：江阴市利港街道巨轮村

江阴市利港街道巨轮村

第十三章 乡村景观美化

13.1 乡村景观设计原理及要求

13.1.1 乡村景观

传统的乡村把自然景观的建设与人文景观的建设结合起来，特别强调一种"居游其中"的意象。乡村景观建设需要满足农民日益增加的生活需求，必须既好看又实用。比如屋顶的设计：传统的硬山、歇山屋顶及山墙具有隔热、防火功能；现代农村屋顶一般都需要被用作"晒台"，用于晾晒衣服、物品，设置太阳能设备等，甚至还要考虑夏天的隔热效用。因此，天际线的勾勒就可以通过晒台的栏杆、花卉完成。

1. 乡村景观建设

（1）注重乡村环境的整体性、文化性和公众性，尽量利用村边水渠、山林等进行绿化布置，以形成与自然环境紧密相融的田园风光。如图 13-1 所示。

（2）拆除乡村街巷两旁和庭院内部的违章建筑，整修沿街建筑立面，种植花草树木，做到环境优美、整洁卫生。如图 13-2 所示。

图 13-1 乡村外部景观

图 13-2 乡村内部景观

（3）乡村出入口、村民集中活动场所设置集中绿地，有条件的乡村结合村内古树设置；利用不宜建设的废弃场地，布置小型绿地；可结合道路边沟布置绿化带，路旁绿化应符合品种乡土、布置自由、形式多样的原则，体现村庄特色，避免僵化的行列式种植。绿化应选择适宜当地生长、符合乡村要求、具有经济生态效果的品种，提倡使用农作物、乡土花卉作为路旁绿化。如图 13-3 所示。

（4）房前屋后、庭院内部等宅旁绿化应充分利用空闲地和不适宜建设的地段，灵活布置菜地、果树、攀爬作物或植物，也可种草、种花，做到见缝插绿。如图 13-4 所示。

（5）整治村庄废旧坑（水）塘与河渠水道。根据位置、大小、深度等具体情况，充分保留利用和改造原有的坑（水）塘，疏浚河渠水道；尽量保留现有河道水系，并进行必要

图 13-3　乡村出入口景观

图 13-4　房前屋后景观

的整治和疏通，改善水质环境。河道坡岸尽量随岸线自然走向并与绿化、建筑等相结合，形成丰富的河岸景观。滨水绿化景观以亲水型植物为主，布置方式采用自然生态的形式，营造自然式滨水植物景观。滨水驳岸以生态驳岸形式为主，因功能需要采用硬质驳岸时，硬质驳岸不宜过长。在断面形式上宜避免直立式驳岸，可采用台阶式驳岸，并通过绿化等措施加强生态效果。

（6）引导村民按照规定的样式、体量、色彩、高度建房，整治乡村主要街道两侧建筑，通过粉刷等方式进行立面修整，形成统一协调的村容村貌，传承地方文化与民居风格。如图 13-4 所示。

2. 乡村景观美化的设计原理

乡村景观美化主要涉及的原理有形式美原理、平面构成原理、空间构成原理、色彩构成原理、生态原理、功能原理、人文原理。

（1）形式美原理。一般形式美通过点、线、图形、体形、光影、色彩和朦胧虚幻等形态表现出来，且各形体之间不是任意堆砌，而是通过一定的规则组合起来，这些规则称为形式美规则。常见的规则有主从与重点、对称与均衡、韵律与节奏、比例与尺度、对比与微差。

（2）平面构成原理。平面构成的基本要素为点、线、面，从美学的角度出发，可以把村镇绿地系统中的节点、路线、区域抽象成点、线、面，再通过重复、突变、密集、近视、渐变、肌理、骨骼、发射、对比等构成技巧和表现方法加以组织，进行具有形式美的村镇绿化平面布置。

（3）空间构成原理。空间构成设计则是整个设计的核心，巧妙运用空间构成原理是做好整个空间规划的关键。从构成空间的物质形态来看，单一空间的构成方法大致有七种：质地变化、下沉、上升、托起、设立、围合和覆盖。丰富多彩的空间环境的形成主要就是由上述构成方法单独或组合形成的。如图 13-5 所示。

（4）色彩构成原理。色彩在乡村景观美化中的抽象意义有两个层面：一是视觉美学层面，美化视觉环境概括了乡村中所有可视物质因素；二是文化层面，乡村在长期的发展过程中，必然会因为特定的自然地理条件、历史、文化和社会因素而形成各个地区特定的或偏爱的色彩，色彩成为表达地方历史传统与文化的一个重要因素。在乡村景观美化中，色彩规划不仅要把握整体和谐、以人为本、体现地域特色等原则，而且还应考虑影响乡村景

图 13-5　利用现有地貌景观设计

观的诸多因素，同时还要结合村镇中各功能分区对于色彩的要求来进行，创造一个宜人的生产、生活环境。如图 13-6 所示。

图 13-6　生态色彩设计

　　（5）生态原理。乡村建设中良田耕地被占用、环境污染严重、乡村公共基础设施落后等现象时有发生，因此在乡村景观美化中融入生态规划的理念十分必要。在乡村建设的过程中，应将建设对生态的破坏降到最低，尽量保留原有的生态系统，将乡村融合在大自然中，而不能刻意地进行人工雕琢或制造人工的生态系统，应采用生态规划的理念来指导乡村景观美化，更好地维持人与自然现有的和谐相处的状态，最终实现乡村的可持续发展。如图 13-7 所示。

　　（6）功能原理。绿化具有净化空气、改善生态环境、美化乡村、保持水土等功能，也是改善生活环境、提高环境质量的必要内容。乡村景观美化的功能性表现在生态、景观与经济功能等方面。

　　（7）人文原理。历史文化在乡村发展的过程中受多种因素的影响而呈现其独特性。由

图 13-7 生态营造

于自然、社会的双重影响，乡村产生了丰富的空间肌理特色，这些不同时期的历史文化肌理同时存在，真实地反映了乡村发展的脉络与方向。所以，在对乡村景观塑造时，要让乡村融入自然，让居民望得见山，看得见水，记得住乡愁，在营造适应现代的乡村环境的同时，又不忘对于意蕴深长的历史文化的传承。

3. 乡村绿地的特点与作用

乡村绿地是指以自然植被和人工植被为主要存在形式的乡村用地。进行乡村绿地建设，可改善乡村人居环境，建设生态文明村镇，提高居民的生活质量，满足乡村居民对美化乡村环境的需求。

（1）乡村绿地的特点

1）功能特点。乡村绿地的功能主要包括：生产功能（农田、果园、经济林、苗圃、花圃、草圃等）、生态功能（净化空气、水体、土壤，涵养水源，保持水土，提供野生动物生存环境，维持生物多样性，改善小气候，降低噪声等）、游憩功能（日常休息娱乐活动、农家乐、观光旅游、康疗休养等），景观功能（美化村镇面貌、形成不同村镇特色、增加艺术效果等）以及其他社会和经济功能。

2）内容特点。乡村绿地从内容上来看可分为人工绿地、经营绿地和自然绿地。由于乡村植被资源丰富，人类在长期的生长繁衍过程中对乡村绿地的利用以保护和改造为主，所以乡村绿地大多为自然绿地和经营绿地。

3）布局特点。与城市绿地布局的"见缝插绿"不同，乡村绿地在人们长期的生活中形成了自己的分布规律。在乡村中基质就是绿地，乡村除绿地以外的其他用地以廊道和斑块的形式分布于绿地中。如图 13-8 所示。

（2）乡村绿地的作用

乡村绿地不仅具有美化环境，调节乡村气候的作用，而且还可以结合农业生产发挥其潜在的经济价值与社会价值，促进旅游业等第三产业的发展，提高乡村居民的生活质量。乡村绿化的作用具体表现以下五个方面。

1）遮阳覆盖与调节气候。

图13-8 乡村景观设计

2）净化空气与保护环境。

3）创造经济效益和社会效益。

4）作为观光旅游和休养基地。

5）提供安全防护和避难场所。

13.1.2 乡村景观绿地设计

1. 乡村景观绿地布局形式

常用的乡村绿地系统的布局形式有以下五种。

（1）散点状绿地布局

散点状绿地布局多以小面积的绿地出现，最小在 100m^2 左右，其数量较多，分散地布局在乡村中。这种绿地布局模式可以做到均匀分布，与乡村建筑紧密结合，且投资较少、使用方便、建设的水平和标准可低可高，但对改善乡村整体景观布局的作用不大，对改善乡村气候条件的作用也不显著。如图13-9所示。

图13-9 散点状绿地布局

（2）块状绿地布局

块状绿地指在乡村中具有一定规模的花园、公园，大多呈块状、方形、不等边形，均匀地分布在村镇中。这种绿地布局模式比小块绿地的内容丰富，可供村民长时间休憩游览。块状绿地一般都有一定的服务范围，设计时应满足一定的服务半径，但因其分散独立、不成一体，也不能起到综合改善乡村景观和调节气候的作用。如图 13-10 所示。

图 13-10　块状绿地布局

（3）网状绿地布局

网状绿地多沿乡村的河流、道路分布，组成线形带状绿地，在乡村中呈网状均匀分布，构成连续的网状绿地系统。一般行道树、分车带的带宽为 1～3m，工业区隔离带的带宽为 10～20m。这种绿地布局模式可以使乡村形成较完整的步行系统，有利于改善乡村的景观。

（4）环状绿地布局

环状绿地布局在外形上呈现出环形，一般建设在乡村的外围，将乡村环抱，形成优美的外围环境。这种绿地布局模式适用于较小的村镇，村民可以很方便地到达绿地。由于绿地呈环状延伸，因此可以方便村民沿绿带进行体育锻炼。另外，这种布局方式在改善乡村景观和调节气候方面均有一定的作用，如降温增湿、改善乡村小环境等。

（5）放射状绿地布局

放射状绿地布局是从乡村中心沿不同的方向以放射状分布绿地。这种绿地布局模式可以将乡村分成若干不同区域，减少区域间的干扰和污染。另外，这种布局模式可以将新鲜的空气引入村内，能够很好地改善乡村的通风，也有利于乡村景观的改善，但不利于区域间的横向沟通。

2. 不同产业型乡村绿地规划设计方法

村镇按不同的产业类型可分为农业型、工业型、工贸型、商贸型、旅游型科技型综合型等。其中，农业型、工业型旅游型村镇最具有特色，对树种的选择指导意义较大，故选取这三种类型的村镇进行树种选择分析。

（1）农业型乡村绿地

农业型的乡村以农副产品生产、加工为主要职能，依靠优越的区位和交通条件为周围区域提供一定的物质基础。此类乡村在树种选择上，选择具有一定经济效益和经济潜力的树种，通过深加工发挥树种的经济价值，比如药材类、油料类、果树类等经济树种。农业型村镇的树木通常以经济林的形式存在，多选择在自然条件较适宜交通条件优越的地段。

农业型乡村保护田林选配原则：①选择种源丰富、长势良好的乡土树种；②选择速生、生长稳定抗性强的树种；③选择经济价值高产量大的油树种和果树做伴生树种；④避免选择根蘖性强、遮阴、串根及胁地严重的树种；⑤避免使用与当地农作物有相同病虫害的中间寄生树种。

（2）工业型乡村绿地

工业型乡村以工业生产为主要职能。随着社会经济的发展及社会主义新农村的建设，这类乡村发展势头强劲，成为周围区域的核心。在乡村绿地规划过程中，应着重考虑能吸收有害气体、净化环境能力较强的树种，如银杏、臭椿、构树、刺槐、广玉兰、女贞等；由于工业型乡村厂址大多布置在土壤较浅薄的地方，所以绿化应尽量选择能耐瘠薄，又能改良土壤的树种，如丁香、小叶榕、黄杨、栾树、海桐等，同时还应注意常绿和落叶树相结合、速生和慢生相结合的原则，以达到季相性的景观效果及近远期绿化的需要。绿化时还应选择便于管理的乡土树种，以价格低廉、补植容易为宜。

（3）旅游型乡村绿地

旅游型的乡村具有优美的自然环境或浓厚的历史文化资源，农业相对发达，以开发乡村旅游或与之相关联的第三服务业为主。此类型村镇的树种选择原则：①结合当地旅游生态资源，以常绿与落叶树相结合，形成"三季有花，四季常青"的景观效果，充分展现当地独特的旅游资源；②选择乡土景观树种，开发其旅游价值，深度挖掘村镇生态观赏点；③保护奇特的古树名木，突出景观特色；④选择速生及树形优美、色彩丰富的树种，以尽快达到理想的景观效果。生态旅游型乡村集旅游观光和生态农业于一体，所以树种选择应兼顾景观营造与农业生产两方面的需要。对于人文景观丰富的乡村，应选择能反映当地文化历史特色的树种。

3. 乡村景观绿地设计

乡村景观绿地主要承担着体现地方民俗特色、传承历史文脉等功能，其布局以分散的绿地景观为主，形成乡村绿地"点"上的景观。这些绿地适宜集中布置在道路、乡村中心公园等人群集中、视线焦点的区域。植物配置采用园林艺术造景手法，采用孤植、丛植、小面积片植、对植、列植、三五成株等多种构图配置方法。此外，这种类型的植物配置还应充分考虑与道路、建筑、水体、地形等组成要素的协调搭配，充分考虑人的近距离观赏嗅觉、触摸、科普、趣味、遮阴等多方面的需要。根据不同场地的地形地貌及景观需要，合理选择景观树种，以突出花色、花香、叶形、叶色、杆形、杆色等特点形成不同类型的观赏树丛。乡村景观绿地是丰富乡村居民生活环境、体现乡村精神面貌的主要途径。

13.2 乡村景观施工技术

1. 土方工程施工

乡村景观施工尽量利用原貌，减少对环境的破坏。土方工程施工包括挖、运、填、压四部分内容。其施工方法有人力施工、机械化和半机械化施工。施工方法的选用要依据场地条件、工程量和当地施工条件而定。在土方规模较大、较集中的工程中采用机械化施工较经济。但对工程量不大、施工点较分散的工程或因受场地限制，不便采用机械施工的地段，应该用人力施工或半机械化施工。

（1）土方施工的方法

1）土方施工程序

施工前准备工作→现场放线→土方开挖→运方填方→成品修整与保护。

2）土方施工准备工作

土方施工准备工作主要包括分析设计图纸、现场踏勘、落实施工方案、清理场地、排水和定点放线，以便为后续土方施工工作提供必要的场地条件和施工依据等。准备工作的好坏直接影响着工效和工程质量。

（2）挖土

1）人力施工：施工工具主要有锹、镐、条锄、板锄、铁锤、钢钎、手推车、坡度尺、梯子及线绳等，人力施工关键是组织好劳动力，而且要注意施工安全和保证工程质量。人力施工适用于一般园林建筑、构筑物的基坑（槽）和管沟，以及小溪、带状种植沟和小范围整地的挖土工程。

2）机械挖土：常用的挖方机械有推土机、铲运机、正（反）铲挖掘机、装载机等。机械挖土适用于较大规模的园林建筑、构筑物的基坑（槽）和管沟，以及较大面积的水体、大范围的整地工程挖土。

3）冬、雨期土方施工：土方开挖一般不在雨期进行，如遇雨天施工应注意控制工作台面，分段、逐片地分期完成。开挖时注意边坡的稳定，必要时可适当放缓边坡或设置支撑，同时要在外侧（或基槽两侧）四周围以土堤或开挖排水沟，防止地面水流入。在坡面上挖方时还应注意设置坡顶排水设施。整个施工过程都应加强对边坡、支撑、土堤等的检查与维护。

4）挖方中常见的质量问题及解决办法：

① 基底超挖。开挖基坑（槽）或管沟均不得超过设计基底标高，如偶有超过的地方，应会同设计单位协商解决，不得私自处理。

② 桩基产生位移一般出现于软土区域，碰到此土基挖方，应在打桩完成后，先间隔一段时间再对称挖土，并要求制定相应的技术措施。

③ 基底未加保护基坑（槽）开挖后没有进行后续基础施工，也没有保护土层。因此应注意在基底标高以上留出 300mm 的厚土层，待基础施工时再挖去。

④ 施工顺序不合理。土方开挖应从低处开始，分层分段依次进行，形成一定坡度，以利于排水。

⑤ 开挖尺寸不足，基底、边坡不平开挖时没有加上应增加的开挖面积。因此施工放线要严格，要充分考虑增加的面积。对于基底和边坡应加强检查，随时校正。

⑥施工机械下沉采用机械挖方，务必掌握现场土质条件和地下水位情况，针对不同的施工条件采取相应的措施。一般推土机、铲运机需要在地下水位 0.5m 以上推铲土，挖土机则要求在地下水位 0.8m 以上挖土。

（3）运土

按土方调配方案组织劳力、机械和运输路线，卸土地点要明确。应有专人指挥，避免乱堆乱卸。

利用人工吊运土方时，应认真检查起吊工具、绳索是否牢固。吊斗下方不得站人，卸土应离坑边有一定距离。用手推车运土应先平整道路，且不得放手让车自动翻转卸土。用翻斗汽车运土，运输车道的坡度、转弯半径要符合行车安全。

（4）填土

1）填土的方法

人工填土主要用于一般园林建筑、构筑物的基坑（槽）和管沟，以及室内地坪和小范围整地、堆山的填土。常用的机具有：蛙式打夯机、振动夯、内燃夯、手推车、筛子（孔径 40～60mm）、木耙、平头和尖头铁锹、钢尺、细绳等。其施工程序为：

清理基底地坪→检查土质→分层铺土、耙平→夯实土方→检查密实度→修整、找平、验收。

填土前应将基坑（槽）或地坪上的各种杂物清理干净，同时检查回填土是否达到填方的要求。人工填土应从场地最低处开始自下而上分层填筑，层层压实。

2）冬、雨期填方施工要点

雨期施工时应采取防雨防水措施。如填土应连续进行，加快挖土、运土、平土和碾压过程；雨前要及时夯完已填土层或将表面压光，并做成一定坡度，以利于排除雨水和减少下渗；在填方区周围修筑防水埂和排水沟，防止地面水流入基坑、基槽内，造成边坡塌方或基土遭到破坏。

冬季回填土方时，每层铺土厚度应比常温施工时减少 20％～50％，其中冻土体积不得超过填土总体积的 15％，其粒径不得大于 15mm。冻土块应分布均匀，逐层压实，以防冻融造成不均匀沉陷。回填土方尽可能连续进行，避免基土或已填土受冻。

（5）压实土方

土方的压实根据工程量的大小、场地条件，可采用人工夯压或机械压实。

1）人工夯实

人工夯压可用夯、碾等工具。夯压前先将填土初步整平，再根据"一夯压半夯，夯夯相接，行行相连，两遍纵横交叉，分层打夯"的原则进行压实。地坪打夯应从周边开始，逐渐向中间夯进；基槽夯实时要从相对的两侧同时回填夯压；对于管沟的回填，应先用人工将管道周围填土夯实，填土要求至管顶 500mm 以上，在确保管道安全的情况下方能用机械夯压。

2）机械压实

机械压实可用碾压机、振动碾或用拖拉机带动的铁碾，小型夯压机械有内燃夯、蛙式夯等。按机械压实方法（即压实功作用方式）可分为碾压、夯压、振动压实三种。

3）填压方成品保护措施

施工时，对定位标准桩、轴线控制桩、标准水准点和桩木等，填运土方时不得碰撞，并应定期复测检查这些标准桩是否正确。

① 夜间施工应配足照明，防止铺填超厚，严禁用汽车将土直接倒入基坑（槽）内。

② 基础或管沟的现浇混凝土应达到一定强度，不致因填土而受到破坏时，方可回填土方。

③ 管沟中的管线，或肥槽内从建筑物伸出的各种管线，都应按规定严格保护后才能填土。

4）填压方中常见的质量问题及解决方法

① 未按规定测定干土质量密度。回填土每层都必须测定夯实后的干土质量密度,符合要求后才能进行上一层的填土。测定的各种资料,如土壤种业、试验方法和结论等均应标明并签字,凡达不到测定要求的填方部位要及时提出处理意见。

② 回填土下沉。由于虚铺土超厚或冬期施工时遇到较大的冻土块或夯实遍数不够、漏夯,或回填土所含杂物超标等,都会导致回填土下沉。碰到这些现象应加以检查,并制定相应的技术措施。

③ 管道下部夯填不实。这主要是施工时没有按施工标准回填打夯,出现漏夯或密实度不够,使管道下方回填空虚。此时,应填实。

④ 回填土夯压不密。如果回填土质含水量过大或土壤太干,都可能导致土方填压不密。此时,对于过干的土壤要先洒水润湿后再铺;过湿的土壤应先摊铺晾干,符合标准后方可作为回填土。

⑤ 管道中心线产生位移或遭到损坏。这是在用机械填压时,不注意施工规程所致。因此,施工时应先用人工在管子周围填土夯实,并要求从管道两侧同时进行,直到管顶0.5m以上,在保证管道安全的情况下方可用机械回填和压实。

2. 管线工程施工

(1) 常见管线类型

1) 给水管道:包括灌溉给水、水景给水、消防给水、生活给水、游乐给水等管道。

2) 排水沟管:按雨污分流制,排水沟管主要分雨水管沟和污水管两类。雨水沟管:有地面的排水明沟、排水暗沟,地下的雨水管和为降低地下水位所设的排水盲沟。污水管:在乡村中主要是生活污水管道。

3) 电力缆线:包括乡村中照明、动力用电所设的电力线或电力电缆。

4) 电信缆线:包括电话线、广播线、光纤电视线、计算机局域网络线等。

5) 气体类管道:包括乡村生活所用的煤气、天然气管道,以及北方冬季供暖、温室加热所用的蒸汽、热水管道等。

(2) 管线的敷设

除了铁路、公路和明沟明渠以外,工程管线都要离开地面进行敷设,而敷设方式就分成了架空敷设和地下埋设两大类。

1) 管线的架空敷设

采取架空敷设的管线,一般都要立起支柱或支架将管线架离地面。低压供电线路和电信线路就是采用电杆作支柱架空敷设的。其他一些管线则常常要设立支架进行敷设,如蒸汽管、压缩空气管等。支架可用钢筋混凝土或铁件制作,要稳定、牢固、可靠。

管线架离地面敷设时,架设高度要根据管线的安全性、经济性和视觉干扰性来确定。管线架设不能过高,过高则会对乡村空间景观形成破坏。架设高度也不能太低,太低则管线易受破坏,也容易造成人身安全事故。

在建筑群内,利用建筑的外墙墙面、额枋、挑枋等,架空敷设入户低压电线是切实可行的。这样既解决了电线敷设问题,又省掉了架立电杆费用,减少了电杆对建筑景观的影响。但建筑群以外附近地带的电线敷设,还是应采用埋地形式。

2) 管线的埋地敷设

埋地敷设应是管线主要的敷设方式。在乡村建设中,各种给水管、排水管、热力管等管道，一般都敷设在地下；电力线和电信线，也常是采用铠装电缆直接埋入地下敷设。

根据管线上覆土深度的不同，管线埋地敷设又可分为深埋和浅埋两种情况。所谓深埋，是指管道上的覆土深度大于 1.5m；而浅埋，则是指覆土深度小于 1.5m。管道采用深埋还是采用浅埋，主要决定于下述条件：管道中是否有水；是否怕受寒冷冻害；土壤冰冻线的深度如何。

我国北方的土壤冰冻线较深，给水、排水、湿煤气管等含有水分的管道就应当深埋；而热力管道、电缆及其管道则不受冰冻的影响，就可浅埋。我国南方各地冬季土壤不受冰冻，或者冰冻线很浅，给水排水管等的埋设深度就可小于 1.5m，采取浅埋的敷设方式。

3. 假山工程施工

（1）假山定点放线

1）审阅图纸：首先要看懂摸透图纸，掌握山体形式和基础的结构，以便正确放样。之后在平面图上按一定的比例尺寸，依工程大小或平面布置复杂程度作出方格网。2m×2m、5m×5m、10m×10m 以方格网与山脚轮廓线的交点作为地面放样的依据。

2）实地放样：依据方格网放出轮廓线，同时在不影响堆土和施工的范围内，选择便于检查基础尺寸的有关部位：如假山平面的纵横中心线，纵横方向的边端线，主要部位的控制线等位置的两端。设龙门桩或埋地木桩，以供挖土或施工时的放样白线被挖掉后，作为测量尺寸或再次放样的基本依据点。

（2）基础施工

假山坐落于天然的岩基上是最理想的。常见的基础做法：①桩基：柏木桩或杉木桩。②灰土基础：按放好的线拓宽 500mm，向下挖 500～800mm，再用灰土夯实均匀。③混凝土基础：与灰土基础施工原理相同。

（3）拉底技术要点

1）起脚石应选择憨厚实在、质地坚硬的山石。

2）砌筑时先砌筑山脚线突出部位的山石，再砌筑凹进部位的山石，最后砌筑连接部位的山石。

3）假山的起脚宜小不宜大、宜收不宜放。

4）起脚石全部摆砌完成后，应将其空隙用碎砖石填实灌浆，或填筑泥土打实，或浇筑混凝土筑平。

5）起脚石应选择大小相间、高低不等的料石，使其犬牙交错，相互首尾连接。

底石以上，顶层以下的部分，是假山造型的主要部分，要求做到用材广泛，单元组合丰富。同时综合运用各种结构手法。

收顶即是处理假山最顶层的山石。收顶的山石要求体量大，以便合凑收压。由于顶层山石往往起到画龙点睛的作用，因此在选择山石上要注意选择轮廓和体态都富有特征的山石。

4. 水景工程施工

（1）人工湖施工要点

1）认真分析设计图纸，并按设计图纸确定土方量。

2）详细踏勘现场，按设计线型定点放线。放线可用石灰、黄沙等材料。打桩时，沿湖池外缘 150～300mm 打一圈木桩，第一根桩为基准桩，其他桩皆以此为准。基准桩即是湖体的池缘高度。桩打好后，注意保护好标志桩、基准桩。并预先准备好开挖方向及土方堆积方法。

3）考察基址渗漏状况。好的湖底全年水量损失占水体积累5%～10%；一般湖底为10%～20%；较差的湖底为20%～40%，以此制定施工方法及工程措施。

4）湖体施工时排水尤为重要。如水位过高，施工时可用多台水泵排水，也可通过梯级排水沟排水，由于水位过高，为避免湖底受地下水的挤压而被抬高，必须特别注意地下水的排放。通常用150mm厚的碎石层铺设整个湖底，上面再铺50～70mm厚砂子就足够了。如果这种方法还无法解决，则必须在湖底开挖环状排水沟，并在排水沟底部铺设带孔聚氯乙烯（PVC）管，四周用碎石填塞，会取得较好的排水效果。同时要注意开挖岸线的稳定，必要时要用块石或竹木支撑保护，最好做到护坡或驳岸的同步施工。通常基址条件较好的湖底不做特殊处理，适当夯实即可。但渗漏性较严重的必须采取工程手段，常见的措施有灰土层湖底、塑料薄膜湖底和混凝土湖底等做法。

5）湖底做法应因地制宜。其中灰土做法适于大面积湖体，混凝土湖底适于较小的湖池。

6）湖岸处理。湖岸的稳定性对湖体景观有特殊意义，应予以重视。先根据设计图严格将湖岸线用石灰放出，放线时应保证驳岸（或护坡）的实际宽度，并做好各控制基桩的标注。开挖后要对易崩塌之处用木条、板（竹）等支撑，遇到洞、孔等渗漏性大的地方，要结合施工材料采用抛石、填灰土、三合土等方法处理。如岸壁土质良好，做适当修整后可进行后续施工。湖岸的出水口常设计成水闸，水闸应保证足够的安全性。如图13-11所示。

图13-11　湖岸处理

（2）人工池施工方法

目前，园林景观用人工池从结构上可分为刚性结构水池、柔性结构水池两种。具体可根据功能的需要适当选用。

1）刚性结构水池也称钢筋混凝土水池。特点是池底池壁均配钢筋，因此寿命长、防漏性好，适用于大部分水池。

钢筋混凝土水池的施工过程可分为：材料准备→池面开挖→池底施工→浇筑混凝土池

壁→混凝土抹灰→试水等。

2）柔性结构水池。目前，在水池工程中使用的有玻璃布沥青席水池、三元乙丙橡胶（EPDM）薄膜水池、聚氯乙烯（PVC）衬垫薄膜水池、再生橡胶薄膜水池等。

（3）溪涧施工方法

1）施工工艺流程

施工准备→溪道放线→溪槽开挖→溪底施工→溪壁施工→溪道装饰→试水。

2）施工要点

① 施工准备。主要环节是进行现场踏查，熟悉设计图纸，准备施工材料、施工机具、施工人员。对施工现场进行清理平整，接通水电，搭置必要的临时设施等。

② 溪道放线。依据已确定的小溪设计图纸，用白粉笔、黄沙或绳子等在地面上勾画出小溪的轮廓，同时确定小溪循环用水的出水口和承水池间的管线走向。由于溪道宽窄变化多，放线时应加密打桩量，特别是转弯点。各桩要标注清楚相应的设计高程，变坡点（即设计小跌水之处）要做特殊标记。

③ 溪槽开挖。小溪要按设计要求开挖，最好挖掘成 U 形坑，因小溪多数较浅，表层土壤较肥沃，要注意将表土堆放好，作为溪涧种植用土。溪道开挖要求有足够的宽度和深度，以便安装散点石。值得注意的是，一般的溪流在落入下一段之前都应有至少 70mm 的水深，故挖溪道时每一段最前面的深度都要深些，以确保小溪的自然。溪道挖好后，必须将溪底基土夯实，溪壁拍实。如图 13-12 所示。

图 13-12　溪槽开挖

④ 溪底施工。混凝土结构：在碎石垫层上铺上砂子（中砂或细砂），垫层 25～50mm，盖上防水材料（EPDM、油毡卷材等），然后现浇混凝土，厚度 100～150mm（北方地区可适当加厚），其上铺 M7.5 水泥砂浆约 30mm，然后再铺素水泥浆 20mm，按设计种上卵石即可。柔性结构：如果小溪较小，水又浅，溪基土质良好，可直接在夯实的溪道上铺一层 25～50mm 厚的砂子，再将衬垫薄膜盖上。衬垫薄膜纵向的搭接长度不得小于 300mm，留于溪岸的宽度不得小于 200mm，并用砖、石等重物压紧。最后用水泥砂浆把石块直接粘在衬垫薄膜上。

⑤ 溪壁施工。溪岸可用大卵石、砾石、瓷砖、石料等铺砌处理。和溪道底一样，溪岸也必须设置防水层，防止溪流渗漏。如果小溪环境开朗，溪面宽、水浅，可将溪岸做成草坪护坡，且坡度尽量平缓。临水处用卵石封边即可。

⑥ 溪道装饰。为使溪流更自然有趣，可用较少的鹅卵石放在溪床上，这会使水面产生轻柔的涟漪。同时按设计要求进行管网安装，最后点缀少量景石，配以水生植物，饰以小桥、汀步等小品。

⑦ 试水。试水前应将溪道全面清洁和检查管路的安装情况。而后打开水源，注意观察水流及岸壁，如达到设计要求，说明溪道施工合格。

5. 园路场地工程施工

(1) 基槽开挖

修建各种路面之前，应在要修建的路面下先修筑铺路面用的浅槽里，经碾压后使用路面更加稳定坚实。一般路槽有挖槽式、培槽式和半挖半培式三种，修筑时可由机械或人工进行。按设计路面的宽度，每侧放出 200mm 挖路槽，路槽的深度应等于路面的厚度，槽底应有 2‰～3‰ 的横坡度，并用蛙式夯夯压 2～3 遍，路槽平整度允许误差不大于 20mm。如土壤干燥，待路槽挖开后，在槽底上洒水，使其潮湿，然后再夯。

(2) 基层施工

1) 干结碎石

干结碎石基层是指在施工过程，不洒水或少洒水，依靠充分压实及用嵌缝料充分嵌挤，使石料间紧密锁结所构成的具有一定强度的结构，一般厚度为 80～160mm，适用于园路中的主路等。

2) 天然级配砂砾

天然级配砂砾是用天然的低塑性砂料，经摊铺整型并适当洒水碾压后所形成的具有一定密实度和强度的基层结构。它的一般厚度为 100～200mm，若厚度超过 20mm 应分层铺筑。适用于园林中各级路面，尤其是有荷载要求的嵌草路面如草坪停车场等。

6. 园林挡墙工程施工

(1) 砌石挡墙施工工艺流程

放线→挖槽→夯实地基→浇筑混凝土基础→砌筑岸墙→砌筑压顶。

(2) 砌石挡墙施工要点

1) 放线。布点放线应依据施工设计图上的常水位线来确定驳岸的平面位置，并在基础两侧各加宽 200mm 放线。

2) 挖槽。一般采用人工开挖，工程量大时可采用机械挖掘。为了保证施工安全，挖方时要保证足够的工作面，对需要放坡的地段，务必按规定放坡。岸坡的倾斜可用木制边坡样板校正。夯实地基基槽开挖完成后将基槽夯实，遇到松软的土层时，必须铺设一层厚 140～150mm 灰土（石灰与中性黏土之比为 3：7）加固。

3) 浇筑基础。采用块石混凝土基础。浇筑时要将块石垒紧，不得列置于槽边缘。然后浇灌 M15 或 M20 水泥砂浆，基础厚度 400～500mm，高度常为驳岸高度的 0.6～0.8 倍。灌浆务必饱满，要渗满石间空隙。

4) 砌筑岸墙。使用 M5 水泥砂浆砌块石，砌缝宽 10～20mm，要求岸墙墙面平整、美观、砂浆饱满、勾缝严密。每隔 10～25m 设置伸缩缝，缝宽 30mm，用板条、沥青、石棉绳、橡胶、止水带或塑料等材料填充，填充时最好略低于砌石墙面。缝隙用水泥砂浆勾满。如果驳岸高差变化较大，应做沉降缝，宽 20mm。另外，也可在岸墙后设置暗沟，填置砂石排除墙后积水，保护墙体。

5) 砌筑压顶。压顶宜用大块石（石块的大小可视岸顶的设计宽度选择）或预制混凝土板砌筑。砌时顶石要向水中挑出 50～60mm，顶面一般高出最高水位 500mm，必要时亦可贴近水面。

(3) 块石护坡施工

1) 开槽。坡岸地基平整后，按设计要求用石灰将基槽轮廓放出（基槽两侧各加

200mm 作为开挖线）。根据设计深挖出基础梯形槽，并将土基夯实。

2）铺倒滤层，砌坡脚石。按要求分层填筑倒滤层，倒滤层常做成1～3层：第一层为粗砂层；第二层为小卵石或小碎石层；第三层用级配碎石，总厚度150～250mm。有时也可用青苔、水藻、泥灰、煤渣等倒滤层。如果水深超过2m，为使块石护岸更加稳固，就要在水淹部分采用双层铺石，厚度500～600mm。铺石时每隔5～20m预留泄水孔，20～25m设伸缩缝一道，并在坡脚处设挡水板。倒滤层沿坡铺料颗粒要大小一致，厚度均匀。然后在挖好的沟槽中浆砌坡脚石，坡脚石宜选用大块石（石块径宜大于400mm），砌时先在基底铺一层厚100～120mm 的水泥砂浆，而后一一砌石，并灌满砂浆，以保证坡脚石的稳固。

3）铺砌块石，补缝勾缝。从坡脚石起，由下而上铺砌块石，砌时石块呈品字形排列，保持与坡面平行，彼此紧贴，用铁锤打掉过于突出的棱角并挤压上面的碎石使之密实地压入土内。石间用碎石填满、垫平，不得有虚角。铺完后可以在上面行走，试一下石块的稳定性，如人在上面行走石头不动，说明铺石质量好，最后用M7.5水泥砂浆勾缝。

（4）草皮护坡施工

草皮护坡施工护坡做法视坡面具体条件而定：一种方法是直接在坡面上播草种，并加盖塑料薄膜，如图13-13所示；二是先在预制好的混凝土种植砖上种草，然后将草砖用竹签固定四角于坡面上；三是直接在坡面上铺块状或带状植草皮，施工时沿坡面自下而上成网状铺草，并用木条或预制混凝土条分隔固定，稍加踩压。用草皮护坡应注意坡面临水处的处理，有时可做成水面直接与草皮坡面接触；有时则要在临水处先埋设大块石或大卵石，再沿坡植草。

图 13-13 草皮护坡

7. 绿化工程施工

（1）施工工艺流程

地形细整→定点放线→乔木栽植→灌木种植→地被草坪栽植→施工期养护→养护管理期养护→竣工验收移交。

（2）施工要点

1）定点放线。根据设计图纸进行定点防线，同时确定准确的苗木数量。苗木数量确定的优先原则是清单工程量、施工图纸、施工现场，无设计变更等情况必须与项目部编制的苗木采购计划一致。

2）挖树穴。内径超过 600mm 的树穴，由于土方量较大，不利于人工挖掘，需要使用小型机械挖掘，一是有利于降低人工成本；二是可以缩短挖掘作业时间，提高工作效率。而内径小于 600mm 的树穴土方量较少，小型机械操作不灵活，由人工挖掘。

3）种植苗木号苗、起苗。挖穴的同时，苗木采购要进行选苗、号苗，选苗时先看苗木规格是否符合设计要求，再看苗木生长地土壤是否易于起苗（带土球）；最后看苗木长势及冠幅，有无损伤及病虫害等。起苗时要安排专人现场监督，严格执行苗木采购计划单中所要求的质量标准、土球大小、土球绑扎方式等。

4）苗木装车、运输。苗木装车前要认真查看，不符合设计要求、散坨苗及病虫害严重的苗木，禁止装车。苗木装车数量的多少，以土球不应受到挤压而散坨、苗木树枝不应受到挤压而折断为原则，其次苗木的主干不能与车辆车厢硬性接触而受到损伤脱皮。

5）种植苗木。吊车等机械操作第一强调安全，特别注意地上地下周围高压线。苗木吊运时避免机械损伤。高大乔木先修剪后栽植。根据树形、树干调整苗木朝向。细致栽植，考虑回填土有一定的坍落度，别栽深了。栽植时要分层填土分层踩实。

6）修剪苗木。乔木修剪后种植，灌木浇完定根水后再修剪，修剪过程中不得晃动树干，避免修剪过程中松动苗木根系，造成苗木土球散坨。

7）养护管理。苗木栽植完以后，如果后期养护管理跟不上或者养护不当，就会影响苗木成活。养护管理措施要科学合理，并及时有效。

13.3　案例介绍

案例一：溧阳牛马塘村的乡村振兴

溧阳牛马塘村的乡村振兴

案例二：溧阳市别桥镇塘马村

溧阳市别桥镇塘马村

第四篇

乡村建设管理

第十四章　传统村落保护

14.1　传统村落的内涵

14.1.1　传统村落的定义

传统村落，又称古村落，指村落形成较早，拥有较丰富的文化与自然资源，具有一定历史、文化、科学、艺术、经济、社会价值，应予以保护的村落。传统村落中蕴藏着丰富的历史信息和文化景观，是中国农耕文明留下的最大遗产。传统村落风貌如图 14-1 所示。

2012 年 9 月，经传统村落保护和发展专家委员会第一次会议决定，将习惯称谓"古村落"改为"传统村落"，以突出其文明价值及传承的意义。

传统村落是人精神的栖息地和记忆的传承地，是一种活着的文化。活着的文化是一种综合性文化，包括物质的和非物质的。物质的包括房舍、住宅、院落、古井、坟地、自然背景等，而发生于这些物质存在中的记忆、习惯、情感、仪式、信仰等传统则更加重要，它在传统村落中的价值是无法替代的。

图 14-1　传统村落风貌

14.1.2　传统村落的分类

传统村落是指具有保存价值的传统资源的村落。传统资源包括物质文化遗存（村落选址、布局、建筑、街巷、生产生活设施等）和非物质文化遗存（生产生活方式、民间艺术、风俗、传统活动、传统产业等）两大类。

1. 文化遗存

（1）历史建筑型（即以历史建筑群为主体的村落）。

（2）传统格局型（即保留并延续了历史格局的村落）。

（3）自然景观型（即保留了原有自然风光和地貌特征的村落）。

（4）历史遗迹型（即该村落为重要历史事件的发生地或重要历史人物的生活地）。

2. 非物质文化遗存

（1）民族文化型（即保留了民族特色建筑及生活生产方式的村落）。

（2）农耕文化型（即保留了传统农耕文化生活生产方式的村落。农耕文化包括：传农耕、渔业、林业、养殖、牧业、手工业作坊等）。

（3）商贸文化型（即历史商贸区、带中的重点村落）。

（4）宗教文化型（即以某种宗教文化的影响力为动因聚集的村落。如五台山、峨眉山、武当山等宗教圣地周边的村落）。

14.2　我国传统村落的发展现状

我国存在有大量传统村落急需保护，为促进传统村落的保护和发展，住房和城乡建设部、文化和旅游部、财政部于 2012 年组织开展了全国第一次传统村落摸底调查。并在各地初步评价推荐的基础上，经传统村落保护和发展专家委员会评审认定并公示，确定了第一批共 646 个具有重要保护价值的村落列入中国传统村落名录。目前，在中国传统村落名录中收录了 6819 个传统村落。如图 14-2 所示。

由此可见，国家十分重视传统村落保护问题，逐步将其纳入更加具体的保护体系中。

图 14-2　中国传统村落统计

1. 传统村落历史悠久，文化深厚

我国的传统村落大多建于明清时期，更早的建于南宋时期。这些传统村落拥有悠久的历史文化积淀，优美的自然生态风光、丰富的科学人文景观和多样化的民族特色，是优秀的物质和非物质文化遗产。目前我国近 7 万处的不可移动文物保护单位中，有一半以上分布在农村乡镇；在 1300 多项国家级、7000 多项省市县级的非物质遗产中，大部分也分布在传统村落中心，具有少数民族特色的非物质文化遗产全部分布于传统村落中。这些历史优秀、文化深厚的传统村落，体现了中华民族在长期发展过程中形成的多样性、创造性和地域性特征，具有重要的历史、文化、科学和社会价值。

2. 传统村落分布零散，形态各异

从全国范围来看，我国地域广阔，传统村落零散分布在各个省区，主要集中在华南、西南等地方。从省域范围来看，传统村落的分布也较为散乱。分布于不同地域的传统村

落，其自然风光、人文风貌形态各异，既有雅丹地貌的西部古村落，也有小桥流水的江南水乡村落；既有浑厚粗犷的窑洞建筑，也有色彩鲜明的石头房屋。以江苏省、浙江省和湖北省为例，第五批国家传统村落分布情况如表 14-1。

江苏省、浙江省和湖北第五批国家传统村落分布   表 14-1

省	市	村落数量(个)	市	村落数量(个)
江苏省 (共计 5 个)	扬州	2	镇江	1
	泰州	1	常州	1
浙江省 (共计 235 个)	杭州	16	金华	51
	宁波	6	衢州	27
	温州	9	舟山	1
	嘉兴	3	台州	10
	湖州	1	丽水	99
	绍兴	12		
湖北省 (共计 88 个)	黄石	6	十堰	7
	宜昌	7	襄阳	3
	荆门	2	孝感	3
	荆州	1	黄冈	10
	咸宁	10	随州	1
	恩施	38		

从表 14-1 可以看出，我国传统村落分布广泛但是分配不均，第五批全国传统村落名录中，江苏仅收录 5 个，但是浙江省收录 235 个。而就分布来说，湖北省 88 个传统村落分布于 11 个市，且大多集中于少数民族聚居地的恩施土家族苗族自治州；浙江省 235 个传统村落分布于 11 个市，最少的湖州和舟山仅收录 1 个，而丽水市收录 99 个，将近一半。而且各省份收录的传统村落分布十分分散，村落与村落之间的距离较远。

14.3 传统村落的保护与发展

14.3.1 如何进行传统村落保护

1. 摸清家底，突出特色

在传统村落保护过程中，最容易犯的错误是"千村一面"。因为每个村落在保护之初要制定保护规划，而受邀制定保护规划的设计单位，或是限于时间约束，或是缺乏相关意识，往往不能对该村落的历史和文化作深入细致的调查研究，发掘该村落独特的特色，便按照一般的设计模板制定保护规划。这样的模板难免雷同化、格式化。我国城市改造中的"千城一面"就是这样生产出来的。而要避免"千村一面"，最可行的办法就是通过调查研究，提炼个性特色，寻找独属于本村的特色资源。

2. 坚持"政府主导，多方参与"的保护模式

（1）坚持政府主导。在新型城镇化发展的进程中，要将传统村落保护落到实处，就必须坚持政府主导，制定科学合理的政策制度。

首先，在制定新型城镇化进一步发展的方针和政策时，要充分考虑传统村落的保护问题，一方面从经济上给予传统村落保护、发展和建设的资金支持，另一方面从技术上给予传统村落必要的科技支持。而反过来，传统村落又为新型城镇化的推进提供文化支持，以其自身独特的、悠久的历史文化为积淀处理城镇化发展，从而形成两者之间的帮扶对接。

其次，县级以上政府要加大传统村落的公共投入，加大力度建设地方基础公共服务，为传统村落的公共基础设施、文化传播设施、建筑等方面提供充足的资金支撑，为当地居民提供建新居、修缮旧居的条件。同时，镇、村两级共同参与，逐步建立传统村落的保护制度和相关监督机制，从而保护传统村落的历史文化资源和传统的民居建筑。

（2）鼓励多方参与。在坚持政府主导的同时，也要积极鼓励企业、村民、村级组织等参与到传统村落的保护工作中来，建立一个统一协调的机构，以便保护发展工作顺利开展。例如，与当地企业建立合作关系，在保护先行的原则下充分利用当地历史文化资源，以旅游带动当地发展，助力传统村落保护工作的开展。

再者，定期邀请专家、学者对传统村落的非物质文化遗产进行评估，以便相关部门制定科学合理的传统村落保护规划，并对其实施必要的修缮。

3. 坚持"保护为主，适度发展"的发展原则

（1）推行科学合理的发展模式。传统村落的发展要以保护为前提，实现资源的可持续利用，达到保护与发展双赢的效果。一方面，传统村落所拥有的文化遗产属于不可再生，其发展应建立在保护的基础上；另一方面，文化遗产的保护发展要与经济发展、生态环境保护和农村产业发展结合起来考虑，实现统筹协调发展。因此，在发展过程中，要对历史文化资源的价值进行科学评估，结合传统村落的现状来进行适度建设、合理利用，突显传统村落的文化价值、历史价值和艺术价值。

（2）注重特色文化的产业发展。新型城镇化的推进与传统村落的文化产业发展密不可分：新型城镇化发展为传统村落的保护提供了必要的资金支持，有助于传统村落非物质文化遗产和物质文化遗存的保护和传承；传统村落大多具有独特的地域文化特色、悠久的历史建筑、古老的街巷空间布局，是新型城镇化发展的重要文化奠基。在保护传统村落的原则下，根据当地文化产业建设的需要，实行部分非物质文化遗产的产业化，发挥文化与产业的协同作用，优化村落当地特色，促进村落经济发展。

一方面，大力发展传统村落文化产业，以留住人才，吸引就业，缓解劳动力流失问题，并进一步延缓传统建设的自然损毁。另一方面，让传统村落"走出去"，将其独特的文化底蕴、悠久的历史价值展现在大众面前，让乡村文化与市场接轨，发展乡村旅游和当地特色文化产业，增加当地农民创收，改变乡村单一的农业创收模式，为传统村落的经济发展注入新的活力。传统村落特色文化产业的开发，既能增加经济收入，又能增加当地的文化活动，这也是新型城镇化发展的初衷之一。

4. 坚持"全民参与，扩大宣传"的发展路径

（1）提高民众保护意识。传统村落的保护不仅需要政府、企业的支持，也需要广大民众的自觉，培养和提高村民对于传统文化的认同感、激发村民对于文化的保护意识尤为重要。村民是与传统村落接触的第一人，要激励其成为文化保护、传承和发展的主体。一方面，政府、专家学者、旅游者等对传统村落的重视能够引起村民的共鸣。另一方面，可以借鉴日本、中国台湾地区对传统村落文化遗产保护的成功经验，鼓励全民参与、自下而上实现传统村落的保护，加强居民对家乡的保护热情，积极动员群众参与到传统村落的保护与发展中。

（2）加大宣传保护力度。传统村落的非物质文化遗产丰富多样，在对其进行详细调查的基础上，运用文字、照片、录像、网络等方式，建立完整的遗产档案。同时，可以设立非物质文化遗产的专项基金，培养文化传承人，大力支持民间文艺社团的发展，设立村落文化展示馆，并通过新媒体宣传造势，扩大传统村落保护宣传力度。

14.3.2　传统村落保护与产业融合

传统村落的保护利用是新型城镇化建设和城乡一体化发展的重要内容之一。我国作为传统的农业大国，建设符合我国国情的新型城镇，要与美丽乡村建设结合起来。乡村特有的自然生态环境是建设美丽乡村的基础，又是城乡一体化发展中的薄弱且较为关键的部分。传统村落的乡土风情与历史文化传承不仅仅要展示出"看得见山、望得见水、记得住乡愁"，还应当把村落文化背后深藏着的民族精神挖掘出来，把本民族世世代代顽强拼搏的生存能力、精美绝伦的农耕文明、祥和包容的传统文化彰显出来。传统村落的保护利用，立足当地生态环境、农产品产业资源与历史文化资源这一现实，走农村多产业融合之路，通过第一、二、三产业融合，用产业链发展思路延伸农业，用城乡一体化理念建设乡村社区，建设"一村一品"特色乡村，吸纳城市就业人口返乡就业或落户乡村，激活乡村经济，增加农村就业人口的经济收入，避免乡村持续出现"空心化"现象。新型城镇化与美丽乡村建设，既要保护好绿水青山这一无价的生态环境，传承好农耕文明和传统乡愁，又要促进以城带乡、城乡均衡发展，以可持续发展的理念引导城乡一体化建设进程。

1. "一村一品"促产业融合，乡村呈现多样性差异化特征

"一村一品"的农村经济发展模式，最早源于日本大分县，该县 1979 年推广"一村一品"模式后，农民收入持续增长。"一村一品"形成规模后，农村面貌不断得到改善，成为农村开发的成功典范。20 世纪 80 年代，"一村一品"传入我国并得以形成规模效应，典型的"茶叶村""草莓村""大闸蟹村"等应运而生，后来又从第一产业向第二第三产业演变，发展成为"一村一景""一村一韵""一村一业"模式。

从理论上看，"一村一品"模式主要通过主导每个城镇、乡村充分利用当地资源优势，挖掘或创造出本区域标志性的农、林、牧、副、渔相关产品，并形成特色品牌或经过原产地保护认定的地理标志品牌，通过独特品质赋予品牌生命力，在市场流通领域中获得较高的曝光率和知名度，提高整体区域的外在形象。而现在实践中的"一村一品""一村一景""一村一韵""一村一业"发展模式，不再局限于区域性的农业特色品牌，而是扩大到大农业及非农业领域范围，一些"廊桥村""土楼村""古堰画乡""生态旅游村""淘宝村""圣诞树村""童装村""风筝村"等应运而生，激活了乡村休闲旅游、现代农业体验、文化创意产业、节庆会展、婚庆礼品、餐饮服务等产业，用"千村千面"替代了"千村一面"。

农村经济以地域特色农产品为抓手。特产农产品本身具有区域性、资源独特性特征，常言说，一方水土养一方人。农产品属于自然风物，不同的水土生长不同风味的农产品，甚至隔一条江、一座山就有明显的风味差别，而且不同的农产品培养出不同的风土民情、民俗文化。由农业农村部产业办公室具体实施推广的"一村一品"区域农产品发展模式，主导乡村特色农业，以广大乡村及乡镇作为项目试点平台，以"选准一个优势资源、推广一套先进技术，建设一片基地，开发一个主导产品，创立一个品牌，培育一个支柱产业，占领一方市场，致富一方百姓"为基本模式。

"一村一品"模式重点开发具有地方特色、竞争能力强、经济效益高、出口创汇潜力大的名、特、优、稀、新产品，有待各地继续推广。这些区域农产品随着品牌效应及"含金量"的培育，在市场上很容易产生规模效应，引领地方经济。由此可见，通过"一村一品"模式，美丽乡村建设与新型城镇化建设相结合，提升乡土文化软实力，比单单发展产业融合要更能起到事半功倍的效果。

2. "互联网＋"条件下的农旅结合，实现硬实力和软实力并举

2016 年中央一号文件明确提出了"依托农村绿水青山、田园风光、乡土文化等资源，大力发展休闲度假、旅游观光、养生养老、创意农业、农耕体验、乡村手工艺等，使之成为繁荣农村、富裕农民的新兴支柱产业"的战略布局。与此同时，国务院亦提出了"建设一批具有历史、地域、民族特点的特色旅游村镇和乡村旅游示范村，有序发展新型乡村旅游休闲产品"的产业融合指导意见，旨在促进农旅结合，加快城乡一体化建设步伐。近年来，例如开茶节、采茶节、茶艺节、山核桃节、草莓节、放鱼节等各种各样的农事节庆活动层出不穷，所有的农事节庆活动都与当地的农产品区域公用品牌的推广和营销连为一体，进行市场化运作，弘扬了农产品品牌特有的民俗文化。城镇化建设离不开农村第一、二、三产业的融合发展，三产融合与农旅结合，特别是在"互联网＋"条件下，更能促进新型城镇化建设。"互联网＋"条件下的县城电商模式，以乡村产业为基地，打造产品渠道创新模式，使农特产品借助互联网打造与市场对接的"最后一公里"，解决了"小农户与大市场"的矛盾。

3. 以民宿经济提升美丽乡村品位和无形资产

所谓保护与利用并举，就是要把村落的农耕文明、历史记忆、地域特点、民族风情、风貌特征等魅力之处挖掘出来开发利用，使其有形价值和无形价值最大化，特别是让无形价值得以充分体现，其文化"含金量"便不言而喻了。

传统村落的原生态景观，本来就是一个乡村"活着的灵魂"，是乡民对其故乡永远的"乡愁"和"精神寄托"的所在，又是游子对于家乡所产生的独特的认同感和价值观、审美观。其中，民宿经济的兴起，为古宅保护利用和乡村建设带来了机遇。民宿的定义，最初是指原住民把多余的房屋整理出部分提供游客租住，原住民仍继续从事农、林、牧、副、渔生产活动。经过多年发展和市场规范后，民宿已成为一种由原住民利用空闲房间，结合当地乡土风情、人文历史、自然景观、生态环境资源而精心设计的家庭式副业经营模式。有区别的是，并非乡村景点所有的旅馆、酒店都统称民宿。民宿经济的优势不在于商业性质，而在于"小而美""小而精""差异化"和"多样化"等特征。如图 14-3 所示。

图 14-3　结合传统村落打造的民宿

民宿的显著特征就是隐身于古村落、传统村落，甚至在悬崖上、稻田周围和海边都能发现民宿，这点我们做得还远远不够。

14.4　中外案例借鉴

14.4.1　日本"古村落"保护的努力

日本"古村落"保护的努力

14.4.2　德国乡村复兴

德国乡村复兴

14.4.3　国内传统村落保护案例

1. 苏州市吴中区金庭镇明月湾村

苏州市吴中区金庭镇明月湾村

2. 鸣鹤古镇发展模式

鸣鹤古镇发展模式

第十五章 乡村房屋建设的程序与政策法规

15.1 农村宅基地建房的程序

1. 农村宅基地建房必须符合审批管理流程，主要包括如下：

1）符合宅基地申请条件的农户，以户为单位向所在村民小组提出宅基地和建房（规划许可）书面申请；《农村宅基地和建房（规划许可）申请表》，见表15-1。

农村宅基地和建房（规划许可）申请表　　　　　　　　表 15-1

申请户主信息	姓名		性别		联系电话	
	身份证号		户口所在地			
家庭成员信息	姓名	与户主关系	身份证号		户口所在地	
现宅基地及农房情况	宅基地面积	m²	建筑面积	m²	权属证书号	
	现宅基地处置情况	1. 保留（　　m²）；2. 退给村集体；3. 其他（　　）				
拟申请宅基地及建房（规划许可）情况	宅基地面积			m²	房基占地面积	m²
	地址					
	四至	东至：　　　　南至：			建房类型：1. 原址翻建 2. 改扩建 3. 异址新建	
		西至：　　　　北至：				
	地类	1. 建设用地　　2. 未利用地 3. 农用地（耕地、林地、草地、其他）				
	住房建筑面积	m²	建筑层数	层	建筑高度	m
	是否征求相邻权利人意见：1. 是　　2. 否					
申请理由						
	申请人：　　年　月　日					
村民小组意见						
	负责人：　　年　月　日					
村集体经济组织或村民委员会意见	（盖章）					
	负责人：　　年　月　日					

2）村民小组收到申请后，应提交村民小组会议讨论，并将申请理由、拟用地位置和面积、拟建房层高和面积等情况在本小组范围内公示（一般在 15 个工作日以上）；公示无异议或异议不成立的，村民小组将农户申请、村民小组会议记录等材料交村集体经济组织或村民委员会（以下简称村级组织）审查。村级组织重点审查提交的材料是否真实有效、

拟用地建房是否符合村庄规划、是否征求了用地建房相邻权利人意见等。

　　3）审查通过的，由村级组织签署意见，报送乡镇政府。没有分设村民小组或宅基地和建房申请等事项已统一由村级组织办理的，农户直接向村级组织提出申请，经村民代表会议讨论通过并在本集体经济组织范围内公示后，由村级组织签署意见，报送乡镇政府。

　　4）收到宅基地和建房（规划许可）申请后，乡镇政府要及时组织农业农村、自然资源部门实地审查申请人是否符合条件、拟用地是否符合规划和用地类型等审查。

　　5）将符合"一户一宅"条件的用地户按规定报乡镇人民政府审核后，报县人民政府审批（占用农用地的按规定报市政府办理农用地转用审批手续）《农村宅基地和建房（规划许可）审批表》，见表15-2。

农村宅基地和建房（规划许可）审批表　　　　　　　　表 15-2

申请户主信息	姓名		性别	身份证号		家庭住址		申请理由	
拟批准宅基地及建房情况	宅基地面积		m²	房基占地面积		m²	地址		
	四至	东至：		南至：				建房类型：1. 原址翻建	
		西至：		北至：				2. 改扩建	
								3. 异址新建	
	地类	1. 建设用地　　2. 未利用地 3. 农用地（耕地、林地、草地、其他）							
	住房建筑面积		m²	建筑层数		层	建筑高度		m
乡镇部门意见							（盖章）		
						负责人：　　　　年 月 日			
乡镇政府审批意见							（盖章）		
						负责人：　　　　年 月 日			

　　6）宅基地批准后，国土资源所及镇社会事务办公室到实地批发《农村宅基地批准书》，见表15-3，并发放选址意见书，规划许可证，施工许可证（"一书两证"）；见表15-4～表15-6。

农村宅基地批准书 表 15-3

农村宅基地批准书 农村宅基地批准书(存根)

农宅字_____号 农宅字_____号

根据《中华人民共和国土地管理法》规定,本项农村村民宅基地用地业经有权机关批准,特发此书。 请严格按照本批准书要求使用宅基地。 填发机关(章): 年 月 日	户主姓名	
	批准用地面积	平方米
	其中:房基占地	平方米
	土地所有权人	
	土地用途	
	土地坐落 (详见附图)	
	四至	东 南 西 北
	批准书有效期	自 年 月 至 年 月
	备注	

户主姓名	
批准用地面积	平方米
房基占地面积	平方米
土地所有权人	
土地用途	
土地坐落	
四至	东 南 西 北
批准书有效期	自 年 月 至 年 月
备注	

附图: 农宅字_____号

宅基地坐落平面位置图	
备注	图中需载明宅基地的具体位置、长宽、四至,并标明与永久性参照物的具体距离。

263

填写说明:

1. 编号规则:编号数字共 16 位,前 6 位数字按照《中华人民共和国行政区划代码》(详见民政部网站 www.mca.gov.cn)执行;7~9 位数字表示街道(地区)办事处、镇、乡(苏木),按《县以下行政区划代码编码规则》GB/T 10114 的规定执行;10~13 位数字代表证书发放年份;14~16 位数字代表证书发放序号。

2. 批准书有效期:指按照本省(区、市)宅基地管理有关规定,宅基地申请批准后农户必须开工建设的时间。

农户建住宅选址意见书　　　　　　　　　　　表 15-4

农户建住宅选址意见书

第　　号

户主		家庭住址		联系电话	
原宅基地面积					
土地权属性质(土地分类)					
新建房用地面积					
建筑规模及户型					
建房是否符合集镇村庄规划		是□　　　　否□			
现场查勘图					

应遵事项：

1. 凭本证明到土管部门办理征地手续。
2. 本证明只限于本户，不得转让、涂改。
3. 农户不得擅自变动和更改证明选址位置。
4. 不得擅自涂改户型。
5. 本证明一式两份（土管部门一份，办理征地手续依据，城建部门存档一份）。

证明单位：
证明日期：

乡村建设规划许可证　　　　　　　　　　　表 15-5

中华人民共和国

乡村建设规划许可证

乡字第＿＿＿＿＿＿＿号

　　根据《中华人民共和国土地管理法》《中华人民共和国城乡规划法》和国家有关规定,经审核,本建设工程符合国土空间规划（村庄规划）和用途管制要求,颁发此证。

发证机关
日　期

建设单位(个人)	
建设项目名称	
建设位置	
建设规模	
附图及附件名称	

遵守事项

一、本证是经自然资源主管部门依法审核，在乡、国土空间规划（村庄规划）区内有关建设工程符合国土空间规划（村庄规划）和用途管制要求的法律凭证。

二、依法应当取得本证，但未取得本证或违反本证规定的，均属违法行为。

三、未经发证机关审核同意，本证的各项规定不得随意变更。

四、自然资源主管部门依法有权查验本证，建设单位（个人）有责任提交查验。

五、本证所需附图及附件由发证机关依法确定，与本证具有同等法律效力。

建筑工程施工许可证　　　　　　　　表 15-6

<table>
<tr><td></td><td>建设单位</td><td></td><td></td><td></td></tr>
<tr><td></td><td>工程名称</td><td></td><td></td><td></td></tr>
<tr><td></td><td>建设地址</td><td></td><td></td><td></td></tr>
<tr><td></td><td>建设规模</td><td></td><td>合同价格</td><td>万元</td></tr>
<tr><td></td><td>勘察单位</td><td></td><td></td><td></td></tr>
<tr><td></td><td>设计单位</td><td></td><td></td><td></td></tr>
<tr><td></td><td>施工单位</td><td></td><td></td><td></td></tr>
<tr><td></td><td>监理单位</td><td></td><td></td><td></td></tr>
<tr><td></td><td>勘察单位项目负责人</td><td></td><td>设计单位项目负责人</td><td></td></tr>
<tr><td></td><td>施工单位项目负责人</td><td></td><td>总监理工程师</td><td></td></tr>
<tr><td></td><td>合同工期</td><td></td><td></td><td></td></tr>
<tr><td></td><td>备注</td><td></td><td></td><td></td></tr>
</table>

中华人民共和国
建筑工程施工许可证
编号

根据《中华人民共和国建筑法》第八条规定,经审查,本建筑工程符合施工条件,准予施工。

特发此证

发证机关
发证日期　　年　　月　　日

注意事项:

一、本证放置施工现场,作为准予施工的凭证。

二、未经发证机关许可,本证的各项内容不得变更。

三、住房城乡建设行政主管部门可以对本证进行查验。

四、本证自发证之日起三个月内应予施工,逾期应办理延期手续,不办理延期或延期次数、时间超过法定时间的,本证自行废止。

五、在建的建筑工程因故中止施工的,建设单位应当自中止施工之日起一个月内向发证机关报告,并按照规定做好建筑工程的维护管理工作。

六、建筑工程恢复施工时,应当向发证机关报告;中止施工满一年的工程恢复施工前,建设单位应当报发证机关核验施工许可证。

七、凡未取得本证擅自施工的属违法建设,将按《中华人民共和国建筑法》的规定予以处罚。

7）经批准用地建房的农户，应当在开工前向乡镇政府或授权的牵头部门申请划定宅基地用地范围，乡镇政府及时组织农业农村、自然资源等部门到现场进行开工查验，实地丈量批放宅基地，确定建房位置。

8）农户建房完工后，乡镇政府组织相关部门进行验收，实地检查农户是否按照批准面积、四至等要求使用宅基地，是否按照批准面积和规划要求建设住房，并出具《农村宅基地和建房（规划许可）验收意见表》，见表15-7。通过验收的农户，可以向不动产登记部门申请办理不动产登记。

9）村民房屋在建成后，国土资源部门会到实地检查是否按批准的面积和要求来使用的土地，对符合要求的建房户核发集体土地使用证书。

10）村民凭土地使用证以及规划许可证的申请办理房屋的所有权证。

2. 农村建房申请需要提交的材料

1）申请表2份（组长签字：申请内容属实，签姓名，盖组公章。村签字：证明申请人是属于本村本组的集体经济组织的一个成员，同时也是符合"一户一宅"的条件，签姓名，盖村公章）。

2）承诺书，见表15-8。

3）建房报告（村进行盖章，本组80％以上户主签字）。

农村宅基地和建房（规划许可）验收意见表　　　　　　　　　　　　　　　表15-7

申请户主		身份证号	
乡村建设规划许可证号			
农村宅基地批准书号			
开工日期		竣工日期	
批准宅基地面积	m²	实用宅基地面积	m²
批准房基占地面积	m²	实际房基占地面积	m²
批建层数/高度	层/　　m	竣工层数/高度	层/　　m
拆旧退还宅基地情况	1. 不属于　2. 属于,已落实　3. 属于,尚未落实		
竣工平面简图 （标注长宽及四至）	经办人：		
乡镇部门验收意见	（盖章） 负责人：　　　　　年　月　日		
乡镇政府验收意见	（盖章） 负责人：　　　　　年　月　日		
备注			

农村宅基地使用承诺书 表 15-8

因（1. 分户新建住房；2. 按照规划迁址新建住房；3. 原址改、扩、翻建住房；4. 其他）需要，本人申请在____乡（镇、街道）____村____组使用宅基地建房，现郑重承诺：

1. 本人及家庭成员符合"一户一宅"申请条件，申请材料真实有效。

2. 宅基地和建房申请经批准后，我将严格按照批复位置和面积动工建设，在批准后____月内建成并使用。

3. 新住房建设完成后，按照规定____日内拆除旧房，并无偿退出原有宅基地。

如有隐瞒或未履行承诺，本人愿承担一切经济和法律责任。

承诺人：

年 月 日

4）建房申请人身份证复印件，户口本上所有成员复印件，且要带原件。

5）房屋平面设计图（规范建房示范图）。

6）资料表格不允许涂改。

15.2 农村宅基地建房的政策法规

1. 建房选址要求

农村住房建设，应当符合村庄规划。位于自然保护区、风景名胜区、文物保护单位、历史文化名村、传统村落等区域的，还应当符合相关保护规划。建房选址，应当尽量利用原有宅基地、空闲地和其他未利用地，避开地质灾害、洪涝灾害、地下采空、地震断裂带等危险区域，严格控制切坡建房。

农村建房"八不准"：

（1）不准占用永久基本农田建房。

（2）不准强占多占耕地建房。

（3）不准买卖、流转耕地违法建房。

（4）不准在承包耕地上违法建房。

（5）不准巧立名目违法占用耕地建房。

（6）不准违反"一户一宅"规定占用耕地建房。

（7）不准非法出售占用耕地建的房屋。

（8）不准违法审批占用耕地建房。

2. 建房面积要求

农村一户村民只能拥有一处宅基地，宅基地包括正房和附属用房全部所占土地，每户占地面积，使用耕地不得超过 $130m^2$，使用荒山、荒地不得超过 $210m^2$，使用其他土地不得超过 $180m^2$（各地可能有不同的政策标准）。农村村民在原有宅基地上改建或重建住宅，其原有宅基地面积超过本实施细则规定标准的，用地面积可按规定标准适当放宽，但最高不得超过百分之十五。使用多种类型土地的，按以上土地类型的比例进行计算最大用地面积。建筑层数原则上不超过 3 层。

3. 申请建房应具备的条件

符合下列条件之一的村民，可以申请建房：

（1）具备分户条件，确需另立户建设住宅的。

（2）现有住房属于危旧房需要拆除重建的。

（3）原有住房因灾毁需要重建的。

（4）因国家、集体建设需要迁建或者按政策实行移民搬迁的。

（5）法律、法规、规章规定的其他情形。

4. 不予批准的情形

有下列情形之一的，不予批准：

（1）不是本集体经济组织成员的。

（2）不符合村庄规划的。

（3）不符合"一户一宅"规定的。

（4）原有住房出卖、出租、赠予他人或者改作生产经营用途的。

（5）所申请的宅基地存在权属争议的。

（6）法律、法规、规章规定的其他不予批准的情形。

5. 开工条件

（1）村民应当按照审批要求建房。未经批准，不得建房。

（2）定位放线后，村民住房建设方可开工。

在建房申请人办理完宅基地和规划许可审批手续后，乡镇人民政府（街道）应当5个工作日内，组织农业农村和自然资源部门及村民委员会工作人员到现场进行免费定位放线。

6. 组织施工

村民建房，应当选择建筑技能培训合格的农村建筑工匠或者有资质的建筑施工企业施工，并签订书面施工合同，明确双方权利和义务，约定住房保修期限和责任。

农村建筑工匠或者建筑施工企业应当严格按照建设规划、设计图纸、施工技术标准和操作规程施工，确保施工质量和安全。农村建筑工匠或者建筑施工企业不得为未取得规划许可、用地审批或者违反规划许可、用地审批规定的农村村民进行住房建设。

农村建筑工匠或者建筑施工企业应当协助村民选用符合国家和省规定标准的建筑材料、建筑构（配）件和设备，不得偷工减料。村民要求使用不合格的建筑材料、建筑构（配）件和设备的，农村建筑工匠或者建筑施工企业应当劝阻、拒绝。做到带图审批，按图施工，先批后建，持证动工，未经批准不得擅自动工建设。

7. 竣工验收

房屋竣工后，建房村民应当将竣工验收时间提前告知或者经由村民委员会告知乡镇人民政府。乡镇人民政府应当在收到核实申请之日起5个工作日内，及时安排工作人员到场检查核实。核实合格的，出具核实证明。

建房村民收到核实证明后，负责组织农村建筑工匠或者建筑施工企业对农村住房进行竣工验收。委托设计、监理的，设计、监理单位或者人员也应当参加竣工验收。农村住房验收不合格的，不得入住。

8. 确权发证

农村住房核实合格的，由村民委员会统一上报乡镇人民政府（街道）并存档，并按照规定申请办理权属登记。

第十六章　乡村建设安全

16.1　农村房屋的拆除安全

农村房屋拆除前，必须向村委会申请，并上报镇人民政府（区管委会）批准后方可进行。批准房屋拆除的镇人民政府或相关单位应按照以下几点进行拆房安全监督管理。

1. 需要拆除旧房屋时，必须参照有关建筑拆除的法律法规，在确保人身安全和财产安全的前提下进行。拆除三层（含三层）以上房屋时，其施工企业必须具备相应资质方可承担，并制定相应的拆除方案。

2. 拆除旧房屋时，施工作业应按自上而下和先非承重结构后承重结构的顺序进行，禁止立体交叉拆除作业；拆除部位构件，应严防相邻部分发生坍塌；拆除危险部分之前，必须采取相应的安全措施。

3. 采用机械拆除房屋时，应从上到下，分层分段进行；应先拆除非承重结构，再拆除承重结构；拆除框架结构房屋时，必须按楼板、次梁、主梁、柱子的顺序进行施工。对只进行部分拆除的房屋，必须先将保留部分加固，再进行分离拆除。

4. 旧房拆除前，拆房户要与承包单位或承包人员签订书面《安全施工责任书》，镇人民政府（区管委会）对从事拆除作业的人员要做好安全教育，并对拆除旧房的安全施工过程进行监督。拆除人员进入施工现场必须戴好安全帽，高空作业必须系安全带。

16.2　农村房屋的建设安全

1. 加强村镇建筑工匠的管理工作，批准开工建设的各镇人民政府（区管委会）或相关单位应对村镇建筑工匠（木工、电工、电焊工、泥瓦工、水暖工等）持证上岗进行管理。

2. 村镇建筑工匠承包村镇建筑工程的范围限于村镇二层（含二层）以下房屋及设施的建设、修缮和维护；村镇建筑工匠不得承担未经批准开工的限额以上村镇建筑工程。

3. 村镇建筑工匠承包需要多项专业工种配合完成的工程，必须要有相应专业工种工匠的组合，并确定协作内容后方可承建。

4. 村镇建筑工匠应当按照设计图纸进行施工，任何单位和个人不得擅自修改设计图纸，确需修改的，须经原行政审批部门同意，由具有相应资质的设计单位出具变更设计通知单或图纸。

5. 村镇建筑工匠应当遵守国家安全施工的有关规定、规范，对所承包的工程做到文明、安全施工，不得使用不符合工程质量要求的建筑材料和构件。村镇建筑工匠对所承包的工程质量负责，达不到合同规定标准的，应当在限期内进行返修。

6. 农村住房使用自有或租赁起重升降机械的，应当具有生产（制造）许可证，产品合格证。出租单位应当对出租的机械和施工机具的安全性能进行检测，在签订租赁协议时，应当出具检测合格证。禁止使用或租赁不合格的升降设备和施工机具。

7. 在施工现场安装、拆卸施工起重机械和整体提升脚手架、模板等自升式架设设施，必须由具有相应资质的单位承担。

8. 安装、拆卸施工起重机械和整体提升脚手架、模板等自升式架设设施，应当编制拆装方案，制定安全措施，并由专业技术人员现场监督。

9. 农村建房禁止使用独杆吊或国家明令禁止的起重升降机械。使用移动起重机械的，操作人员应持有特殊工种操作证书，严禁无证上岗作业。

10. 进入施工现场，必须正确佩戴安全帽（系好下颌带，安全帽完好），不穿宽大服装、拖鞋等不安全装束。

11. 施工现场的脚手架、防护设施、安全标志、警示牌、脚手架连接铁丝或连接件不得擅自拆除，需要拆除必须经过加固后经施工负责人同意。

12. 不准坐在脚手架防护栏杆上休息或在脚手架上睡觉。不准在现场追逐打闹。

13. 施工现场的洞、坑、井架、升降口、漏斗等危险处，应有防护措施并有明显标志。

14. 任何人不准向下、向上乱丢材、物、垃圾、工具等。不准随意开动一切机械。操作中思想要集中，不准开玩笑，做私活。

15. 手推车装运物料，应注意平稳，掌握重心，不得猛跑或撒把溜放。

16. 拆下的脚手架、钢模板、轧头或木模、支撑要及时整理，铁钉要及时拔除。

17. 砌墙斩砖要朝里斩，不准朝外斩，防止碎砖坠落伤人。

18. 工具用好后要随时装入工具袋。

19. 脚手架严禁超载危险。砌筑脚手架均布荷载每平方米不得超过 270kg，即在脚手架上堆放标准砖不得超过单行侧放三侧高。20 孔多孔砖不得超过单行侧放四侧高，非承重三孔砖不得超过单行平放五皮高，只允许二排脚手架上同时堆放。

20. 人字梯中间要扎牢，下部要有防滑措施，不准人坐在上面骑马式移动。

21. 不懂电气和机械的人员，严禁使用和操作机电设备。

16.3　农村房屋建设不安全案例

［案例一］　图 16-1 是一张严重违反安全操作规程的图片，提升机为自己简易组装，钢架悬挑在屋面上，固定结构没通过专业设计、检验，很容易因过载而倾覆，卷扬机用电动机代替且悬挂在钢架上，固定不稳定、不牢固，也没有任何变速、制动装置，极易因失控而发生事故。建筑外未搭设操作、卸料等平台，施工洞口处也未设栏杆和其他防护措施，卷扬机操作工和接料工临边操作，存在坠落的风险。另外，在原来不高的建筑上加盖两层，属于结构重大变动，施工前有没有经过结构验算也是很重要的。

［案例二］　图 16-2 是一张不规范的竹脚手架搭设图，竹脚手架要注意以下要点：

1）基础要硬化，垫好底脚垫板。

2）需要设置排水沟。

3）需要设置扫地杆。

图 16-1 不安全简易吊篮

4）每根大横杆与小横杆交接处，在大横杆钉一枚铁钉顶住小横杆。

5）剪刀撑及搭接长度要布置合理。

6）小头直径不小于 60mm。

7）不得使用有霉变、虫蛀、开裂、老死、嫩竹等有问题的竹子。

8）立杆间距不大于 1.5m。

9）搭接时大小头搭接及对接长度控制满足要求。

10）用毛竹劈成 2～3mm 的带青的竹丝或 12 号铁丝进行绑扎，各点方向要交错。

11）总高度控制不宜过高。

12）搭设时间控制，每半个月检查铁钉和绑扎部位，进行绑扎加固，在阳光暴晒下毛竹开裂的换掉。

13）其他搭设要求和钢管脚手架一样。

图 16-2 不规范竹脚手架搭设

第十七章　乡村建设合同

　　农村房屋建设应签订施工合同，明确双方（村民与施工承包人）的责任、权利和义务，约定农村住房保修期限和保修责任。鼓励购买施工安全保险。

　　承建的建筑施工企业或建筑工匠要严格按照已取得批准的建房设计图纸施工，遵守有关法律法规、施工操作规范和施工技术标准，确保施工质量和安全。

17.1　农村房屋施工合同注意事项

　　1. 施工的合同不用越长越好，外表看起来很详细，其实没有什么实质性的内容，合同不在长，要精准。

　　2. 合同内包含的内容一定要说清楚，严格按照设计图纸施工自然不必多说，还有一些问题也要提前约定，比如挖基础遇到泥坑如何解决，是否包含了外围设施，比如化粪池、围墙、路面硬化等。

　　3. 价格与付款是合同的关键内容，合同一定要标明付款进度等，如果包工包料，一定要说清楚，就怕材料价格一直涨，而施工队的价格也跟着改变。

　　4. 安全问题一定高度重视，一旦出现事故，会给双方造成巨大的损失，因此，除了在合同里一定要明确安全责任外，最好还要求乙方给现场工人购买意外伤害险。

　　5. 由于价格限制的原因，建房找的大多数都是农村的施工队，跟专业施工队相比，可能进度会慢，所以工期问题，一定也要在合同中标明，不然时间拖得越长，不仅费时还费钱。

17.2　农村房屋建设合同书样本

农村房屋建设合同书

　　甲方（建设方）：　　　　　　　　　（姓名，身份证号码）

　　乙方（承建人）：　　　　　　　　　（姓名，身份证号码）

　　根据《中华人民共和国建筑法》《中华人民共和国经济合同法》及有关法律法规，甲乙双方在平等互利、公平合理、诚实信用的原则下，经协商，就甲方修建农村房屋建筑工程承包事宜达成以下协议：

　　甲方拟建房屋一座，位置在＿＿＿＿＿＿＿＿，由乙方负责承揽建设。为明确双方权利义务关系，经平等协商，双方自愿签订本建设施工合同。

　　一、双方权利义务

　　1. 甲方提供建筑场地、建设时使用的水电，负责安装供排水管线。乙方负责砂子、水泥、砖、钢材、电缆及管线、门窗等建筑材料（即乙方包工包料，但供排水除外）。

　　2. 乙方具有从事农村房屋建设的成熟经验，负责施工建设并交付建房成果。当事人明确，双方不存在雇佣关系。

3. 搅拌机、振动器等施工机械以及模板、脚手架等所有劳动工具由乙方自带，费用由乙方自理。

4. 乙方要加强对其人员的安全教育，严格管理，遵守国家法律法规，安全施工。乙方要为现场参与人员购买建筑施工意外伤害保险和工程保险。由于乙方人员的故意或过失引起的安全事故由乙方自行负责。

5. 乙方所属人员的工资报酬由乙方负责支付，与甲方无关。

二、工程质量和建设要求

1. 房屋建设质量必须符合《房屋建筑工程质量保修办法》，《建筑抗震设计规范》GB 50011—2010，《农村居住建筑抗震技术规程》等规定，特别是房屋基础、圈梁、构造柱等承重的主要部分。

2. 建设要求：要尽量写具体些，例如，基槽 500mm，垫层 150mm，圈梁 240×240mm，钢筋 10mm 粗，间距 200mm，主体墙 24 砖、隔墙 12 砖，主体墙转角和衔接处设置构造柱，室内外墙面均抹灰，屋顶瓦式水泥现浇，地面硬化找平，前散水 1200mm，后散水 800mm，左右散水各 600mm，电路全通、电线规格型号，安装插座及开关等。

3. 乙方应当本着保质保量的原则，按照图纸施工，加强质量管理。乙方必须认真按照甲方的意图施工，并随时接受甲方或甲方委托人员的督查。使用前必须把砖浇水湿润，采用"三一"砌筑法，即（一块砖、一铲灰、一挤揉）。砂浆饱满度要达到 85％ 以上，圈梁和挑梁混凝土浇筑凝固后不应有蜂窝、麻面等缺陷，更不能出现钢筋外露现象。在砌砖及浇筑圈梁过程中，乙方施工时要保证质量，墙体垂直、墙面地面平整，墙地砖粘贴无空鼓，整体墙面偏差不能大于 10mm。

4. 甲方发现乙方在施工过程中有偷工减料、影响房屋质量等行为或者在施工中若发现造成材料损失、浪费现象，甲方有权责令要求乙方停工整改或罚款，并在支付款中扣除相应的损失费用。

5. 如果乙方因为自身水平原因达不到工程合格条件的，乙方应该按照甲方及其委派人的要求返工修改或重做。返工后仍不能达到约定使用条件的，乙方应当承担工程质量违约责任。房屋建成后，因为乙方技术等原因引起的质量问题造成甲方不能正常使用的，仍由乙方承担修理返工或重建的责任，并由乙方承担所需的费用，一并赔偿甲方的有关损失。

6. 乙方应按照甲方的建房质量要求保证施工质量。房屋完工交工后，由甲方按照施工要求进行验收。如房屋出现建筑质量问题，乙方应重新修缮直至符合甲方质量要求为止，并赔偿因建筑质量问题给甲方造成的全部损失，重新修缮的费用（包括修缮使用的材料）全部由乙方自行承担。

三、工程保修

工程主体结构质保终身，保修期 2 年（双方可另行约定）。工程质量保修金 ￥_____元（大写：_____）。保修期内房屋若出现质量问题，乙方必须进行免费维修，乙方在接到通知十天内进行返工或维修。若在规定时间内乙方未到场维修，甲方有权另请施工队维修整改，所发生费用在质保金中扣除，不足部分由乙方另行支付。保修期 2 期满，甲方退还工程质量保修金（无息）。

四、工期及付款

1. 工期从开始建设之日起计算，工期为_____天，最长不超过_____天。如发生特别恶劣的气候条件、地震等不可抗力及四小时以上的停水停电等影响施工的不可抗力情况的，可顺延工期。

2. 工程款结算方式：以房屋建设面积计算，预算建筑面积约____㎡，按照每平方米人民币大写_____元（￥_____元）。

3. 付款时间：首次付款在施工地圈时付预算工程款的_____％约￥_____元，第二次付款在完成主体工程时付预算工程款的_____％约￥_____元，第三次付款在完成整体工程时付预算工程款的_____％约￥_____元，第四次付款在建筑工程竣工并经甲方检验合格后十日内按照实际建筑面积结算，除质保金外结清。以上付款均需在已完工程验收合格的情况下支付，施工期间概不借支。

五、违约责任

1. 由于工程质量达不到要求的，乙方要进行修理、重建；造成损失的，由乙方赔偿。因乙方原因导致合同无法履行的，乙方应承担工程预算造价的10％违约金，并赔偿因其违约给甲方造成的一切损失。

2. 乙方若无视甲方的合理要求，或者采取消极怠工和延误工期等做法，视为乙方本质违约，甲方有权解除本合同。乙方应承担工程预算造价的10％违约金。

3. 在乙方无违约行为的情况下，甲方若不按合同约定支付工程价款，应当承担当次应支付金额10％违约金并支付当次应付金。如有特殊情况可以另行商议，以达成协议。

六、争议解决办法

发生合同争议时，双方应友好协商。如经协商后仍不能达成一致，任何一方均可以向人民法院提出诉讼。

七、附则

1. 本合同一式二份，自签订之日起生效，甲乙双方各执一份，具有同等法律效力。

2. 双方必须共同遵守以上合同内容。如经双方协商同意签订补充合同，补充合同与本合同具有同等法律效力。

甲方签字（手印）：　　　　　　　　　　　　乙方签字（手印）：

签订日期：20　　年　　月　　日（公历）

附乙方身份证复印件

参 考 文 献

[1] 黄爱清. 建筑工程基础 ［M］. 北京：中国建筑工业出版社，2011.

[2] 郑荣. 中国传统村落保护（鸣鹤）国际高峰论坛论文集 ［M］. 北京：中国城市出版社，2018.

[3] 陆星. 现代学徒制视域下"工匠型"人才的职业道德内容 ［J］. 中国多媒体与网络教学学报（中旬刊），2020（08）：144-146.

[4] 李丹. 践行工匠精神坚守职业道德 ［J］. 教育现代化，2020，7（42）：167-169.

[5] 马志军. "工匠精神"融入大学生职业道德教育研究 ［J］. 中国成人教育，2020（09）：31-34.

[6] 袁美灵. 浅谈工匠精神与高职院校职业道德培养 ［J］. 天津职业院校联合学报，2018，20（10）：38-41.

[7] 陈向丽. "工匠精神"融入高职院校职业道德教育探析 ［J］. 文教资料，2020（01）：120-121.

[8] 王献贞，武姗. 用工匠精神构筑高职生的职业道德认知 ［J］. 亚太教育，2019（11）：156.

[9] 袁燕婵. 工匠精神在职业道德与法律课程教学中的融入 ［J］. 现代职业教育，2019（24）：142-143.

[10] 古钰. 工匠精神的职业道德机制探析 ［J］. 参花，2019（05）：86.

[11] 惠彦涛. 建筑施工技术 ［M］. 上海：上海交通大学出版社，2021.

[12] 李平原，张巨璟，魏琦. 混凝土结构工程施工 ［M］. 上海：上海交通大学出版社，2021.

[13] 朱从明. 建筑施工技术 ［M］. 北京：航空工业出版社，2021.

[14] 袁建刚，刘胜男，张清波，甄怡君. 建筑工程测量 ［M］. 北京：清华大学出版社，2021.

[15] 张豫、刘宇. 建筑与装饰工程施工工艺（第2版）［M］. 北京：北京理工大学出版社，2016.

[16] 武强. 房屋建筑构造 ［M］. 北京：北京理工大学出版社，2016.

[17] 梅剑平，李青霞. 建筑设备安装工程施工技术 ［M］. 北京：中国林业出版社，2018.

[18] 陈升隆. 屋面与防水工程施工 ［M］. 武汉：武汉理工大学出版社，2017.

更多乡村建设精彩案例敬请关注：

微信公众号：江苏乡村建设行动

"新苏乡"专栏

新苏乡 ｜"葡醉萄乡"的振兴之路：镇江丁庄村
新苏乡 ｜设计赋能·激活沉睡的乡村之美：徐州紫山村

"乡村中的红色印记"专栏

乡村中的红色印记 ｜"苏南小延安"——南京溧水李巷
乡村中的红色印记 ｜新四军革命根据地——句容李塔村陈庄

微信公众号：江苏省规划设计集团

"品村"专栏

品村｜宗源视角下苏北农房改善的路径探讨——以邳州市赵墩镇城河村为例
品村｜滨海特色渔村规划建设——以连云港韩口渔港新村为例
品村｜描绘乡村生活新图景——以邳州市议堂镇议堂村农房改善项目为例

微信公众号：江苏省城镇与乡村规划设计院

"传统村落"专栏

传统村落｜泰州市姜堰区俞垛镇仓场村传统村落保护发展规划
传统村落｜常熟市碧溪新区问村传统村落保护发展规划
传统村落｜丹阳市访仙镇萧家巷村传统村落保护与发展规划
"庆祝建党 100 周年专题报道"专栏

庆祝建党 100 周年专题报道｜"赤"水思源，"乡"约芦山——一座红色小山村的前世今约
庆祝建党 100 周年专题报道｜芦花里，卢滩红